모든 용서는 아름다운가

모든 용서는 아름다운가

초판　1쇄 펴냄 2005년 8월 10일
개정판 1쇄 펴냄 2019년 10월 30일
　　　5쇄 펴냄 2021년 10월 11일

지은이 시몬 비젠탈
옮긴이 박중서

펴낸이 고영은 박미숙
펴낸곳 뜨인돌출판(주) | 출판등록 1994. 10. 11. (제406-251002011000185호)
주소 10881 경기도 파주시 회동길 337-9
홈페이지 www.ddstone.com | 블로그 blog.naver.com/ddstone1994
페이스북 www.facebook.com/ddstone1994 | 인스타그램 @ddstone_books
대표전화 02-337-5252 | 팩스 031-947-5868

ISBN 978-89-5807-736-7　03330

  이 도서는 국제 친환경 인증을 받은 무형광 천연펄프 용지인
쾌르텟 u bulk70으로 제작되었습니다.

모든 용서는
아름다운가

시몬 비젠탈 지음 / 박중서 옮김

용서받을 자격과
용서할 권리에 대하여

뜨인돌

차례

일러두기

1. 외국 인명 및 지명 등은 국립국어원의 외래어 표기 규정을 따랐다.

2. 성서 구절은 개역개정판 『굿데이 성경』(생명의말씀사, 2006)을 참고했고,
   본문에서는 문맥에 따라 적절히 번역하고 원래 구절은 각주에 표시했다.

3. 각주는 별도의 표시가 없는 한 모두 옮긴이가 붙인 것이다.

서문

『모든 용서는 아름다운가』의 미국 초판이 쇼켄북스에서 출간된 1976년 당시는 각 대학, 고등학교, 신학교 등에서 홀로코스트*에 대한 정규 과목이 한창 신설되던 무렵이었다. 이 책은 토론할 만한 요소가 많은 작품이어서 출간된 직후부터 교재로 널리 사용되었다. 이 책의 지은이인 시몬 비젠탈은 자기가 집단수용소**에서 겪은 사건을 회고하며 책의 뒷부분에서 독자에게 "당신이라면 어떻게 했겠는가?"라고 묻는다.

    종교적, 정치적, 윤리적, 그리고 개인적인 차원에까지 걸쳐 있는 그의 질문에 대해 여러 신학자들, 정치 및 윤리 지도자들, 그리고 작가들이 각자의 견해를 담은 답변을 보내왔다. 예상한 대로 의견은 매우 다양했다. 답변자들은 하나같이 자신을 집단수용소에 갇힌 죄수의 입장에 놓고 상상의 나래를 펼쳤으며, 그들의 눈앞에 놓인 거대한 범죄를 직시하고, 각자의 결정이 지닌 함의를 되새겨 보았다. 이 특별한 상황에서 '용서'란 단지 하나의 선택에 불과한 것이었을까? 희생자에게, 나아가 가해자에게 그것은 과연 어떤 의미였을까?

이 책의 미국 출간 20주년을 기리기 위해 우리는 이제 『모든 용서는 아름다운가』의 개정판을 펴낸다.

왜 개정판이 필요했을까? 우선 지난 20여 년을 되돌아본 결과, 이제 새로운 세대가 내놓는 답변을 들어 보는 것이 바람직하다는 생각이 들었기 때문이다. 둘째로는 세월이 흐름에 따라 기억이 퇴색했기 때문이다. 셋째로는 그간의 교육을 통해 홀로코스트에 대한 우리의 지식과 인식이 더욱 늘어났기 때문이다. 심지어 홀로코스트에 대해 생생하게 기억하지 못하는 사람들조차 이제는 종족말살로 인해 그 구성원의 3분의 1을 잃어버린, 아울러 고유문화와 언어와 역사까지 잃어버린 당사자들과 감정을 공유하고 있다. 이 사건의 독특성은 더욱더 광범위한 대중적 의식 속으로 침잠하게 될 것이다.

나아가 우리는 최근 가톨릭교회에서 나타나는 유대인에 대한 교리의 중요한 변화, 그리고 종파를 초월한 여러 행사들로 미루어 볼 때 앞으로는 이전 세대의 것과는 다른 새로운 답변이 나올 것이라 기대하고 있다. 넷째 이유는 이 세계에서 종족말살이라는 공포가 아직도 사라지지 않았기 때문이다. 보스니아, 캄보디아, 중국을 비롯한 세계 각국에서는 여전히 이런 범죄를 저지르는 정권 아래 특정한 종족 전체가 말살될 위험에 놓여 있다. 즉, 시몬 비젠탈이 이 책에서 제기한 바로 그 문제는 여전히 우리 곁에 남아 있다. 비록 당시 상황과는 달라졌지만, 좀 더 현대적인 형태로 엄연히 존재하고 있는 것이다.

이런 범죄를 저지르는 지도자나 정책 입안자를 법적으로

처벌해야 한다는 데 동의하지 않을 사람은 없을 것이다. 비젠탈의 유대역사기록센터***는 나치 전범을 색출함으로써 전쟁 말기부터 지금까지 무려 1100명 이상의 나치를 처벌하는 데 기여했다. 이러한 업적으로 인해 비젠탈은 미국, 네덜란드, 이탈리아, 이스라엘 정부로부터 훈장을 받았다. 비슷한 범죄 행위에 대해서는 국제법을 강력히 적용해야 한다는 확고한 신념이 있는 비젠탈은 1996년 7월, 미국의 클린턴 대통령에게 옛 유고슬라비아의 테러 주동자들을 단죄하도록 촉구하는 편지를 쓰기도 했다.

"오늘날 매스컴을 통해 우리 눈앞에 펼쳐지는 보스니아 사태는 그야말로 반인륜적인 범죄가 아닐 수 없습니다. 인종 청소며, 남녀노소를 불문한 민간인 학살이며, 무슬림 여성에 대한 강간 등, 비록 '홀로코스트'라는 이름을 붙이진 않았지만 그들은 이미 그 당시의 공포를 상당 부분 그대로 재현하고 있습니다. (……) 카라지치****와 믈라디치*****를 단죄해야 합니다. 우선은 비난 성명을 발표하고, 이후에는 국제사법재판소에 회부하겠다고 압박하는 겁니다. 그러면 분명히 효과가 있을 것입니다. 저는 미국이 두 사람과 그 휘하 군인들이 저지른 범죄를 반드시 처벌할 것임을 공개적으로 선언함으로써 그들의 행위를 중지시킬 수 있길 희망합니다."

이 같은 범죄를 저지른 인물들을 전 세계가 나서서 심판해야 한다는 사실에는 이론의 여지가 없다.

하지만 『모든 용서는 아름다운가』에서 제기되는 질문은 더 미묘하고, 어떤 면에서는 더 어려운 구석이 있다. 상부가 내린 명령에 충실하게 따름으로써 범죄를 수행한 하사관이나 익명의 개인에 대해서는 무엇이라 해야 하는가? 당시에 만연했던 정치적 이데올로기에 의해 각자의 판단력을 잃고 범행을 강요받은 일반인들, 또는 본인의 행동을 결코 후회하거나 인정하지 않는 극소수에 대해서는 무엇이라 해야 하는가? 권력자가 강요하는 비윤리적인 행동을 거역할 경우에 감당해야 할 커다란 위험이 있는데도 기꺼이 저항한 영웅적인 개인을 우리는 찬미하지만, 과연 그 반대 경우에 대해서는 무엇이라 해야 하는가?

더 나아가 학살이 끝난 후에, 그 희생자가 될 뻔했던 사람이 좀 전까지만 해도 불구대천의 원수였던 다른 사람들과 평화롭게 어울려 살아갈 수 있겠는가? 과연 용서의 한계란 무엇일까? 그것은 종교적이거나 세속적인 차원에서의 참회만으로도 가능한 것일까? 누군가를 용서하되 결코 잊지 않는다는 것이 가능할까? 어떻게 해야 희생자들 각자가 과거와 화해하며, 그 과정에서 각자의 인간성과 윤리를 사수할 수 있을까?

각자의 삶에서 기이하고도 비극적인 단 한 번의 만남을 가졌던 두 사람의 이야기를 담은 이 책은, 바로 위와 같은 질문을 독자에게 제기하고 있는 것이다.

보니 V. 페터먼

* 홀로코스트(Holocaust). 제2차 세계대전 당시 나치의 조직적인 유대인 학살을 지칭하는 용어. 하지만 이것은 본래 '하느님께 바친 희생물'이라는 뜻의 히브리어이므로 나치의 범죄에는 어울리지 않는 용어라는 비판이 제기되어, 미국 외의 국가에서는 '가장 큰 재앙'이라는 뜻의 히브리어인 '쇼아(Shoah)'를 사용하기도 한다. 그럼에도 이 용어가 전 세계적으로 유명해진 까닭은 1970년대 말 미국에서 제작 방영한 같은 이름의 미니 시리즈 때문이다.

** 나치의 수용소는 크게 집단 및 강제노동수용소와 학살수용소(죽음의 수용소)로 구분된다. 전자는 유대인뿐만 아니라 정치범과 전쟁 포로 등을 다양하게 수용하며 주로 강제노동을 시키는 곳이었던 반면, 후자는 이른바 '최종 해결'의 일환으로 오로지 유대인을 학살하기 위해 운영한 곳이었다. 학살수용소는 독일의 점령지인 폴란드에서 6곳이 운영되었으며, 그중 가장 대표적인 곳이 저 유명한 아우슈비츠-비르케나우 수용소였다.

*** 유대역사기록센터(Jewish Historical Documentation Center). 시몬 비젠탈이 다른 30명의 홀로코스트 생존자와 함께 1947년 오스트리아의 린츠에서 설립한 단체. 나치의 죄상에 대한 증거와 증언을 수집함으로써 이후 나치 전범 추적에 혁혁한 공을 세웠다.

**** 라도반 카라지치(Radovan Karadžić 1945~). 보스니아의 정치가. 1989년에 세르비아민주당(SDS)을 창당한 이래, 세르비아 민족주의를 내세우며 크로아티아 및 보스니아 내 이슬람교도에 대한 '인종 청소'를 자행했다. 1996년 국제사법재판소에 전범으로 기소되어 평화유지군이 체포하려고 했으나, 국내에서 강력한 비호를 받으며 버티다가 2008년 7월에야 체포되었다. UN 산하 구 유고슬라비아 국제전범재판소(ICTY)는 2016년에 열린 1심에서 그에게 징역 40년을 선고했고, 2019년 3월의 항소심에서는 형량을 더 늘려 종신형을 선고했다.

***** 라트코 믈라디치(Ratko Mladić 1942~). 보스니아의 군인. 1992년부터 95년까지 벌어진 보스니아 내전 당시 세르비아계인

스르프스카 공화국 군대의 총사령관으로 '인종 청소'를 총지휘했다. 1995년에 국제사법재판소에 전범으로 기소되었으나 16년 동안 잡히지 않고 도피생활을 하다가 2011년에 검거되었다. UN 산하 구 유고슬라비아 국제전범재판소(ICTY)는 2017년 11월 그에게 종신형을 선고했다.

제1부

해바라기
The Sunflower

아르투르가 어제 뭐라고 했더라? 나는 다시 기억해 내려고 애썼다. 뭔가 중요한 이야기였음이 분명했다. 어제 내가 그렇게 피곤하지만 않았어도!

나는 천천히 모여드는 죄수들 틈바구니에 서 있었다. 우리는 방금 감히 '아침 식사'를, 그러니까 수용소*의 요리사들이 '커피'라고 부르는 시커멓고 씁쓸한 액체를 마셨다. 점호를 받기 위해 이쪽으로 몰려드는 죄수들은 여전히 입안에 뭔가를 우물거리면서 늦지 않으려 서둘렀다.

나는 그들 한가운데로 파고들 자신이 없어 일부러 커피를 마시지 않았다. 주방 앞 공간이야말로 가학적인 SS대원**들이 즐

---

* 당시 시몬 비젠탈이 수감되어 있던 곳은 렘베르크의 야노프스카 집단수용소였다.

** 나치스 친위대(Schutzstaffel). SS라는 약자로 통칭한다. 1925년에 히틀러의 경호 부대로 설립된 나치스 무장 조직으로서 순수 아리아인 중에서 히틀러에 대한 충성심이 투철한 자를 선발했으며, 독특한 형태의 제복을 입었다. 1934년에 총수 하인리히 힘러의 주도로 나치스 돌

겨 찾는 사냥터였기 때문이다. 그들은 종종 막사 뒤에 숨어 있다 마치 먹잇감을 낚아채는 맹금류처럼 무방비 상태의 죄수들을 덮치곤 했다. 매일같이 누군가가 다쳤다. 그것도 이곳 '프로그램'의 일부였다.

죄수들이 조용하고도 음울하게 서서 명령이 내려지길 기다리는 동안, 이런 상황에서 벌어질 수 있는 갖가지 위험이 있음에도 나는 오로지 어젯밤에 우리가 나눈 대화를 떠올리는 데만 정신이 쏠려 있었다.

아, 드디어 생각이 났다!

———

한밤중이었다. 우리는 어둠 속에 누워 있었다. 낮은 신음 소리, 속삭임, 그리고 간혹 누군가가 판자로 된 침상 위에서 돌아눕느라 삐걱대는 소리가 들려왔다. 서로의 얼굴이 보이진 않아도 상대방의 목소리를 들어 보면 누구인지 짐작할 수는 있었다. 그날

격대(SA)를 숙청한 후 세력이 급성장하여 대원만 25만 명에 달했다. 그 중 일반 SS는 경찰 및 첩보 활동(그 산하에 유명한 '게슈타포'가 있었다)을 담당했고, 무장 SS는 전투 활동을 담당한 엘리트 부대로 제2차 세계대전 중에 유대인과 정치범을 비롯한 많은 사람을 학살한 것으로 악명이 높았다.

낮에 우리 막사에서 두 사람이 수용소 밖에 있는 게토*에 다녀왔던 것이다. 그것도 간수의 허락을 받고서 말이다. 간수가 갑작스럽게 변덕을 부렸기 때문일까? 아니면 누군가 간수에게 뇌물을 주었기 때문일까? 나로선 알 수 없는 일이었다. 하지만 그 이유는 뇌물보다 변덕 쪽에 가까울 듯싶었다. 하긴 우리 같은 죄수에게 무슨 뇌물이 있어서 간수에게 건네주겠는가?

이제 그들은 그곳에서 들은 이야기를 우리에게 전해 주었다. 아르투르는 마치 한마디라도 놓치지 않으려는 듯 그들에게 바짝 달라붙어 있었다. 그들은 바깥으로부터 '소식,' 바로 전쟁 소식을 가져왔다. 나는 반쯤 잠이 든 채 귀를 기울였다.

게토에 있는 사람들은 정보가 많은 데 반해, 수용소에 있는 우리는 거의 아는 게 없었다. 우리는 낮 동안 밖에서 일하고 돌아온 동료들이 수집해 온 빈약한 정보를 모아 재구성하고, 간혹 폴란드인과 우크라이나인이 나누는 이야기를 엿들었다. 사실이건 헛소문이건 간에 말이다. 때로는 거리에 있는 사람들이 우리 동료에게 일종의 동정이나 위로의 차원에서 새로운 소식을 속삭여 주기도 했다.

좋은 소식은 거의 없었다. 간혹 있더라도 우리는 그게 사실인지, 아니면 그저 우리의 희망 사항일 뿐인지 미심쩍어했다.

---

*   게토(ghetto). 본래는 중세 이후 유럽 각지에서 유대인을 격리 수용하기 위해 만든 유대인 거주지를 뜻한다. 제2차 세계대전 당시에는 나치스가 폴란드의 바르샤바를 비롯한 점령지 내에 게토를 설치하여 유대인을 격리 수용한 것으로 악명 높다.

반면 나쁜 소식은 오히려 아무 의심 없이 쉽게 받아들였다. 왜냐하면 우리가 그런 소식에 너무 익숙해 있었기 때문이다. 나쁜 소식은 종종 꼬리를 물고 계속 전해졌는데, 새로운 소식은 이전 소식보다 더 나쁜 경우가 많았다. 어제의 소식보다는 오늘의 소식이, 그리고 오늘의 소식보다는 내일의 소식이 더 끔찍했다.

막사 안의 퀴퀴한 냄새 때문이었는지, 난 멍하니 앉은 채 아무 생각도 할 수가 없었다. 몇 주가 지나도록, 우리는 낮에 일하느라 땀이 흠뻑 밴 옷을 그대로 입은 채 뒤엉켜서 잠을 잤다. 동료들 가운데는 너무 지쳐 신발조차 벗지 못하는 사람도 있었다. 밤중에는 간혹 잠결에 소리를 지르는 사람도 있었다. 악몽을 꾸었거나, 옆에서 누군가가 발로 걷어찼기 때문일 것이다. 막사는 한때 축사로 쓰인 곳이었고, 천장에 반쯤 열려 있는 조그만 채광창만으로는 층층이 놓인 침상 위에 누워 있는 우리 150명 모두에게 충분한 산소를 공급할 수 없었다.

이곳에는 사회 각계각층의 별별 사람이 다 모여 있었다. 부자와 가난뱅이, 고학력자와 문맹자, 신앙인과 불가지론자, 박애주의자와 이기주의자, 용감한 사람과 멍청한 사람까지 말이다. 하지만 같은 운명으로 인해, 그런 것에 상관없이 우리는 모두 동등했다. 물론 이 안에서도 사람들은 몇 개의 소집단으로 나뉘었는데, 만약 다른 상황에서라면 결코 자연스럽게 형성될 수는 없었겠지만 그 구성원끼리는 매우 밀접한 공동체였다.

내가 속한 소집단에는 나와 오랜 친구 사이인 아르투르와 최근 새로 들어온 요제크라는 유대인이 있었다. 요제크는 감수성이 풍부하고 신앙심이 깊은 사람이었다. 수용소 상황에 대해서는 물론이고, 때로 동료들이 조롱과 멸시를 해도 그의 신앙심은 흔들리지 않았다. 솔직히 나로선 그가 부러웠다. 왜냐하면 그는 이미 모든 질문에 대한 해답을 갖고 있는 반면, 우리는 공연히 어떤 설명을 찾아 헤매다 결국 절망에 빠져 버리곤 했기 때문이다. 하지만 요제크가 지닌 마음의 평화로 인해 우리는 종종 불편해지기도 했다. 아르투르는 특히 더 그랬다. 그는 인생을 냉소적으로 바라보았기 때문에 요제크의 침착한 태도를 견딜 수 없었고, 그래서 종종 그를 놀리거나 그에게 화를 냈다.

나는 농담 삼아 요제크를 '랍비'라고 불렀다. 물론 그는 랍비가 아니라 사업가 출신이었다. 하지만 그의 삶은 신앙심에 의해 좌우되었다. 그는 자기가 우리보다 우월하다는 사실을, 그리고 우리가 자기보다 신앙심이 약한 까닭에 더욱 불쌍한 존재라는 사실을 알고 있었지만, 자신이 지닌 지혜를 기꺼이 나누어 줌으로써 우리의 기운을 북돋워 주려고 애썼다.

하지만 우리가 가장 먼저 처형당할 유대인이 아니라는 사실을 깨닫는다고 해서 무슨 위로가 되겠는가? 그리고 끊임없이 샘솟는 갖가지 일화와 전설의 보고인 요제크가, 모든 인간은 애초부터 고난을 짊어지고 태어나는 법이라고 우리에게 설명해 주었다고 해서 무슨 위로가 되겠는가?

요제크는 일단 말을 꺼내기만 하면 자기가 현재 놓여 있는 상황은 깡그리 잊어버리거나 무시해 버렸다. 우리는 그가 자신의 현재 위치를 잊어버린 것 같다는 느낌을 받곤 했다. 그러다가 하루는 싸움까지 벌어질 뻔했다.

어느 일요일 저녁에 일어난 일이었다. 우리는 오전 중에 일을 끝낸 뒤 각자의 침상에 누워 쉬고 있었다. 누군가가 새로운 소식을 전해 주었다. 평소와 마찬가지로 우울한 소식뿐이었다. 요제크는 전혀 귀를 기울이지도 않는 듯했다. 그는 남들의 이야기에는 아무것도 물어보지 않다가, 갑자기 침상에서 몸을 일으켜 앉더니 밝은 표정을 지으며 말했다.

"신학자들에 의하면 인간이 창조될 당시 천사 넷이 대부모 자격으로 그 옆에 서 있었다고 하네. 자비와 진리와 평화와 정의의 천사가 말이야. 아주 오랫동안 천사들은 하느님께서 인간을 창조해야 하는지를 놓고 논쟁을 벌였다는 거야. 그중에서도 가장 반대를 심하게 한 것이 진리의 천사였지. 분노한 하느님은 이 천사를 땅속 깊은 곳에 가두어 버렸네. 하지만 다른 천사들이 용서를 간청해서 결국 하느님은 마음을 돌려 진리의 천사를 다시 하늘나라로 불러 올렸지. 천사는 자기의 눈물, 즉 하늘나라에서 쫓겨났을 때 흘린 눈물로 적신 흙을 가지고 돌아왔다네. 그래서 하느님께서는 바로 그 흙으로 사람을 만들었다는 거지."

냉소주의자인 아르투르는 짜증을 내며 요제크의 말을 가로막았다.

"이봐, 요제크. 나는 하느님께서 그 눈물 젖은 흙으로 우리 유대인을 빚어냈다는 사실은 기꺼이 믿겠네. 하지만 자네는 하느님께서 그 똑같은 흙으로 우리 수용소 소장인 빌하우스* 같은 사람도 만들어 냈다는 걸 나더러 믿으란 말인가?"

"자네는 이 세상에 카인 같은 사람도 있다는 걸 모르나?"
요제크가 대답했다.

"아니, 자네야말로 뭘 모르는군. 카인은 화가 나서 아벨을 죽였을 뿐이지, 동생을 데려다가 고문하지는 않았어. 더군다나 카인과 아벨은 친형제라도 되지만, 우리는 이 살인자들과 일면 식도 없는 사이가 아닌가."

순간 요제크는 깊이 상처를 받은 것 같았고, 나는 싸움을 말리기 위해 이들의 대화에 끼어들었다.

"아르투르, 자네는 수천여 년에 걸친 진화에 대해서도 잘 모르는 것 같군. 혹자에 따르면 악(惡)도 진화한다네."

두 사람 모두 그저 씁쓸한 웃음을 지을 뿐이었다. 하지만 이런 상황에서는 그런 상투적인 행동조차 무의미했다.

아르투르의 반론이 부당하다고 할 수는 없었다. 과연 우리 인간들은 모두 똑같은 흙으로 빚어진 존재일까? 만약 그렇다면, 어째서 누구는 살인자가 되고 누구는 희생자가 되어야 하는 것일까? 우리 사이에, 즉 살인자와 그 희생자 사이에, 그리고 우리 수용소 소장인 빌하우스와 고문당하는 유대인 사이에는 정말 어떤 관계가 있는 것일까?

엊저녁에 나는 침상에 누워 반쯤 잠들어 있었다. 등이 아팠다. 멀리서 들려오는 듯한 동료들의 목소리를 듣고 있자니 현

---

* 　구스타프 빌하우스(Gustav Wilhaus). SS 소속으로 당시 야노프스카 수용소장이었다.

기증이 일었다. 누군가 런던의 BBC인지, 아니면 라디오 모스크바인지에서 방송한 내용을 이야기하고 있었다.

갑자기 아르투르가 내 어깨를 흔들었다.

"시몬, 듣고 있어?" 그가 물었다.

"응. 듣고 있어."

"눈을 감고 있기에 귀도 닫아 버렸나 해서 말이야. 그 할머니 이야기 들었지?"

"할머니라니? 방금 BBC 이야기를 했잖아?"

"그건 아까 이야기고. 자네 졸았구먼. 그 할머니 이야기가 뭔가 하면……."

"그 노인네가 뭘 안다는 거야? 우리가 언제 여기서 풀려날지 죽을지 알기라도 한대?"

"그런 질문에는 아마 누구도 대답 못 할걸. 하지만 그 할머니가 한 이야기는 좀 달라. 지금 같은 때에 오히려 생각해 볼 만한 이야기지. 즉, 자기 생각에는 '하느님이 잠시 자리를 비우셨다'는 거야."

아르투르는 내가 그 말을 음미해 보도록 잠시 뜸을 들였다가 다시 말을 이었다.

"자네 생각은 어떤가, 시몬? 하느님이 잠시 자리를 비우셨다는 것 말이야."

"난 그냥 잠이나 잘래. 하느님이 돌아오시면 깨워 줘."

나는 시큰둥하게 대꾸했다.

나는 수용소에서 함께 지낸 이후에 처음으로 내 친구의

웃음소리를 들었다. 아니, 어쩌면 그것 또한 꿈이었는지 모른다.

우리는 여전히 제자리에 서 있었지만, 아직 명령은 떨어지지 않았다. 무슨 문제가 있는 모양이었다. 그래서 나는 아르투르에게 어젯밤 일 가운데 어디까지가 꿈이고 어디까지가 사실인지 물어볼 짬을 얻었다.

"아르투르, 어젯밤에 우리가 무슨 이야길 했지? 그냥 '하느님'에 대한 이야기였나, 아니면 '자리를 비우신 하느님'에 대한 이야기였나?"

"요제크가 어제 게토에 다녀왔어. 거기서 만난 어떤 할머니한테 뭐 새로운 소식 없냐고 물었더니, 그분이 물끄러미 하늘만 쳐다보면서 심각한 투로 그러더래. '아이고 하느님, 제발 자리 그만 비우시고 얼른 돌아오셔서 이 땅을 좀 굽어살펴 주세요'."

"그게 다야? 결국 우리는 하느님조차 등을 돌린 세상에 살고 있다는 건가?"

나는 아르투르와 지난 몇 년 동안 함께 지냈다. 내가 초보 건축가였을 때부터 그는 내 조언자 겸 친구였다. 우리는 마치 친형제 같았다. 내가 다시는 사람들이 자유롭고 행복하게 살아갈 수 있는 집을 설계할 수 없을 것 같다며 비탄에 잠길 때마다, 변호사 겸 작가로 활동하던 그의 입가에는 늘 그렇듯 희미한 미소가 떠올랐다. 수용소에서 지내는 사람들은 생각조차 제각각이었다. 아르투르는 이미 현실이 아닌 다른 세상에서 살아가는 사람처럼 보였고, 몇 년 안에는 결코 일어나지 않을 것 같은 일들을 상상했다. 실제로 그는 자기가 끝까지 살아남지는 못하리라 믿었고, 마찬가지로 독일인 또한 마지막에는 이 모든 일에 대한 처벌을 피할 수 없으리라 확신했다. 비록 독일인이 우리를 비롯한 수백만의 무고한 사람들을 죽이더라도, 그로 인해 결국 그들 자신 또한 파국을 맞을 것이라고 말이다.

하지만 그에 비하면 나는 오로지 현실 세계에서 살아가고 있었다. 배고픔과 피곤을 느꼈고, 가족을 그리워했으며, 굴욕을…, 무엇보다 굴욕을 실감했다.

어디선가, 한 사람이 지닌 굳은 믿음을 깨뜨리기는 사실상 불가능하다고 주장하는 글을 읽었던 기억이 난다. 그때만 해도 나는 그 말이 옳다고 생각했지만, 집단수용소에 오고 나서 사실은 그렇지 않다는 것을 배우게 되었다. 솔직히 사람을 사람으로 여기지 않고, 누군가를 가리키며 너는 더 이상 사람이 아니라고 거듭 '확인시키는' 짓이 이 세상에 엄연히 존재한다는 사실을 과연 누가 믿을 수 있겠는가? 그렇게 한 번 의심을 품기 시작하면, 그로 인하여 지고한 하느님이 다스리시는 세계에 대한 믿음 또한 힘을 잃게 되는 것이다. 어떤 사람은 심지어 하느님이 잠시 자리를 비우셨다고 생각하기도 한다. 그렇지 않다면 지금과 같은 상황은 도저히 있을 수 없었을 테니까. 그러니 하느님은 지금 자리를 비우신 게 분명했다. 누군가를 당신의 자리에 대신 앉혀 놓지도 않은 채 말이다.

사실 그 할머니의 말은 내게 그리 놀라운 것도 아니었다. 왜냐하면 그것이야말로 나 또한 오래전부터 사실로 믿어 온 생각이었기 때문이다.

당시는 우리가 수용소로 복귀한 지 일주일이 지난 상황이었다. 동부 철도 작업장의 간수들이 새로 '인원 등록'을 하는 중이었는데, 이 인원 등록이라는 것은 일상적인 생활에서라면 도무지 상상도 못 할 위험을 의미했다. 인원 등록을 자주 실시할수록 우리 생존자의 수도 점점 줄어들었다. SS대원들끼리 하는 말을 빌리자면, 인원 등록은 단순한 '재고 조사'가 아니었다. 오히려 더 복잡한 일이었다. 일거리를 다시 배분하고, 더 이상 쓸모가 없어진 일꾼들을 골라내 처리하는—대개는 가스실로 보내졌다—일이었기 때문이다. 쓰라린 개인적 체험을 통해, 우리는 '인원 등록'처럼 언뜻 보면 무해한 듯 보이는 단어조차 믿지 말아야 한다는 사실을 배웠다. 실제로 독일인들의 의도는 무해한 것과는 거리가 멀었기 때문이다. 따라서 우리는 모든 것에 대해 의심을 품었고, 당시 상황으로선 그럴 수밖에 없었다.

얼마 전까지만 해도 우리 가운데 200명은 동부 철도 건설 작업에 투입되어 있었다. 결코 편한 일은 아니었지만, 매일 밤 수용소로 돌아오지 않아도 되었기 때문에 마음만은 더 자유로웠다. 물론 식량을 수용소에서 가져오는 까닭에 음식 맛은 예전과 마찬가지였다. 하지만 적어도 철도 건설 현장의 간수들은 수용소의 SS대원들처럼 불시에 나타나 채찍을 휘두르지는 않았다.

독일인들은 간수와 십장을 자기들보다 한 단계 낮은 2등 시민으로 간주했다. 그중 독일인 혼혈은 조금 나은 대우를 받았지만, 폴란드인과 우크라이나인은 자칭 '초인'인 독일인과 '인간 이하'인 유대인 사이에서 특이한 계층을 형성했고, 혹시 언젠가 유대인이 모두 사라지는 날이 오지는 않을까 해서 벌써부터 몸서리치고 있었다. 그때가 되면 이 학살의 화살 끝이 자신들을 향하게 될 것이기 때문이었다. 독일인 혼혈 또한 항상 마음이 편한 것은 아니어서, 그들 중 일부는 진짜 독일인보다 더 '독일인답게' 행동하려 무진 애를 썼다. 오히려 진짜 독일인 가운데 일부는 우리를 동정해서 말없이 빵 조각을 건네주기도 하고, 지나치게 가혹한 일을 시키지 않도록 간섭하기도 했다.

거의 매일 잔혹한 짓을 거듭하는 간수 가운데 델로슈라는 나이 많은 주정뱅이가 있었다. 그는 술이 떨어지기만 하면 죄수들에게 무작정 매질을 하며 시간을 때우는 게 일이었다. 그래서 그의 밑에서 일하는 작업조는 아예 그에게 술값을 뇌물로 찔러주었고, 때로는 죄수 중 한 사람이 그에게 가서 유대인의 슬픈 운명을 구구절절 늘어놓으며 술꾼 특유의 감상적인 동정심을 불러일으키려 하기도 했다. 간혹 그가 충분히 '약발이 듣는 상황'이라면 그런 꼼수도 먹혀들었다. 그는 썰렁한 농담뿐만 아니라 죄수들을 유난히 괴롭히는 것으로도 악명이 높았다. 죄수 중 누군가의 가족 전체가 게토에서 몰살당했다는 사실을 알게 되면 그는 대뜸 이렇게 대꾸하곤 했다. "그래도 렘베르크*에서 마지막으

---

* 렘베르크(Lemberg). 우크라이나 서부의 도시. 폴란드어로는 '르보브,' 러시아어로는 '르포프,' 독일어로는 '렘베르크,' 영어로는 '르비브'

로 죽은 유대인 놈의 장례식을 치르면, 거기 찾아올 유대인 놈들이 또 1000명은 더 있을걸." 그는 하루에도 몇 번씩 이 말을 되풀이하면서, 자기가 만들어 낸 경구에 무척 흡족해하는 눈치였다.

이윽고 명령이 떨어짐과 동시에 여러 개의 작업조가 편성되었지만, 그토록 바깥에 나가 일하기를 원하던 우리는 수용소에 그대로 남아 있을 확률이 컸다. 마침 수용소 내에서도 건설 공사가 진행되던 중이라서, 그로 인해 하루에도 몇 명씩 사망자가 나왔다. 유대인은 밧줄에 묶이고, 구둣발에 짓밟히고, 독일인이 키우는 개에게 물리고, 갖가지 방식으로 매질과 모욕을 당했다. 그런 학대와 수모를 더 이상 견디지 못한 많은 사람들이 스스로 목숨을 끊었다. 그럼으로써 남아 있는 삶의 기회를 포기하는 대신, 끝없는 학대와 고문의 고통으로부터는 영원히 벗어났던 것이다.

우리가 수용소에 남게 되면 한 명도 아닌 여러 명의 SS대원으로부터 감시를 받는다. 그들은 여러 작업장을 돌아다니며 아무 죄수나 골라 채찍질을 하거나, 죄수들이 일을 게을리한다고 수용소장에게 거짓 보고를 해서 무시무시한 처벌을 받게 했다. SS대원이 어느 죄수를 지목하며 일을 제대로 하지 않았다고

라고 한다. 본래 폴란드 영토였지만 1939년에 소련이 점령했다가 제2차 세계대전 당시에는 독일이 점령했으며, 이후 다시 소련 영토가 되었다가 1991년에 이르러 독립국 우크라이나 영토가 되었다. 시몬 비젠탈의 고향이자 이 작품의 무대로, 저자가 원서에 사용한 독일어 표기를 그대로 옮겼다.

하면 그걸로 끝이었다. 죄수가 아무리 자기가 해 놓은 일을 증거로 제시해도 소용이 없었다. SS대원의 말은 무조건 옳은 것으로 간주되었기 때문이다.

그렇게 작업조 편성이 거의 끝나 가는 상황이었고, 전에 동부 철도 작업에 투입된 적이 있는 우리는 그저 의기소침한 채 서 있기만 했다. 분명 그쪽에서는 더 이상 우리가 필요하지 않은 모양이었다. 그때 갑자기 하사관 한 명이 우리 쪽으로 오더니 50명을 골라냈다. 나는 그중에 끼었지만 아르투르는 남았다. 우리는 세 줄로 서서 정문으로 향했고, 그곳에서 여섯 명의 '아스카리'가 우리의 감시자로 따라붙었다. 아스카리는 러시아인 탈영병이나 죄수 출신으로 독일인 편에 붙어서 일하는 자들이었다.

'아스카리'는 본래 제1차 세계대전 당시 동아프리카에서 독일인이 고용한 흑인 병사를 일컫는 말이었다. 어떤 이유에선지 SS 측에서는 러시아인 부역자를 이렇게 불렀다. 그들은 집단 수용소에서 간수의 보조 역할을 했고, 독일인이 자기들에게 원하는 역할이 무엇인지 너무 잘 이해하고 있었다. 그들의 잔인함을 누그러뜨릴 수 있는 것은 뇌물뿐이었다. '카포'*, 즉 통솔자들은 비교적 좋은 여건에서 지냈고 술과 담배도 지급받았다. 그런

---

* 카포(kapo). 수용소에서 독일군의 명령을 받아 죄수를 관리하는 하급 직책을 맡은 사람들을 가리킨다. 주로 비(非)유대인 일반 죄수, 또는 유대인이면서 독일군에 협조적인 이들 중에서 선발했으며, 일반 죄수보다 나은 대접을 받았기 때문에 상부의 눈에 들기 위해 독일군보다 더 혹독하게 죄수를 다루었다.

까닭에 아스카리가 카포를 맡으면 우리 작업조원들은 훨씬 더 자유롭게 지낼 수 있었다.

아스카리들은 노래 부르는 것을 무척 좋아했다. 음악은 수용소 생활에서도 중요한 몫을 차지했다. 심지어 수용소 내에는 악단도 있었는데, 단원들 중에는 렘베르크 인근의 가장 뛰어난 연주자도 몇 명 포함되어 있었다. SS 중위인 리하르트 로키타**는 한때 슐레지엔*** 지방의 카페에서 바이올린을 연주한 경력의 소유자로 '자기' 악단에 홀딱 빠져 있었다. 살육에 대한 욕망에 사로잡혀 매일같이 희생자를 만들어 내던 그가 지닌 또 다른 욕망은 자기 악단을 구성해서 운영하는 것이었다. 그는 단원들에게 더 나은 숙소를 제공하고 여러모로 편의를 봐주었지만, 결코 그들을 수용소 밖으로 내보내 주진 않았다. 저녁이면 그는 단원들을 소집해 바흐, 바그너, 그리그 등의 곡을 연주했다. 한번은 로키타가 지그문트 슐레흐터라는 작곡가를 불러서 「죽음의 탱고」라는 곡을 쓰라고 명령했다. 악단이 이 곡을 연주할 때마다, 가학적이며 극악무도한 괴물이던 로키타의 눈가는 촉촉이 젖어들었다.

아침 일찍 죄수들이 일터로 향할 때마다 악단은 그 곡을

** 리하르트 로키타(Richard Rokita). 당시 야노프스카 수용소에서 가장 잔혹하고 가학적인 나치로 악명이 높았다. 종전 후 행방을 감춘 로키타의 정체를 추적하여 폭로한 장본인이 바로 이 책의 저자인 시몬 비젠탈이다. 인터넷에는 '빌헬름 로키타'라고도 나와 있다.

*** 슐레지엔(Schlesien). 유럽 중부의 지명. 현재는 폴란드와 체코의 영토로 나뉘어 있다.

연주했고, SS대원들은 음악에 맞춰 걸으라며 우리를 윽박질렀다. 수용소 정문을 벗어나면 그때부터 우리는 노래를 부르기 시작했다.

수용소에서 부르는 노래는 하나같이 특이한 것들이었다. 그것은 서글픔과 쓴웃음과 저속한 비어가 러시아어와 폴란드어와 독일어로 뒤섞인 기이한 형태였다. 이런 저질스러움이야말로 아스카리의 정서와 맞아떨어지는 것이어서, 그들은 종종 죄수들에게 한 가지 노래만을 연달아 부르게 했다. 우리가 부르는 노래를 들으면 그들의 얼굴에는 함지박만 한 미소가 퍼지면서, 방금 전까지의 잔혹한 면모는 어느새 사라져 버리곤 했다.

철조망 바깥은 들이마시는 공기조차 더 신선하게 느껴졌다. 사람들이며 집들조차 더 이상 철조망이나 감시탑에 가려진 모습이 아니었다.

거리를 오가는 사람들은 종종 제자리에 서서 우리를 흥미롭다는 듯 바라보거나, 간혹 우리를 향해 손을 흔들다가도 SS대원이 이런 친밀한 몸짓을 눈치 채기라도 할까 봐 금방 그만두곤 했다.

전쟁 중인데도 시내를 오가는 사람들의 수는 예전과 똑같았다. 최전선은 그곳에서 약 1000킬로미터나 떨어져 있었고, 지금이 전쟁 중이라는 것을 알려 주는 표식이라고 해야 가끔 눈에 띄는 군인 몇 명뿐이었다.

아스카리 한 명이 노래를 부르자, 우리도 따라서 노래를 부르기 시작했다. 물론 우리 중에서 노래 부를 기분이 나는 사람은 거의 없었지만 말이다. 우리에게 길을 비켜 주는 행인 가운데 여자들이 저질스러운 노랫말을 듣고 민망한 얼굴로 고개를 돌리면, 아스카리들은 그 모습을 보며 자기들끼리 킥킥 웃곤 했다. 갑자기 아스카리 중 한 명이 대열을 벗어나더니, 보도에 서 있는 어느 젊은 여자에게 다가갔다. 그가 무슨 말을 했는지는 알아들을 수 없었지만, 그 여자가 얼굴을 붉히며 얼른 그 자리를 뜬 것으로 보아 내용을 대강 짐작할 수는 있었다.

우리는 보도에 서 있는 군중 쪽을 쳐다보며 혹시 그중에 아는 얼굴이 있는지 필사적으로 찾았지만, 오히려 그들은 혹시 우리 중에서 아는 얼굴을 만날까 봐 그저 눈을 내리깔고 있을 뿐이었다.

우리는 행인의 얼굴에서 드러나는 표정을 통해 우리가 저주받은 존재라는 사실을 알 수 있었다. 렘베르크의 시민은 박해당하는 유대인의 모습에 익숙해 있었기 때문에, 우리를 사람으로 여기기보다는 마치 도살장으로 끌려가는 한 떼의 짐승을 보는 듯한 무심한 눈길로 쳐다볼 뿐이었다. 그럴 때마다 나는 이 세상 모두가 작당해서 우리를 적대시하고 있으며, 결국 우리의 운명은 아무런 저항 없이, 심지어 아무런 연민의 흔적조차 없이 받아들여진 것이라는 느낌에 사로잡히곤 했다.

그리하여 나는 더 이상 구경꾼들의 무심한 얼굴을 쳐다보고 싶지 않았다. 그들 중 누군가는 아직 유대인이 있어서 다행이라고 생각하지 않았을까? 왜냐하면 유대인이 이곳에 남아 있는 한, 그리고 나치가 여전히 유대인 박해에 정신을 쏟는 한, 이곳 시민들은 무사할 수 있을 테니까.

문득 며칠 전에 여기서 멀지 않은 곳에 갔다가 겪은 일이 생각났다. 수용소로 돌아오는 길에, 마침 내가 이전에 알고 지내던 학교 친구였으며 지금은 엔지니어로 일하는 폴란드인이 지나갔다. 그가 공개적으로 나를 향해 고개 한 번 끄덕이지 못했다는 것은 나로서도 이해할 만했다. 하지만 나는 그의 눈빛을 통해서, 내가 살아 있다는 사실에 그가 무척 놀랐다는 것을 느낄 수 있었다. 그에게 우리는 이미 죽은 사람이나 다름없었다. 우리 각자는 단지 사망일이 적혀 있지 않은 자신의 사망 진단서를 짊어지고 있는 셈이었다.

우리의 대열은 네거리에서 잠시 멈추어 섰다. 무엇 때문에 멈췄는지는 알 수 없었다. 나는 문득 거리 왼쪽에 있는 군인 묘지를 쳐다보았다. 묘지 주위에는 철조망 울타리가 낮게 둘러쳐져 있었다. 듬성듬성한 덤불과 관목 사이로는 일렬로 나란히 늘어선 무덤이 보였다.

그리고 그 무덤가마다 해바라기가 한 그루씩 심겨 있었다. 마치 행진하는 군인의 모습처럼 꼿꼿하게 말이다.

나는 넋을 잃은 채 그 광경을 바라보았다. 꽃의 머리 부분은 마치 거울처럼 햇빛을 흠뻑 빨아들여 줄기를 통해 땅속 깊은 어둠으로 내려보내는 것 같았다. 내 눈길은 해바라기와 무덤 사이를 쉴 새 없이 오갔다. 지표면을 뚫고 올라온 듯한 해바라기의 모습은 잠망경을 연상시켰다. 꽃은 밝은색이었으며 나비들이 이

꽃에서 저 꽃으로 날아다니고 있었다. 혹시 이 무덤에서 저 무덤으로 무슨 소식이라도 전해 주는 것일까? 그렇게 해서 꽃에게 뭔가를 속삭여 주면 무덤에 누워 있는 군인에게도 전달되는 것일까? 그래, 바로 그것이었다. 죽은 사람들은 이 꽃들을 통해 햇빛과 소식을 전달받고 있었던 것이다.

　　문득 나는 죽은 군인들이 부러워졌다. 그들 모두는 이 세상과 연결되는 해바라기를 한 그루씩 갖고 있었으며, 나비가 그들의 무덤을 찾아와 주었기 때문이다. 하지만 내겐 해바라기가 없었다. 내가 죽으면 그저 다른 시체들과 함께 커다란 구덩이에 던져질 뿐이었다. 내가 누운 어둠 속에 햇빛을 가져다줄 해바라기도 없을뿐더러, 내가 파묻힌 무시무시한 무덤 위에는 나비 한 마리 얼씬거리지 않을 것이었다.

우리가 얼마나 오랫동안 거기에 서 있었는지는 모르겠다. 내 뒤에 선 사람이 나를 떠미는 것과 동시에, 우리 대열은 다시 앞으로 나아가기 시작했다. 걷는 동안에도 나는 여전히 해바라기 쪽으로 고개를 돌리고 있었다. 모양이 똑같은 해바라기가 수없이 늘어서 있었다. 하지만 그 아래 묻힌 사람들은 결코 이 세상과 완전히 접촉을 끊은 것이 아니었다. 죽고 나서도 그들은 우리보다 더 나은 존재였던 것이다…….

　　나는 죽음에 대해서 거의 생각해 본 적이 없었다. 죽음은 분명한 사실이었고 언젠가는 반드시 마주하고 말 것이었기 때문에, 나는 점차 죽음의 근사치에 스스로를 적응시켰다. 내가 어떻게 죽을까에 대해서는 궁금하지도 않았다. 가능성은 너무 많았기 때문이다. 다만 나로선 그 과정이 빨리 끝났으면 하고 바랄 뿐이었다. 어떻게 될지는 그저 운명의 손에 맡겨 두고 말이다.

하지만 어떤 기이한 이유 때문에, 해바라기를 보는 순간 내 속에는 새로운 생각이 떠올랐다. 나는 언젠가 다시 한번 그 모습을 보고 싶었다. 왜냐하면 그 해바라기야말로 이젠 내게 특별한 의미가 있는 상징이 되었기 때문이다.

우리는 묘지를 뒤로한 채 야노프스카 거리에 도달했고, 나는 고개를 돌려 마지막으로 그 해바라기 숲을 바라보았다.

그때까지 우리는 어디로 가고 있는지조차 몰랐다. 내 옆 사람이 이렇게 속삭였다. "어쩌면 게토에 있는 새로운 작업장으로 데려가는지도 몰라."

그럴 가능성도 있었다. 새로운 작업장이 생겨났다는 소문이 이미 돌고 있었기 때문이다. 렘베르크로 찾아오는 독일인 사업가들은 점점 늘어나고 있었다. 그들은 이윤을 얻기 위해 광분하고 있었다. 사업가들 입장에서는 무엇보다 직원들을 군대에 빼앗기지 않는 것이 중요했는데, 최전선에서 멀리 떨어진 렘베르크는 그 점에서 아주 유리했기 때문이다. 그 사업가들이 모국인 독일에서 가져온 것이라고는 사무용지와 고무인, 그리고 십장 몇 명과 가구 몇 점뿐이었다. 그보다 좀 전에 렘베르크를 러시아인들이 장악했을 때는 원래 유대인들의 소유였던 건설회사 대부분이 국영화되었다. 이후 러시아인들은 철수했지만, 몰수한 기계와 장비는 그대로 남아 있었다. 결국 그들이 '노획물 보관소'

에 남겨 놓고 간 물건을 나중에 들어온 독일 회사들이 고스란히 나누어 먹었던 것이다.

언제든지 노동력을 확보하는 데는 문제가 없었다. 이곳에 유대인이 남아 있는 한, 어느 누구든 공짜나 다름없는 싼값에 노동력을 확보할 수 있었다. 독일 정부는 작업장을 지원하는 것을 전쟁 수행에서 아주 중요한 일로 여겼다. 그렇더라도 사업을 하려면 누군가 뒤를 봐줄 사람을 찾거나 뇌물을 먹이는 일이 필수적이었다. 연고가 있는 사람들은 점령지에 자기 사업체의 지점을 낼 수 있는 허가를 받았고, 수백 명에 달하는 '유대인'이라는 값싼 노동력을 지원받았을 뿐만 아니라, 창고에 남아 있는 기계들도 마음껏 이용할 수 있었다. 결국 그들이 독일에서 데려온 사람들은 실제 업무에서는 거의 면제되다시피 했다. 그들은 렘베르크의 독일인 거주지에 있는 집에 살았다. 한때 부유한 폴란드인과 유대인이 살았지만 지금은 '더욱 뛰어난 인종'에게 자리를 내어 주고 물러난 곳이었다.

많은 독일 기업이 폴란드에 둥지를 틀었다는 건 유대인에게는 다행스러운 일이었다. 그곳에서의 일은 특별히 힘들지도 않았고, 또한 작업장의 관리자들은 '자기네' 유대인을 얻기 위해 안달이 나 있었기 때문이다. 만약 유대인의 값싼 노동력이 없다면, 그들은 최전선과 가까운 동부로 작업장을 옮길 수밖에 없었으니까.

내 주위에서는 계속해서 이런 속삭임이 들려왔다. '지금 어디로 가는 거야?'

어디로 '간다'는 말은 원래는 머리가 내린 결정을 따라 발을 움직인다는 뜻이지만, 이 경우에 우리의 머리는 아무런 결정도 내리지 못했다. 우리의 발은 그저 앞사람의 발걸음을 그대로 따라 움직일 뿐이었다. 앞사람이 멈춰 서면 우리도 멈춰 서고, 앞사람이 움직이면 우리도 움직이는 식이었다.

우리는 오른쪽으로 꺾어 야노프스카 거리로 들어섰다. 이곳은 학생 시절에, 그리고 나중에 건축가가 되어서도 내가 자주 돌아다녔던 곳이다. 한때는 이곳에서 프셰미실* 출신의 친구와 함께 하숙을 하기도 했다.

이제 우리는 기계적으로 거리를 따라 행진하고 있었다. 한 무더기의 시체들처럼.

아침 8시도 채 되지 않았지만 거리는 혼잡했다. 농부들은 물물교환할 물건을 갖고 도시로 몰려왔다. 전쟁이나 다른 위기 상황에서는 늘 그러하듯, 그들은 더 이상 화폐를 신뢰하지 않았다. 농부들은 우리의 대열에는 관심조차 없었다.

우리가 도시를 거의 벗어날 무렵, 아스카리들은 노래를 부르느라 목이 칼칼해졌는지 잠시 입을 다물고 있었다. 열차에서 내린 병사들이 배낭을 짊어지고 야노프스카 거리를 따라 걸어갔다. SS대원 몇 사람이 우리를 유심히 쳐다보며 지나갔고, 독일군 장교 한 사람이 멍하니 서서 우리를 바라보았다. 그는 목에 카메라를 걸고 있었는데, 우리의 모습을 사진으로 찍을까 말까

---

* 프셰미실(Przemyśl). 폴란드 동남부의 도시.

고민하는 듯했다. 그는 카메라를 오른손에 들었다 왼손에 들었다 하며 망설이고 있었다. 아마 우리를 뒤따라오는 SS대원과 마찰을 빚을까 두려웠던 것이리라.

야노프스카 거리의 끝자락에 있는 육중한 구조물이 우리 눈앞에 나타났다. 붉은 벽돌과 석재로 지은 교회였다. 도대체 저 아스카리는 우리를 어디로 데려가고 있는 걸까? 오른쪽으로 돌아서 역 쪽으로 내려가는 것일까, 아니면 왼쪽의 사피에히 거리를 지나 저 악명 높은 론츠키 교도소가 있는 곳까지 가는 것일까?

우리는 왼쪽으로 꺾었다.

나는 이 길을 잘 알고 있었다. 사피에히 거리에 기술전문학교가 있었기 때문이다. 몇 년 동안 그곳에서 국가 자격증을 따기 위해 공부하며 하루에도 몇 번씩 이 거리를 오가곤 했다.

당시에도 우리 유대인 학생들에게 사피에히 거리는 죽음의 거리나 마찬가지였다. 여기에 거주하는 유대인은 몇 가구에 지나지 않았고, 소요라도 벌어지면 유대인은 결코 이 근처에는 얼씬거리지도 않았다. 이곳에 사는 사람들은 대부분 폴란드인이었다. 장교, 전문직 종사자, 공장주, 공무원 등등. 그들의 자녀는 렘베르크에서도 '부잣집 도련님'으로 소문 나 있었고, 대개 기술전문학교와 농업전문학교에 다녔다. 대부분이 건달에 깡패에 반(反)유대주의자였기에, 운 나쁜 유대인 학생이 그들에게 걸리면 흠씬 두들겨 맞고 피투성이가 되어 길바닥에 쓰러지게 마련이었다. 유대인으로 보이는 사람뿐 아니라 어느 누구든지, 저녁 무렵에 이 거리를 돌아다니는 것은 위험하기 짝이 없는 일이었다. 젊고 과격한 민족주의자들이 한창 자신들이 내세우던 반유대주의적 구호를 이론에서 실천으로 바꿔 나가던 시기였기 때문이다. 그런 와중에서 경찰이 희생자들을 보호해 주거나 하는 일은 결코 없었다.

　무엇보다 이해할 수 없는 점은, 히틀러가 폴란드의 서부 국경지대를 침공하며 폴란드 영토를 독일에 합병하려는 야욕을 드러낸 상황에서도 이들 폴란드 '애국자'들의 관심은 오로지 한 가지에만 집중되어 있었다는 사실이다. 그것은 다름 아닌 유대인에 대한 증오였다.

　당시 독일에서는 군비 지원 능력을 최대한으로 끌어올리기 위해 새로운 공장을 계속 짓고 있었다. 또한 폴란드와 직결되는 군사도로를 개통하고, 점점 더 많은 독일 젊은이들을 군인으로 징집하고 있었다. 하지만 폴란드 의회는 이러한 위협에도 전혀 주의를 기울이지 않았다. 당시 의회는 유대인의 생활을 좀 더 힘들게 하기 위한 '훨씬 더 중요한' 업무—가령 코서*도살에 대한 새로운 규제라든지—를 처리하느라 바빴기 때문이다.

　이런 문제에 대한 의회에서의 격론은 매번 거리에서의 소

---

*　　코서(kosher). 유대인이 음식을 장만할 때 지켜야 하는 규칙. 구약 성서 「레위기」 11장의 구절을 근거로 먹을 수 있는 음식과 없는 음식을 구분하는 것이다. 가령 돼지고기, 비늘 없는 생선, 조개류 등은 먹을 수 없으며, 먹을 수 있는 것이라도 피를 깨끗이 씻어 내야 한다는 등의 자세한 지침이 나와 있다.

요로 이어졌다. 왜냐하면 반유대주의자들에게 유대인 지식인이란 언제나 눈엣가시였기 때문이다.

전쟁이 발발하기 2년 전에는 과격분자들이 '유대인 없는 날'이라는 것을 만들었다. 그들의 목표는 유대인 학생 수를 줄이고, 공부를 방해하며, 시험을 치지 못하게 하는 것 등이었다. 이 축제일이 되면 '유대인 없는 날'이라고 적힌 노란 띠를 두른 학생 단체 소속 회원들이 학교 정문에 모여 서 있었다. 그날은 매번 시험 일자와 겹쳤다. 결국 '유대인 없는 날'은 해마다 날짜가 바뀌어 열리는 공식 축제일로 자리 잡았고, 기술전문학교의 캠퍼스 내부는 치외법권 지역이었기 때문에 심지어 경찰조차 교장의 요청 없이는 그 안에 들어올 수 없었다. 물론 학교 측에서 경찰의 출동을 요청하는 경우도 거의 없었지만 말이다. 과격분자들은 전체 학생 중에서 겨우 20퍼센트 남짓이었지만, 나머지 다수의 비굴함과 태만함으로 인해 실제로는 이들 소수가 캠퍼스 전체를 장악한 것이나 다름없었다. 대부분의 학생들은 유대인 문제는 물론이고, 질서니 정의니 하는 것에 전혀 관심이 없었다. 그들은 남들 앞에 나서고 싶어 하지 않았고, 의지가 박약했으며, 각자의 문제에만 사로잡혀 있는 탓에 유대인 학생들의 운명에 대해서는 전적으로 무관심했다.

비율로 따지면 교사들 또한 학생들과 마찬가지였다. 교사 중에서도 확고한 반유대주의자는 단지 일부에 지나지 않았지만, 그렇지 않은 교사들의 입장에서도 매번 '유대인 없는 날' 행사 때문에 시험을 치르지 못해 추가 시험 날짜를 별도로 잡아 주어야만 하는 유대인 학생들은 그저 골칫거리일 뿐이었다. 가난한 집안 출신의 유대인 학생들로서는, 시험을 치지 못해 한 학기를 날려 버린다는 것은 더 이상 공부를 계속할 수 없다는 것을 뜻했다. 따라서 그들은 반유대주의 축제일이라도 반드시 학교에 나가야 했고, 그 결과 기이하기 짝이 없는 상황이 연달아 벌어지곤 했다. 학교 앞 길가 양쪽에는 구급차가 길게 늘어서서 환자를 기다리고 있었고, 특히 시험일이 되면 더 많이 와 있었다. 경찰 또한 캠퍼스 안의 폭력 사태가 바깥으로까지 퍼지지 못하도록 대기하고 있었다. 때때로 지나치게 폭력적인 학생들 가운데 일부가 체포되어 재판을 받기도 했지만 그들은 감방에서도 영웅 대접을 받았고, 풀려난 뒤에도 교도소의 문 모양을 새긴 배지를 옷깃에 자랑스레 달고 다녔다. 그들은 '애국적' 대의명분으로 인해 고초를 겪었기 때문이다! 그들은 동료들로부터 찬사를 받고, 심지어 몇몇 교수들로부터도 특별 대우를 받았으며, 어느 누구도 결코 그들을 거역할 수 없었다.

　　아스카리의 감시를 받으며 낯익은 집들 사이를 지나가는 동안 계속 그런 생각이 떠올라 머릿속이 복잡해졌다. 나는 지나가는 사람들의 얼굴을 살펴보았다. 문득 한때 같이 공부한 친구의 얼굴을 본 것 같았다. 평소에도 유대인을 보기만 하면 얼굴에 드러나던 혐오와 경멸의 표정 덕분에 나는 그를 즉시 알아볼 수 있었다. 학생 시절부터 그런 표정을 하도 많이 봐 왔기 때문에, 나로선 결코 잊어버릴 수가 없었다.

　　이른바 '유대인 없는 폴란드'를 꿈꾸던 그 열혈 애국자들은 지금 어디서 뭘 하고 있을까? 이제 더 이상 유대인이라곤 존재하지 않는 그날이 머지않았으니, 그들의 꿈이 곧 실현될 터인데 말이다. 물론 이제는 유대인뿐만 아니라 폴란드라는 나라 자체가 사라질 판국이었지만!

우리는 기술전문학교 앞에서 멈춰 섰다. 예전 모습 그대로였다. 적갈색과 노란색이 섞인 신고전주의 양식 건물인 본관은 거리에서 조금 떨어져 캠퍼스 안쪽에 세워져 있었고, 그 사이의 낮은 돌담 위로 쇠 울타리가 높게 둘러쳐져 있었다. 시험 기간이 되면 나는 종종 이 담장을 따라 걸어오면서, 정문 앞에서 희생자들을 기다리는 과격파 학생들의 모습을 울타리 사이로 엿보곤 했다. 널찍한 정문 입구 위로는 '유대인 없는 날'이라고 적힌 깃발이 걸려 있었다. 정문에서부터 건물 입구까지 무장한 학생들이 양옆에 늘어서서, 건물로 들어가는 사람들을 유심히 살펴보았다.

하여간 나는 이제 다시 한번 그 정문 밖에 서 있게 되었다. 이번에는 아무런 깃발도, 유대인을 두들겨 패는 학생들도 없었다. 단지 몇 명의 독일군 보초들이 서 있고 '임시 병원'이라고 적힌 간판이 정문 위에 걸려 있을 뿐이었다. 수용소에서 우리를 뒤따라온 SS대원 한 사람이 보초와 몇 마디 말을 주고받자 정문이 열렸다. 우리는 잘 다듬어진 잔디밭을 지나 입구에서 왼쪽으로 꺾은 다음, 건물을 빙 돌아 안뜰로 들어갔다. 그곳엔 짙은 그늘이 드리워져 있었다. 구급차가 계속 드나들었고, 우리는 몇 번이나 차가 지나가도록 길을 비켜 주어야 했다. 우리를 인계받은 의무대 하사관이 우리에게 해야 할 일들을 지시했다. 한때 몇 년 씩이나 다닌 곳이었지만, 나는 주위를 둘러보며 이상하게 낯선 느낌을 받았다. 이전에 이 안뜰에 와 본 적이 있었는지를 기억해 내려 애썼으나 전혀 생각이 나지 않았다. 왜 그랬을까? 우리 유대인 학생들이야 그저 별다른 괴롭힘을 당하지 않고 건물에 드나들 수 있다는 것만으로도 감지덕지했기 때문에, 그 주위 환경에 대해서는 별 관심이 없었던 까닭이리라.

안뜰 주위에는 아마도 피투성이 붕대를 보관하고 있을 것 같은 커다란 콘크리트 창고가 줄지어 있었다. 땅 위에는 한 무리의 죄수들이 바쁘게 트럭에서 내려놓은 빈 상자며 배낭이며 짐들이 쌓여 있었다. 코를 찌르는 듯한 갖가지 약품과 소독약 냄새, 뭔가 썩는 냄새 따위가 공기 중에 뒤섞여 있었다.

적십자 소속 간호사들과 위생병들이 바쁘게 오가고 있었다. 아스카리들은 그늘지고 냄새나는 안뜰을 벗어나 조금 떨어진 잔디밭 위에서 햇볕을 쬐고 있었다. 몇 명은 러시아에서 하던 버릇대로 신문지로 담배를 말고 있었다.

가벼운 부상을 입었거나 부상에서 거의 회복한 독일군 병사들은 벤치에 앉아서 아스카리들의 모습을 지켜보고 있었다. 부상병들은 아스카리들이 비록 독일 군복을 입었지만 실상 러시아인임을 즉시 알아차렸고, 우리가 누구인지 그들에게 물어보기도 했다.

부상병 중 한 사람이 벤치에서 일어나 우리 쪽으로 다가왔다. 그는 마치 짐승을 쳐다보는 듯한 표정으로 우리를 바라보았다. 대체 우리 같은 존재들을 얼마나 더 살려 두어야 하는지 궁금한 모양이었다. 그는 삼각건에 매달린 자기 팔을 손가락으로 가리키더니 이렇게 말했다.

"이 유대인 돼지 새끼들아. 너희 형제인 공산주의자 놈들이 나한테 무슨 짓을 했는지 봐라. 머지않아 네놈들도 다 뒈져 버리게 될 거다. 전부 다!"

다른 부상병들은 그와는 생각이 좀 다른 듯했다. 그들은 우리를 딱하다는 듯 바라보았고, 그중 한 명은 고개를 설레설레 흔들기까지 했다. 하지만 어느 누구도 우리에게 욕설을 퍼붓는 자에게 감히 뭐라고 말하진 않았다. 우리 쪽으로 다가온 부상병은 몇 마디 욕설을 더 지껄이더니 다시 벤치로 돌아가 햇볕을 쬐기 시작했다.

문득 이런 생각이 들었다. 언젠가 저 비열한 인간이 들어갈 무덤 곁에도 해바라기 한 그루가 피어나 그를 지켜 주겠지……. 그의 얼굴을 쳐다보고 있자니 아까 보았던 해바라기가 눈에 선했다. 내가 빤히 쳐다보는 것에 화가 났는지 그는 돌멩이를 하나 주워서 내게 던졌다. 그 돌에 맞지는 않았지만, 그로 인해 내 눈앞에서 해바라기의 모습이 사라져 버렸다. 그 순간 나는 처절하게도 혼자라는 생각이 들었고, 아르투르가 우리 작업조에 속하지 않았다는 게 아쉽기만 했다.

마침내 우리를 담당한 위생병이 나타나 우리를 어디론가 데려갔다. 우리가 할 일은 쓰레기가 잔뜩 담긴 종이 상자를 건물 밖으로 나르는 것이었다. 아마도 수술실에서 나왔거나 누군가의 상처 부위에 감았던 것인 듯, 상자 안에서 지독한 악취가 풍겨 나왔다.

일하다가 숨을 돌리려고 한쪽에 서서 깨끗한 공기를 몇 모금 들이마셨을 때, 흰색 깃이 달린 청회색 제복에 흰색 캡을 쓴 키가 작고 뚱뚱한 간호사가 나타났다. 그녀는 나를 유심히 쳐다보더니 가까이 다가왔다.

"당신 유대인이죠?" 그녀가 물었다.

나는 어리둥절한 표정으로 그녀를 바라보았다. 무엇 때문에 굳이 물어보는 것일까? 내 옷이나 얼굴을 보면 알 수 있을 텐데 말이다. 혹시 나를 괴롭히려는 수작일까? 도대체 무슨 짓을 하려는 걸까?

어쩌면 나를 불쌍하게 생각하기 때문인지도 몰랐다. 빵이라도 슬쩍 건네주고 싶은데 남들 눈이 무서워서 차마 그렇게 못하는지도 모를 일이었다.

두 달쯤 전, 동부 철도 공사장에서 산소통을 내리는 일을 하고 있을 때였다. 어느 트럭에서 독일군 한 명이 내리더니 이쪽으로 다가왔다. 그는 우리가 일하는 모습을 한참 지켜봤다면서, 우리가 굶주려 보이더라고 말했다.

"저기 가 보면 내 배낭에 빵이 있으니 얼른 가져가."

"직접 건네주면 안 됩니까?"

"유대인에게 뭘 주는 건 금지되어 있어."

"알고 있습니다. 하지만 가져가게 하는 거나 직접 주는 거나 마찬가지 아닌가요?"

그는 미소를 지었다. "아니야, 당신이 직접 가져가라고. 그래야만 내가 준 게 아니라고 말할 수 있으니까."

그 일을 회상하는 동안, 나는 이미 그 적십자 소속 간호사의 뒤를 따라서 건물 안으로 들어가고 있었다.

두툼한 벽으로 이루어진 건물 내부는 무척 시원했다. 간호사는 걸음이 빨랐다. 나를 어디로 데려가는 걸까? 뭔가 주려는 것이라면 아무도 없을 때 여기 계단 앞에서 줄 수도 있을 텐데. 하지만 간호사는 내가 뒤를 잘 따라오고 있는지 확인하기 위해 딱 한 번 돌아보았을 뿐이다.

계단을 올라가는 동안 나는 마치 이곳에 한 번도 와 본 적이 없는 것 같은 기분이 들었다. 계단 중턱에서 다른 간호사 몇 명이 우리 옆을 지나갔고, 의사 한 명이 '이 작자가 여기서 뭘 하는 거야?' 하는 표정으로 나를 쳐다보았다.

우리는 위층 현관으로 들어섰다. 내가 졸업장을 받았던 곳이었다.

간호사는 그곳에서 잠시 다른 간호사와 몇 마디 이야기를 주고받았다. 순간 나는 여기서 도망치는 게 낫지 않을까 하는 위기감을 느꼈다. 이곳은 내가 잘 아는 건물이었다. 어느 복도가 어디로 통하는지 잘 알기 때문에 마음만 먹으면 쉽게 도망칠 수 있었다. 이 간호사야 필요하다면 나 말고 다른 사람을 데려오면 그만일 테니까.

문득 나는 내가 왜 여기 서 있는지를 잊어버리고 말았다. 간호사는 물론이고 심지어 집단수용소에 대해서도 말이다. 오

른쪽으로 가면 바기에르스키 교수의 사무실이 나오고, 왼쪽으로
가면 데르다츠키 교수의 사무실이 나온다. 둘 다 유대인 학생을
싫어하는 것으로 유명했다. 나는 데르다츠키 교수 밑에서 요양
소 설계에 관한 학위 논문을 준비했다. 바기에르스키 교수도 내
논문 가운데 여러 부분을 고쳐 주었다. 유대인 학생과 함께 있을
때면 그는 호흡이 거칠어지면서 평소보다 더 말을 더듬었다. 나
는 지금도 그가 커다란 도장 반지를 낀 손에 굵은 연필을 쥐고 내
가 그린 도면에 선을 긋던 모습을 생생히 기억한다.

그때 간호사가 내게 잠시 기다리라고 손짓했고, 나는 다
시 현실로 돌아왔다. 나는 한가로이 위층 난간에 기대어 서서 바
쁘게 오가는 사람들의 모습을 내려다보았다. 부상병들이 들것에
실려서 들어왔다. 끝없이 사람들이 오가고 있었다. 목발을 짚은
병사가 절뚝이며 지나갔고, 들것에 누운 병사는 고통을 참느라
잔뜩 일그러진 얼굴로 나를 바라보고 있었다.

그러자 다시 이전에 겪었던 기억의 단편이 머릿속에 떠올
랐다. 1936년, 학생들이 시위를 벌였을 때였다. 일단의 반유대주
의자들이 어느 유대인 학생을 위층 현관의 난간 너머로 집어 던
졌고, 그 희생자는 지금 저 부상병이 누워 있는 바로 그 자리에
쓰러져 있었다.

위층 현관에서 조금 떨어진 문을 열고 들어가면 기술전문
대학 학장의 사무실이었다. 우리는 그곳에서 교수에게 과제물을
제출하고 검사를 받았다. 내가 다니던 당시의 학장은 말수가 적
었고 매우 점잖았으며 엄격한 분이었다. 우리는 그분이 유대인

을 옹호했는지 반대했는지조차 알 수 없었다. 누구라도 그분의 초연함을 느낄 수 있을 정도였다. 아니, 어쩌면 모든 사람이 유대인을 좋아하거나 싫어하거나 둘 중 하나라고 생각한 것부터가 우리의 지나친 자격지심이었는지도 모른다. 유대인이라며 줄곧 괴롭힘을 당하다 보니 저도 모르게 그런 피해의식이 생긴 것은 아니었을까.

간호사가 다시 돌아오면서 밝은 표정을 지었다. 내가 아직 여기 있다는 사실에 매우 기뻐하는 듯한 눈빛이었다.

우리는 복도를 따라 걸어가서 학장실 문 앞에 멈춰 섰다.

"여기서 잠깐만 기다려요."

나는 고개를 끄덕이며 계단 쪽을 바라보았다. 잡역부들이 들것에 사람을 싣고 계단을 내려가고 있었다. 이 건물에는 승강기가 없었고, 독일인들도 굳이 새로 설치하지 않은 모양이었다. 잠시 후 간호사가 학장실에서 나오더니 내 팔을 붙잡고 문 안으로 데리고 들어갔다.

나는 학장의 책상이며 우리의 과제물을 보관하던 벽장처럼 내 눈에 익은 물건을 찾아 두리번거렸지만, 과거의 유물은 이미 사라져 버리고 없었다. 방 안에 있는 것이라곤 흰색 침대 한 개와 그 옆에 놓인 작은 탁자뿐이었다. 침대 위에는 뭔가 희끄무레한 것이 이불 속에서 튀어나와 내 쪽을 향하고 있었다. 처음에는 뭐가 뭔지 알 수 없었다.

간호사가 침대 쪽으로 몸을 굽히며 뭐라고 중얼거렸다. 그러자 낮고 굵은 목소리가 희미하게 응답했다. 실내는 어두웠지만 나는 온통 흰색으로 감싸인 채 미동도 않고 침대 위에 누워 있는 누군가의 모습을 알아볼 수 있었다. 나는 이불 아래 드러난 몸의 윤곽을 훑어보고, 아마도 머리인 듯한 부분에 시선을 멈추었다.

간호사는 몸을 일으켜 세우더니 내게 나직이 말했다. "여기에 좀 있어요." 그러더니 곧바로 방에서 나가 버렸다.

문득 침대 쪽에서 매우 힘겨워하는 듯한 쇠약한 목소리가 들려왔다. "좀 더 가까이 오세요. 목소리가 잘 나오지 않으니까."

그의 말대로 가까이 가자 침대 위에 놓인 사람의 모습을 좀 더 잘 알아볼 수 있었다. 이불 위에는 핏기 없는 잿빛 손이 놓여 있었고, 머리는 코와 입과 귀가 있는 곳에 뚫어 놓은 구멍을 제외하고는 두 눈까지 죄다 붕대로 감겨 있었다. 뭔가 비현실적인 기분이 들었다. 정말 무시무시한 상황이었다. 그 시체 같은 손이며, 온몸을 감싼 붕대며, 더군다나 지금 이 기묘한 만남이 벌어지고 있는 장소까지도 말이다.

나로선 이 부상자가 누구인지 알 길이 없었다. 하지만 그가 독일인이라는 것만은 분명했다.

약간 머뭇거리다가 나는 침대 가장자리에 걸터앉았다. 부상자는 그것을 알아차린 듯 부드럽게 말했다. "좀 더 가까이 오세요. 크게 말하려니 힘들군요."

나는 그가 시키는 대로 했다. 그는 자기 몸을 침대에서 약간 일으키려 하면서, 핏기 없는 손으로 내 손을 잡으려고 더듬거렸다.

나는 너무 놀라서 아무 말도 할 수가 없었다. 나로선 도무지 꿈인지 생시인지 분간을 못 할 지경이었다. 누더기 같은 옷을 입은 집단수용소의 죄수인 내가, 한때는 렘베르크 기술전문학교의 학장실이었지만 지금은 임시 병원의 임종실로 사용되는 병실에 있는 것이었다.

어두움에 눈이 좀 익숙해지자 부상자의 몸을 감은 붕대 위에 배어 있는 누런 얼룩이 보였다. 연고 자국, 아니면 고름 자국일까? 붕대로 휘감아 놓은 얼굴은 그야말로 유령 같았다.

나는 아무 생각 없이 침대 끄트머리에 앉아 있었다. 부상당한 사람에게서 눈을 뗄 수 없었고, 누런 얼룩으로 가득한 그의 붕대가 갑자기 내 눈앞에서 움직이며 뭔가 다른 형체로 변할 것만 같았다.

"저는 더 못 살 거예요." 부상자가 들릴락 말락 한 목소리로 속삭였다. "이제 얼마 안 남았어요."

그러더니 아무 말이 없었다. 무슨 말을 할지 생각하는 중일까? 아니면 곧 죽음이 다가온다는 사실을 두려워하는 것일까? 나는 좀 더 가까이 다가가서 그를 바라보았다. 몸이 꼬챙이처럼 깡말라서, 셔츠 속의 바짝 말라붙은 피부 위로 앙상한 뼈가 튀어나와 보일 정도였다.

그가 그렇게 말했는데도 나는 아무런 느낌이 없었다. 집단수용소에서 살아가다 보니 죽음에 대해서는 더 이상 특별한 느낌이나 두려움이 없어져 버린 것이었다.

병이나 고통이나 죽음은 우리 유대인의 영원한 동반자였다. 따라서 그런 것들을 더 이상 무서워할 필요가 없었다.

죽어 가는 이 남자와 만나기 두 주 전에, 나는 공사장에서 시멘트 부대를 보관하는 창고에 들어간 적이 있었다. 어디선가 신음 소리가 들려오기에 확인해 보니 동료 죄수 가운데 한 사람이 시멘트 부대 밑에 쓰러져 있었다. 나는 어떻게 된 일인지 물어보았다.

"나는 죽어 가고 있어." 그는 숨 막히는 듯한 목소리로 중얼거렸다. "나는 죽게 될 거야. 세상 어느 누구도 날 도와주지 않고, 날 위해 울어 주지 않을 거야." 그러더니 불쑥 이렇게 말했다. "나는 이제 겨우 스물두 살인데."

나는 창고에서 달려 나와 수용소 내의 의사를 찾아갔다. 하지만 그는 어깨를 으쓱하기만 하고 돌아설 뿐이었다. "오늘 여기서 일하는 사람만 해도 수백 명이야. 이 중에서도 죽어 가는 사람이 한 여섯 명은 될걸." 그는 내가 말하는 사람이 어디 있는지 묻지도 않았다.

"그래도 한번 가서 봐 주기라도 해야죠." 나는 항의했다.

"나로서도 어쩔 수가 없어." 그가 대답했다.

"하지만 선생님은 의사니까 우리보다 좀 더 자유롭게 움직일 수 있잖아요. 내가 가 보는 것보다는 선생님이 가 봐야 간수도 납득할 거고요. 그렇게 혼자 버려진 채 죽는다면 얼마나 비참하겠어요. 임종 때만이라도 어떻게 좀 도와주세요."

"알았어, 알았다니까." 그가 말했다.

하지만 나는 그가 결코 가지 않을 것임을 알았다. 이미 그는 죽음에 대한 감정을 잃어버린 지 오래였다. 그날 저녁 점호 때 시신 여섯 구가 발견되었다. 모두 아무 말 없이 시신을 옮겼다. 의사의 예상이 정확히 맞아떨어진 것이었다.

"저도 압니다." 부상자가 중얼거렸다. "지금 이 순간에도 죽어 가는 사람들이 저 말고도 수천 명이나 더 있다는 걸요. 죽는 건 어디나 마찬가지죠. 보기 드물거나 특이한 것도 아니고요. 저도 곧 죽을 운명이지만, 그 전에 제가 무척 괴로워하는 일을 누군가에게 고백하고 싶었습니다. 그렇게 하지 않으면 전 결코 마음 편히 죽지 못할 겁니다."

그는 가쁘게 숨을 몰아쉬었다. 문득 그가 머리에 감긴 붕대 너머로 나를 바라보고 있다는 것을 느꼈다. 어쩌면 그는 붕대에 묻은 누런 얼룩 너머로 나를 바라보고 있는지도 몰랐다. 물론 그의 눈 근처에는 그런 얼룩이 없었지만 말이다. 나는 차마 그를 똑바로 바라볼 수 없었다.

"마침 간호사가 바깥에서 일하는 유대인 죄수들이 있다고 알려 주더군요. 아까는 우리 어머니가 보낸 편지도 갖다주고……. 편지를 읽어 주고 가더군요. 제가 이 병원에 온 지도 벌써 석 달이 다 돼 갑니다. 그래서 결국 결심했죠. 한동안 생각하던 끝에 말입니다……. 간호사가 다시 왔을 때 저는 한 가지 부탁을 했습니다. 여기에 온 유대인 죄수들 가운데 한 사람만 이리 데려와 달라고요. 하지만 아무에게도 그 사실을 알리지 말아 달라고 했죠. 왜 그런 부탁을 하는지 몰라서 그랬는지, 간호사는 아무 대답도 하지 않고 그냥 가 버리더군요. 그래서 저는 간호사가 위험을 무릅쓰면서까지 저를 위해 제가 부탁한 일을 해 주리라고는 기대도 하지 않았습니다. 하지만 잠시 후에 다시 와서는 유대인을 데려왔다고 하는 거예요. 마치 죽어 가는 사람의 마지막 소원을 들어주는 것처럼 말이죠. 그 간호사는 제가 어떤 상태인지 잘 알고 있습니다. 저도 여기가 임종실이라는 것을 알고 있고요. 병원에서는 가망이 없는 환자를 이곳에 넣어 두고 혼자 죽게 하니까요. 아마 다른 환자들 때문에 그렇겠지요."

도대체 이 남자는 누구일까? 그리고 내게 무슨 이야기를 하고 싶은 걸까? 혹시 원래는 유대인이었지만 독일인인 척 행세하던 사람이, 이제 임종을 맞은 상황에서 다시 한번 유대인 동포를 만나고 싶어 하는 것일까? 게토에 떠도는 소문이나 훗날 수용소에서도 나돌던 소문 중에는, 실제로 독일 내에서 외모가 '아리안 족'과 똑같은 유대인이 문서를 위조해 군대에 들어갔다는 이야기도 있었다. 심지어 SS대원 중에도 유대인이 있다고 했다. 그것도 나름의 생존 전략인 셈이었다. 그렇다면 혹시 이 남자도 유대인일까? 아니면 부모 가운데 한 사람이 유대인이라서 일종의 혼혈인가? 그가 약간 몸을 뒤척이는 순간, 다른 쪽 손에 쥐고 있던 편지가 바닥으로 툭 떨어졌다. 나는 몸을 굽혀 편지를 주워서 그의 이불 위에 얹어 주었다.

나는 그의 손을 건드리지 않았고 그도 내가 움직이는 것을 보지 못했다. 그런데도 그는 곧바로 반응을 보였다.

"고맙습니다. 우리 어머니가 보낸 편지예요." 그의 입술 사이로 부드러운 목소리가 흘러나왔다.

또다시 나는 그가 쳐다보고 있는 듯한 느낌을 받았다.

그는 손을 뻗어 편지를 붙잡더니, 마치 그 종이를 만짐으로써 조금이나마 힘과 용기를 얻겠다는 듯 자기 쪽으로 끌어당겼다. 문득 나는 더 이상 내게 편지를 부칠 수도 없는 우리 어머니를 생각했다. 5주 전에 어머니는 나치의 단속에 걸려 게토 밖으로 끌려가고 말았다. 온갖 약탈을 당한 뒤에 우리 집에 유일하게 남은 귀중품이라곤 금시계뿐이었다. 언젠가 나는 그 시계를 어머니에게 건네며, 혹시 붙잡히게 될 경우에는 뇌물로 사용하라고 일러 드렸다. 훗날 그 당시의 상황을 목격한 이웃이 내게 자초지종을 이야기해 주었다. 어머니는 당신을 체포하러 온 우크라이나인 경찰관에게 그 시계를 건넸다. 그는 어머니를 놓아 주었지만, 잠시 후에 되돌아와서 어머니를 포함한 여러 사람을 트럭에 태우고 차마 편지조차 쓸 수 없는 곳으로 데려가고 말았던 것이다.

죽어 가는 사람의 쉰 목소리를 듣고 있자니, 마치 시간이 멈춰 버린 듯한 느낌이었다.

"제 이름은 카를입니다……. SS에는 자원해서 들어갔죠. 아, 물론 SS라는 말을 들으시면……."

그는 말을 멈추었다. 목이 마른 듯, 그는 침을 삼키느라 애를 먹었다.

그제야 나는 그가 독일군 제복을 입은 유대인도, 혹은 유대인 혼혈도 아니라는 사실을 알게 되었다. 어째서 내가 그런 생각을 했던 것일까? 하긴, 그 당시엔 별의별 일이 다 있었으니까.

"좀 끔찍한 이야기를 하겠습니다……. 좀 비인간적인 이야기를요. 한 1년쯤 전에 일어난 일이죠……. 아니, 올해가 벌써 다 지나갔나?" 그의 마지막 말은 혼잣말이나 다름없었다. "아, 아직 다 지나가진 않았군." 그는 말을 이어 나갔다. "제가 그 범죄를 저지른 지도 벌써 1년이 흘렀군요. 누군가에게 이야기하고 싶었어요. 누군가 날 도와줄 만한 사람에게요."

그러면서 그는 내 손을 붙잡았다. 그가 '범죄'라고 말하는 순간 나도 모르게 손을 빼려고 했지만, 그의 손가락은 이미 내 손가락을 단단히 붙잡고 있었다. 어디에서 그런 힘이 나오는 걸까? 아니면 내가 너무 쇠약해진 탓에 손을 뺄 수 없었던 것일까?

"그 끔찍한 이야기를 해 드리지요. 왜냐하면… 당신도 유대인이니까요."

글쎄, 과연 이 세상에 우리 유대인이 미처 모르는 어떤 끔찍한 일이 있기는 할까?

제정신이 아닌 사람의 머리에서나 나올 법한 온갖 종류의 잔혹 행위와 고문은 이미 내게 무척 익숙한 것이었다. 내가 직접 당해 보기도 했고, 수용소 내에서 종종 목격하기도 했다. 지금 이 부상자가 무슨 이야기를 하건, 수용소의 우리 동료들이 밤마다 서로 주고받는 경험들보다 끔찍할 수는 없을 것이었다.

솔직히 나는 그의 이야기에 별로 흥미가 없었고, 단지 그 간호사가 내가 지금 어디 있는지를 아스카리에게 귀띔해 주었으면 하는 바람뿐이었다. 그렇지 않으면 나를 찾기 위해 한바탕 소동이 벌어질 것이었다. 어쩌면 내가 도망쳤다고 생각할지도 모른다.

마음이 불편했다. 하지만 문밖에서 사람들 소리가 들렸을 때, 그 간호사의 목소리가 섞여 있다는 사실을 알고는 적이 안심이 되었다. 힘겨운 목소리는 계속 이어졌다.

"제가 저지른 죄를 깨닫기까지는 시간이 좀 걸렸지요."

나는 붕대를 감은 그의 머리를 바라보았다. 도무지 그가 무슨 고백을 하고 싶어 하는지 알 수 없었지만, 적어도 그가 죽은 뒤에는 무덤가에 해바라기 한 그루가 자라날 것임이 분명했다. 햇빛이 들어오는 임종실 창문 쪽에는 해바라기가 한 그루 놓여 있었다. 왜 해바라기가 벌써 여기 있는 것일까? 어쩌면 저 해바라기가 훗날 그와 함께 묘지로 가서, 그의 무덤가에서, 그를 계속해서 삶과 연결시켜 줄 것인지도 몰랐다. 그 때문에 나는 그가 부러웠다. 또한 나는 마지막 순간에 직면해서도 자기를 위해 슬퍼해 줄, 아직 살아 있는 자신의 어머니를 생각할 수 있는 그가 부러웠다.

"제가 애초부터 타고난 살인자는 아니었습니다……." 그는 가쁘게 숨을 몰아쉬더니 갑자기 잠잠해졌다. "저는 슈투트가르트 출신이고, 올해 스물한 살입니다. 죽기에는 이른 나이죠. 아직 하고 싶은 일도 다 못 했고요."

물론 죽기에는 이른 나이라고 나도 생각했다. 하지만 가스실로 끌려간 우리 유대인 아이들에게 아직 하고 싶은 일이 남아 있느냐고 나치가 언제 물어보기나 했는가? 아직 죽기에는 이른 나이가 아니냐고 과연 물어보기나 했는가? 당장 나부터도 그런 질문을 받은 적이 전혀 없었다.

내 심리적 반응을 짐작하기라도 한 듯, 그가 말했다. "지금 무슨 생각을 하는지 압니다. 충분히 이해도 가고요. 하지만 지금 죽기엔 제 나이가 너무 이르지 않을까요?"

그러더니 그는 오히려 차분하고 또렷하게 말을 이었다.

"우리 아버지는 어느 공장 지배인이었고, 사회민주당* 지지자였습니다. 1933년 이후에는 사정이 어려워졌지만, 그때는 아버지뿐만 아니라 다른 사람도 모두 그랬죠.** 어렸을 때는 어머니를 따라 가톨릭을 믿어서 성당에서 복사(服事)*** 노릇을 했습니다. 신부님께서도 저를 아끼셔서 언젠가 신학을 공부하게 될 거라고 말씀하셨죠. 하지만 이후의 상황은 전혀 달랐습니다. 저는

---

* 독일사회민주당(Sozialdemokratische Partei Deutschlands). 1875년에 설립된 정당. 마르크스주의에 근간을 두면서도 폭력 혁명이 아닌 민주적 절차에 의한 사회주의 실현을 목표로 삼았다. 초기에는 불법 단체로 규정되었다가 1890년에 합법화되었으며, 나치스의 대두와 함께 몰락했다가 제2차 세계대전 후 부활하여 1980년대 초까지 유력한 정당으로 성장했다.

** 1933년에 치른 바이마르 의회 총선에서 나치스가 완승을 거둔 직후, 사회민주당이 불법화되어 정치 활동이 금지되었기 때문이다.

*** 가톨릭 미사나 각종 전례에서 진행자인 사제를 돕는 보조자를 뜻하며, 대개 신앙심 깊고 똑똑한 10세 전후의 남자아이 가운데서 선발한다.

히틀러 소년단[****]에 가입했고, 그로 인해 성당과는 완전히 멀어졌죠. 어머니는 무척 슬퍼했지만 나중에는 포기했는지 야단도 치지 않더군요. 저는 외아들이었거든요. 아버지도 그 문제에 대해서는 한마디도 하신 적이 없었죠…….

아버지께선 혹시 집에서 한 이야기를 제가 히틀러 소년단에 가서 고발이라도 할까 봐 두려워하셨던 겁니다……. 소년단 지도자는 우리의 대의명분을 어디서든 옹호해야 한다고 지시했으니까요……. 심지어 집에서도 말입니다……. 그는 혹시 누가 우리의 대의명분을 비난한다면 곧바로 자기에게 보고해야 한다고 하더군요. 정말 그렇게 하는 친구도 있었지만 저는 그러지 않았습니다. 그런데도 우리 부모님께서는 저를 두려워해서, 뭔가 대화를 하시다가도 제가 가까이 다가가면 즉시 입을 다물곤 했죠. 부모님이 저를 믿지 않는다는 것이 괴로웠지만, 불행히도 그 당시의 저는 정말 아무런 생각이 없었습니다.

히틀러 소년단에서 저는 여러 친구들을 사귀었습니다. 정말 하루 종일 바빴죠. 수업이 끝나면 반 친구 대부분이 클럽 회관이나 운동장으로 달려갔습니다. 아버지는 제게 거의 아무 말씀도 안 하셨고, 혹시 하실 말씀이 있어도 매우 조심스럽게 에둘

[****] 히틀러 소년단(Hitler Jugend). 나치스가 1922년 설립한 조직으로 '히틀러 유겐트'라고도 한다. 18세 미만의 청소년을 대상으로 나치스 이념을 교육하고 시위 및 선동에 동원했으며, 나중에는 군사 훈련까지 실시했다. 나치스의 집권 후에는 독일 내 모든 청소년 단체를 흡수 통합하여 회원이 무려 350만 명에 달했다.

러서 하셨죠. 저는 아버지가 무엇을 걱정하는지 알고 있었습니다. 아버지께서 몇 시간 동안이나 아무 말씀 없이 걱정스러운 표정으로 앉아 있는 모습을 자주 봤으니까요…….

전쟁이 터지자 저는 자연스레 SS에 자원입대했습니다. 하지만 저 혼자만은 아니었죠. 소년단에서 우리 분대의 친구들 가운데 절반가량이 그렇게 자원입대했으니까요. 마치 무도회에 가거나 소풍 가는 것처럼 다들 단순하게 생각하고 한 행동이었습니다. 제가 집을 떠날 때 어머니는 우시더군요. 아버지께서는 제가 대문을 나설 때 이렇게 말씀하셨고요. '그놈들이 결국 우리 애까지 데려가는군. 결코 좋게 끝나진 않을 거야.'

아버지의 말을 듣자 저는 화가 났습니다. 당장이라도 도로 들어가 아버지와 말다툼을 벌이고 싶었죠. 아버지가 세상 돌아가는 것을 전혀 모른다고 따지고 싶었습니다. 하지만 그냥 나와 버렸죠. 막상 헤어지는 마당에 그것 때문에 안 좋은 모습을 보이긴 싫었으니까요.

결국 그것이 제가 마지막으로 들은 아버지의 목소리였습니다……. 간혹 어머니가 보내는 편지에 몇 마디 덧붙이시긴 했지만, 대개는 아버지가 회사에서 돌아오기 전에 어머니가 서둘러 편지를 써서 부치곤 했으니까요."

그는 잠시 말을 멈추고 침대 옆 탁자 위에 놓인 물컵을 향해 손을 뻗었다. 앞을 볼 수 없는데도 그는 컵이 어디에 놓여 있는지 잘 알고 있었다. 미처 내가 도와줄 사이도 없이, 그는 물을 한 모금 마신 뒤에 컵을 원래 자리에 내려놓았다. 정말로 그의 상태가 아까 말한 것처럼 심각한 것일까?

"우리는 어느 육군 부대의 훈련소에 들어갔고, 라디오를 통해 폴란드에서 벌어지는 전투 소식을 들으며 열광했습니다. 신문에 나오는 소식들을 열심히 읽으면서, 혹시 이러다가 우리가 할 일이 없어지는 것은 아닐까 걱정하기도 했죠. 저는 뭔가 새로운 경험을 하고, 이 세상을 구경하고, 나중에 자랑할 만한 멋진 모험을 하고 싶었습니다……. 우리 삼촌은 한때 러시아에서 겪은 전쟁 이야기며, 어떻게 해서 마주리아 호수에 러시아 놈들을 쓸어 넣었는지 흥미진진하게 이야기하곤 했죠.* 저도 그런 일을 하고 싶었던 겁니다."

나는 마치 뜨겁게 달궈진 벽돌 위에 올라앉은 고양이처럼, 내 손을 그의 손에서 빼내려고 애쓰고 있었다. 당장 여기서 나가고 싶었지만, 그의 손이나 목소리로 미루어 볼 때 그는 계속 내게 이야기를 하고 싶은 모양이었다. 그는 내 손을 점점 더 세게 붙잡았다. 마치 자기를 버리지 않겠다고 약속이라도 하라는 듯이. 어쩌면 그의 손은 다친 눈을 대신하고 있었는지도 모른다.

나는 방을 둘러보고 창문 쪽을 쳐다보았다. 햇볕이 내리쬐는 안뜰의 한쪽이 보였고, 그 한가운데 지붕 그림자가 비스듬히 드리워져 있었다. 빛과 어둠의 경계선에는 그 어떤 중간지대

---

* 제1차 세계대전 당시인 1914년 9월과 1915년 2월에 폴란드 영토인 마주리아 호수 인근에서 벌어진 두 번의 전투에서 러시아군은 독일군에게 치명적인 패배를 당했다.

도 존재하지 않았다.

죽어 가는 그 남자는 어느 폴란드 점령지에서 있었던 일에 대해 이야기하고 있었다. 혹시 라이히스호프*였을까? 하지만 물어보진 않았다.

왜 이리 서론이 긴 것일까? 왜 그는 자기가 뭘 원하는지 곧바로 이야기하지 않는 걸까? 하지만 굳이 친절하게 물어봐 줄 필요는 없었다.

이제 그의 손은 서서히 떨리고 있었고, 나는 그때를 틈타 내 손을 빼내려고 했다. 하지만 그는 내 손을 다시 붙잡으며 이렇게 속삭였다. "제발!"

뭔가 마음을 굳게 먹어야 했기 때문일까? 과연 무슨 이야기를 하려는 걸까? "그러고 나서, 그러고서 끔찍한 일이 벌어졌습니다……. 하지만 그보다 먼저 제 자신에 대해 좀 더 이야기하고 싶군요."

그는 내가 불편해한다는 것을 눈치 챈 모양이었다. 혹시 내가 계속 문 쪽을 바라본다는 것을 알아챈 걸까? 갑자기 그가 말했다.

"아무도 여기 들어오진 않을 겁니다. 간호사가 밖에서 망을 봐 준다고 했으니까요……. 제 학교 친구인 하인츠도 당시 폴란드에 저와 함께 있었죠. 그 친구는 저를 보고 항상 몽상가라

---

* 제스추프(Rzeszów). 폴란드 동남부의 도시. 독일어로는 '라이히스호프'라 불렸다.

고 했습니다. 정확히 왜 그랬는지는 모르겠습니다. 어쩌면 제가 항상 즐겁고 행복해 보여서 그랬는지도 모르죠. 적어도 바로 그 날, 그런 일이 일어나기 전까지는 말입니다⋯⋯. 하인츠가 지금 제 소식을 알지 못한다는 게 오히려 다행인지도 모르겠습니다. 어머니께선 아마 제가 한 일을 도무지 상상조차 못 하실 거예요. 늘 저를 착한 아들로 생각하셨으니까요. 실제로 저를 '우리 착한 아들'이라고 부르시곤 했죠. 항상 저를 당신이 보고 싶으신 대로만 보셨으니까요.

어머니는 제가 보낸 편지를 이웃 사람들 앞에서 읽어 주기도 하셨다더군요⋯⋯. 그러면 이웃들은 제가 총통과 조국을 위해 부상을 입었다는 사실이 너무 자랑스럽다고 말하곤 했답니다⋯⋯. 하지만 그건 다 입에 발린 소리일 뿐이죠⋯⋯."

마치 스스로를 아프게 하려는 듯, 마치 스스로에게 고통을 주려는 듯, 그의 말은 점차 신랄해졌다.

"우리 어머니의 기억 속에서 저는 여전히 세상 물정 모르는 행복한, 항상 밝게 웃음 짓는 어린애에 지나지 않았던 거죠⋯⋯. 그때 우리는 이런 농담을 주고받았죠⋯⋯."

그가 자기의 어린 시절과 친구들에 대해 이야기하는 동안, 나 또한 곧잘 농담을 지껄이는 것이 취미였던 시절을 회상하고 있었다. 나는 옛 친구들, 특히 프라하에서 학교를 다닐 때 만났던 친구들을 떠올렸다. 우리는 서로 여러 가지 농담을 주고받았고, 피차 앞길이 창창한 청춘이었다.

하지만 이 부상병과 나의 젊은 시절에 대체 무슨 공통점이 있단 말인가? 솔직히 우리는 서로 다른 세계에서 살던 사람들이 아닌가? 내가 살던 세계에서 만난 친구들은 지금 어디에 있을까? 아직 수용소에 갇혀 있거나, 그렇지 않으면 묘비 하나 없이 한꺼번에 커다란 구덩이에 파묻혀 버렸겠지……. 이 죽어 가는 독일인의 친구들은 지금 어디 있을까? 아직 살아 있거나, 죽었더라도 하다못해 무덤가에 해바라기 한 그루와 자기 이름을 새긴 십자가 하나는 남아 있겠지.

나는 어째서 유대인인 내가 죽어 가는 나치 군인의 고백을 듣고 있어야 하는지 스스로에게 물어보았다. 만약 그가 자기의 가톨릭 신앙을 되찾았기 때문이라면, 차라리 신부가 한 사람 찾아와야 그가 평안히 죽을 수 있게 해 줄 수 있을 것 아닌가. 하지만 내가 죽을 때면, 혹시 뭔가 고백할 게 있더라도 과연 누가 나를 찾아와 줄까? 나 또한 이 사람과 마찬가지로 언제 죽을지 모르는 입장 아닌가. 나보다 앞선 수백만 명이 그랬듯, 나의 최후도 결국 비참하기 그지없을 것이었다. 어쩌면 예기치 못한 충격 속에서, 어쩌면 전혀 생각지도 못한 상황에서 총에 맞아 죽을지도 몰랐다.

그는 마치 낭송이라도 하듯 자기의 어린 시절을 이야기하고 있었고, 그로 인해 나도 결국 내 어린 시절을 떠올리게 되었다. 하지만 내 어린 시절은 너무나 멀리 떨어진 곳에 있어서 전혀 현실감이 없었다. 마치 내가 평생을 이 수용소에서 보낸 사람처럼 느껴졌고, 그저 저들의 욕구 불만과 인종적 증오를 해소하기 위한 무기력한 희생자이자, 인간의 모습으로 태어난 짐승에 지나지 않는다는 생각이 들었다. 지난 시절에 대한 회상은 나를 더욱 나약하게 할 뿐이었다. 나는 오히려 더 강해질 필요가 있었다. 이런 비참한 시기에는 오직 강한 자만이 살아남을 수 있기 때문이다. 나는 언젠가 이 세상이 저들의 잔인한 짓에 대해 복수할 날이 있으리라는 믿음을 여전히 갖고 있었다. 비록 지금은 저들이 승리하고, 전투에서 이겨 환호하고, 한없이 오만하게 굴고 있어도 언젠가는 말이다. 그때가 되면 지금 유대인이 당하는 것처럼 독일인의 목이 허공에 매달릴 날도 있을 것이다…….

내 모든 본능이 내게 저 나치의 넋두리를 계속 듣고 있어서는 안 된다고 경고하고 있었다. 나는 거기서 나가고 싶었다. 그러자 상대방도 그런 내 생각을 알아챘는지, 손에 쥐고 있는 편지를 떨어뜨리면서까지 내 팔을 더듬었다. 그 몸짓이 너무 딱해 보여서 나는 순간적으로 그에게 미안한 생각이 들었다. 나가고 싶은 마음은 굴뚝같았지만, 결국 나는 어쩔 수 없이 계속 거기 머물렀다. 그는 나지막이 이야기를 계속 이어 갔다.

"지난봄에 우리는 뭔가가 진행 중이라는 사실을 알게 되었습니다. 조만간 우리가 대단한 일을 하게 될 거라는 이야기를 종종 들었죠. 우리의 남자다움을 만인 앞에 증명해야 할 거라고, 강인해져야 한다고 말입니다. 이른바 인도주의니 뭐니 하는 바보 같은 짓은 할 생각도 말라고 하더군요. 총통께서는 진정한 남자만을 원한다고요. 당시만 해도 우리는 그런 말에 크게 감동을 받았습니다.

러시아와의 전쟁이 시작되자, 우리는 한때 우리를 사열하기도 한 힘러*의 연설을 라디오로 들었습니다. 그는 총통이 지시한 사명을 이루기 위해 최후의 승리를 이루자고 하더군요……. 열등한 인간들을 불태워 버리는 것에 대해서도요……. 우리에겐 유대인과 볼셰비키에 대한 책이 산더미처럼 배급되었습니다. 우리는 잡지 〈슈튀르머〉**를 탐독했고, 거기서 오린 갖가지 만화를 침상 위에 핀으로 꽂아 두었죠. 하지만 저는 그런 데는 관심이 없었습니다……. 저녁이면 우리는 매점에 가서 맥주를 마시며 독일의 미래에 대해 서로 이야기했죠. 폴란드에서와 마찬가지로, 러시아와의 전쟁도 우리 지도자의 천재적인 능력 덕분에 금세 끝날 거라고 생각했습니다. 우리가 나갈 전선은 점점 더 동쪽으로 멀리 확장될 것이라고요. 독일인들에겐 살 곳이 필요했으니까요."

지쳤는지 그는 잠시 말을 멈추었다.

"이제 제가 예전에 어떤 사람이었는지 잘 알게 되었을 겁니다."

그는 모든 것을 체념한 듯 구체적이고 신랄하게 말했다.

나는 다시 창밖을 내다보았고, 아까 보았던 빛과 어둠의

---

* 하인리히 힘러(Heinrich Himmler, 1900~1945). 독일의 군인 겸 정치가. 히틀러의 오른팔로 나치스 친위대장과 경찰총장을 역임하며 유대인 학살과 강제수용소 운영 등을 주도한 인물이다.

** 〈슈튀르머(Der Stürmer)〉. 1923년부터 45년까지 독일에서 발행된 주간지. 나치스를 찬양하는 한편, 노골적인 반유대주의적 기사와 만화를 게재한 것으로 악명이 높았다.

경계선이 이제는 안뜰로 난 다른 창문 위에 드리웠다는 사실을 깨달았다. 태양이 아까보다 좀 더 높이 솟아오른 모양이었다. 창문 가운데 하나는 잔뜩 받은 햇빛을 고스란히 반사하고 있었다. 그래서 어느 순간 햇빛이 임종실 안으로 쏟아져 들어왔다. 당시 우리 수감자들은 모든 것으로부터 어떤 상징을 곧잘 읽어 냈다. 그야말로 신비주의와 미신이 먹혀들기 딱 좋은 때였다. 수용소 동료들은 종종 귀신 이야기를 했다. 우리에겐 모든 것이 비현실적이고 공허하게만 들렸다. 이 세상은 신비주의적인 형상으로 가득 차 있었다. 하느님이 잠시 자리를 비운 사이에, 다른 것들이 그 자리를 대신하여 우리에게 갖가지 신호를 보내고 있는 것이었다.

예전 같았다면 우리는 초자연적인 존재를 믿는 사람들을 비웃고 말았을 것이다. 하지만 이제 우리는 그런 초자연적 존재들이라도 제발 우리의 현실에 어떻게든 간섭해 주기를 바라고 있었다. 우리는 엉터리 점쟁이와 예언자의 말을 모두 귀담아들었다. 더 나은 시기가 오리라는 희망을 조금이라도 심어 주는 것이라면, 도무지 말도 안 되는 이야기에조차 간절히 매달렸던 것이다. 원래 유대인 특유의 끝없는 낙관주의는 모든 이성을 초월하지만, 이제는 그 이성조차 제정신이 아니었다. 하긴, 나치가 지배하는 세상에서 과연 무엇이 합리적이거나 논리적일 수 있겠는가? 끔찍한 현실로부터 벗어나려면 환상에라도 매달려야 했다. 그런 상황에서는 이성조차 도리어 장애물에 지나지 않았다. 우리는 틈만 나면 꿈속으로 도망치고자 했고, 결코 그 꿈에서 깨어나고 싶지 않았던 것이다.

잠시 동안 나는 지금 내가 어디 와 있는지조차 잊어버리고 있었다. 그러다가 문득 뭔가 붕붕거리는 소리를 들었다. 냄새에 이끌려 왔는지, 파리 한 마리가 죽어 가는 사람의 머리 근처를 날아다니고 있었다. 나는 손을 저어 파리를 쫓아 주었다. 물론 그는 앞을 볼 수 없으니 손을 젓는 내 모습도 볼 수 없었겠지만.

"고맙습니다." 그가 내게 속삭였다. 그 순간 나는 무기력한 '인간 이하'의 존재인 내가 무심코, 그리고 간단하게 나와 마찬가지로 무기력한 '초인'의 고통을 덜어 주었다는 사실을 깨달았다.

그는 이야기를 계속했다.

"6월 말에 우리는 돌격대에 합류해서 트럭을 타고 최전선으로 향했습니다. 우리가 지나가는 내내 한껏 자라난 밀밭이 눈앞에 펼쳐졌지요. 분대장이 그러더군요. 히틀러가 하필이면 지금 러시아와 전쟁을 시작한 이유는, 사려 깊게도 우리가 추수 때에 맞춰 고향으로 돌아올 수 있게 하기 위해서였다고요. 그야말로 좋은 생각이라고 다들 철석같이 믿었습니다. 그 끝없는 여정 중에 우리는 길가에 버려진 러시아군의 시체며, 불타 버린 탱크며, 망가진 트럭이며, 죽은 말들을 보았습니다. 부상을 입고 돌봐 줄 사람 하나 없이 속수무책으로 버려진 러시아 병사도 있더군요. 우리가 지나가는 길 내내 비명과 신음 소리가 그치지 않았습니다.

제 동료 가운데 하나가 그들을 향해 침을 뱉기에 제가 그러지 말라고 나무랐죠. 그러자 그는 상관들이 흔히 하는 말로 대꾸하더군요. '러시아 놈들한테는 너그럽게 대할 필요가 없

어⋯⋯.'

그의 말은 어느 평범한 장교의 말과 똑같았습니다. 종군 기자가 쓴 기사에 나오는 말투였지요. 그냥 앵무새처럼 아무 생각 없이 따라 하는 것이었습니다. 그가 늘어놓는 말이라곤 죄다 여러 신문에서 읽은, 말도 안 되는 문구뿐이었습니다.

마침내 우리는 우크라이나의 어느 마을에 도착했고, 그곳에서 저는 난생처음으로 적군과 마주쳤습니다. 우리는 러시아인들이 바리케이드로 삼은 어느 버려진 농가를 향해 총을 쐈죠. 안에 들어가 보니 바닥에 부상자가 몇 명 쓰러져 있기에 더 이상 손대진 않았습니다. 제 말은 제가 '직접' 손대진 않았다는 겁니다. 하지만 우리 분대장은⋯ 직접 그들의 숨통을 하나하나 끊어 놓았죠⋯⋯.

이곳 병원에 온 다음부터 당시의 일들이 하나하나 자세히 생각나더군요. 이전에는 모두 잊어버리고 살았지만, 지금은 더 정확하고 생생하게 떠오릅니다⋯⋯. 아마 그때보다 더 여유가 생긴 덕이겠죠.

전투는 그야말로 비인간적이었습니다. 우리 가운데 상당수는 차마 서 있지도 못할 정도였죠. 상사가 그 모습을 보더니 우리한테 소리 지르더군요. '정신 차려! 러시아 놈들은 우리한테 다르게 할 것 같나? 그놈들이 제 동족한테조차 어떻게 했는지 생각해 보라고! 우리가 지나온 곳마다 감옥에는 시체가 수두룩했어. 도망치지 못하게 그냥 그 안에다 놓고 갈겨 버린 거야. 새 역사를 만들기 위해 선발된 너희가 이따위 하찮은 일에 놀라서야

되겠어?'

어느 날 밤, 동료 가운데 한 명이 제 곁으로 오더니 그동안 얼마나 무서웠는지 털어놓더군요. 하지만 겨우 몇 마디 못 하고 그만 말을 멈추었습니다. 친구인 저조차도 믿을 수 없었던 거죠.

우리는 그렇게 계속 새 역사를 만들어 나갔습니다. 매일 같이 우리는 승전 소식을 접했고, 전쟁이 곧 끝날 것이라는 이야기를 들었죠. 히틀러도 그렇게 말했고 힘러도……. 저야 이젠 완전히 끝난 몸이지만 말입니다……."

그는 숨을 깊이 들이마셨다. 그리고 물을 한 모금 마셨다. 뒤쪽에서 갑자기 인기척이 느껴졌다. 나는 문이 열리는 소리조차 듣지 못했는데, 그는 분명히 들은 모양이었다.

"간호사님, 조금만……."

"알았어요. 그냥 어떤가 해서 들러 봤을 뿐이에요."

그녀는 문을 닫고 나갔다.

"어느 더운 여름날, 우리는 드네프로페트로프스크*에 도착했습니다. 곳곳에 버려진 차와 총이 널려 있었죠. 러시아군은 서둘러 퇴각한 듯했습니다. 집들은 불타고 있었고, 거리에는 바리케이드를 급조해 놓았지만 남아서 지키는 사람은 아무도 없었습니다. 민간인 사망자도 많았습니다. 거리에서 한 여자의 시체 위에 웅크린 채 울고 있는 두 아이를 보기도 했습니다…….

---

* 드네프로페트로프스크(Dnepropetrovsk). 우크라이나 중부의 도시.

휴식 명령이 떨어지자 우리는 소총을 어느 집 담에 기대어 놓고 앉아서 담배를 피웠습니다. 그때 갑자기 폭발하는 소리가 들리더군요. 뭔가 싶어 하늘을 바라보았지만 비행기는 눈에 띄지 않았습니다. 그제야 우리는 집들이 늘어선 구역 가운데 하나가 완전히 날아간 것을 깨달았죠.

　　러시아군은 퇴각 직전 여러 곳에 폭탄을 설치해 두어서, 우리 병력이 도시에 진입하자마자 건물들이 폭발한 거였습니다. 어느 동료는 러시아군이 핀란드인으로부터 그런 기술을 배워 온 거라더군요. 다행히 우리 부대는 휴식 중이라서 무사할 수 있었습니다. 우리는 즉시 그곳에서 빠져나왔죠.

　　그때 장교용 차량이 우리 곁에 멈춰 섰습니다. 소령 한 명이 나오더니 우리 지휘관인 대위 쪽으로 다가왔죠. 그러고 나서 우리는 여러 대의 트럭에 나누어 타고 그 도시의 반대편으로 이동했습니다. 거기도 참상은 마찬가지더군요.

　　우리는 널찍한 광장에 내려 그곳을 둘러보았습니다. 광장 한쪽에서 한 무리의 사람들이 보초의 감시를 받고 있었습니다. 저는 그들이 혹시 전투의 와중에 도시를 벗어난 민간인이 아닐까 생각했습니다. 그 순간 우리 중 누군가가 중얼거리더군요. '저것들, 유대인이야…….' 저는 어린 시절에 유대인을 그리 많이 보진 못했습니다. 물론 전에 몇 번 본 적은 있지만, 대부분은 히틀러가 정권을 장악하자마자 이민을 가 버렸지요. 그나마 남아 있던 사람들도 나중에는 종적을 감춰 버렸고요. 들리는 말로는 게토로 보내졌다고 하더군요. 그 이후 그들에 대해서는 모두 잊어버리고 말았습니다. 어머니께선 간혹 유대인인 우리 집 주치의 선생님에 대해 이야기하며 슬퍼하곤 하셨죠. 어머니는 그분의 의술을 전적으로 신뢰한 까닭에, 그분이 써 준 처방전이라면 무조건 따르셨거든요. 그런데 어느 날 약사가 어머니에게 앞으로는 다른 의사에게서 처방전을 받아 오라면서, 더 이상 유대인 의사가 쓴 처방전으로는 약을 지어 줄 수 없다고 했다더군요. 어머니는 노발대발하셨지만, 아버지는 저를 잠깐 바라보시더니 아무 말도 하지 않으셨지요.

당시 신문에서 유대인에 대해 뭐라고 썼는지는 굳이 이야기하지 않아도 잘 아시겠죠. 나중에 폴란드에서 저는 슈투트가르트에서 본 것과는 전혀 다른 유대인과 마주쳤습니다. 데비차*의 육군 부대에서 일하는 유대인이 몇 명 있었는데, 저는 종종 그들에게 먹을 것을 건네주기도 했죠. 그러다 분대장에게 발각되이 한동안은 그러지 못했지만 말입니다. 나중에는 유대인이 우리 막사를 청소하다가 발견할 수 있도록, 일부러 탁자 위에 먹을 것을 놓아두곤 했습니다.

그 외에 제가 유대인에 대해 아는 것이라고는 확성기에서 나오는 이야기나, 우리에게 배급되는 선전물에 실린 내용뿐이었습니다. 유대인이야말로 우리의 모든 불행의 근원이라고 하더군요…… 그들이 우리를 지배하려 하고, 이 전쟁을 비롯해서 가난과 기아와 실업의 주범이라고 말입니다……."

---

*   데비차(Debicka). 폴란드 남동부의 도시.

유대인에 대해 이야기할 때, 그 죽어 가는 사람의 목소리는 오히려 온화하고도 차분하게 들렸다. 나는 한 번도 SS대원에게서 그런 목소리를 들어 본 적이 없었다. 그는 정말 다른 SS대원들보다 착한 사람일까? 아니면, SS대원이 죽을 때는 하나같이 목소리가 그렇게 바뀌는 것일까?

"그때 명령이 떨어졌죠." 그는 계속 이야기했다. "우리는 무리 지어 있는 유대인을 향해 다가갔습니다. 한 150명에서 200명 정도 되었고, 그중에는 우리를 불안한 눈으로 바라보는 어린아이도 많았죠. 숨을 죽인 채 우는 사람도 있었고요. 엄마 품에 안긴 아이들도 있었지만 청년은 눈에 띄지 않았습니다. 대부분 여자와 노인뿐이었죠.

가까이 다가가자 저는 그들의 눈에서 뭔가를 읽을 수 있었습니다. 그것은 공포, 이루 표현할 수 없는 공포였습니다. 그들은 무슨 일이 벌어질지를 분명히 알고 있었던 겁니다.

석유통을 가득 실은 트럭이 도착하자 우리는 통을 내려서 어느 집 안에 들여놓았습니다. 그리고 거기 모인 유대인 가운데 남자들을 불러내 석유통을 위층까지 운반하게 했죠. 그들은 두말없이 명령대로 했습니다. 그저 무심하게, 스스로의 의지에 의해서가 아니라 마치 자동 기계처럼요.

그러고 나서 우리는 유대인들을 그 집 안으로 몰아넣었습니다. 재빠르게 움직이지 못하는 사람들은 손에 채찍을 든 하사관 한 사람이 맡아 처리했죠. 욕설과 발길질이 난무했습니다. 그 집은 3층이었지만 그렇게 크지는 않았습니다. 솔직히 그렇게 많은 사람이 그 안에 들어갈 수 있으리라곤 생각도 못 했으니까요. 하지만 몇 분이 지나자 집 밖에는 유대인이 한 사람도 남아 있지 않았습니다."

그는 말을 멈추었고, 내 가슴은 격렬하게 쿵쿵 뛰기 시작했다. 나는 그 광경을 충분히 상상할 수 있었다. 너무나 익숙한 광경이었다. 하마터면 나 또한 석유통과 함께 그 집 안으로 떠밀려 들어간 사람들 가운데 한 명이 될 뻔했으니까. 나는 그들이 얼마나 빽빽하게 뒤엉켜 있었는지 느낄 수 있었다. 그리고, 이제 곧 무슨 일이 벌어질지 깨닫는 순간 그들 사이에서 터져 나올 끔찍한 비명을 들을 수 있었다.

죽어 가는 나치는 계속 이야기했다. "그때 더 많은 유대인을 실어 온 트럭이 도착했고, 우리는 그들 역시 그 집 안에 억지로 밀어 넣었죠. 그러고 나서 문을 바깥에서 모두 잠근 다음, 그 맞은편에 기관총을 설치했습니다."

나는 이 이야기가 어떤 결말을 맺을지 알고 있었다. 우리나라는 무려 1년 이상이나 독일군이 점령하고 있었고, 우리는 비알리스토크,* 브로디,** 그루덱*** 등지에서 벌어진 이와 비슷한 사건에 대한 이야기를 이미 알고 있었다. 방법은 어디서나 똑같았다. 그 섬뜩한 이야기라면 굳이 여기서 더 들을 필요가 없었다.

---

* 　비알리스토크(Bialystok). 폴란드 북동부의 도시.

** 　브로디(Brody). 우크라이나 서부의 도시.

*** 　그루덱(Gródek). 폴란드 북동부의 도시.

나는 밖으로 나가려고 자리에서 일어났다. 하지만 그는 내게 간절히 애원했다. "제발 가지 마세요. 끝까지 말씀드리고 싶어요."

솔직히 그때 내가 무엇 때문에 그 자리에 남아 있었는지 모르겠다. 하지만 그의 목소리에는 이 만남을 얼른 끝내 버리고자 하는 내 본능을 가로막는 뭔가가 있었다. 어쩌면 나는 그의 입을 통해, 즉 SS대원 스스로의 입을 통해 나치의 비인간적 만행의 실상을 듣고 싶었는지도 모른다.

"모든 준비가 완료되었다는 이야기를 듣고 나서 우리는 모두 몇 미터 밖으로 물러난 다음, 수류탄의 핀을 뽑고 그 집 창문 안으로 던져 넣었습니다. 그러자 연이어 폭발이 일어나면서… 오, 하느님!"

그는 다시 침묵에 빠졌다. 그러더니 침대에서 약간 몸을 일으켜 세웠다. 그의 몸이 후들후들 떨리고 있었다.

하지만 그는 계속 말을 이어 나갔다. "우리는 비명과 함께 층층이 타오르는 불꽃을 보았습니다……. 그 불타는 지옥에서 누군가 도망쳐 나오기라도 한다면 즉시 기관총을 난사할 준비를 하고서요.

실내에서 들려오는 비명은 정말 끔찍했습니다. 짙은 연기가 몰려나와 밖에서도 숨이 막혔죠……."

그때 일을 회상하는 동안 새삼 충격을 받은 탓일까. 그의 손이 땀으로 축축해졌다. 덕분에 나는 그의 손아귀에서 내 손을 빼낼 수 있었다. 하지만 그는 곧바로 다시 내 손을 더욱 단단히 붙잡았다.

"제발, 제발 부… 부탁입니다." 그는 말까지 더듬었다. "가지 마세요. 아직 이야기가 끝나지 않았어요."

이야기의 결말이 어찌 될지에 대해서는 이제 의심의 여지가 없었다. 나는 그가 최후의 노력으로 온몸의 기력을 끌어모아 그 씁쓸한 결말을 이야기하는 모습을 바라보았다.

"…2층 창문에 어린아이를 안은 어떤 남자의 모습이 보이더군요. 그의 옷에는 이미 불이 붙어 있었습니다. 옆에는 아이의 어머니인 듯한 여자가 서 있었고요. 그 남자는 한 손으로 아이의 눈을 덮어서 가려 주고 있었습니다……. 그러더니 그는 창밖으로 뛰어내렸습니다. 잠시 후에 아이의 어머니도 뛰어내렸지요. 그때부터 다른 창문에서도 몸에 불이 붙은 사람들이 잇달아 뛰어내리기 시작했습니다……. 우리는 총을 발사했죠……. 오, 하느님!"

죽어 가는 남자는 마치 그 광경을 머릿속에서 지워 버리기라도 하려는 듯 한쪽 손을 붕대가 감긴 자기 눈앞에 갖다 댔다.

"그때 창문에서 뛰어내린 사람이 몇 명이나 되는지는 알 수 없지만, 그 가족의 모습은 결코 잊을 수 없었습니다. 특히 그 아이의 모습을요. 검은 머리에 짙은 색 눈을 하고 있었지요……."

그는 다시 입을 다물었다. 완전히 지친 모양이었다.

짙은 색 눈을 한 아이의 이야기를 들으니 문득 렘베르크

게토에서 살던, 커다랗고 호기심 많은 눈을 가진 여섯 살 꼬마 엘리 생각이 났다. 뭔가 이해할 수 없다는 듯한, 뭔가 호소하는 듯한, 결코 잊을 수 없는 눈빛의 아이였다.

게토의 아이들은 금방 자라난다. 마치 자기들이 살 수 있는 날이 얼마 되지 않는다는 사실을 아는 듯이. 그 아이들에겐 하루가 한 달이고 한 달이 한 해나 마찬가지였다. 그래서 게토의 아이들에게 장난감을 쥐여 주면 오히려 불편하고 어색해하는 눈치였다. 마치 늙은이가 아이들 장난감을 어색해하듯 말이다.

　내가 언제 엘리를 처음 만났더라? 언제 처음 엘리와 이야기를 나누었더라? 정확히 기억나지는 않는다. 그 아이의 집은 게토 출입구 근처에 있었다. 그 아이는 종종 출입구 근처를 서성거렸다. 언젠가 어느 유대인 경찰관이 하는 말을 듣고 나서야 나는 그 아이의 이름이 엘리라는 것을 알게 되었다. 어린아이가 게토 출입구에 가까이 온다는 건 흔치 않은 일이었다. 엘리 또한 그 사실을 알고 있었다. 그 아이는 뭔가를 충분히 이해하기도 전에 본능적으로 그렇다는 걸 알아차렸다.

　'엘리'는 '엘리야', 즉 선지자인 '엘리야후 하나비'[*]의 애칭이었다.

---

*　엘리야후 하나비(Eliyahu Hanavi). '선지자 엘리야'라는 뜻. 구약 성서에 나오는 인물로, 우상 숭배를 하는 폭군의 손에서 백성을 구한 영웅이다. 같은 제목의 유대 민요로도 유명하다.

그 이름을 생각하자 문득 내 어린 시절이 떠올랐다. 유월절 밤 축제* 때면 식탁 위에는 접시와 함께 멋진 그릇에 담긴 포도주가 놓여 있었고, 그건 아무도 손댈 수 없었다. 그 포도주는 엘리야후 하나비를 위한 것이었기 때문이다. 특별 기도가 끝나면 어린아이 가운데 한 명이 나가서 문을 열었다. 그러면 그 선지자가 방 안으로 들어와 자기를 위해 남겨 둔 포도주를 마신다고 여겼다.

어린아이들은 눈을 동그랗게 뜨고 문간을 바라보곤 했다. 물론 진짜로 누가 들어오는 일은 없었다. 하지만 우리 할머니는 항상 내게 선지자가 정말로 와서 잔에 든 포도주를 마셨다고 말씀하셨다. 내가 잔을 보고 포도주가 그대로 있다고 하면 이렇게 대답하시곤 했다. "선지자는 포도주를 아주 눈곱만큼만 마시니까 그렇지!"

할머니는 왜 그렇게 말씀하셨을까? 우리가 선지자 엘리야에게 대접할 수 있는 것이 겨우 눈곱만큼의 포도주뿐이었을까? 이집트에서의 탈출 이후, 우리 유대인들은 셀 수 없이 많은 세대를 거치며 유월절을 기념해 왔다. 그런 와중에 엘리야후 하나비를 위해 포도주 한 잔을 준비하는 풍습 또한 생겨난 것이었다.

우리는 엘리야후를 어린아이의 보호자로 생각했고, 우리

---

* 유대 민족의 출애굽, 즉 이집트 탈출을 축하하는 절기로 유대력 니산월(1월) 14일 밤, 특별히 장만한 음식을 먹으며 가족과 함께 축하 행사를 벌인다.

의 상상 속에서 그는 갖가지 모습으로 등장했다. 할머니는 예언자의 모습을 우리가 거의 알아볼 수 없다고 말씀하셨다. 때에 따라 동네 농부로, 상점 주인으로, 거지로, 심지어는 어린아이로 모습을 바꾸기 때문이었다. 평소에 우리를 지켜 주는 대가로 그는 유월절 축제 때마다 각 집에서 가장 좋은 잔에 따라 놓은 가장 좋은 포도주를 한 잔씩 얻어 마신다고 했다. 하지만 기껏해야 눈곱만큼씩밖에 마시지 않는다는 것이었다.

　　게토의 꼬마 엘리는 이른바 '일하지도 못하는, 쓸모없는 인원'으로 여겨진 아이들을 겨냥한 박해의 와중에서도 기적적으로 살아남았다. 어른들이 하루 종일 게토 밖으로 나가 일하는 동안, SS대원들은 게토 안을 순찰하다가 어린아이를 보는 족족 붙잡아 갔다. 하지만 어린아이들은 금세 숨는 방법을 배웠기 때문에, 그중 몇 명은 매번 이런 유괴범들로부터 도피할 수 있었다. 부모들은 마루 밑이나 가짜 벽으로 가려 놓은 찬장 안에 아이들이 숨을 곳을 마련해 두었고, 아이들 또한 다가오는 위험을 감지할 만한 일종의 육감을 발전시켰던 것이다.

　　하지만 SS대원들은 가장 치밀하게 고안된 은신처도 점차 발견해 냈다. 그리하여 이 죽음의 숨바꼭질에서 승리자로 입지를 굳혀 갔다.

　　내가 기억하기에 엘리는 게토 안에서도 가장 마지막까지 남아 있는 어린아이였다. 수용소를 나와서 게토에 갈 때마다—한동안 나는 게토에 들어갈 수 있도록 허락을 받았었다—나는 엘리의 모습을 찾아보았다. 엘리의 모습이 눈에 띄면, 그곳이 아직은 안전하다는 증거로 받아들였다.

당시 게토에는 이미 기아가 만연해서 거리마다 굶어 죽는 사람 천지였다. 유대인 경찰관은 엘리의 부모에게 아이를 출입구 근처로 보내지 말라고 경고했지만, 그것도 모두 허사였다. 게토 출입구에서 근무하는 독일인 경찰관이 엘리에게 종종 먹을 것을 주었기 때문이다.

하루는 내가 게토에 갔을 때 엘리의 모습이 보이지 않다가, 나중에야 어디선가 나타났다. 그 아이는 어느 창문 앞에 서서 작은 손으로 창틀 위의 뭔가를 만지작거리고 있었다. 그러더니 손가락을 입으로 가져갔다. 가까이 다가가서 엘리가 하는 짓을 본 나는 그만 눈물을 흘리고 말았다. 그 아이는 누군가 새들에게 주려고 흘려 놓은 빵가루를 찍어 먹고 있었던 것이다. 게토에 사는 사람들은 배고픈 유대인 꼬마에게 빵 한 조각 건네주지 않았다! 그는 자기가 비둘기의 먹이를 차지하는 대신, 비둘기는 게토 너머 시내로 날아가서 먹이를 구하면 된다고 생각했던 것이리라.

게토 출입구 밖에는 빵이나 밀가루가 들어 있는 배낭을 가져와 게토 주민과 물물교환을 하려는 여인네들이 종종 있었다. 그들은 옷이며, 은 식기며, 양탄자 등을 음식과 바꿔 주었다. 하지만 이제 게토 안에는 그렇게 맞바꿀 만한 물건을 지닌 유대인이 드물었다.

엘리의 부모 또한 하다못해 빵 한 덩어리와 맞바꿀 물건이 없었다.

SS의 지휘관인 저 악명 높은 카츠만*은 거듭되는 수색 속에서도 게토 내에 여전히 아이들이 남아 있으리라는 판단 아래, 그 잔인한 머리를 굴려 그야말로 악마적인 계략을 고안해 냈다. 바로 유치원을 만드는 것이었다! 그는 적절한 장소와 운영을 맡을 보모만 확보되면 당장 유치원을 열겠다고 게토의 유대인 자치위원회 측에 통보했다. 어른들이 일하러 간 사이에 아이들을 맡길 수 있도록 하겠다고 말이다. 구제불능의 낙천주의자인 유대인들은 그것을 나치가 좀 더 인도적인 정책을 시행하려는 징조라고 해석했다. 심지어 유대인 사이에서는 나치 군인들이 함부로 총을 쏘지 못하게 하는 규정이 생겨났다는 소문까지 떠돌았다. 어떤 사람은 자기가 미국 라디오 방송에서 분명히 들었다면서, 루스벨트가 앞으로 유대인 희생자가 더 나오면 즉각 보복하겠다고 독일 측에 통보했다고 주장했다. 따라서 독일인들도 이전보다는 인도주의적으로 행동할 수밖에 없다는 것이었다.

어떤 사람은 조만간 국제 적십자에서 게토를 방문할 것이라고도 했다. 그때를 대비해 독일인이 유치원을 운영하는 것이라고 말이다. 독일인은 자기들이 유대인을 상당히 잘 대우하고 있다는 증거로 이 유치원을 내세울 것이라고 했다.

---

* 프리츠 카츠만(Fritz Katzmann, 1906~1957). 독일의 군인. 제2차 세계대전 당시 폴란드 내 SS 및 경찰의 총지휘관을 역임했으며, 1943년까지 계속된 갈리치아 지방 유대인 학살의 주범이다. 종전 후 잠적했다가 1957년에 사망한 것으로 알려졌다.

하루는 머리가 희끗희끗한 엥겔스라는 게슈타포* 장교가 찾아와서, 유대인 자치위원회 위원들과 함께 유치원 시설이 제대로 갖춰졌는지를 점검했다. 그는 유치원 시설을 사용하는 아이들이 게토 내에 많아지면 좋겠다고 말하며, 추가로 식량을 보내 주겠다고 약속했다. 이후 게슈타포 측에서는 실제로 깡통에 든 코코아와 우유를 보내왔다.

그렇게 되자 배고픈 자녀를 둔 부모들은 하나둘씩 유치원에 아이들을 보내는 데 동의할 수밖에 없었다. 사람들은 적십자 측에서 얼른 찾아와 주기를 기다렸다. 하지만 그들은 전혀 소식이 없었다. 대신 어느 날 아침, SS의 트럭 석 대가 도착해서 유치원에 있는 아이들을 모조리 태우고 가스실로 가 버렸다. 그날 저녁, 부모들이 일을 마치고 텅 빈 유치원에 찾아오자 그야말로 가슴이 찢어지는 장면이 연출되었다. 상황이 그런데도 몇 주 뒤에 나는 다시 엘리의 모습을 볼 수 있었다. 그 놀라운 본능 덕분에, 그 아이는 마침 그날 아침에 유치원에 가지 않고 집에 있었던 것이다.

침대에 누워 죽어 가는 남자가 말한 짙은 색 눈의 아이가 나한테

---

* 게슈타포(Gestapo). 1933년 헤르만 괴링이 설립한 나치의 정치경찰 조직. 정식 명칭은 '비밀국가경찰(Geheime Staatspolizei)'이며 SS와 더불어 나치의 대표적인 권력 기구였다. 국가에 위험이 된다고 판단되는 사항에 대해 초법적인 수사 활동을 함으로써 공포 분위기를 조성하는 한편, 유대인 학살에도 핵심적인 역할을 담당했다.

는 엘리로 생각되었다. 그 아이의 작은 얼굴은 영원히 내 머릿속에 각인되어 있을 것이다. 수용소에 온 후 내가 마지막으로 본 유대인 아이였기 때문이다.

이 순간까지도 그 죽어 가는 남자를 향한 내 감정은 연민 쪽에 가까웠다. 어차피 이제 모두 지나 버린 일이었으니까. 그런데 그가 내 손을 어찌나 세게 붙잡았는지, 손이 아파서 그만 억지로 빼내고 말았다.

하지만 나는 여전히 그곳에 남아 있었다. 그가 뭔가 더 할 이야기가 있을 것 같아서였다. 문득 그런 확신이 들었다. 그의 이야기가 이대로 끝나지는 않으리라는…….

그는 내가 알아듣지 못할 말을 중얼거렸다. 그가 하는 말을 들어 주기 위해 거기 서 있었지만 내 생각은 이미 멀리 딴 곳에 가 있었다. 그는 내가 곁에 있다는 걸 잊어버린 것 같았고, 나는 그의 존재 자체를 잊어버린 셈이었다. 그는 단조롭게 혼잣말을 중얼거렸다. 아픈 사람들이 혼자 있을 때 으레 자기 자신에게 말을 하듯 말이다. 혹시 내게 하려던 나머지 이야기를 하고 있는 것일까? 아니면 뭔가를 말하고 싶은데 차마 적절한 단어를 찾지 못한 것일까? 그가 무슨 말을 하게 될지 과연 누가 상상이나 할 수 있을까? 아무도 모르는 일이었다. 내가 분명히 배워 알고 있는 게 하나 있었다. 그 어떤 악랄한 행동보다 더 끔찍한 것은 다름 아닌 악랄한 의도 자체라는 점이었다.

"그래요. 지금도 제 눈앞엔 그들이 보여요……." 그가 중얼거렸다.

무슨 말을 하고 있는 것일까? 그가 어떻게 그들을 볼 수 있을까? 그의 머리와 눈은 온통 붕대투성이인데…….

"그 아이하고, 그 부모가 보여요." 그는 계속 말했다.

그는 신음 소리를 냈고, 폐부 깊은 곳에서 거친 숨이 올라왔다.

"어쩌면 그들은 바닥에 떨어지기 전에 이미 죽었는지도 모릅니다. 정말 처참한 광경이었죠. 비명과 총성이 한데 뒤섞였습니다. 일제 사격을 명령한 이유는 아마 비명을 덮어 버리려는 것이었겠죠. 저는 결코 잊을 수 없습니다. 그때의 광경이 지금도 눈에 선합니다. 그 일을 생각할 시간이 많았지만, 그래도 아직까지는…….."

총성이라? 우리는 워낙 총성에 익숙하다 보니 이젠 누구 하나 관심조차 갖지 않았다. 나 또한 총성을 들어도 그저 태연하기만 했다. 수용소 내에서는 항상 총성이 울려 퍼졌기 때문이다. 나는 눈을 감은 채, 내 기억을 통해 그 충격적인 장면을 떠올릴 수 있었다. 대부분 짧게 끊어진 문장으로 구성된 그의 이야기를 듣다 보니, 마치 내가 그곳에 있었던 것처럼 모든 것을 보고 들을 수 있었다. 나는 희생자들이 집 안으로 떠밀려 들어가는 광경을 보았고, 그들이 질러 대는 비명을 들었고, 그들이 아이를 위해 기도하는 소리를 들었고, 그들이 불구덩이에서 땅 위로 뛰어내리는 광경을 보았다.

"그로부터 얼마 뒤에 우리는 이동했죠. 그제야 우리는 조금 전의 유대인 학살이, 러시아군의 폭격으로 사망한 아군 30명에 대한 복수 차원에서 실시되었다는 이야기를 들었습니다. 아군 30명 때문에 유대인 300명을 죽인 셈이었지요. 하지만 그때 죽은 유대인과 러시아군의 폭탄이 무슨 상관이 있는지에 대해서는 아무도 감히 묻지 못했습니다.

그날 저녁에는 브랜디가 배급되었습니다. 브랜디를 마시다 보니 그 기억을 어찌어찌 잊을 수 있더군요……. 라디오에서는 최전선 소식이며, 어뢰로 침몰시킨 배와 사로잡은 포로와 격추한 비행기의 수며, 새로 점령한 지역 등에 대한 보고가 나왔죠……. 그러다 보니 날이 점점 어두워졌고…….

브랜디에 취하자 동료들은 자리에 앉은 채 노래를 불렀고 저도 같이 불렀습니다. 지금에 와서는 과연 제가 왜 그랬을까 후회가 되지만 말입니다. 어쩌면 제 자신을 마취시키고 싶었는지도 모르죠. 한동안은 그 방법이 먹혀들더군요. 그 사건은 점점 제 기억에서 사라졌습니다. 하지만 밤만 되면 다시 제게로 돌아왔죠…….

제 곁에서 자는 동료 페터도 슈투트가르트 출신이었습니다. 그는 밤새 한숨도 못 자고, 뭔가를 중얼거리며 이리저리 뒤척이더군요. 저는 자리에서 일어나 그를 바라보았습니다. 하지만 너무 어두워서 표정을 볼 수는 없었고, 다만 '안 돼, 안 돼'와 '싫어'라는 말밖에 못 알아들었어요. 아침에 눈을 뜨면 누가 밤새 뒤척이며 잠을 못 이루었는지를 분명히 알아볼 수 있었죠. 하지만 아무도 이야기를 하진 않았어요. 서로 피했죠. 심지어 우리 분대장조차 그 사실을 알아차리고 훈계를 하더군요.

'이런 약해 빠진 놈들 보게! 너희들 그러면 오래 못 간단 말이야. 이건 전쟁이라고! 그러니까 강해져야지! 설마 그놈들이 우리와 똑같다고 생각하는 건가? 유대인 놈들은 인간도 아니야! 그놈들은 이 모든 재난의 원인이라고! 그런 놈 하나를 쏴 죽이는 건 우리 중 하나가 총에 맞는 거랑은 전혀 달라. 유대인 놈들은 남자건 여자건 아이건 간에 우리랑은 전혀 다르다 이거야. 그러니 무조건 없애 버려야 해. 너희처럼 그렇게 나약해서야 평생 다른 놈들의 노예밖에 더 되겠나? 총통께서도 일찍이 말씀하시길…….' 그랬습니다. 물론 잘 아시겠지만…….” 그는 뭔가 말을 꺼냈으나, 결국 다시 입을 다물었다.

그는 무슨 말을 하고 싶었던 것일까? 혹시 스스로에게 위안이 될 만한 말이 아니었을까? 아니면, 지금 왜 굳이 내게 자기 인생 이야기를 해 주고 있는지를 설명해 줄 만한 말이 아니었을까? 하지만 그는 다시는 이 주제로 되돌아가지 않았다.

“휴식도 그리 오래 계속되진 않았습니다. 정오가 되자 우리는 진격을 재개했습니다. 이제는 선봉대에 섞여서 말입니다. 우리는 트럭에 올라타고 사선(射線)으로 이동했지만, 그곳에서도 적군의 모습은 거의 눈에 띄지 않았습니다. 적군은 한 번도 싸우지 않은 채 마을과 소도시를 포기하고 물러났습니다. 간혹 적군이 후퇴하면서 소규모 교전을 벌이기도 했습니다. 그 와중에 페터는 부상당했고 카를 하인츠는 죽었죠. 그러고 나서 다시 휴식 시간이 찾아와 각자 씻기도 하고 편지도 썼습니다. 함께 모여 여러 가지 이야기를 나누었지만, 정작 드네프로페트로프스크에서 있었던 일에 대해서는 다들 한마디도 하지 않았죠.

저는 페터를 보러 갔습니다. 배에 총을 맞았지만 아직 의식은 있었죠. 그는 저를 알아보더니, 제가 우는 모습을 빤히 쳐다보더군요. 그가 말했습니다. '그때 그 집에 있던 사람들 말이야…… 무슨 말인지 알지?' 그러더니 갑자기 의식을 잃고 말았습니다. 불쌍한 페터! 그는 생애에서 가장 끔찍한 경험을 간직한 채 그대로 죽고 말았던 겁니다."

그때 나는 복도를 지나가는 발자국 소리를 들었다. 나는 갑자기 열릴지도 모르는 문 쪽을 바라보며 벌떡 자리에서 일어섰다. 하지만 그는 나를 제지했다.

"그냥 계세요. 간호사가 밖에 있으니까 아무도 여기 들어오진 않을 겁니다. 당신을 계속 붙잡아 둘 수야 없겠지만, 해야 할 중요한 이야기가 아직 남아 있어서……."

내키지 않았지만 나는 다시 자리에 앉았다. 하지만 간호사가 다시 들어오면 그때는 곧바로 나가 버리겠다고 결심했다.

과연 이 사람은 내게 무슨 이야기를 하려는 걸까? 유대인을 죽인 사람은 자기 하나뿐이 아니었다고 변명하려는 걸까, 아니면 자기야말로 최고의 살인자라고 자랑하려는 걸까?

그는 다시 자기 분석을 시작했다. "그다음 주에 우리는 크림 반도*로 진군했습니다. 거기서 만만찮은 전투를 치를 것이라는 소문이 나돌았죠. 러시아군과 참호전을 벌이게 된다고요. 더

---

* 크림 반도(Krym Peninsula). 우크라이나 남부, 흑해 연안의 반도.

이상 쉽게 이길 수는 없고, 이제는 그야말로 일대일로 백병전을 치러야 할 상황이었습니다…….”

그는 숨을 몰아쉬었다. 말을 멈추고 쉬는 횟수가 이전보다 더 잦아졌다. 남아 있는 체력 이상으로 무리하는 것 같았다. 호흡은 점점 불규칙해졌고, 목은 말라붙는 듯했다. 그는 물을 찾아 손을 뻗었다.

나는 움직이지 않았다. 내가 여기 있다는 사실만으로도 그가 안도하는 듯 보였기 때문이다.

그는 유리컵을 집어 들고 몇 모금 물을 들이켰다. 그러더니 한숨을 쉬며 중얼거렸다. “오, 하느님, 하느님.”

지금 그가 ‘하느님’이라 했는가? 게토의 노부인이 한 말마따나 하느님은 지금 잠시 자리를 비우셨음에 틀림없다. 물론 우리 모두에게는 하느님이 절실히 필요했다. 우리 모두는 하느님이 편재(遍在)하신다는 사실의 증거를 보고 싶어 했다.

하지만 이 죽어 가는 남자에게는, 그리고 그와 같은 부류의 사람들에게는 하느님이 있을 수 없었다. 단지 총통이 하느님의 자리를 대신했을 뿐이다. 자신들의 잔인무도한 행위에 아무런 천벌도 가해지지 않았다는 사실 자체로 인해, 하느님은 단지 허구에 지나지 않으며 가증스러운 유대인들의 발명품에 불과하다는 그들의 신념은 오히려 강화되었다. 그들은 지칠 줄 모르고 이러한 신념을 ‘증명’해 보였다. 그런데 지금 여기서 죽어 가는 이 남자는 오히려 하느님을 찾고 있는 것이다!

그의 말은 계속되었다. “크림 반도에서의 전투는 일주일

간 계속되었습니다. 우리는 제법 심각한 피해를 입었죠. 사방에 군인 묘지가 생겨났습니다. 듣자 하니 제법 잘 가꾸어 놓았고, 무덤마다 꽃을 심어 놓았다고 하더군요. 저는 꽃을 좋아합니다. 아저씨 댁 정원에는 꽃이 무척 많았죠. 예전에는 그곳 잔디 위에 한동안 누워서 꽃을 바라보곤 했으니까요……."

그는 자기가 땅속에 묻히면 해바라기를 한 그루 갖게 되리라는 사실을 알고 있을까? 이런 살인자는 죽고 나서도 뭔가를 가질 수가 있는데… 그에 비하면 나는?

"우리는 러시아군이 굳게 지키고 있던 타간로크*에 도달했습니다. 우리는 적군으로부터 50미터쯤 떨어진 언덕 사이에 엎드려 있었죠. 그들의 포격은 그칠 줄 몰랐습니다. 우리는 참호에 웅크리고 들어앉아서 두려움을 이기기 위해 브랜디 병을 돌려 가며 마셔 댔죠. 그러면서 돌격 명령이 떨어지기를 기다렸습니다. 이윽고 명령이 떨어지자마자 우리는 모두 참호 밖으로 뛰어나가 돌격을 개시했죠. 하지만 저는 갑자기 땅속에 뿌리가 박히기라도 한 듯 몸을 움직일 수가 없었습니다. 뭔가가 저를 붙잡는 듯했어요. 총검을 장착한 소총을 움켜쥔 제 손은 덜덜 떨리고 있었죠.

불현듯 제 눈앞에 온몸에 불이 붙은 그 가족, 아이를 안고 서 있던 부모의 모습이 떠올랐습니다. 그들이 제 앞으로 다가오고 있었죠. '안 돼, 그들에게 두 번 다시 총을 겨눌 수는 없어.' 갑

---

* 타간로크(Taganrog). 러시아 남서부의 도시.

자기 머릿속에서 이런 생각이 번쩍 들더군요……. 바로 그 순간 제 옆에서 폭탄이 터졌습니다. 저는 그대로 정신을 잃고 말았지요.

병원에서 깨어났을 때 저는 눈이 멀어 버렸다는 걸 알게 되었습니다. 얼굴과 상반신이 완전히 누더기처럼 찢어진 상태였죠. 간호사 말로는 의사가 제 몸에서 많은 파편들을 빼냈다고 하더군요. 아직 살아 있는 게 기적이라면서요. 물론 지금이야 이미 죽은 것이나 다름없는 상태지만……."

그는 한숨을 쉬었다. 그는 다시 한번 자신에 대한 생각에 사로잡혔고, 스스로에 대한 연민으로 몸서리를 쳤다.

"고통은 점점 견딜 수가 없게 되더군요. 제 몸 곳곳에는 진통제 주사 자국이 가득합니다……. 이 병원 저 병원을 전전했지만 고향으로 보내 주지는 않더군요……. 그것이야말로 제겐 무엇보다 큰 형벌이었습니다. 저는 어머니가 계시는 고향에 가고 싶어요. 아버지께선 물론 평소대로 엄하게 뭐라고 야단치겠지만 어머니는…, 어머니는 그렇지 않을 거예요."

나는 그가 스스로를 자책하는 모습을 바라보았다. 그는 더 이상 아무런 허세도 부리지 않기로 작정한 듯했다.

그는 다시 한번 내 손을 붙잡으려 했지만, 나는 얼마 전부터 그의 손이 닿지 않을 만큼 떨어져서 손을 엉덩이 밑에 깔고 앉아 있었다. 그는 내게 동정을 구하고 있었지만 과연 그에게 동정을 받을 만한 권리가 있을까? 그와 같은 사람에게 과연 남의 동정을 받을 만한 가치가 있을까? 아니면, 그는 스스로를 동정함으로써 누군가로부터 동정을 받게 되리라고 생각한 것일까?

"아시겠지요." 그가 어렵사리 말을 이었다. "그 유대인들은 금방 죽었기 때문에 저만큼 고통을 당하지는 않았을 겁니다. 물론 저만큼 죄가 많지도 않았을 테고."

이 말에 나는 자리에서 벌떡 일어나 밖으로 나가 버리려 했다. 나야말로 그의 인생에서 마지막으로 만난 유대인이 될 것이었다. 하지만 그는 핏기 없는 잿빛 손으로 나를 단단히 붙들었다. 온몸에서 핏기가 빠져 버린 이 남자의 어디에서 이런 힘이 나오는 걸까?

"이 병원 저 병원을 전전했지만 결코 고향으로 보내 주지는 않았어요. 아까 말씀드린 것처럼요……. 저는 제가 지금 어떤 상태인지 잘 알고 있습니다. 그런데 여기 이렇게 누워 있는 동안 드네프로페트로프스크에서 저지른 끔찍한 일이 계속 생각나는 겁니다. 차라리 그때 폭탄을 맞고 죽어 버렸다면……. 종종 죽고 싶은 생각이 들지만 아직은 죽을 수도 없군요……. 때로는 차라리 의사가 주사 한 방으로 저를 이 고통에서 해방시켜 주었으면 하는 생각도 들더군요. 실제로 제발 영원히 잠들게 해 달라고 부탁한 적도 있었습니다. 하지만 의사는 제게 자비를 베풀지 않았어요. 저처럼 죽어 가는 다른 사람들에게는 그런 식으로 고통을 덜어 주었다고 하는데도 말입니다. 어쩌면 제가 아직 젊다고 생각하기 때문인지도 모르죠. 제 발치에 놓인 명패에는 이름뿐만 아니라 생년월일도 적혀 있으니까, 아마 그 때문에 주저했을 겁니다. 제 몸은 정말 끔찍한 고통을 겪고 있습니다. 하지만 더 괴로운 것은 제 양심입니다. 그 불타는 집의 창문에서 뛰어내리던 가족의 모습이 계속 생각나니까요."

그는 잠시 말을 멈추더니 약간 주저하는 듯한 태도를 보였다. 나는 그가 내게 뭔가를 바라는 것이 아닐까 생각했다. 그저 자기 이야기를 들어 줄 사람이 필요해서 나를 불러온 것이 아니라면 말이다.

"어린 시절에 저는 하느님과 교회의 계명을 진실하게 믿고 있었습니다. 그때는 모든 것이 더 편안했지요. 제가 아직까지도 신앙을 갖고 있었다면, 죽음조차도 받아들이기가 그리 힘들진 않았을 겁니다.

하지만 저는 죽기 전에⋯ 제 죄를 자백하고 싶었습니다. 그게 제가 마지막으로 원하는 고해였습니다. 하지만 지금 이것을 과연 고해라고 할 수 있을까요? 편지를 보내도 아무 답장이 없으니⋯⋯."

나는 그가 내 침묵을 탓하고 있음을 깨달았다. 하지만 과연 내가 무슨 말을 할 수 있을까? 여기 죽어 가는 한 사람이 있다. 본인 스스로는 살인자가 되고 싶지 않았다고 하지만 결국 야만적인 이데올로기의 포로가 되어 살인자로 거듭난 사람이. 게다가 그는 당장 내일이라도 자기와 똑같은 다른 살인자의 손에 죽어 없어질지도 모르는 내게 고해를 하고 있는 것이었다. 비록 말을 많이 하지는 않았지만 그의 고백에는 분명 진정한 참회의 흔적이 있었다. 아니, 구태여 말을 많이 할 필요도 없었다. 그의 말투, 하다못해 그가 유대인인 내게 고백했다는 사실 하나만으로도 회개하고 있다는 증거는 충분했다.

"저는 진심입니다. 그때 드네프로페트로프스크에서 죽은 사람들을 도로 살려 놓을 수만 있다면, 이보다 더 끔찍하고 오래가는 고통도 기꺼이 감수하겠습니다. 제 또래의 독일 젊은이들은 지금도 매일같이 전장에서 죽어 나가고 있습니다. 그들은 무장한 적과 싸우던 중에 장렬히 산화하고 있죠. 하지만 저는… 저는 여기 남아서 이렇게 죄의식에 몸부림치고 있습니다. 그래서 제 삶의 마지막 순간에 당신을 여기로 모셔 온 겁니다. 당신이 누구인지는 모릅니다. 그저 당신이 유대인이라는 사실만으로도 충분하니까요."

나는 아무 말도 하지 않았다. 실상 그가 전장에서 만나 '싸우던' 상대방 가운데는 적군뿐 아니라 무방비 상태의 남녀노소 또한 있었기 때문이다. 나는 죽기를 각오하고 온몸에 불이 붙은 채 창문 밖으로 뛰어내리는 사람들의 모습을 충분히 상상할 수 있었다.

그는 자리에서 몸을 일으키더니, 마치 기도라도 하듯 자기 손을 앞으로 모았다.

"저는 마음 편히 죽고 싶습니다. 그러니 제발……."

나는 그가 차마 말을 잇지 못하는 모습을 지켜보고 있었다. 하지만 나는 그를 도와주고 싶은 기분이 아니었다. 나는 아무 말도 하지 않았다.

"제가 말씀드린 이야기가 끔찍하다는 건 압니다. 죽을 날을 기다리며 여기 누워 있는 기나긴 밤 내내, 저는 누구든지 유대인을 만나면 모든 것을 고백하고 용서를 구하고자 했습니다. 하지만 여기 남아 있는 유대인이 있는지 전혀 알 수가 없어서……

　제 부탁을 받아들이기가 쉽지 않으리라는 건 압니다만, 당신이 대답해 주지 않으면 저는 결코 마음 편히 죽지 못할 겁니다."

　이제 방 안에는 무거운 침묵만이 흐를 뿐이었다. 나는 창밖을 바라보았다. 병원 전면으로 햇빛이 찬란하게 쏟아지고 있었다. 태양은 하늘 높이 솟아 있었다. 정원에는 삼각형 모양의 작은 그림자만 져 있을 뿐이었다.

　바깥의 아름다운 햇빛과 이곳 임종실에 드리운 이 야만스러운 시대의 그림자는 너무나 대조적이었다! 여기 누워 있는 사람은 마음 편히 죽고 싶어 하지만, 자신이 저지른 끔찍한 범죄의 기억으로 인해 그럴 수가 없는 상황이다. 그리고 그 옆에 서 있는 나는 언제고 죽을 수 있는 상황이지만, 이 모든 공포가 끝나고 세상에 빛이 다시 찾아오는 것을 보고 싶어 하는 까닭에 차마 죽고 싶지 않은 사람이다.

　이전에 전혀 만난 적이 없는 두 사람이 운명의 힘에 이끌려 몇 시간 동안 이렇게 만난 것이다. 한 사람이 다른 한 사람에게 도움을 청한다. 하지만 도움을 요청받은 사람이야말로 누구보다 무기력하기 때문에, 상대에게 아무것도 해 줄 수 없다.

　나는 일어선 채 그가 누워 있는 쪽을, 그가 모아 잡은 두 손을 바라보았다. 마치 그 사이에 해바라기가 하나 피어 있는 듯한 느낌이었다.

마침내 나는 마음을 정하고 아무 말 없이 방을 나섰다.

간호사는 문밖에 있지 않았다. 나는 지금 있는 장소가 어디인지를 잊어버린 탓에, 간호사가 나를 데리고 올라온 그 계단으로 내려가진 못했다. 학교에 다니던 시절에 그랬던 것처럼 계단을 통해 현관으로 가다가, 나를 보고 놀라는 의사와 간호사들의 표정을 보자 길을 잘못 들었음을 깨달았다. 하지만 나는 되돌아가지 않았다. 어느 누구도 나를 제지하지 않았고, 나는 현관을 통해 바깥으로 나와 동료들이 있는 곳으로 되돌아갔다……. 창공에는 태양이 불타오르고 있었다.

동료들은 잔디 위에 앉아 반합에 담긴 수프를 수저로 떠먹고 있었다. 나는 배가 몹시 고팠고, 간신히 마지막 한 그릇 남은 수프를 얻어먹을 수 있었다. 병원 측에서 우리에게 식사를 제공한 것이었다.

하지만 내 생각은 여전히 그 죽어 가는 SS대원에게 가 있었다. 그와의 만남은 내게 커다란 짐이 되었고, 그의 고백은 나를 깊이 흔들어 놓았다.

"도대체 어디 갔다 온 거야?" 누군가가 물었다. 이름도 모르는 사람이었다. 하지만 수용소에서 병원까지 오는 내내 곁에서 함께 걸었던 동료였다.

"난 또 자네가 어디론가 내빼 버려서, 우리가 이따 수용소로 돌아가면 한바탕 질펀한 대접을 받게 될 줄로만 알았지."

나는 그에게 대꾸하지 않았다.

"혹시 뭐 얻어 온 것이라도 좀 있나?" 그는 다른 죄수들처럼 항상 어깨에 짊어지고 다니는 내 빵 주머니를 흘끔거리며 물었다. 그러고는 나를 수상쩍다는 듯 바라보았다. '너 지금 뭔가 분명히 얻어 온 거 맞지? 그런데 우리랑 나눠 먹기는 싫다 이거지?' 하는 표정으로 말이다.

나는 마음대로 생각해라 싶어서 전혀 대꾸하지 않았다.

"혹시 화난 거야?" 그가 물었다.

"아니." 내가 말했다.

나는 그들에게 아무 이야기도 하고 싶지 않았다. 적어도 그 순간만큼은! 잠시 쉬었다가 우리는 작업을 재개했다. 우리가 날라야 할 짐은 정말 끝도 없었다. 소각시킬 쓰레기를 실은 트럭은 계속 나갔다가 다시 돌아왔다. 대체 이 물건들을 다 어디로 가져가는 것일까? 하지만 나는 아무런 생각도 하고 싶지 않았다. 얼른 이곳에서 벗어나고 싶은 마음뿐이었다.

마침내 오늘 작업은 이만 끝내고 내일도 다시 이곳으로 와서 쓰레기를 치우라는 지시가 떨어졌다. 그 이야길 듣자 내 몸은 부르르 떨렸다.

수용소로 돌아가는 내내 아스카리들은 노래 부를 기분이 아닌 듯했다. 그들은 아무 말 없이 우리 옆에서 걸었고, 심지어 우리를 재촉하지도 않았다. 다들 지쳐 있었다. 오전 내내 병실에 앉아 있던 나도 마찬가지였다. 내가 정말 몇 시간 동안이나 거기 있었단 말인가? 계속해서 내 생각은 그 끔찍한 만남의 순간으로 되돌아갔다.

우리가 지나가는 동안 보도 위에 선 사람들은 우리를 바라보고 있었다. 모두 엇비슷한 모습이라서 나로선 누가 누구인지 분간할 수조차 없었다. 어쩌면 그들의 시선이 하나같이 극도로 무심해서였는지도 모른다.

하지만 그렇지 않으면 어떻게 해야 한다는 것인가? 그들은 오래전부터 우리를 그런 눈으로 봐 왔다. 그들이 대체 무엇때문에 우리에게 관심을 보이겠는가? 죽을 운명인 사람들을 그렇게 멍하니 바라보고 있었다는 것 때문에 나중에 혹시 양심의 가책을 느끼는 사람도 몇 명쯤은 있겠지만 말이다.

앞에 마차가 한 대 가고 있었기 때문에 우리는 천천히 걸을 수밖에 없었다. 문득 나는 우리를 바라보는 사람들 중 한때 기술전문학교에서 벌어진 '유대인 없는 날'을 흥겹게 즐기던 자들도 있으리라는 추측을 해 보았다. 그리고, 그렇게 따지고 보면 우리를 괴롭힌 자들은 나치뿐만이 아니지 않나 자문해 보았다. 자기와 똑같은 인간이 이처럼 끔찍한 모욕을 당하는 광경을 말없이, 항의 한마디 없이 바라보는 것 역시 악랄한 행동 아닐까?

이틀 전에 수용소에 갓 도착한 신참들은 우리에게 매우 끔찍하고도 기억에 남는 이야기를 들려주었다. 나치가 유대인세 명을 공개적으로 교수형에 처한 적이 있었다. 그들의 시체는 교수대에 그냥 대롱대롱 매달려 있었는데, 어느 실없는 사람이 시체마다 '코셔 고기'라고 쓴 종이를 붙여 놓았다. 그러자 구경꾼들은 이 광경을 보고 신나게 웃었고, 거기 모인 사람들 모두 이 재미있는 구경거리를 즐겼다. 심지어 이 야비한 짓거리를 나무

라던 어느 여인이 사람들에게 두들겨 맞았을 정도였다.

우리는 나치의 공개 처형이 군중의 적개심을 공포로 억누르려는 술책임을 알고 있었다. 그런 식으로 군중을 위협함으로써, 장차 있을지도 모르는 저항을 미리 차단한 것이었다. 물론 그들은 구경꾼 대부분에게 퍼져 있는 반유대주의에 대해서도 잘 알고 있었다. 결국 이런 공개 처형은 고대 로마에서 하층민을 무마하기 위해 베푼 '음식과 구경거리'에 해당하는 것이었다. 그리하여 누구 하나 나치가 벌이는 끔찍한 구경거리를 비난하지 않았다. 수용소에 있는 우리는 각자가 목격한 갖가지 공포스러운 사건들을 지치지도 않고 자세히 이야기했다. 어떤 사람은 그런 참혹한 장면을 보고 나야만 마음이 편하다는 식으로 말하기도 했다. 어쩌면 지금 보도 위에 서서 우리를 바라보는 사람들 중에도 그때 교수대에 매달린 유대인을 구경하던 사람이 있을 것이다. 갑자기 어디선가 웃음소리가 들려왔다. 눈앞에서 펼쳐지는 '코셔 고기'들의 행진 모습이 문득 그들의 상상력을 일깨운 모양이었다.

우리는 그로데츠카 거리의 끝자락에서 왼쪽으로 꺾어 야노프스카 거리로 접어들었고, 전차가 지나가는 동안 잠시 멈춰 서 있었다. 집집마다 문 앞에는 사람들이 마치 포도송이처럼 매달려 있었다. 피곤에 찌들었지만 행복해 보이는 사람들이었다. 저녁마다 함께 모여 카드놀이를 하고, 정치와 관련된 이야기를 나누고, 라디오를—심지어 청취 금지된 외국방송까지도—들을 수 있는 자기 가정을 지키기 위해 애쓰는 사람들이었다. 그들 모두에겐 공통점이 있었다. 즉, 그들에겐 꿈과 희망이 있었다. 반면 우리는 저녁 점호에 꼭 참석해야 했고, 담당 장교의 기분에 따라 체조를 하는 때도 있었다. 종종 담당 장교가 지껄이는 시시껄렁한 농담이 끝날 때까지 다리가 저리도록 무릎을 꿇고 앉아 있어야 했다. 죽 늘어선 SS대원들 사이로 나무판자를 나르는 이른바 '비타민 B' 작업도 있었다. 흔히 저녁에 하는 작업을 '비타민'이라고 했는데, 진짜 비타민과 달리 이것은 치료 효과가 아니라 오히려 살상 효과가 있는 것이었다.

점호 시간에 불참한 죄수가 있으면 독일인들은 우리를 세고 또 센 다음, 불참자 한 명당 동료 죄수 열 명씩을 끌어내 이후의 불참자들에 대한 본보기로 처형해 버렸다.

이런 일들이 내일도, 모레도, 어쩌면 우리 모두가 죽을 때까지 벌어질 것이었다.

내일에 대한 생각이라……. 그러다 보니 문득 머리에 붕대를 감은 그 죽어 가는 SS대원이 떠올랐다. 내일이나 모레쯤 되면 그 사람 또한 해바라기를 갖게 될지도 몰랐다. 나야 내일이건 모레건, 기껏해야 다른 죄수들과 함께 커다란 구덩이 안에 한꺼번에 매장되겠지만 말이다. 나와 동료들이 자는 막사를 '비우라는' 명령은 언제든지 떨어질 수 있었다. 아니면 본보기로 처형되는 열 명 가운데 재수 없게 내가 낄 수도 있었다.

하루는 시골 출신의 신참 죄수들이 우리 수용소에 대거 도착할 것이라는 소문이 퍼졌다. 그렇게 되면 기존 막사에는 모두 수용할 수 없기 때문에 새로운 막사를 짓든지, 아니면 다른 방법을 고안해야만 했다. 그들이 선택한 방법은 간단했다. 이곳에 온 지 오래된 죄수들을 골라서 처형해 버리는 것이었다. 그렇게 해서 막사마다 신참들을 위한 자리가 마련되었다. 이런 일은 두 달에 한 번씩 꼬박꼬박 벌어졌다. 그로 인해 가뜩이나 빠르게 감소하던 우리의 수는 더욱 가파르게 줄어들었고, 갈리치아*와 렘베르크를 '유대인 없는' 곳으로 만들겠다는 그들의 목표는 더 빨리 달성될 수 있을 것이었다.

야노프스카 거리에 늘어선 좁은 집들은 지저분한 회색빛이었고 전쟁의 상흔이 드러나 있었다. 집 전면에는 총알 자국이 나 있었고, 창문은 널빤지나 판지로만 가려져 있었다. 야노프스카 거리는 렘베르크에서도 가장 중요한 길목이었기 때문에, 독일군이 도시를 점령할 무렵 그곳에서 치열한 전투가 벌어졌던 것이다.

집들이 늘어선 거리 끝에서 우리는 다시 한번 무덤들이 길게 늘어선 군인 묘지 곁을 지나쳤지만, 이번에는 해바라기 모습이 조금 달라 보였다. 꽃들이 아침과는 다른 쪽을 향하고 있었던 것이다. 꽃들은 저녁 햇빛을 받아 붉은 기운이 서렸고, 산들바람에 부드럽게 떨리고 있었다. 마치 서로 뭔가를 속삭이는 듯했다. 혹시 지친 발걸음으로 걸어가는 남루한 차림새의 우리를 보고 놀라기라도 한 것일까? 주황색과 노란색, 황금색과 갈색이 어

---

* 갈리치아(Galicia). 우크라이나 북서부에서 폴란드 남동부에 걸친 지방.

우러진 해바라기 색깔이 내 눈앞에 어른거렸다. 해바라기는 정성스럽게 보듬어 놓은 둔덕의 기름진 흙 속에서 자라고 있었다. 그 뒤로는 마디마디 뒤틀리며 자라난 나무들이 그늘을 이루었고, 그 위로는 새파랗고 맑은 하늘이 펼쳐졌다.

수용소 가까이 오자 아스카리들은 우리에게 노래를 시켰고, 발을 제대로 맞춰 걸으라며 윽박질렀다. 수용소장은 죄수들이 돌아오는 광경을 종종 지켜보면서, 죄수들이 행진하며 나갈 때나 들어올 때 반드시 노래를 부르며 (겉으로라도)행복한 표정을 지어야 한다고 지시했던 것이다. 그러니 아스카리들로서는 수용소장의 요구를 들어주지 않을 수 없었다. 우리는 만족스럽다는 표시를 해야만 했다. 그리고 노래야말로 그런 표시 가운데 하나였다.

만약 수용소장이 보기에 우리의 모습이 만족스럽지 않으면 큰일이었다! 그렇게 되면 우리 모두 톡톡히 대가를 치러야 했다. 아스카리라 해서 예외는 아니었다. 그들도 기껏해야 러시아인에 지나지 않았으니까.

다행히 오늘은 수용소장이 나오지 않아서, 우리는 다른 작업조를 뒤따라 무사히 정문을 통과한 다음 점호를 받기 위해 운동장에 모였다.

나는 다른 줄에서 아르투르의 모습을 발견하고 그에게 슬쩍 손을 흔들어 보였다. 병원에서의 경험을 그에게 말해 주고 싶어 몸살이 날 지경이었다. 물론 요제크에게도 말이다.

성격이 전혀 다른 두 사람이 과연 무슨 말을 할지 궁금했다. 또한 해바라기에 대해서도 이야기해 줄 작정이었다. 왜 이전까지는 그런 게 있다는 걸 전혀 몰랐을까? 지난 몇 주 동안이나 분명 꽃이 피어 있었을 텐데 말이다. 정말 아무도 몰랐던 걸까? 아니면 그 중요성을 깨달은 사람이 아직까지 나 혼자뿐인 것일까?

운 좋게도 점호가 평소보다 일찍 끝나자, 나는 아르투르에게 다가가 그의 어깨를 툭 쳤다.

"그래, 어땠어? 힘들진 않았어?" 그는 씩 웃으며 내게 말을 건넸다.

"나쁘진 않았어. 오늘 내가 어디 갔다 왔는지 알아?"

"글쎄, 모르겠는데?"

"기술전문학교에 갔어."

"정말? 내일은 해가 서쪽에서 뜨겠군."

"그렇게 말할 줄 알았어."

"그런데 표정이 별로 안 좋아 보이는데."

나는 대답하지 않았다. 모두 주방 쪽으로 몰려가고 있었고, 우리도 곧 저녁 식사를 배급하는 줄에 서게 되었다.

요제크가 자기 반합에 음식을 가득 채워 우리 곁을 지나갔다. 그는 고개를 끄덕이며 알은척을 했다.

우리는 막사 앞 계단에 걸터앉아 음식을 먹었고, 운동장 한가운데에서는 죄수들이 모여 오늘 일어난 이야기를 주고받고 있었다. 그중 일부는 오늘 밖에 나가 일하는 동안 주워 모은 잡동사니를 다른 물건과 서로 맞바꾸고 있었다.

내 눈길은 문득 '파이프'에 가닿았다. 수용소 울타리 안쪽에 나 있는 좁은 길인데, 철조망으로 둘러싸인 그 길을 따라가면 처형장으로 종종 이용되는 모래 언덕이 나왔다.

때로는 처형을 앞둔 죄수들이 이틀이나 사흘씩 파이프에 방치되는 경우도 있었다. 막사나 시내 어딘가에 숨어 있다가 SS에게 붙잡혀 온 사람들이었다. 독일인은 죄수를 여럿 모아 두었다가 한꺼번에 처리하는 '합리적' 시스템을 운영하고 있었기 때문에, 인원이 적으면 SS의 사형 집행인이 모래 언덕으로 갈 때까지 며칠이고 하염없이 기다려야만 했다.

그런데 그날 저녁에는 파이프에 어느 누구의 모습도 보이지 않았다. 아르투르가 그 이유를 설명해 주었다. "오늘 원래 다섯 명이 있었는데, 더 기다리지 않고 바로 처리해 버리더라고. 카우초르가 붙잡아 왔다나. 우리 막사의 어떤 친구가 오늘 죽은 사람들과 아는 사이라더군. 시내에 상당히 쓸 만한 은신처를 갖고 있던 친구들이었대."

아르투르는 아무렇지도 않은 듯 냉정하고도 차분하게 말을 이었다.

"그중 하나는 아직 어린애였어." 잠시 후에 그는 말을 이었고, 이번에는 아까보다 좀 더 감정이 어려 있었다. "머리카락이 참 예쁘더군. 별로 유대인같이 생기지도 않았고 말이야. 만약 부모가 그 애를 아리안족이라고 우겼더라면 아무도 몰랐을 거야."

나는 다시 엘리를 떠올렸다.

"아르투르, 사실은 자네한테 할 말이 있어. 지금 임시 병원으로 사용되는 그 기술전문학교에서 일이 좀 있었는데, 아직까지 계속 그 생각이 나서 말이야. 듣고 나서 그냥 웃어 버릴지도 모르지만, 하여간 자네 생각은 어떤지 듣고 싶어. 자네의 판단이라면 나도 신뢰할 수 있으니까."

"무슨 이야기인지 들어나 보지." 그가 말했다.

"아니, 지금은 곤란해. 나중에 말해 줄게. 요제크도 같이 들었으면 하거든."

그날 있었던 이야기를 두 사람에게 해 줘도 괜찮을까? 문득 그날 파이프에 끌려 나왔다가 총살당했다는 다섯 사람이 떠올랐다. 내겐 그 희생자들보다 죽어 가던 SS대원이 더 중요하단 말인가? 그렇게 생각하니, 차라리 병원 임종실에서 들은 이야기를 아예 입 밖에 내지 않는 편이 나을 것도 같았다.

나는 냉소주의자인 아르투르가 이렇게 말할까 봐 겁이 났다. "어이구, 이 친구 보게나. 지금 이 시간에도 수없이 많은 유대인이 고문당하고 죽어 나가는 판에, 그까짓 SS대원 한 놈이 내뱉은 말을 잊지 못해 끙끙거리다니." 어쩌면 이런 말을 덧붙일지도 몰랐다. "자네도 이제 나치의 선전에 세뇌된 모양이군. 이제 독일 놈이 우리보다 더 우월하다고 생각하니까 그 SS대원을 다 걱정해 주는 것 아냐?"

이런 말을 들으면 내겐 상처가 될 것이 뻔했다. 게다가 아르투르라면 그런 핀잔에 뒤이어 이제껏 나치가 무수하게 벌여 온 잔혹한 범죄의 예를 줄줄이 늘어놓을 것 같았다. 그렇게 되면 나로서는 무척 민망할 것이었다. 그러니 차라리 병원에서 있었던 일에 대해서는 입을 다무는 게 속이 편할 듯했다.

나는 운동장을 이리저리 돌아다니며, 아는 사람 몇몇과 이야기를 나누었다.

갑자기 그중 한 사람이 급하게 속삭였다. "여섯!" SS대원이 우리 쪽으로 온다는 뜻으로, 우리 사이에서만 통하는 신호였다. 나는 서둘러 아르투르가 있는 곳으로 돌아와 앉아서, 두 명의 SS대원이 악단 숙소 쪽으로 가는 모습을 지켜보았다.

"그나저나, 무슨 이야기인데 그래?" 아르투르가 물었다.

"아니, 생각해 봤는데, 그냥 이야기하지 않는 편이 나을 것 같아. 자네가 정말 이해해 줄 수 있을지도 모르겠고 또……."

"또 뭐? 일단 말이라도 해 보라니까." 아르투르가 재촉했다.

하지만 나는 입을 떼지 않았다.

"알았어, 그럼 자네 좋을 대로 해." 아르투르는 자리에서 일어났다. 약간 화가 난 것처럼 보였다.

하지만 두 시간 뒤, 나는 결국 여러 친구들 앞에서 그 이야기를 하고 말았다. 우리는 사람들이 잔뜩 들어찬 막사의 우리 침상 위에 앉아 있었다. 우선 나는 오늘 아침 시내를 지나면서 보았던 해바라기에 대해 이야기해 주었다.

"혹시 자네들도 그걸 본 적이 있나?"

"물론 봤지." 요제크가 대답했다. "그런데 그게 뭐 어쨌다는 거야?"

그런 시큰둥한 반문을 듣고 나니 해바라기를 보고 느낀 감정을 그에게 털어놓을 기분이 나지 않았다. 죽어서도 해바라기를 가진 독일인들이 부러웠다고, 또는 나도 어린애처럼 해바라기를 갖고 싶었다고는 차마 말할 수가 없었다.

　　아르투르가 끼어들었다. "글쎄, 해바라기 정도면 확실히 보기 좋은 꽃이지. 독일 놈들은 아마 대단한 낭만주의자인가 봐. 하지만 그 속에서 썩어 가는 놈들한테야 그런 꽃이 무슨 소용이겠어? 결국 해바라기도 그놈들처럼 썩어 없어지고 말걸. 내년쯤 가면 아마 흔적도 없을 거야. 누가 새로 심지 않는 한 말이야. 그렇지만 내년이 되면 도무지 뭐가 어떻게 돌아갈지 누가 알겠나?" 그는 경멸하듯이 덧붙였다.

　　나는 이야기를 계속 해 나갔다. 어떻게 해서 그 간호사가 나를 불러내어 학장실로 데려갔는지 설명했고, 몇 시간 동안이나 그 죽어 가는 SS대원의 침대 곁에 앉아서 들은 이야기를 자세히 재현했다. 아버지와 함께 불타는 집에서 뛰어내려 죽은 아이 이야기를 할 때, 나는 그 아이를 '엘리'라고 불렀다.

　　"그런데 SS대원이 그 아이의 이름은 어떻게 알았대?" 누군가 물었다.

　　"물론 그는 알지 못했어. 내가 렘베르크 게토에서 알던 아이의 이름이 생각나서, 그냥 그렇게 불렀을 뿐이야."

　　그들은 모두 내 이야기에 매료된 듯했고, 내가 생각을 가다듬느라 잠시 말을 멈추자 계속 이야기하라고 난리였다.

　　그리하여 마침내, 어떻게 해서 그 죽어 가는 사람이 내게 자기 죄를 용서해 달라고 간청했는지, 그리고 어떻게 해서 내가 일언반구도 없이 그곳을 나와 버렸는지 이야기했을 때, 나는 요제크의 얼굴에 번진 엷은 미소를 보았다. 나는 그가 내 행동에 공감하고 있다고 생각하며 그에게 고개를 끄덕였다.

침묵을 깬 것은 아르투르였다. 그는 소리치듯 말했다. "그리하여 또 한 놈이 줄어들었군!"

그것이야말로 우리 모두가 동감할 만한 표현이었지만, 솔직히 그 순간 나는 아르투르의 반응에 약간 불쾌한 기분이 들었다. 평소 말수가 적은 아담이라는 이름의 친구가 한동안 생각에 잠기더니 이렇게 말했다. "그러니까 자네는 그 살인자가 죽어 가는 모습을 봤단 말이군……. 사실 나도 하루에 열댓 번씩은 그러고 싶은 생각이 간절하지만, 언제 한 번이라도 그놈의 병원에 가 볼 수가 있어야 말이지."

나는 그의 냉소주의를 이해할 수 있었다. 아담도 나처럼 건축학을 공부했지만, 전쟁이 터지는 바람에 일을 그만둘 수밖에 없었다. 러시아가 점령했던 기간에 그는 건물 공사를 맡고 있었다. 그의 가족이 소유한 재산은 러시아 측에 의해 모두 국유화되었다. 1940년 여름이 되자 이른바 '출신 성분이 나쁜'(특히 부유한 사람들 중에서) 자들을 모두 포함시킨 대규모 시베리아 이주가 시작되었고, 그는 가족과 함께 몇 주 동안 숨어 지냈다.

수용소에 들어와서 우리가 처음으로 얼굴을 마주했을 때 그는 내게 말했다. "하여간 러시아인들을 피해서 숨어 지내길 잘했어. 만약 그놈들한테 붙들렸으면 지금쯤 시베리아에 가 있었

107

을 테니까. 그래도 우리는 렘베르크에 남아 있으니 다행 아닌가. 물론 이게 행운인지 불운인지는 나중에 가 봐야 알겠지만……."

그는 주위 상황에 대해서 무관심하기 짝이 없었다. 그의 애인은 게토에 살고 있었지만 전혀 소식을 알 수 없었다. 아마 군과 관련된 기관에서 일하는 듯했다.

그가 무척이나 사랑하던 부모님은 독일군이 렘베르크를 점령한 바로 그날부터 행방이 묘연해졌다. 그는 주위 환경에 철저히 무심한 탓에 내가 보기엔 종종 몽유병자처럼 보였다. 그는 점점 말이 없어졌는데, 처음에 우리는 그가 왜 그러는지 이해할 수 없었다. 하지만 서서히 우리도 모두 그를 닮아 가기 시작했다. 결국은 우리도 가족과 친척 대부분을 잃어버리고 말았던 것이다.

무심한 아르투르조차 내 이야기에 뭔가 감정적 동요를 일으킨 것 같았다. 함께 들은 다른 친구들은 한동안 아무 말도 꺼내지 못했다.

갑자기 아르투르가 벌떡 일어나더니, 자기 친구 중 한 사람이 라디오에서 들은 뉴스 이야기를 해 주고 있는 다른 침상으로 자리를 옮겼다. 그러자 다른 친구들도 제각기 사방으로 흩어져 버렸다.

남아 있는 사람은 나와 요제크뿐이었다.

"사실은 말이야." 그가 말을 꺼냈다. "자네가 그 SS대원을 만난 이야기를 시작했을 때, 나는 혹시 자네가 정말 그를 용서했을까 봐 걱정했다네. 왜냐하면 그 많은 희생자들이 자네에게 권리를 위임하지 않은 이상, 자네로서는 그를 용서해 줄 권리가 없기 때문이지. 누군가가 자네에게 저지른 짓에 관한 한, 자네가 원한다면 얼마든지 용서하고 잊어버려도 되지. 그건 자네가 알아서 할 문제니까 말이야. 하지만 다른 사람들의 고통을 자네의 양심으로 무마하려는 것은 오히려 끔찍한 죄가 될 수 있을 거야."

"하지만 우리 모두는 똑같은 운명을 지닌 공동체가 아닌가. 그렇다면 누구 한 사람이 다른 사람을 대신해 대답해 줄 수도 있지 않을까?" 내가 반문했다.

"저런! 신중해야지, 이 친구야." 요제크가 계속 말을 이었다. "비록 흔치는 않지만, 우리들 각자의 삶엔 뭔가 결정적인 순간이 찾아오게 마련이야. 오늘 자네가 겪은 것도 그런 종류겠지. 하지만 이건 단지 자네 개인에게만 국한된 문제가 아니라네. 물론 자네가 스스로의 행동에 만족스러워하지 못한다는 건 알아. 감히 단언하건대, 만약 나였더라도 자네하고 똑같이 했을 거야. 차이가 있다면 내가 자네보다는 좀 더 적절하게, 공개적으로, 그리고 전혀 양심에 거리낌 없이 거절 의사를 표명했으리라는 거지. 그에 비하면 자네는 오히려 무의식적으로 행동한 셈이야. 그래 놓고 과연 그게 옳은 행동이었는지 확신이 없어서 고민하는 거지. 다시 한번 말하지만, 자네는 옳은 일을 한 거야. 그가 자네에게 직접 무슨 해를 끼친 것도 아니잖나. 그러니 그가 다른 사람에게 저지른 죄를 자네가 용서해 줄 수 있는 위치는 아닌 거지."

요제크가 엄숙한 표정을 지으며 말을 이었다.

"나는 하올람 에메스의 말이 옳다고 생각하네. 우리가 죽은 다음에 또 다른, 그리고 더 나은 세상에서 모두 다시 만날 거라는 것 말이야. 그러니 만약 자네가 그를 용서했다면 어떻게 되겠나? 드네프로페트로프스크에서 죽은 사람들이 자네에게 와서 이렇게 묻지 않겠나? '당신이 도대체 무슨 권리로 우리를 죽인 자를 용서했단 말인가?' 하고 말일세."

나는 생각에 잠긴 채 고개를 저었다.

"요제크. 자네야 신앙이 확고하니까 모든 걸 그렇게 명쾌하게 판단할 수 있는 거겠지. 자네와 몇 시간 동안 논쟁을 할 수도 있겠지만, 그렇다고 아까의 내 행동을 바꾸고 싶은 건 아니야. 설령 바꿀 수 있다 해도 난 그러기 싫어. 다만 한 가지만은 꼭 말하고 싶고, 그것에 대해 자네는 어떻게 생각하는지 듣고 싶어. 그 SS대원은 정말 깊이, 그리고 진심으로 뉘우치고 있었고 그전까지는 한 번도 그런 짓을 한 적이 없었어. 그리고 내가 보기에 그는 정말로 큰 고통을……"

요제크가 말을 가로막았다. "그런 고통 따위는 그가 받아 마땅한 형벌 중에서도 아주 작은 부분에 지나지 않아."

"하지만 그에겐 더 이상 자기 죄를 참회하거나 속죄할 수 있는 시간 여유가 없었어."

"속죄? 자네가 말하는 속죄라는 게 뭘 의미하지?"

요제크는 이제 자기가 원하는 대로 나를 몰고 가고 있었다. 나는 대답하지 않았다. 나는 논쟁을 멈추고 말을 잠시 딴 데로 돌렸다.

"그 죽어 가는 사람이 나를 일종의 대표자로, 그리고 모든 유대인을 상징하는 존재로 간주한 까닭은 그가 더 이상 유대인과 접촉하거나 이야기할 수 없었기 때문이야. 더구나 그는 자발적으로 참회의 뜻을 보였네. 그는 타고난 살인자도 아니었고, 살인자가 되고 싶어 하지도 않았어. 오히려 그로 하여금 무방비 상태의 민간인들을 죽이게 만든 건 바로 나치란 말일세."

"그러면 자네는 그를 용서하려 했다는 건가?"

그 순간, 아르투르가 다시 우리 곁으로 다가왔다. 그는 요제크의 마지막 말만 들었는지, 차분한 말투로 이렇게 말했다.

"그러니까 어느 '초인'께서 어느 '인간 이하'의 존재에게 그야말로 '초인'적인 일을 해 달라고 부탁한 셈이로군? 만약 자네가 그를 용서했다면, 자네는 평생 자네 자신을 용서할 수 없었을 걸세."

"아르투르." 내가 말했다. "나는 죽어 가는 사람의 마지막 소원을 들어주지 않았어. 그의 마지막 부탁에 아무 대답도 하지 않았다고!"

"하지만 이 세상엔 사람이 할 수 없는, 차마 그럴 수 없는 일이 있는 거야. 그는 차라리 자기가 속한 가톨릭교회의 신부를 불러야 했어. 그러면 일이 더 쉽게 풀렸을걸."

아르투르의 말은 미묘하게도, 또한 거의 눈치 채지 못할 정도로 역설적이었다.

"어째서 이 세상에는 범죄와 속죄에 대한 일반법칙 같은 건 없는 걸까? 종교마다 각각 나름의 윤리와 그에 대한 답변은 있는데 말이야."

"그러게나 말일세."

더 이상 할 말이 없었다. 그런 상황에서, 그런 끔찍한 시기에, 과연 무슨 말을 할 수 있고 또 무슨 말을 해야 하겠는가. 결국 이 문제는 논외로 밀려나고 말았다.

우리의 생각을 딴 데로 돌리기 위해 아르투르는 방금 새로 들어온 소식을 말해 주었지만, 그의 말조차 내겐 잘 와닿지 않았다.

머릿속에서 나는 여전히 그 병원의 임종실에 앉아 있었던 것이다.

어쩌면 아르투르가 틀렸는지도 모른다. 어느 '초인'이 어느 '인간 이하'의 존재에게 '초인'적인 행동을 요구했다는 그의 말또한, 제법 그럴듯하게 들리지만 진정한 답변은 아닐지 모른다. 나를 향한 그 SS대원의 태도는 결코 오만한 '초인'의 태도가 아니었다. 오히려 언젠가 '죽게 될' 어느 인간 이하의 존재가, 지금 '죽어 가는' 어느 SS대원의 침대 곁에 앉아 있었던 것이다……. 어쩌면 내가 그 당시의 분위기를, 또한 그가 자신의 범죄에 절망하던 모습을 동료들에게 제대로 표현하지 못해서일 수도 있었다.

문득 나는 이 모든 것이 현실이었을까 하는 의구심에 사로잡혔다. 내가 그때 정말로 학장실에 들어갔다 나온 것일까?

그때 우리의 존재 자체가 그랬듯, 그 사건 역시 내게는 어딘가 의심스럽고 비현실적인 것으로 여겨졌다……. 어쩌면 모두 현실이 아니었는지도 몰랐다. 허기와 절망으로 인해 내가 꿈을

꾼 것인지도 몰랐다⋯⋯. 왜냐하면 너무 비논리적이었기 때문이다. 당시 우리의 삶이 그러했듯 말이다.

수용소의 죄수는 항상 누군가에게 끌려다니게 마련이어서, 자기 의지를 내세우지 않고 남에게 끌려다니는 법을 기꺼이 배워야만 했다. 우리가 살아가는 그 세상에서는 일상적인 법칙 따위는 아무런 소용이 없었고, 매사에 그곳 나름의 논리가 있었다. 하긴, 몸이 구속된 상황에서 과연 어떤 법칙이나 상식이 통하겠는가? 유일하게 남아 있는 신뢰할 만한 판단 기준은 '죽음의 법칙'뿐이었다. 우리 모두는 이미 죽었거나 곧 죽을 것이다! 이 법칙만큼은 여전히 논리적이고, 확실하고, 반박할 수 없었다. 그 외의 다른 법칙들은 의미를 잃었고, 우리는 매사에 수동적인 존재로 전락했다. 우리는 항상 되새기곤 했다. 죽음의 법칙 하나만큼은 결코 피할 수도 없고, 누군가가 바꿀 수도 없는 것이라고 말이다. 급기야 우리는 정신적 마비 상태에 빠져들었다. 당시 우리를 휘감고 있던 무력감은 우리에게 그 어떤 희망도 존재하지 않는다는 극단적 절망감의 표출이기도 했다.

그날 밤 꿈에서 나는 엘리를 보았다. 그의 얼굴은 전보다 더 창백해 보였고, 그의 눈빛은 차마 말할 수 없는, 그리고 영원히 대답할 수 없는 질문을 내게 던지고 있었다. "왜죠?"

엘리의 아버지는 아들을 품에 안고 내게 다가왔다. 엘리는 자기 손으로 눈을 가리고 있었다. 두 사람의 모습 뒤로는 그들이 도망쳐 나온 시뻘건 불길이 넘실거리고 있었다. 나는 엘리를 건네받으려 했지만, 그것은 이미 사람이 아니라 온통 피투성이인 그 무엇이었다…….

"뭐라고 소리를 지르는 거야? 그러다 간수가 들어오면 어쩌려고."

아르투르가 내 어깨를 흔들며 깨웠다. 천장에 달린 작은 전구 불빛 아래로 그의 얼굴이 흐릿하게 다가왔다.

나는 아직 완전히 잠에서 깨어나지 않은 상태였다. 내 눈앞에는 군데군데 누런 얼룩이 묻은 붕대를 감은 얼굴과 비슷한 뭔가가 어른거릴 뿐이었다. 이것도 꿈인가? 성에가 낀 유리창을 통해서 바라보듯 모든 것이 그저 뿌옇기만 했다.

"물이라도 한 잔 갖다줄까? 열이 나는 것 같은데." 아르투르가 다시 나를 흔들어 깨웠다. 그제야 나는 그의 얼굴을 알아보았다.

"아르투르." 내가 더듬거렸다. "나 내일 병원 작업조로 나가고 싶지 않아."

"알았어." 그가 대답했다. "첫째, 자정이 넘었으니까 내일이 아니라 오늘이라고 해야지. 둘째, 혹시 자네가 다른 작업조에 낄 수 있다면 내가 자네 대신 병원에 가겠네."

아르투르는 나를 진정시키려 했다. 그는 마치 어린아이를 달래듯 내게 말했다.

"죽음을 직접 목격하니까 무서운 모양이지? 그 SS대원이 죽어 가는 걸 봤으니 말이야. 하지만 자네 혹시 유대인이 죽어 가는 모습을 본 적이 있나? 그리고 그런 모습을 보고 나서도 이렇게 한밤중에 소리 지른 적이 있나? 혹시 죽음이야말로 우리의 가장 가까운 친구라는 걸 잊어버린 건 아니겠지? 물론 SS라고 해서 예외는 아니야.

자네가 잠든 직후에 간수들이 들어와서 여기 있는 사람 중 하나를 끌고 나갔어. 저 뒤쪽 구석의 오른쪽에서 자던 친구를 말이야. 그들에게 끌려서 막사 문을 나가자마자 곧바로 쓰러지더군. 그대로 죽어 버린 거야. 일어나서 이리 와 봐. 그 친구 모습을 보고 나면 아마 자네의 SS대원 친구를 너무 극진히 생각해 주는 게 아닌가 싶을걸."

왜 아르투르는 굳이 '자네의 SS대원 친구'라는 말을 강조했을까? 내게 상처를 주려고 작정한 것일까?

그는 내가 주춤하는 것을 깨닫고 덧붙였다. "지금 같은 상황에서 지나치게 예민한 감정은 사치에 지나지 않아. 자네에게나 나에게나 말이야."

"아르투르." 나는 다시 한번 말했다. "나 정말 그 병원에 다시는 가고 싶지 않아."

"저놈들이 자네보고 가라고 하면 갈 수밖에 없지 않나? 어쩔 수 없는 일이잖아? 덕분에 하루 종일 수용소에 머물러 있지 않아도 된다며 오히려 좋아하는 친구가 얼마나 많은데 그래."

"내가 거리에서 만난 사람들 이야기를 안 해서 그래. 나는 그 사람들을 더는 보고 싶지 않아. 그 사람들 또한 나를 보고 싶지 않을 거고. 그들이 날 불쌍히 여기는 건 싫단 말이야."

결국 아르투르도 단념하고 말았다. 그는 자기 침상에 누위 잠들어 버렸다. 하지만 나는 가급적 잠들지 않으려고 했다. 다시 꿈을 꿀까 두려웠던 것이다. 순간 거리에 서 있던 사람들의 모습이 떠올랐다. 그리고 나는 우리가 세상과 완전히 단절되어 있음을 새삼 깨달았다. 그들은 우리 유대인을 좋아하지 않았다. 물론 그것 자체는 그리 새로운 사실이 아니었다. 우리 아버지 세대는 게토라는 한정된 영역에 머물지 않고 어떻게 해서든 좀 더 넓은 세계로 나오려 한 유대인들이었다. 그들은 죽어라 일했고, 다른 사람들로부터 인정받기 위해 무슨 짓이든 다 했다.

하지만 소용없었다. 차라리 유대인이 외부 세계로부터 격리되어 자기들끼리만 살았더라면, 그들은 어디까지나 외국인 취급을 받는 데 그쳤을 것이다. 하지만 자신의 세계를 떠나 다른 세계에 적응하려 하면서부터, 그들은 환영받지 못하는 이단자가 되었고 증오와 거부의 대상이 되었다. 나만 해도, 어린 시절부터 내가 2등 시민으로 태어났다는 것을 절실하게 깨닫고 있었다.

어느 현자는 유대인이야말로 '지상의 소금'이라고 했다. 하지만 폴란드인은 자기네 땅에 소금이 너무 많이 뿌려져 있다고 생각했다. 그리하여 나치의 마수가 우리를 향해 뻗쳐 올 무렵, 우리는 다른 어떤 나라의 유대인보다 박해를 맞이할 준비가 더 잘되어 있었을 정도였다. 폴란드에서 유대인의 저항이 유독 거세게 일어난 것도 어쩌면 그 때문이었는지 모른다.

우리는 태어나는 순간부터 폴란드인과 함께 살았고, 그들과 함께 자라났으며, 그들과 함께 학교에 다녔다. 그런데도 우리는 그들에게 언제나 이방인이었을 뿐이다. 유대인과 비(非)유대인 간의 상호 이해란 보기 드문 일이었다. 이는 폴란드인 자신이 이미 독일에 예속된 상황 아래서도 별반 달라지지 않았다. 유대인과 폴란드인 모두 똑같이 고난을 겪었지만, 둘 사이에는 여전히 거대한 장벽이 있었다.

나는 더 이상 폴란드인을 쳐다보기 싫었다. 그래서 내일은 무슨 일이 있어도 반드시 수용소에 남아 있으리라 다짐했다.

다음 날 아침, 우리는 점호를 받기 위해 운동장에 모였다. 병원에 다시 가야 한다면 나는 차라리 아르투르와 함께 가서, 어제의 간호사가 다시 나를 불러내면 아르투르를 대신 데려가라고 하고 싶었다.

수용소장이 나타났다. 그는 점호 때마다 항상 나타나지는 않았다. 어제만 해도 그랬다. 그런데 오늘은 가죽 끈에 묶인 커다란 블랙 도베르만을 한 마리 끌고 왔다. 그의 곁에는 점호를 실시하는 장교 한 명과 SS대원 몇 명이 서 있었다.

우선 죄수의 수를 세어 보았다. 다행히도 그대로였다.

그러고 나서 소장이 명령했다. "작업조 앞으로! 어제와 똑같이!"

혼란이 벌어진 것은 당연했다. 죄수들은 대개 작업조별이 아니라 막사별로 줄지어 서 있었기 때문이다. 그 상태에서 다시 같은 작업조끼리 모이는 과정은 소장이 원하는 만큼 재빨리 이루어지지 않았다. 그러자 그는 화가 나서 소리를 지르기 시작했다.

개도 점점 흥분하기 시작하며 금방이라도 달려들 듯 가죽 끈을 팽팽하게 잡아당기고 있었다. 소장이 어느 순간 가죽 끈을 확 놓아 버릴 것만 같았다. 하지만 다행히 우리는 운이 좋았다. 마침 소장실에서 장교 한 사람이 나오더니 소장에게 무슨 이야기를 전했다. 그 내용이 무엇이었는지는 알 수 없었지만 그는 서둘러 개를 끌고 돌아갔다. 덕분에 우리 또한 잔혹하기 그지없는, 아마도 여러 명이 다치거나 심지어 죽기까지 했을 위험한 상황에서 벗어날 수 있었다.

우리가 움직이자 정문 안쪽에 대기하던 악단이 경쾌한 행진곡을 연주하기 시작했다. SS대원은 우리의 행렬을 유심히 지켜보았다. 그리고 간혹 눈에 거슬리는 사람이 있으면 즉시 밖으로 끌어냈다. 가령 발을 제대로 맞추지 못하거나, 남들보다 허약해 보이거나 하면 말이다. 그렇게 끌려 나온 사람은 곧바로 '파이프'로 보내졌다.

어제와 똑같은 아스카리가 오늘도 우리를 따라왔다. 우리 행렬 앞에는 위병소에서 나온 SS대원 한 사람이 걸어가고 있었다. 병원으로 향하는 내내, 나는 어제의 그 간호사가 다시 찾아오면 어떻게 숨을까만 궁리하고 있었다.

어제 보았던, 해바라기가 가득한 묘지가 우리 왼쪽에 나타났다. 병원에서 죽어 가던 SS대원도 결국 이곳에서 자기 동료들과 합류하겠지. 나는 그가 묻히게 될 곳을 상상해 보았다.

어제만 해도 많은 죄수들이 마치 홀리기라도 한 듯 해바라기를 쳐다보았지만, 오늘은 어쩐 일인지 모두 무시해 버리는 듯했다. 해바라기를 쳐다보는 사람은 몇 명 없었다. 나는 해바라기가 늘어선 줄 사이사이를 샅샅이 훑어보다가, 하마터면 내 앞에 가는 사람의 뒤꿈치를 밟을 뻔했다.

그로데스카 거리에는 아이들이 아무렇지도 않은 듯 놀고 있었다. 그 아이들은 군복을 입은 사람이 가까이 다가와도 도망칠 필요가 없었다. 얼마나 운이 좋은 아이들인지!

내 옆에 있는 동료가 지나가는 사람을 가리키며 물었다.

"저기 티롤 모자* 쓴 친구 보이나? 깃털 달린 모자 쓴 사람."

"독일인 같은데." 내가 대답했다.

"말하자면 그렇지. 지금은 분명 독일인이지만, 3년 전만 해도 열렬한 폴란드인 애국자였다네. 나는 저 친구를 잘 알지. 근처에 살았거든. 유대인이 운영하는 가게가 폭도에게 약탈당할 때 저 친구도 거기 가담했지. 대학에서 유대인 학생을 두들겨 팰 때도 가담했고. 게다가 러시아인이 부역자를 찾을 때는 얼씨구나 하고 자원까지 했다니까. 그야말로 권력을 쥔 쪽에 무조건 찰싹 붙어 버리는 놈이지. 이제는 자기 조상 중에 독일인이 하나 있다고 뻐기고 다니는 모양이더군. 하지만 내가 장담하건대, 저 친구 겨우 얼마 전까지만 해도 독일어라곤 한마디도 못했어. 그래도 나치로선 저런 친구가 있으니 좋겠지. 자기네에게도 도움이 될 테니까 말이야."

실제로 순수한 독일인이 아닌 혼혈의 경우에는 그야말로

---

*　앞이 좁고 깃털이 달린 펠트 모자를 말한다.

'150퍼센트' 독일인이 되기 위해 더욱 광분한다는 이야기가 심심 찮게 들려왔다. 작업조원들도 그런 자들이 곁에 오는 것을 꺼릴 정도였다. 그들은 늘 특별 배급표를 얻는 데만 혈안이 되어 있었 다. 그들 대부분은 자기가 독일어를 잘 모른다는 사실을 무마하 기 위해, 누구보다 앞장서서 폴란드인과 유대인을 괴롭혔다. 제 물로 삼을 만한 폴란드인과 유대인이 있다는 것이야말로 그들에 겐 무척 반가운 일이었던 것이다.

기술전문학교의 안뜰로 들어서자마자 아스카리들은 어 제처럼 곧장 잔디 위에 누워 두툼하게 담배를 말고 있었다. 이미 트럭 두 대가 우리를 기다리고 있었다. 폐기물 보관소에는 또다 시 쓰레기가 넘쳐나고 있었다. 우리는 삽을 하나씩 지급받았다.

그 간호사가 나를 다시 찾아내지 못하도록, 나는 가급적 트럭 위에 올라가서 하는 일을 맡으려고 했다. 하지만 그 일을 할 네 명은 이미 정해져 있었다.

그때 마침 어제의 그 간호사가 죄수들의 얼굴을 하나하나 살피며 이쪽으로 오고 있었다. 혹시 내가 어제와 같은 일을 또 해야 하는 것일까? 그 죽어 가는 나치가 뭔가 더 할 말이 있는 걸 까? 그녀는 나를 발견하고는 내 앞에 다가와 섰다.

"잠깐만요." 그녀가 말했다. "나를 따라와요."

"하지만 지금 작업 중이라서요." 내가 대답했다.

그러자 그녀는 우리를 감독하고 있는 위생병에게 다가가 서 뭐라고 이야기했다. 그러더니 나를 손가락으로 가리키고는 다시 돌아왔다.

"삽을 내려놔요." 그녀는 무뚝뚝하게 명령했다. "따라와요."

나는 두려움에 사로잡힌 채 그녀를 따라갔다. 어제처럼 또 그의 고백을 들어야 한다면 도무지 견디지 못할 것 같았다. 그것은 내 능력을 넘어서는 일이었다. 무엇보다 나는 그 죽어 가는 사람이 자기를 용서해 달라고 재촉할까 봐 두려웠다. 어쩌면 나도 이제는 마음이 약해진 탓에, 그의 부탁을 그냥 들어줌으로써 이 고통스러운 일을 끝내 버리려 할지 몰랐다.

하지만 간호사는 어제와는 전혀 다른 길로 나를 데려갔다. 어디로 가는 것인지는 알 수가 없었다. 혹시 영안실이라도 가자는 걸까? 그녀는 열쇠 꾸러미를 꺼내 문을 열었다. 우리는 마치 창고처럼 보이는 방에 들어와 있었다. 나무로 된 진열대가 거의 천장에 닿을 만큼 높이 세워져 있었고, 그 안에 갖가지 꾸러미와 상자가 쌓여 있었다.

"여기서 잠깐 기다려요." 그녀가 명령했다. "금방 돌아올 테니까."

나는 가만히 서 있었다.

잠시 후 그녀가 돌아왔다. 손에는 초록색 방수포로 둘러싼 꾸러미를 하나 들고 있었다. 그 위에는 주소가 적힌 천이 꿰매여 있었다.

누군가 복도를 지나갔다. 그러자 그녀는 당황해하면서 나를 창고 안쪽으로 데리고 들어갔다. 그러더니 나를 유심히 뜯어보면서 이렇게 말했다.

"어제 당신과 이야기를 나눈 분이 밤사이에 돌아가셨어요. 그분이 자기 유품을 당신에게 꼭 전해 주라고 신신당부하더군요. 세례식 때 선물로 받은 시계는 빼고요. 그건 자기 어머니께 보내 달라고 했어요."

"간호사님, 전 아무것도 필요 없습니다. 그걸 전부 그분 어머니께 보내 주시죠."

그녀는 아무 말도 없이 꾸러미를 내게 내밀었지만, 나는 손조차 대지 않았다.

"전부 그분 어머니께 보내 주세요. 그 위에 주소도 적혀 있네요."

간호사는 어쩔 줄 몰라 하는 얼굴로 나를 바라보았다. 나는 그녀를 남겨 놓은 채 창고에서 나왔다. 그녀는 나를 붙잡으려 하지도 않았다. 아마 어제 그 SS대원이 내게 무슨 말을 했는지 전혀 모르는 것 같았다.

나는 안뜰에 있는 작업장으로 되돌아왔다. 영구차 한 대가 지나갔다. 그 SS대원의 시체가 벌써 옮겨지는 것일까?

"이봐, 거기 너! 뭐 하고 서 있는 거야!" 위생병이 소리 질렀다.

그 소리를 들은 아스카리 한 명이 채찍을 휘두르며 달려왔다. 그의 눈에는 가학적인 빛이 번득이고 있었다. 하지만 위생병은 오히려 아스카리를 도로 쫓아 버렸다.

오늘 점심은 병원에서 제공해 주지 않았다. 대신 평소처럼 수용소에서 가져온 음식을 먹었다. '수프'라고 잘못 이름 붙여진, 냄새 지독한 회색 국물을 말이다. 그래도 우리는 게걸스럽게 먹어 치웠다. 군인들은 마치 밥 먹는 짐승을 구경하듯 우리 주위에 둘러서서 그 광경을 보고 있었다.

오후 내내 일을 하면서도 나는 얼이 빠져 있었다. 저녁이 되어 수용소 운동장에 도착했을 때는 도대체 무슨 정신으로 걸어왔는지 모를 지경이었다. 심지어 시내를 지나오는 동안 해바라기조차 쳐다볼 겨를이 없었다.

나는 친구들에게 그 SS대원이 죽었다는 이야기를 해 주었지만, 그들은 별 관심이 없었다. 그들의 머릿속에서 어제 내가 한 이야기는 그걸로 이미 끝난 상황이었던 것이다. 하지만 내가 그 죽은 사람의 유품을 거절한 것은 잘한 일이었다고 다들 입을 모았다. 요제크는 이렇게 말했다.

"자네가 어제 우리한테 해 준 이야기 중에는 좀 더 깊이 생각해 볼 만한 내용이 많았네. 거기에 대해서라면 레브 슐로모하고도 이야기를 나누면 좋겠네만, 애석하게도 그는 이미 세상을 떠났지. 그가 있었더라면 자네의 행동이 정말 옳았다는 걸 확실히 증명해 보였을 텐데⋯⋯. 하지만 내 생각엔 아무래도 자네의 고민은 쉽게 끝날 것 같지 않군. 제발 그 일을 가지고 너무 머리를 혹사시키지 말게. 자네에겐 그를 용서할 권리도 없었고, 자네 개인으로서도 그를 용서할 수 없었으니까. 그러니 그의 요청을 받아들이지 않은 건 분명 옳은 일이었어."

잠시 후에 그는 이렇게 덧붙였다. "가령 『탈무드』에서도 뭐라고 했나 하면 말이야⋯⋯."

그러자 아르투르조차 평소의 냉정을 잃어버리고 말았다. 그는 요제크에게 말했다.

"제발 이 친구 좀 그냥 내버려 두게. 어젯밤에도 그것 때문에 악몽을 꾸고 헛소리까지 했으니까. 그러다간 자칫 우리까지 위험해질 수 있어. 간수 중에 누가 그런 소리를 듣고 들어오기라도 하면 저 친구를 그 자리에서 총으로 쏴 버릴 수도 있네. 전에도 그랬듯이 말이야. 그리고 자네."

아르투르는 나를 향해 말했다. "제발 이젠 그 이야기 좀 그만하게. 그렇게 끙끙 앓는 소리를 해 봤자 무슨 소용이 있나. 일단 우리가 이 수용소에서 살아남고—솔직히 그럴 수 있을 것 같지는 않지만—이 세상이 모두 제정신으로 돌아오고, 사람들이 서로를 동등한 인간으로 보게 된 다음이라면, 그 용서니 뭐니 하는 문제를 놓고 토론할 시간은 충분히 있을 거야. 옳다는 사람도 있고, 그르다는 사람도 있고, 자네가 그를 용서하지 않은 것을 절대 용서할 수 없다는 사람도 나올 거야……. 하지만 지금 우리가 겪고 있는 상황을 그대로 겪어 보지 못한 사람이라면 결코 온전히 이해할 수는 없겠지. 우리가 지금 이 문제를 놓고 이렇게 왈가왈부하는 것만 해도, 솔직히 나는 지금 우리의 상황에서는 말할 수 없는 사치라고 보네."

아르투르의 말이 옳았다. 나도 알고 있었다. 그날 밤, 나는 엘리의 꿈을 꾸지 않고 깊이 잠들 수 있었다.

다음 날 아침 점호 시간에는 동부 철도의 공사 감독관이 우리를 기다리고 있었다. 그리하여 우리는 이전에 하던 작업으로 되돌아갈 수 있었다.

———

그로부터 2년이 흘렀다. 고통과 죽음의 위협으로 가득 찬 세월이었다. 한번은 나도 총에 맞아 죽을 뻔했지만 기적적으로 목숨을 건졌다. 그 경험으로 말미암아, 나는 사람이 죽음을 앞둔 순간에 어떤 생각을 떠올리는지를 잘 알게 되었다.

아르투르는 더 이상 우리와 함께 있지 않았다. 그는 티푸스가 유행할 때 내 품에 안긴 채 죽었다. 그가 죽어 갈 때 나는 그를 끌어안고 입가에 맺힌 거품을 천으로 닦아 주었다. 최후의 순간에 열이 높았기 때문에 그는 무의식 상태에서 죽었고, 그것이 그나마 다행스러운 일이었다.

얼마 후, 아담이 작업장에서 발목을 삐고 말았다. 아침에 일터로 향하는 행렬에서 절뚝거리는 모습을 본 간수가 그를 불러냈다. 결국 그는 곧바로 '파이프'로 보내졌고, 이틀이나 기다린 뒤에 다른 죄수들과 함께 총살당했다.

요제크도 죽었다. 하지만 내가 그의 소식을 들은 것은 한참 뒤의 일이었다. 우리 작업조는 동부 철도 공사장에서 한동안 계속 머물렀는데, 하루는 수용소에서 보충 인력이 도착했다. 그 중에 요제크가 있었다. 그때는 내가 그를 챙겨 줄 수 있었다. 우리는 외부인과 접촉하여 좀 더 많은 식량을 확보했다. 나는 유대인 십장에게 부탁해서 요제크를 우리 작업조에 계속 두려고 했다. 그래서 감시인 한 명을 설득하여 철도 작업장의 인력 수요를 좀 더 늘려 보려고 했다. 하지만 일은 우리 뜻대로 되지 않았다.

그러던 어느 날, 수용소에서 온 보충 인력 가운데 요제크가 보이지 않았다. 몸이 아파서 수용소 내 작업조로 남게 되었다는 것이다. 그는 열이 많이 나는 바람에 일을 하다가도 틈틈이 쉴 수밖에 없었다. 동료들은 SS대원이 올 때마다 그에게 신호를 해 주었지만, 오후가 되자 요제크는 일어설 힘조차 없는 상태가 되었다. 결국 그는 총알받이 신세가 되고 말았다. '게으름 피우는 놈들'에게 흔히 가해지는 처벌대로 말이다.

내가 한때 그곳에서 알고 지낸 친구들 중 막판까지 살아남은 사람은 하나도 없었다. 아직 때가 되지 않은 까닭이었는지, 아니면 죽음이 원치 않았는지, 오로지 나만 제외하고 말이다.

적군(赤軍)*이 진격해 오자 독일군은 수용소를 버리고 퇴각했고, 일렬로 늘어선 죄수와 그 감시자인 SS대원도 서쪽에 있는 다른 수용소로 옮겨 갔다. 나는 플라스주프**의 공포를 고스란

---

* 붉은 군대. 옛 소련군의 별칭.

** 플라스주프(Plaszów). 폴란드 크라쿠프 인근의 나치 집단수용소. 1942년에 설립되어 한창때는 수용 인원이 2만 4000명에 달했다. 유대인 학살로 악명 높은 곳 중 하나로, 1944년 소련군에 밀린 나치가 수감자 전원을 아우슈비츠로 퇴거시켰다.

히 겪었다. 그리고 그로스로젠***과 부헨발트****를 지나, 많은 보조 수용소를 거친 다음에야 마우트하우젠*****에 도착했다.

도착하자마자 나는 이른바 '죽음의 구역'이라는 제6구역에 수감되었다. 이미 가스실이 전부 가동되고 있었지만, 그 어마어마한 예비 희생자들을 모두 감당할 수는 없었다. 화장터 위에는 죽음의 공장이 쉴 새 없이 가동 중임을 알리는 거대한 연기구름이 밤낮으로 솟아올랐다.

어차피 '자연스럽게' 죽는 사람도 많았으니, 사실 굳이 서두를 필요도 없었다. 도대체 뭐하러 그렇게 많은 아궁이에 그렇게 많은 사람을 집어넣었을까? 평소라면 별문제가 되지 않았을 영양실조며 탈진이며 질병 등으로 인해 쇠약해진 죄수들이 속속 목숨을 잃음으로써, 화장터로 갈 시체들이 양산되고 있었는데도 말이다.

제6구역에 수용된 죄수들은 더 이상 일을 할 필요도 없었다. SS대원도 없었고, 시체조차 아직 힘이 남아 있는 동료들이 정

***　그로스로젠(Gross-Rosen). 폴란드 슐레지엔 인근의 나치 집단수용소. 1940년에 설립되어 12만 5000명이 거쳐 갔으며, 그중 4만 명이 사망했다.

****　부헨발트(Buchenwald). 독일 북부의 나치 집단수용소. 1937년에 설립되어 23만 8980명이 거쳐 갔으며, 그중 4만 3045명이 사망했다.

*****　마우트하우젠(Mauthausen). 오스트리아의 나치 집단수용소. 1938년에 설립되어 19만 9404명이 거쳐 갔으며, 그중 11만 9000명이 사망했다.

기적으로 치워 버리기 때문에 찾아볼 수 없었다. 그곳에서 우리
는 신참들이 들어오는 모습을 지켜보았다.

　　배고픔은 정말이지 견딜 수가 없었다. 우리에겐 먹을 것
이 하나도 배급되지 않았다. 매일 잠깐씩 막사 밖으로 나갈 수
있을 때면, 우리는 말 그대로 땅 위에 엎드려서 소처럼 여기저
기 드문드문 나 있는 풀을 뜯어 먹었다. 그런 '외출'이 있고 난 뒤
에는 시체 운반 담당의 일손이 바빠졌다. 왜냐하면 그런 '음식'을
제대로 소화할 수 있는 사람은 극소수였기 때문이다. 시체는 손
수레 위에 차곡차곡 쌓였고, 그 과정은 정말 끝도 없이 되풀이되
었다.

　　그곳에서 나는 비로소 생각할 시간을 얻을 수 있었다. 독
일군의 최후가 가까웠음이 분명했다. 하지만 위급하긴 우리도
마찬가지였다. 정교한 살인 기계는 이제 자기 의지대로 알아서
움직였고, 이루 말할 수 없을 정도로 끔찍한 범죄를 목격한 최후
의 한 사람까지도 없애 버리려 했다. 나는 앞으로의 일을 대강
예측할 수 있었다. 미군이 수용소에 당도하기 직전에 우리를 깡
그리 말살하는 계획이 이미 수립되어 있었던 것이다.

　　"30분 뒤면 자유가 찾아오겠지만, 그보다 15분 전에 죽음
이 먼저 찾아오겠지." 우리 중 누군가가 이렇게 말했다.

　　나는 피골이 상접한 채 침상에 누워 있었다. 배고픔 때문
인지, 모든 것이 마치 얇은 커튼에 가려진 듯 희미하게만 보였
다. 그리고 종종 헤어날 수 없는 졸음에 빠져들었다. 자는 것도
아니고 깬 것도 아닌 어느 날 밤에는 렘베르크의 병원에서 본 그

SS대원의 모습이 다시 떠올랐다. 더 중요한 일이 많았고 배고픔 때문에 머리가 둔해진 까닭인지, 나는 한동안 그에 대해서는 거의 잊어버리고 있었다. 나는 앞으로 살 날이 얼마 남지 않았다는, 기껏해야 몇 주 뒤면 끝이라는 사실을 깨달았다. 그러자 그 SS대원과 그의 고백이 자꾸만 내 머릿속에 다시 떠올랐다. 그의 눈은 더 이상 붕대로 가려져 있지 않았다. 대신 붕대 사이의 작은 틈을 통해 나를 바라보고 있었다. 그 눈에는 분노가 어려 있었다. 그는 뭔가를 내게 내밀었다. 내가 간호사로부터 받기를 거절한 그 꾸러미였다. 아마 내가 비명을 지른 모양이었다. 크라쿠프* 출신의 젊은 유대인으로 가끔 나와 이야기를 나누기도 했던 의사가 마침 그날 야근이었다.

지금까지도 나는 왜 그 당시 제6구역에 의사가 있었는지 이해할 수가 없다. 그가 갖고 있는 약이라고 해야 성분을 알 수 없는 붉은 알약과 종이솜이 전부였기 때문에, 그는 결코 우리를 도울 수 없었다. 하지만 수용소 당국으로서는 제6구역에 수감된 1500명의 환자를 돌볼 수 있는 의사가 있다고 내세우는 것만으로도 충분히 만족스러운 듯했다.

"무슨 일이에요?" 의사가 내 침상 곁에 다가와 선 채로 물었다. 우리는 네 명이 침상 하나를 같이 썼기 때문에, 당연히 다른 세 명도 잠에서 깨어났다.

"무슨 일이죠?" 의사가 다시 물었다.

---

* 크라쿠프(Kraków). 폴란드 남부의 도시.

"아니, 그냥 꿈이에요."

"꿈이라고요? 나는 다시 꿈이라도 꿔 보는 게 소원인데." 그가 나를 위로했다. "자리에 누울 때면 그저 이곳을 벗어나는 꿈을 꾸고 싶다는 소원뿐이죠. 하지만 한 번도 소원이 이루어진 적은 없었어요. 푹 자긴 하지만 꿈꾼 적은 전혀 없었죠. 그나저나 좋은 꿈이었나요?"

"죽은 SS대원에 대한 꿈을 꿨어요." 내가 말했다.

내가 한 몇 마디 말을 그가 알아들을 리는 만무했지만, 너무 기운이 없다 보니 그에게 모든 이야기를 다 해 줄 수도 없었다. 하긴, 이제 와서 그게 무슨 소용이 있겠는가? 이 죽음의 막사에서 어느 누구도 벗어나지 못할 텐데.

그래서 나는 그냥 입을 다물었다.

바로 그날 밤, 나와 같은 침상을 쓰던 동료 가운데 하나가 죽었다. 그는 과거에 부다페스트에서 판사로 일한 사람이었다……. 그가 죽어서 나머지 세 사람이 침상을 더 넓게 쓸 수 있었기 때문에, 우리는 그의 '사망'을 보고해야 할지 잠깐 고민했다. 하지만 결국 한 자리가 비었다는 사실을 끝까지 감출 수는 없었다.

이틀 뒤에 신참 죄수들이 도착했고, 우리 침상에는 젊은 폴란드인이 새로 들어왔다. 그의 이름은 볼레크였고, 아우슈비츠에서 러시아군의 진격을 피해 후퇴해 왔다고 했다.

볼레크는 강직한 성격이어서 뭐든지 한번 마음을 먹으면 결코 흔들리지 않았다. 어떤 것도 그를 방해하지 못했고, 최악의 환경에서도 평정심을 유지했다. 비록 생김새는 전혀 달랐지만, 어떤 면에서 그는 요제크를 연상시켰다. 첫눈에 나는 그가 매우 똑똑한 시골 청년임을 간파했다.

마우트하우젠에서는 어느 누구도 동료 죄수에게 고향이 어디고 직업이 무엇인지 묻지 않았다. 우리는 누가 무슨 말을 하든 그냥 믿었다. 과거는 더 이상 중요하지 않았기 때문이다. 계급의 차이도 없어져서 모두 평등했다. 서로 다른 점이 있다면 단 하나, 누가 먼저 이 세상을 떠나느냐는 것이었다.

볼레크는 아우슈비츠에서 마우트하우젠으로 이송되던 도중에 사라져 버린 죄수들 이야기를 해 주었다. 그들은 철로를 따라 며칠 동안 이동하다가 굶주려 죽기도 했고, 하루 종일 걷다가 쓰러지기도 했다. 더 이상 걷지 못하는 사람은 그 자리에서 즉시 총살당했다.

어느 날 아침 나는 볼레크가 폴란드어로 중얼거리며 기도하는 소리를 들었는데, 그야말로 특이한 광경이었다. '아직도' 기도하는 사람은 우리 중 극소수에 지나지 않았다. 제아무리 순수한 사람도 쉴 새 없이 고문을 당하다 보면 신앙심을 잃게 마련이었으니까…….

점차 나는 볼레크에 대해 잘 알게 되었다. 그는 가톨릭교도로 신학을 공부하고 있었는데, 바르샤바에 있는 신학교 밖으로 나왔다가 체포되었다고 했다. 아우슈비츠에서 그는 극도로 비인간적인 처우를 견뎌야 했다. 그가 신부 지망생이었다는 것을 알게 된 SS대원들이 그를 괴롭힐 방법을 계속 고안해 냈기 때문이다. 하지만 그는 결코 거기에 굴복하지 않았다.

어느 날 밤, 침상 위에서 내 곁에 누운 그가 잠을 자지 않고 있기에, 나는 그에게 렘베르크의 병원에서 있었던 이야기를 해 주었다.

"결국 그들도 모두 똑같진 않은 거야." 내가 이야기를 마치자 그는 이렇게 말했다. 그러고는 자리에서 일어나 앉더니 아무 말 없이 정면을 응시했다.

"볼레크." 내가 말했다. "만약 나치가 폴란드에 쳐들어오지 않았더라면, 자네는 지금쯤 신부가 되었겠지. 자네 생각엔 내가 어떻게 해야 했다고 보나? 그를 용서해야만 했을까? 어떤 식으로건 내게 그를 용서할 만한 권리가 있었을까? 자네가 믿는 종교에서는 이럴 때 어떻게 하라고 하나? 자네가 내 입장에 놓여 있었다면 어떻게 하겠나?"

"잠깐, 잠깐만." 그가 대답했다. "질문이 너무 많군. 좀 침착하게 생각해. 오랫동안 같이 지낸 것은 아니지만, 자네가 지나치다 싶을 정도로 어떤 기억에 집착하고 있다는 것은 전부터 눈치 채고 있었지. 내가 보기엔 자네의 잠재의식이 그 당시 자네가 했던 행동에 대해 전혀 만족하지 못하는 것 같아. 자네가 한 말을 종합해 보니 그런 결론이 나오는군."

그게 사실일까? 과연 내 잠재의식으로부터 이런 불편한 감정이 나온 것일까? 그 때문에 병원에서의 그 만남을 자꾸 돌이키게 되는 것일까? 왜 나는 그걸 잊어버리고 지나갈 수 없는 걸까? 왜 그때 일은 아직까지 끝나지 않은 채 남아 있는 걸까? 이것이야말로 내가 풀어야 할 가장 중요한 숙제였다.

몇 분 동안 침묵을 지키고 있었지만, 볼레크의 눈은 내 눈에서 한시도 떨어지지 않았다. 그 역시 나와 마찬가지로 지금 우리가 있는 시간이며 장소를 완전히 잊어버린 듯했다.

"내 생각에는, 용서라는 문제에 대해서 위대한 종교들이 갖고 있는 기본적인 생각에는 그리 큰 차이가 없을 거라고 봐. 뭔가 차이가 있다면 이론에서가 아니라 실천에서겠지. 다만 한 가지는 분명해. 자네는 오로지 자네가 당한 일에 대해서만 누군가를 용서할 수 있다는 거야. 물론 한편으로는 이렇게 생각할 수도 있지. '그렇다면 그 SS대원은 누구에게 용서를 빌어야 할까?' 그가 잘못을 저지른 대상 가운데 어느 누구도 살아 있지 않으니 말이야."

"그렇다면 그는 내가 전혀 줄 수 없는 것을 나에게 바랐단 말인가?"

"그가 자네에게 용서를 구한 이유는, 유대인을 단지 하나의 집단으로 뭉뚱그려 생각했기 때문이야. 그에게 자네는 그 집단의 일원이었고, 또한 그에겐 마지막 기회인 셈이었지."

볼레크가 하는 이야기를 듣자니 문득 그 죽어 가는 남자의 고백을 들을 때와 비슷한 기분이 들었다. 당시 나는 그를 용서해 줄 수 있는 최후의 인간이었던 것이다.

나는 요제크와 이 문제를 두고 이야기할 때 그런 생각을 표현하려 했지만, 그는 내게 전혀 다른 생각을 납득시키려고만 했다. 아니, 어쩌면 그것도 내 망상에 지나지 않았을까?

볼레크는 계속 말을 이었다. "그가 자네에게 거짓말을 했다고는 생각지 않아. 죽음을 눈앞에 둔 사람은 결코 거짓말을 할 수 없으니까. 임종을 맞으면서 그는 어린 시절의 신앙으로 돌아갔을 것이고, 또 자네가 그의 고백을 들어 준 덕분에 평화롭게 눈을 감을 수 있었을 거야. 그것이야말로 그에겐 진정한 고해인 셈이었지. 비록 사제에게 한 고해는 아니었을지라도 말이야……. 그러한 고해를 통해서 그의 양심은 자유로워지고, 마음 편히 죽음을 맞았을 거야. 그는 결국 자기 신앙을 되찾은 거지. 다시 한번 자네가 말한 그 어린아이로 되돌아갈 수 있었고, 자기가 다니던 교회와의 관계도 회복한 거야."

"자네 말은 지나치게 그를 편드는 것 같군." 나는 항의했다. "실제로 무신론자인 SS대원은 매우 드물어. 단지 교회에서 배운 것을 제대로 실천하지 않을 뿐이지."

"아니, 그건 또 다른 문제야. 나는 아우슈비츠에 있으면서 그 문제에 대해 많이 생각해 봤어. 그곳에 있는 유대인과 이야기도 나눠 봤고 말이야. 내가 만약 이 수용소에서 살아남아 사제가 될 수 있다면, 나는 지금까지 내가 유대인에 대해 했던 이야기를 재고해야 할 거야. 자네도 잘 알겠지만 폴란드의 가톨릭교회는 항상 반유대주의적이었으니까……. 하지만 지금은 자네의 문제에만 집중해 보세. 결국 렘베르크의 그 친구는 참회를, 그러니까 자신의 과오에 대해 진실하고 확실한 참회를 한 거야. 적어도 자네가 이야기해 준 바에 따르면 말이지."

"맞아." 내가 대답했다. "나 역시 그 점에 대해서는 그렇다고 확신하네."

"그렇다면……." 볼레크는 엄숙하게 말했다. "그렇다면 그는 용서의 자비를 누릴 만한 자격이 있어."

"하지만 과연 누가 그를 용서해 준단 말인가? 내가? 어느 누구도 내게 그런 권한을 준 적은 없다면서?"

"자네가 미처 생각하지 못한 게 한 가지 있네. 그 사람에겐 자신의 범죄를 보상할 만한 충분한 시간이 없었어. 그로선 자기가 저지른 짓을 속죄할 기회를 갖지 못한 거야."

"어쩌면 그럴 수도 있지. 하지만 그는 무엇 때문에 엉뚱한 사람을 골랐을까? 나는 감히 다른 사람 대신 그를 용서해 줄 능력이 없는 사람인데. 왜 그는 굳이 나한테 용서받기를 원한 걸까?"

그러자 볼레크는 서슴없이 이렇게 대답했다. "우리 가톨릭에서는 참회야말로 용서를 얻기 위한 가장 중요한 요소라고 본다네……. 그는 분명히 잘못을 뉘우쳤어. 자네는 아마 이렇게 생각하겠지. '지금 여기 죽어 가는 사람이 하나 있는데, 나는 그의 소원조차 들어주지 못했'고 말이야."

"맞아, 내가 괴로워하는 게 바로 그거지. 하지만 세상에는 내가 결코 들어줄 수 없는 요청도 있는 거야. 물론 내가 그 친구에 대해 조금이나마 동정심을 느낀 건 사실이지만."

우리는 오랫동안 이야기를 나누었지만 결코 어떤 결론에 도달하지는 못했다. 볼레크는 내가 그 죽어 가는 사람을 용서해야 했다고 주장했지만 나중에는 자기도 말이 막혀 우물거릴 뿐

135

이었고, 나로선 과연 옳은 행동을 한 것인지 여부에 대한 확신 자체가 점점 줄어들기만 했다.

그럼에도 그 대화는 서로에게 도움이 되었다. 가톨릭 사제 지망생이던 볼레크와 유대인인 나, 두 사람 모두 이 대화를 통해 각자의 입장을 밝힘으로써 서로의 관점을 좀 더 잘 이해할 수 있게 되었다.

결국 자유의 날이 찾아왔지만, 우리 중 다수에게는 너무 늦게 찾아온 자유였다. 살아남은 사람들은 여러 무리로 나뉘어 각자 고향으로 향했다. 볼레크도 고향으로 돌아갔고, 그로부터 2년 뒤에 그가 병에 걸렸다는 소식을 들었지만 그 후의 일에 대해서는 전혀 아는 바가 없다.

나로 말하자면 돌아갈 고향조차 없는 신세였다. 폴란드는 거대한 묘지나 마찬가지였고, 새로운 삶을 굳이 묘지에서 시작하고픈 생각은 없었다. 그곳의 나무 한 그루, 돌멩이 하나까지도 내가 가까스로 벗어났던 그 비극을 연상시켰기 때문이다. 또한 나는 우리가 겪은 고난에 대해 모종의 죄의식을 지닌 사람들을 마주 대하기가 싫었다.

그리하여 해방 직후에 나는 나치의 범죄를 조사하는 위원회에 몸담아 일했다. 몇 년에 걸친 고난을 통해, 이 세상에 정의가 존재한다는 나의 믿음에는 이미 크나큰 흠집이 난 상태였다. 따라서 나로서는 그토록 무자비하게 찢겨 나간 바로 그 지점으로 되돌아가 내 삶을 다시 시작하기가 불가능했다. 나는 위원회

일을 함으로써 인간성에 대한 나의 믿음을, 그리고 인간이 살아가는 데 필요한 물질 이외의 것들에 대한 나의 믿음을 되찾으려 한 것이었다.

1946년 여름, 나는 아내와 친구 몇 사람과 함께 린츠* 근교로 여행을 떠났다. 우리는 언덕 위에 돗자리를 펴고 햇볕 가득한 경치를 구경했다. 나는 쌍안경을 하나 빌려 자연의 모습을 감상했다. 덕분에 내 약한 다리로는 가 볼 수 없는 곳의 경치까지도 눈으로 감상할 수 있었다.

그렇게 주위를 돌아보다가 내 뒤에 있는 풀숲에서 해바라기 한 그루를 발견했다. 나는 자리에서 일어나 그쪽으로 천천히 다가갔다. 그러자 다른 해바라기들도 눈에 띄었고, 그 순간 나는 옛날의 기억 속으로 빠져들었다. 나는 렘베르크의 군인 묘지를, 그 병원을, 그리고 지금쯤 해바라기가 피어난 무덤 속에 누워 있을 그 SS대원을 떠올렸다⋯⋯.

자리로 돌아오니 친구들이 내 표정을 보고 걱정스레 물었다. "왜 얼굴이 그렇게 창백해?"

나는 렘베르크의 병원에서 겪은 섬뜩한 체험을 그들에게 이야기하고 싶지 않았다. 그 생각을 아예 하지 않고 살아온 지 이미 오래였다. 그런데 지금 갑자기 해바라기 한 그루 때문에 기억이 되살아난 것이었다. 되살아나다니, 과연 무엇이? 혹시 아직

---

* 린츠(Linz). 오스트리아 북부의 도시. 시몬 비젠탈은 1946년에 이 곳에서 유대역사기록센터를 설립했다.

137

도 내게 비난받을 여지가 남아 있는 것일까?

그 당시의 기이한 만남을 다시 한번 자세히 되돌아보고 난 뒤, 나는 그가 자기 어머니에 대해 얼마나 애틋하게 이야기했는지 깨달았다. 나는 심지어 간호사가 내민 그의 유품 위에 적혀 있던 그의 어머니 이름과 주소도 기억하고 있었다.

2주 뒤, 뮌헨에 가는 길에 나는 잠시 짬을 내어 슈투트가르트에 들렀다. 그 SS대원의 어머니를 찾아가 보고 싶었다. 어머니와 이야기해 보면 그의 성격에 대해서도 좀 더 확실히 알 수 있을 것 같아서였다. 단지 호기심 때문만은 아니었고, 오히려 일종의 의무감 때문이었다……. 그리고 한편으로는 내 생애에서 가장 불쾌한 경험 가운데 하나인 그 기억을 깨끗이 씻어 버리고 싶어서였다.

당시는 전 세계적으로 나치의 만행에 대해 좀 더 정확한 이해가 필요한 때였다. 처음에는 그 어마어마한 규모 때문에 어느 누구도 믿으려 하지 않았지만, 이후 생생한 증거들이 속속 발견되면서 이 사실은 신빙성을 얻게 되었다. 그야말로 잔인하기 그지없고 도무지 믿기지 않는 나치의 범죄가 하나둘씩 밝혀지기 시작했던 것이다.

하지만 그보다 훨씬 전부터 여러 성직자들과 박애주의자들과 철학자들이 나치를 용서하자고 전 세계를 향해 탄원하고 있었다. 이러한 이타주의자들 가운데 대부분은 남에게 뺨 한번 맞아 본 적도 없는 주제에, 수백만의 무고한 사람을 죽인 살인자들을 동정하고 있었던 것이다. 성직자들은 그러한 죄인들이 결국에는 하느님의 심판을 받을 것이라면서, 그러니 지상에서의 심판은 그냥 면제해 주어도 무방하다고 주장했다. 이것이야말로 나치의 책에 나왔던 주장 그대로였다. 하지만 나치가 하느님을 두려워하지 않는 이상, 그들이 하느님의 심판 따위를 두려워할 리는 없었다. 오히려 그들이 두려워하는 것은 다름 아닌 이 지상에서의 심판이었다.

슈투트가르트는 완전 폐허 상태였다. 곳곳에 건물의 잔해가 널려 있고, 사람들은 폭격당해 지붕이 날아간 집의 지하실에서 살았다. 문득 '수정(水晶)의 밤'* 당시 나치가 유대교 회당을 불태웠을 때 누군가 했던 말이 생각났다. "오늘은 그들이 우리 회당을 불태웠지만, 언젠가는 그들의 집이 폐허와 잿더미만 남게 될 것이다."

곳곳의 기둥과 벽에는 난리 통에 헤어진 가족을 찾는 벽보가 붙어 있었다. 부모가 자식을 찾는가 하면, 자식이 부모를 찾기도 했다.

나는 그 SS대원의 어머니가 살고 있다는 주소를 수소문했다. 하지만 그 주소가 있는 지역은 폭격으로 쑥대밭이 되었고, 그곳에 살던 사람들은 아마 다른 곳으로 피난했을 거라는 이야기만 들을 수 있었다. 대중교통이 완전히 끊겼기 때문에 나는 걸어

---

* 수정의 밤(Kristallnacht). 1938년 11월 9일 밤, 독일과 오스트리아에서 전국적으로 일어난 유대인 박해 사건. 당시 전국의 유대인 회당과 상점이 약탈당하는 과정에서 깨진 무수한 유리 조각이 수정(水晶)을 연상시킨 탓에 이런 이름이 붙었다고 한다.

서 직접 그곳을 찾아 나섰다. 결국 나는 크게 파손된 집 하나를 발견했다. 그나마 1층에는 사람이 살고 있는 듯했다.

　　나는 낡아 빠지고 먼지투성이인 계단을 올라가 부서진 나무 문을 두드렸다. 한동안 아무 반응이 없어서, 결국 노력이 수포로 돌아갔나 싶어 실망을 느끼려는 찰나였다. 갑자기 문이 삐걱 열리더니 키가 작고 연약해 보이는 나이 많은 부인이 문간에 나타났다.

　　"혹시 마리아 S. 여사인가요?" 내가 물었다.

　　"그런데요." 그녀가 대답했다.

　　"혹시 남편 되는 분과 잠깐 말씀을 나눌 수 있을까요?"

　　"남편은 돌아가셨어요."

　　나는 그녀를 따라 집 안으로 들어가 실내를 둘러보았다. 벽에는 금이 갔고, 천장의 회반죽은 떨어져 나가기 직전이었다. 찬장 위에는 약간 측면에서 찍은, 잘생기고 눈빛이 초롱초롱한 소년의 사진이 걸려 있었다. 사진 한쪽에는 검은 띠가 둘러져 있었다. 그가 바로 내게 용서를 구한 SS대원임이 분명했다. 그는 외아들이었다. 나는 그 사진 쪽으로 다가가, 전에는 결코 볼 수 없던 그의 눈을 들여다보았다.

　　"우리 아들 카를이에요." 어머니가 비탄에 잠긴 목소리로 말했다. "전사했죠."

　　"알고 있습니다." 내가 중얼거렸다.

　　나는 내가 여기까지 찾아온 목적을 미처 설명하지 못했다. 아니, 사실은 여기 계속 머물러 있을 것인지조차 결정하지 못했다. 슈투트가르트까지 오는 내내 머릿속으로 갖가지 생각이 떠올랐다. 나는 단지 그의 어머니를 만나서, 그의 이야기가 전부 사실이었는지 확인하고 싶었을 뿐이다. 그러나 한편으로는 그의 이야기와 모순되는 어떤 증거를 찾아내기를 은밀히 기대한 것은 아니었을까? 그렇게 되면 나로선 일이 더 쉬워질 테니까. 도무지 외면할 수 없었던 연민의 감정이 실망으로 바뀌면서 마음이 한결 편해질 것이었다. 나는 어떻게 말을 꺼내야 할지 미리 생각해두지 못한 것을 자책했다. 이제 그의 어머니와 만났지만, 과연 어디서부터 이야기를 시작해야 할지 알 수가 없었다.

나는 아무 말 없이 카를의 사진 앞에 섰다. 그의 얼굴에서 좀처럼 눈을 뗄 수가 없었다. 그의 어머니도 그것을 눈치 챈 모양이었다.

"그 애는 외아들이었죠. 아주 착한 애였어요. 우리 아들 또래의 젊은이가 많이 죽었죠. 하지만 어쩌겠어요? 그것 때문에 고통받고 괴로워하는 사람들이 너무 많아요. 나도 결국 이렇게 혼자가 되었고."

다른 수많은 어머니들도 당신과 마찬가지로 혼자가 되었지, 라고 나는 생각했다. 그녀는 내게 앉으라고 권했다. 나는 그녀의 수심에 가득 찬 얼굴을 바라보며 말했다.

"실은 예전에 아드님한테서 어머니께 안부 전해 달라는 부탁을 받았습니다."

"정말인가요? 우리 아이를 아나요? 죽은 지 4년이나 지났는데…… . 병원에서 연락이 왔어요. 우리 아이 유품을 보냈더라고요."

그녀는 자리에서 일어나 커다란 상자를 열더니, 그때 병원의 간호사가 내게 건네주려고 했던 그 꾸러미를 꺼냈다.

"여기 그대로 간직하고 있어요. 시계며, 수첩이며, 이런저런 물건들까지……. 어떻게, 언제 우리 아이를 만났죠?"

나는 잠시 머뭇거렸다. '착한' 아들에 대한 어머니의 환상을 깨뜨리고 싶지 않아서였다.

"4년 전에 저는 렘베르크에 있는 동부 철도 공사장에서 일하고 있었습니다." 나는 이야기를 시작했다. "어느 날 동부 전선에서 부상당한 환자들을 싣고 가던 열차가 멈추더군요. 창문 너머로 그중 몇 사람과 이야기를 했죠. 그런데 어떤 부상병이 이곳 주소를 적어 주면서 자기 동료 대신 안부를 전해 달라고 부탁하더군요. 혹시 나중에라도 기회가 된다면 꼭 그렇게 해 달라고요."

임기응변으로 꾸며 낸 말이지만, 나 자신으로서도 만족스러웠다.

"그럼 우리 아이를 직접 만나 본 적은 없군요." 그녀가 물었다.

"그렇습니다." 내가 대답했다. "아마 부상이 심각해서 창가 쪽으로 오지도 못한 것 같았습니다."

"그런데 어떻게 글씨를 쓸 수 있었을까요?" 그녀가 물었다. "눈을 다치는 바람에, 나중에 보내온 편지도 간호사에게 불러 주면서 대신 써 달라고 했나 보던데."

"그건… 옆에 있는 동료가 대신 써 준 모양이죠." 나는 말을 더듬거렸다.

"그렇군요." 그녀가 대답했다. "아마 그런 것 같아요. 우리 애는 저를 무척이나 생각해 주었죠. 오히려 아버지하고는 사이가 좋지 않았어요. 아버지 역시 저만큼이나 그 애를 아꼈는데도 말이에요."

그녀는 잠시 말을 멈추고 방 안을 둘러보았다.

"그나저나 죄송해요. 아무것도 대접할 것이 없어서." 그녀는 내게 진심으로 사과했다. "정말 뭐라도 대접하고 싶지만 요즘에는 정말 살기가 힘들어서요. 집에는 아무것도 없고, 그렇다고 가게에 뭐가 있는 것도 아니고."

나는 자리에서 일어나 다시 한번 그녀의 아들 사진 앞으로 다가갔다. 어떻게 해야 다시 그에 대한 이야기로 돌아갈 수 있을까.

"괜찮으시면 벽에서 떼어 내서 가까이서 보세요." 그녀가 말했다. 나는 사진을 조심스레 벽에서 떼어 내어 탁자 위에 내려놓았다.

"군복을 입고 있는 건가요?" 내가 물었다.

"네, 이때가 열여섯 살인데, 히틀러 소년단에 가입했죠." 그녀가 대답했다. "남편은 그걸 너무 싫어했죠. 그이는 확고한 사회민주당 지지자였거든요. 나치당원으로 가입하지 않아서 갖가지 고초를 겪었어요. 이제 와서는 오히려 그게 다행이었다 싶지만요. 그때는 정말 승진조차 안 되더라고요. 내내 그 자리 그대로였죠. 결국 전쟁 중에야 간신히 승진했는데, 젊은 사람들이 전부 전쟁에 나가서 사람이 없었기 때문이에요. 하지만 그로부터 몇 주 지나지 않아서, 마침 우리 아들의 전사 소식을 들은 지 정확히 1년째 되던 날, 공장이 폭격을 맞았지 뭐예요. 남편을 비롯해서 많은 사람이 목숨을 잃었죠."

무기력하고 절망적인 몸짓으로 그녀는 양손을 맞잡았다.

"그때 이후 저는 이렇게 혼자가 되었죠. 그저 남편과 아들에 대한 추억만 간직하고서 말이에요. 여동생 집으로 가서 살아도 되지만 이 집을 떠나고 싶지 않았어요. 부모님이 살던 집이고, 우리 아들도 여기서 낳았죠. 이 집에 있는 모든 것이 제게 행복했던 시절을 떠올리게 해 주거든요. 이 집을 떠난다는 건 과거를 잊어버리겠다는 거나 마찬가지예요."

내 시선이 벽에 걸린 십자가를 향하자, 노부인은 그것도 알아차린 모양이었다.

"어느 폭격 맞은 집의 폐허 속에서 찾은 거예요. 저기 팔 있는 부분이 하늘을 향해 솟아 나와 있고, 나머지는 돌 더미 밑에 완전히 묻혀 있더라고요. 아무도 안 가져가기에 제가 가져왔어요. 그래도 저걸 걸어 놓으니 적적한 게 좀 덜하더라고요."

혹시 그녀도 하느님이 잠시 자리를 비우셨다가 이제 다시 제자리로 돌아와서 이 땅의 폐허를 굽어살피고 계신다고 생각하는 걸까? 하지만 내 생각이 이어지기도 전에 그녀는 이렇게 덧붙였다.

"이게 다 하느님으로부터 천벌을 받은 거예요. 남편은 히틀러가 정권을 잡자마자 결국은 불행한 일이 벌어질 거라고 하더군요. 정말 기가 막히게 딱 맞아떨어진 예상이었죠. 지금도 가끔 그 생각을 해요…….

하루는 우리 아들이 히틀러 소년단에 들어갔다기에 깜짝 놀랐죠. 제가 어려서부터 독실하게 신앙 교육을 시켰는데도 말이에요. 이 방에 걸린 성화(聖畵)가 보이죠? 1933년 이후에는 이걸 모두 떼어 놓아야 했어요. 아들이 그렇게 하라더군요. 친구들이 예수쟁이라고 놀린다면서요. 그게 다 제 탓이라는 듯 말하더군요. 아시겠지만, 그 당시만 해도 세상이 아이들을 모두 하느님과 부모님에게 반항하도록 만들었으니까요. 남편은 그리 신앙심이 깊은 사람은 아니었어요. 신부들을 싫어해서 교회에는 잘 가지 않았지만, 그래도 우리 교구 담당 신부님에 대해서는 한 번도 불평한 적이 없었어요. 그분이 카를을 무척 아꼈거든요. 신부님이 카를을 칭찬하는 이야기만 들으면 남편도 은근히 기분 좋아했죠…….”

노부인의 눈에는 눈물이 그득했다. 그녀는 사진을 손에 들고 바라보았다. 액자의 유리 위에 눈물이 떨어졌다…….

나는 언젠가 어느 미술관에서 잃어버린 아들의 사진을 들고 있는 어머니를 그린 유화를 본 적이 있다. 이제 내 눈앞에 그 모습이 현실로 나타나고 있었다.

“아아.” 그녀는 한숨을 쉬었다. “우리 아들이 얼마나 착한 아이였다고요. 누가 부탁하지 않아도 항상 남을 도와줬죠. 학교에서도 늘 모범 학생이었어요. 그러다가 히틀러 소년단에 들어

간 다음부터 아주 달라졌죠. 당장 교회에 나가지 않겠다고 하더 군요."

그녀는 잠시 말을 멈추고 과거를 회상했다.

"그것 때문에 가정에 불화가 생겨났어요. 남편은 평소 버 릇대로 거의 말을 하지 않았지만, 저는 그이가 얼마나 화가 났는 지 알 수 있었죠. 가령 게슈타포에 체포된 누군가에 대해 이야기 라도 할라치면, 혹시 우리 애가 듣고 있지는 않은지 주위부터 둘 러보았어요……. 저는 남편과 아들 사이에서 이러지도 저러지도 못했죠."

다시 그녀는 잠깐 옛날 생각에 잠겼다.

"그러다가 전쟁이 터지고, 하루는 우리 애가 들어오더니 군대에 자원했다고 하더군요. 물론 SS에요. 남편은 소스라치게 놀라더군요. 야단치지는 않았지만, 그 후로는 아예 애한테 한마 디도 하지 않았어요……. 심지어 우리 애가 떠나는 그날까지도 말이에요. 결국 카를은 아버지로부터 잘 다녀오라는 말 한마디 듣지 못하고 입대했죠.

훈련소에서 찍은 사진을 보내왔지만 남편은 보기조차 싫 다는 듯 한쪽으로 치워 놓곤 했어요. 자기 아들이 SS 군복을 입은 모습은 생각조차 하고 싶지 않은 듯했어요. 그래서 한번은 제가 그랬죠. '이제는 미우나 고우나, 다른 수백만 명처럼 히틀러와 함 께 살 수밖에 없어요. 옆집 사람들이 우리보고 뭐라고 하는지 알 잖아요. 공장에서도 더 힘들어질 거고.'

그랬더니 남편이 그러더군요. '그저 좋은 척만 하며 살 수는 없어. 그놈들이 우리 애까지 빼앗아 가 버렸는데.' 남편은 카를이 입대하던 날도 그런 말을 했죠. 마치 카를을 더 이상 자기 아들이 아니라고 생각하기로 작정이라도 한 것 같았어요."

　　나는 그녀의 이야기를 열심히 들었고, 계속 이야기하도록 간혹 고개를 끄덕이기만 했다. 하지만 그녀는 내게 더 많이 이야기해 주진 않았다.

　　종전 이후 많은 독일인과 오스트리아인을 만나 이야기해 본 결과 나는 나치즘, 즉 국가사회주의가 그들에게 얼마나 큰 영향을 끼쳤는지 알게 되었다. 사람들은 대부분 자기가 내심으로는 반대했지만 이웃의 눈초리가 무서워 어쩔 수 없이 동조했다고 털어놓았다. 물론 그 '이웃' 또한 마찬가지 평계를 댔다. 누군가 한 사람이 이런 두려움을 하나로 엮어 놓자, 그 결과 끔찍한 불신이 쌓이게 되었던 것이다.

　　카를의 부모와 같은 입장에 놓인 사람들이 많았다고 치면, 누가 굳이 떠밀지 않았는데도 기꺼이 새로운 정권을 환영한 사람들은 과연 어떻게 그럴 수 있었던 것일까? 그들에게 국가사회주의는 그들의 가장 큰 소망이 이루어지는 것이나 마찬가지였다. 보잘것없던 그들이 벼락출세할 수 있었던 것이다. 그들은 권력을 쟁취하는 와중에 무고한 희생자가 양산되었다는 사실에는 아랑곳하지 않았다. 이미 승자의 자리에 서 있었기 때문에, 그들은 기꺼이 패자와의 관계를 단절했다. 그들은 강자로서 약자에 대한 경멸을 나타냈고, '초인'으로서 '인간 이하'의 존재에 대해 비웃음을 쏟아 냈다.

나는 분명 마음이 따뜻한 인간이며, 좋은 어머니이며, 좋은 아내였을 그 노부인을 바라보았다. 그녀가 억압받는 사람들을 향해 종종 동정을 표시했다는 것은 분명했지만, 그녀에겐 가족의 행복이 무엇보다 우선적인 가치였다. 그저 자기의 작은 보금자리가 평화롭고 안전하기만을 바라는 그런 사람들이 이 세상에는 수백만 명이나 되었던 것이다. 그리고 그들의 그런 생각을 일종의 발판으로 삼아, 나치 범죄자들은 권력을 획득하고 또 유지할 수 있었다.

과연 내가 이 노부인에게 있는 그대로의 사실을 이야기해야만 할까? 그녀의 '착한' 아들이 실상은 그 지도자의 이름을 빌려 무슨 짓을 하고 다녔는지 말해 주어야만 할까?

하마터면 그 아들의 범죄에 희생될 뻔했던 나. 자기 가족과 국가의 파멸을 슬퍼하는 외로운 노부인인 그녀. 과연 우리 사이엔 무슨 연관이 있는 것일까?

나는 그녀의 슬픔을, 그리고 나 자신의 슬픔을 이해할 수 있었다. 어쩌면 우리의 연관점이란 그저 비애뿐인 것인가? 슬픔을 지녔다는 것만으로도 서로 동족이라 할 수 있을까?

나로선 이런 물음에 대해서 아무 답변을 할 수 없었다.

그녀가 또다시 옛 기억을 되살렸다.

"하루는 그들이 유대인을 모두 잡아가 버렸어요. 그 가운데는 우리 집의 주치의 선생님도 있었죠. 소문으로는 유대인을 다른 곳으로 이주시킨다고 하더군요. 히틀러가 아예 어느 지방을 완전히 유대인에게 주고, 자기들끼리만 평온하게 살게 해 줄

거라고요. 하지만 저는 나중에서야 SS가 그들을 얼마나 잔인하게 다루었는지를 듣게 되었죠. 마침 우리 아들이 폴란드에 있었는데, 사람들이 거기서 벌어지는 온갖 끔찍한 일들을 이야기하더라고요. 하루는 남편이 그러더군요. '카를도 SS 소속으로 그곳에 가 있지. 이제 입장이 뒤바뀌었으니, 이전에는 그 의사 선생이 그 애를 마음대로 했지만 이제는 그 애가 오히려 그 의사 선생을 마음대로 하겠구려…….'

남편은 그게 무슨 뜻인지 이야기해 주지 않았어요. 하지만 저는 남편이 무척 화가 나 있다는 걸 알았죠. 그래서 무척 마음이 아팠어요."

그러다가 노부인은 갑자기 나를 뚫어져라 쳐다보았다.

"댁은 독일인이 아니군요?" 그녀가 가까스로 말했다.

"그렇습니다." 내가 대답했다. "저는 유대인입니다."

그녀는 약간 민망해하는 것 같았다. 모든 독일인이 유대인을 만나면 그렇듯이 말이다.

그녀는 서둘러 덧붙였다.

"이 동네 사람들은 유대인과도 사이좋게 지냈어요. 우리가 직접 그 사람들을 어떻게 한 것도 아니었고요."

"그러시겠죠." 내가 대답했다. "지금은 누구나 다들 그렇게 말하죠. 지금 부인께서 하시는 말씀도 수긍이 가기는 합니다만, 이 세상에는 결코 그런 변명을 해서는 안 되는 사람들도 있습니다. 독일이 저지른 죄에 대해서는 아무도 의문을 제기하지 않을지도 모릅니다. 하지만 이것 한 가지는 확실하죠. 독일인이라면 어느 누구도 그 책임에서 벗어날 수는 없다는 겁니다. 비록 개인적인 죄가 없는 사람이라도, 최소한 수치심만은 공유할 수밖에 없어요. 죄를 저지른 나라의 국민으로 산다는 것은 승객이 전차에 올라탔다가 내리는 것과는 다릅니다. 과연 누가 죄를 지었는지 찾아내는 것, 그것이야말로 독일인 모두의 의무라고 할 수 있습니다. 그렇게 해야만 죄를 짓지 않은 독일인도 그 죄악에서 확실히 벗어날 수 있을 겁니다."

문득 내가 너무 날카롭게 쏘아붙였나 하는 생각이 들었다. 그 외로운 노부인은 슬픈 표정으로 나를 바라보고 있었다. 그녀는 적어도 독일인의 범죄와 죄악에 대해 나와 함께 토론할 수 있을 만한 상대가 아니었다.

이 상처받은 여인, 깊은 슬픔에 잠긴 그녀는 결코 내 비난의 대상이 될 수 없었다. 나는 문득 미안한 생각이 들었다. 어쩌면 그런 이야기는 아예 꺼내지 않는 것이 나았을지도 모를 일이었다.

"저는 그들이 하는 이야기를 전혀 믿을 수가 없었어요." 그녀는 약간 격한 어조로 말을 이었다.

"유대인에게 무슨 일이 벌어지는지에 대한 이야기를요. 전쟁 중에는 여러 가지 헛소문이 떠돌게 마련이니까요. 하지만 남편은 진실을 알고 있는 유일한 사람 같았어요. 남편 밑에서 일하는 기술자 중에 동부 전선에 가서 기계를 설치해 주고 돌아온 사람들이 있었는데, 나치스라면 무슨 짓이든 서슴없이 저지르고 말 거라고 생각하던 남편도 그들이 돌아와서 하는 이야기는 차마 믿을 수 없다고 했죠. 남편은 자기가 들은 이야기를 제게 다 말해 주진 않았어요. 제가 무심코 여기저기 이야기를 퍼뜨리기라도 하면, 가뜩이나 우리를 마뜩잖게 생각하고 남편을 주시하던 게슈타포와의 관계가 더 안 좋아질 수도 있을 테니까요. 물론 카를이 SS에 있는 한 그들도 우리를 함부로 어떻게 하진 못했겠지만, 우리의 친구들과 지인들은 이미 고통을 겪고 있었죠. 가장 친한 친구들로부터 밀고를 당했던 거예요.

한번은 외국인을 고용하고 있는 남편의 회사로 게슈타포 장교가 직접 찾아오기도 했대요. 태업에 대해서 이것저것 물어봤다는 거예요. 그렇게 한참 남편과 이야기를 하고 나더니, 나중에는 그러더래요. '댁의 아들이 SS에 있으니 큰 문제는 생기지 않을 겁니다.'

남편은 집에 돌아와 그 이야기를 하면서 씁쓸하게 덧붙이더군요. '그들은 이 세상을 완전히 거꾸로 뒤집어 버렸어. 내 인생에서 무엇보다 큰 상처가 되는 일은, 이제 아들놈이 내 보호자 노릇을 한다는 것이지.' 남편으로선 도무지 받아들일 수가 없었던 거죠."

나는 앉아서 추억을 되새기고 있는 외로운 여인을 물끄러미 바라보았다. 나는 그녀의 삶이 어땠는지를 상상해 보고 있었다. 그녀는 때때로 아들의 유품이 담긴 꾸러미를 꼭 끌어안았을 것이다. 마치 그게 자기 아들이라도 되는 듯이.

"이제 저는 사람들이 하는 이야기를 믿을 수 있어요. 온갖 끔찍한 일들을 말이에요. 하지만 한 가지는 확실해요. 우리 카를은 절대 그런 짓을 할 애가 아니라는 거예요. 우리 아들은 언제나 예의 바른 애였으니까요. 남편까지 죽고 나니 아들이 너무 보고 싶어요⋯⋯." 문득 나는 아들을 잃은 많은 다른 어머니들을 떠올렸다.

하지만 적어도 그녀의 아들이 내게 거짓말을 하지 않았음은 분명했다. 그의 집은 그가 묘사한 그대로였다. 하지만 내가 지닌 문제를 해결하는 일은 아직 한 걸음도 더 나아가지 못한 상태였다⋯⋯.

나는 차마 그 불쌍한 여인의 마지막 남은 위안마저 깨뜨리지는 못한 채 그냥 나와 버리고 말았다. 그 위안이란, 자기 아들은 정말로 누구보다도 착하다는 확고한 믿음이었다.

어쩌면 그녀에게 진실을 이야기하지 못한 것은 실수였는지 모른다. 그녀의 눈물로 이 세상의 슬픔을 조금이나마 씻어 낼 수 있었는지도 모르는데 말이다.

하지만 다른 생각도 떠올랐다. 내가 제아무리 그 아들의 범죄를 축소해서 이야기하더라도, 그녀는 결코 그런 이야기를 믿으려 하지 않았을 것이다.

카를의 범죄를 사실로 받아들이느니, 그녀로선 차라리 나를 거짓말쟁이로 몰아세우는 편을 택하지 않았을까.

그녀는 "우리 애는 정말 착해요"라는 말을 계속 반복했다. 마치 그것을 내게 확신이라도 시키려는 듯 말이다. 하지만 나는 확신할 수 없었다. 모든 것을 다 알게 된 뒤에도 그녀는 아들에 대해 계속 똑같은 주장을 할 수 있었을까?

물론 어린 시절에는 카를 또한 여느 아이들과 마찬가지로 '착한 아이'였을 것이다. 하지만 어느 날 그의 삶에 타락의 순간이 찾아왔고, 그는 결국 살인자가 되고 말았다.

나에게 카를이라는 인간의 실체는 거의 완벽해졌다. 그의 집에서 사진으로 얼굴을 본 덕분에, 이제는 그의 생김새도 확실히 알게 되었다.

나는 그의 어린 시절에 대해서는 물론이고, 그가 저지른 범죄에 대해서도 모든 것을 알고 있었다. 그리고 내가 그의 어머니에게 사실대로 털어놓지 않은 것을 다행으로 여겼다. 나는 그러한 행동이 옳았다고 확신했다. 그녀의 마지막 남은 재산이었을 그 믿음을 면전에서 빼앗아 버리는 것이야말로 또 다른 범죄가 아니고 무엇이겠는가.

지금도 때때로 나는 그 젊은 SS대원을 떠올린다. 병원에 갈 때마다, 간호사를 볼 때마다, 머리에 붕대를 감은 사람을 볼 때마다 나는 그의 모습을 떠올린다. 물론 해바라기를 볼 때도.

나는 그와 같은 사람들, 즉 범죄를 저지르도록 세뇌당할 수 있는 사람들이 지금도 태어나고 있다는 사실에 대해 종종 생각한다. 인간은 단지 건성으로만 파국을 막기 위해 노력할 뿐이다. 의학의 발달로 언젠가 인간이 모든 질병에서 벗어나는 날이 올 수는 있겠지만, 잔인한 학살자가 이 세상에 태어나는 것을 막는 게 과연 가능할까? 그런 날이 올 수 있을까?

내가 관여하는 일의 성격상 나는 여러 유명한 범죄자와 직접 만날 기회가 많았다. 나는 그들을 추적하고, 증언을 수집하고, 그렇게 모은 증거를 사법 당국에 넘겨주었다. 그 과정에서 나는 그 살인자들이 기소되었을 때 어떻게 행동하는지를 고스란히 볼 수 있었다.

슈투트가르트에서 열린 나치 범죄자 재판에서 자신의 행동을 후회하는 빛을 보인 사람은 단 한 명뿐이었다. 그는 심지어 아무런 증거도 확보되지 못한 범죄 사실까지 자백했다. 하지만 그 외의 나머지 피고인들은 진실을 완강히 부인했다. 그들이 유감스럽게 생각하는 것은 오직 하나, 자신들의 범죄를 목격한 증인들이 살아남았다는 사실뿐이었다.

나는 가끔 그 SS대원이 25년 뒤에 이처럼 재판을 받게 되었더라면 과연 어떻게 행동했을까 상상해 보곤 했다.

학장실에서 죽기 직전에 내게 한 것처럼 재판정에서도 똑같은 고백을 했을까? 그때 죽어 가면서 내게 참회한 것처럼, 공개적으로 자신의 잘못을 인정했을까?

어쩌면 그동안 내 기억 속에서 다듬어진 그의 모습은 실제보다 더 부드럽게 윤색되었는지도 모른다. 나는 그가 손에 채찍을 쥐고 수용소 안을 돌아다니던 모습을 본 것이 아니라 그의 죽어 가는 모습을 보았을 뿐이니까. 내가 본 그는 단지 자신의 범죄를 용서해 달라고 애원하는 나약한 인간일 뿐이었다.

결국 그가 무척 예외적인 경우였다고 할 수 있을까?

나로선 이 질문에 대해서 아무 대답도 할 수 없다. 만약 그가 그때 죽지 않고 살아났다면, 이후에 또 다른 범죄를 저지르지 않았으리라고 그 누가 장담할 수 있겠는가?

나는 많은 나치 살인자들의 생애를 매우 자세히 알고 있다. 그들 중에서 그야말로 타고난 살인자라 할 수 있는 사람은 극히 일부에 지나지 않았다. 나머지는 대부분 농부, 노동자, 점원, 관리 등 우리가 일상생활에서 흔히 볼 수 있는 평범한 사람들이었다. 또한 그들은 모두 어린 시절에 기독교 교육을 받았고, 이전까지 아무런 전과 기록도 없었다. 하지만 그들은 훗날 살인자, 그것도 확고한 신념을 지닌 전문적인 살인자가 되었다. 민간인 복장을 벗어 던지고 SS의 제복을 입는 순간 내면의 양심조차 뒤바뀌어 버린 것처럼 말이다.

그들이 처음 범죄를 저지르던 순간에 어떤 느낌을 받았는지는 알 수 없다. 하지만 그 이후에 그들이 계속해서 대규모의 살인을 저질렀다는 것만은 분명히 알고 있다.

기소된 살인자들 대부분이 보여 준 거만한 답변이나 조롱하는 듯한 미소를 떠올릴 때마다, 나는 과거에 만났던 그 후회하는 SS대원 역시 한때는 그들과 똑같이 행동했으리라는 사실을 인정할 수밖에 없었다. 그럼에도 내가 그를 용서해야 했을까? 이제 우리에게 가해진 그 악질적인 범죄를 용서하고 잊어버리도록 노력해야 한다는 목소리가 전 세계적으로 높아지고 있다. 어느 정도까지만 하고, 그 뒤엔 마치 아무 일도 없던 것처럼 모두 덮어버리자는 것이다.

그렇다. 그 죽어 가는 나치 청년이 내게 용서를 구했을 때,

나는 결국 침묵했다. 그리고 훗날 그의 어머니를 만났을 때도, 나는 착한 성품을 지닌 아들에 대한 그녀의 환상을 깨고 싶지 않아 결국 침묵을 지켰다. 마찬가지로 유럽 곳곳에서 유대인 남녀노소가 학살당하는 광경을 목격한 그 많은 방관자들 또한 끝내 침묵하지 않았는가?

침묵에는 여러 종류가 있다. 때로는 말보다 침묵이 더욱 설득력 있으며, 또한 여러 가지로 해석될 수 있다.

내가 그 죽어 가는 나치의 침대 곁에 앉아 끝까지 침묵을 지킨 것은 옳은 일이었을까, 아니면 틀린 일이었을까? 이것이야말로 한때 내 양심과 정신에 가해진 것과 똑같이, 이 책을 읽는 독자의 양심에 던져지는 심각한 윤리적 질문이라 할 수 있다. 어떤 사람은 내가 처한 딜레마에 공감하면서 내 행동이 정당했다고 두둔했지만, 또 어떤 사람은 살인자가 참회를 했는데도 죽음의 순간까지 그를 편하게 해 주지 않았다는 사실을 들어 나를 비난하기도 했다.

이 문제의 핵심은 결국 '용서'에 대한 질문이라 할 수 있다. 망각이란 오직 시간만이 해결해 줄 수 있는 문제지만 용서는 인간의 의지에 달린 문제이고, 결정을 내릴 수 있는 사람은 오직 고난을 당한 장본인뿐이기 때문이다.

내 인생에서 벌어진 이 비극적인 이야기를 읽은 독자들도, 나와 입장을 바꾸어 스스로에게 이렇게 물어볼 수 있을 것이다. "과연 나라면 어떻게 했을 것인가?"

제2부

심포지엄
The Symposium

나는 보스니아의
시몬 비젠탈이었다.

스벤 알칼라이 (외교관, 보스니아인)

나는 『모든 용서는 아름다운가』를 무척 흥미롭게 읽었으며, 이 책에서 언급된 사건에 깊이 감동했다. 보스니아인이자 유대인으로서 나 역시 똑같은 질문과 딜레마를 겪은 적이 있었기 때문이다.

제2차 세계대전의 종전에 뒤이어 뉘른베르크 재판[*]이 끝난 뒤, 우리는 유럽의 유대인들에게 일어났던 것과 비슷한 참사가 또다시 일어나는 일은 결코 없을 것이라 생각했다. '결코' 말이다. 그러나 실제로는 유럽 한복판에서 또다시 그런 일이 벌어지고 말았다. 지난 3년 반 동안 보스니아-헤르체고비나에서 자행된, 과거의 홀로코스트와 유사한 그 사건이야말로 어쩌면 저

---

[*] 뉘른베르크 재판(Nuremberg Trials). 제2차 세계대전 직후 열린 독일의 전범 재판. 1945년 10월 18일에 시작되어 1946년 10월 2일에 끝났으며, 피고인 24명 중 12명에게 교수형, 2명에게 종신형을 선고하고 나치스와 게슈타포와 SS 등을 불법단체로 규정했다. 태평양전쟁 직후의 도쿄 재판과 함께 반인륜적 침략 전쟁 처리에 대한 대표적인 선례로 평가된다.

자가 제기한 용서에 대한 질문의 답을 찾는 데 도움이 될 수도 있을 것이다. 물론 나는 보스니아-헤르체고비나에서의 종족말살과 홀로코스트를 단순 비교하거나 두 사건이 똑같다고 주장하려는 것은 아니다. 하지만 인간 생명의 가치를 깨닫게 했다는 점에 있어서는 두 사건 사이에 일종의 유사점이 존재한다고 말하고 싶다.

사라예보에서 우리는 마치 들쥐처럼 먹을 것을 찾아 헤매며 살아야 했다. 바깥 세계와 접촉하는 유일한 방법은 폭 160센티미터에 높이 180센티미터인 흙투성이의 어두운 터널을 통과하는 것뿐이었다. 심지어 대통령조차도 이런 위험한 여정을 감수할 수밖에 없었다. 우리는 늘 내일까지 살아남지 못할 수도 있다는 공포감 속에서 살았다. 역사상 유례가 없이 용의주도하게 계획된 '무차별' 포격전의 다음 희생물이 우리가 될 수도 있음을 늘 인식하고 있었기 때문이다. 우리는 이 지옥과도 같은 삶을 무려 4년 동안이나 견뎌 내야만 했다. 그리고 이제 우리는, 현대 전쟁사에서 가장 오랫동안 지속된 포위 공격에서 살아남았다는 데 대해 오히려 자부심을 느낀다.

우리는 UN의 보호 아래 있던 스레브레니차에서 8000명의 무고한 사람들이 학살당하는 것을 목격했다.* 우리는 보스니

---

* 스레브레니차 학살(Srebrenica Massacre)은 1995년 7월 보스니아-헤르체고비나 동부의 도시 스레브레니차에서 세르비아인들이 보스니아인들을 학살한 사건이다. 당시 희생자는 8000여 명에 달하며, 홀로코스트 이후 유럽에서 벌어진 최대 규모의 참상으로 알려져 있다.

아-헤르체고비나에서 일가족 전체가 몰살당하는 것을 목격했다. 아이들조차도 살해당하고, 고문당하고, 강간당했다. 우리는 성폭행마저도 전쟁 무기가 될 수 있음을 목격했다. 사라예보 한 곳에서만 1700명의 어린이를 포함하여 무려 1만 명 이상이 피살되었고, 전국에 걸쳐 20만 명 이상이 살해되었다. 도시 곳곳이 그들의 무덤으로 바뀌었다. 예전에 공원이었거나 놀이터였거나 뒤뜰이었던 곳이 말이다.

과거 홀로코스트를 겪은 세대와 마찬가지로, 보스니아의 현 세대는 '용서'라는 질문에 답변할 수 있는 권리를 지닌 유일한 사람들 중 하나일 것이다. 이 책에서 시몬의 동료가 한 말을 빌려서 말해 보자면 이렇다. "지금 우리가 겪고 있는 상황을 그대로 겪어 보지 못한 사람이라면 결코 온전히 이해할 수는 없겠지."

내 이야기가 용서라는 주제와 조금 거리가 있는 듯하지만 사실은 그렇지도 않다. 비록 시몬은 그 죽어 가는 SS대원을 향한 자신의 행동이 옳았는지에 대해 확신을 갖지 못했지만, 적어도 그 SS대원이 저지른 범죄 자체를 잊지 말아야 한다는 사실만큼은 결코 의심해 본 적이 없기 때문이다. 시몬에게는 피해자인 엘리의 모습과 참회하는 살인자의 모습이 나란히 남아 있었다. 범죄를 잊는 것은 범죄자를 용서하는 것보다도 못한 일이다. 왜냐하면, 범죄 자체를 잊어버린다는 것은 그 잔혹한 행위로 인해 말살당한 인간성의 가치마저도 깎아내리는 일이기 때문이다. 그리고 시몬의 동료가 정확히 지적했듯이, 그에게는 희생자들을 대신하여 가해자를 용서할 권리가 없다. 바로 이 때문에 집단적이 거나 개인적인 죄의식과 희생자 의식 사이의 논란이 벌어지게 되는 것이다.

그렇다면 우리는 아직 생존해 있는 살인자들을 용서할 수 있을까? 아니, 우리는 과연 그들을 용서해야만 할까? 이것은 또 한 한 개인이 대량학살자를 어느 정도까지, 얼마나 빨리, 또 얼 마나 쉽게 용서할 수 있느냐의 문제이기도 하다. 과연 어느 누가 감히 희생자 전체를 대변한다고 말할 수 있을까? 그리고 어떤 죄 악을 용서하기 위해서는 반드시 그 죄악을 잊어야만 하는 것일 까? 입에서는 브랜디 냄새를 풀풀 풍기면서, 빵과 물을 얻기 위 해 줄 서 있는 무고한 사람들에게 총질을 해 댄 어느 세르비아 민 족주의자 진영의 저격수를 과연 내가 용서할 수 있을까? 혹은 담 배를 피우고 술을 마셔 가면서, 누군가의 어머니와 아버지와 형 제와 자매와 아들과 딸을 총으로 쏜 무뢰한을 과연 내가 용서할 수 있을까? 이 맥락에서라면 나는 기꺼이 "용서할 수 없다"고 말 하겠다.

하지만 시몬이 직면한 딜레마는 이런 것과는 달랐다. 그 의 딜레마는 단지 죽어 가는 SS대원이 용서를 구했기 때문에 생 겨난 것이 아니라, 그 SS대원이 자신의 범죄 사실을 분명히 인식 하고 죄의식을 느꼈기 때문에 생긴 것이었다. 다른 무엇보다도 이런 인식 자체는 중요한 첫걸음이 된다.

보스니아-헤르체고비나의 경우, 광신적인 세르비아 지도 자들이 국민들에게 행한 교묘한 선전으로 인해 일부 순진한 세르비아인들은 지난 4년 동안 무슨 일이 일어났는지조차 전혀 모르고 있다. 나머지 사람들은 사태의 정황을 분명히 알고 있었지만, 나치하의 독일에서와 마찬가지로 가해자 측에 만연했던 군중심리의 경계 밖으로 나가서까지 행동하지는 못했다. 카를의 아버지가 그러했듯이 말이다. 따라서 지금 현재로서는 일부 세르비아인이나 심지어 크로아티아인들이 무엇을 어떻게 알고 있는지조차도 정확히 알려져 있지 않다. 마치 카를의 어머니의 경우처럼 말이다. 하지만 무슨 일이 있었는지를 가해자 측에서 인식하지 못한다면 용서란 애당초 불가능하다. 오늘날 전범 재판이 중요한 까닭은 바로 여기에 있다. 단순히 범죄를 처벌하는 것뿐만 아니라, 재판을 통해 지난 4년 동안 과연 무슨 일이 있었는지를 보여 줌으로써 무고한 사람들을 죄의식에서 해방시킬 수 있을 것이기 때문이다. 그것이야말로 진정한 화해를 가능케 하는 토대가 될 수 있을 것이다.

물론 시몬의 질문은 화해에 대한 것이라기보다는 용서에 대한 것이었다. 하지만 화해 없는 용서는 어차피 불가능하며, 또한 일말의 용서조차 없는 화해도 불가능하다. 이러한 용서는 살인자 자신이나 대량학살을 지휘한 자들, 또는 임종의 자리에서 마음 편히 죽고 싶어 하는 자들을 위한 것이 아니다. 그보다는 오히려, 인종적으로나 정치적으로나 종교적으로 자신들의 '동포'인 자들이 저지른 극악무도한 범죄로 인해 진심으로 집단적 죄의식을 느끼는 사람들을 위한 것이다. 시몬이 죽은 SS대원의 어머니에게 말한 것처럼, 설령 범죄에 직접 가담하지는 않았더라

163

도 한 사회의 구성원으로서 그러한 범죄에 대한 수치심만큼은 필히 공유해야 하는 것이다.

분명히 강조하건대 나는 이른바 '(죄의 유무를 막론한)집단적 죄의식'이라는 개념은 거부하지만, 종족말살이나 대량학살 혹은 그런 범죄를 좀 더 원활히 수행하기 위해 갖가지 방법으로 일반 국민 사이에 인위적인 증오가 널리 퍼지도록 조장했던 행위에 대하여, 민족이나 국가 차원에서의 '책임감'은 분명히 필요하다고 생각한다. 용서나 화해를 이야기하려면 그에 앞서 범죄에 대한 처벌을 비롯한 다양한 정의 실현의 방법이 반드시 필요하다는 점은 아무리 강조해도 지나치지 않다. 종족학살의 범죄를 처벌하지 않으면 그것은 미래에 있을 또 다른 종족학살의 선례로 남을 것이기 때문이다. 또한 정의가 실현되지 않는 한, 진정한 화해나 평화는 결코 찾아올 수 없기 때문이다.

이른바 국제인도법*이나 제네바 협정** 또는—홀로코스트가 남긴 잿더미 위에 수립된—제노사이드 협약*** 등을 위반한 범

---

* 국제인도법(International Humanitarian Law). 넓은 의미에서는 인도적인 차원에서 맺어진 국제법 일반을 말하며, 좁은 의미에서는 전쟁 중에 포로나 부상자에 대한 보호를 목적으로 하는 법규를 뜻한다. 후자의 경우 가운데 가장 대표적인 것이 '제네바 협정'이다.

** 제네바 협정(Geneva convention). 1864~65년에 걸쳐 체결된 적십자 조약으로, 전쟁 중 야전병원의 운영 및 부상자와 포로 취급의 원칙을 규정하고 있다.

*** 제노사이드 협약(Genocide Convention). 1948년에 체결된 협약으로, 제노사이드(종족말살) 금지 및 처벌 등을 규정하고 있다.

죄에 대해 이야기할 때, 우리는 반드시 기억해야 한다. 국제법에 어긋나는 범죄는 곧 반인륜적인 범죄이며, 단지 그 말살 대상이 되는 민족이나 집단에게만 한정되는 것이 아니라는 점을 말이다. 이것이야말로 국제법의 진정한 핵심이기 때문이다. 또한 1940년대 유럽의 유대인이건 1990년대 유럽의 무슬림이건 간에, 이러한 범죄의 희생자 한 사람 한 사람은 바로 '우리들' 가운데 한 사람임을 기억해야만 할 것이다.

시몬이 던진 원래의 질문에 대해 이야기하자면, 나를 비롯한 독자들은 단지 각자의 입장에서만 답변할 수 있을 뿐이다. 나는 가해자가 진정으로 자기 죄를 인식하는 경우에는 용서도 가능할 수 있으리라고 말하고 싶다. 하지만 홀로코스트나 보스니아를 떠올려 볼 때, 그런 범죄 자체를 완전히 잊어버리는 것은 불가능하다는 점 또한 강조하고 싶다. 결국 화해란, 이전과 같은 삶의 아름다움을 되찾기 위한 마지막 목표가 되어야 하는 셈이다.

21세기의 문턱에 선 우리는 한 인간이 또 한 인간에게 가한 비인간적 범죄의 경험으로부터 과연 무슨 교훈을 얻었을까? 아마 거의 아무런 교훈도 얻지 못했다고 해야 할 것이다. 반세기 전의 홀로코스트에 이어 보스니아-헤르체고비나에서 또다시 벌어진 종족말살은 우리 모두에게 크나큰 수치가 되었다. 물론 그런다고 해서 아우슈비츠나 트레블링카,[****] 또는 사라예보나 스레

[****] 트레블링카(Treblinka). 1942년 폴란드에 설립된 학살수용소. 약 87만 명에 달하는 유대인이 이곳에서 학살당했다.

브레니차의 희생자들이 다시 살아날 수 있는 것은 아니다. 하지만 그러한 수치심은 타인들의 생명을 하찮게 여기는 악랄하고도 비도덕적인 자들의 행위를 막아야 한다는 강력한 의무감을 우리에게 부여해 줄 것이라 믿는다.

스벤 알칼라이(Sven Alkalaj, 1948~)는 보스니아-헤르체고비나 역사상 최초로 주미 대사를 역임한 인물이다. 외교관이 되기 전에는 보스니아-헤르체고비나 최대의 기업체인 에너고인베스트 사라예보(Energoinvest Sarajevo)에서 근무한 저명한 사업가였다. 그의 집안은 사라예보에서도 유력한 유대계 가문으로서, 그 역사로 말하자면 에스파냐에서 세파르디 유대인들이 구가하던 '황금시대'로 거슬러 올라갈 만큼 오래되었다고 한다.

중요한 것은 그날 이후
당신의 삶입니다.

장 아메리(작가, 오스트리아 출신 벨기에인)

지난 20여 년간 온갖 위협에도 아랑곳하지 않고 활발히 이루어진 당신의 활동을 높이 평가하는 한 사람으로서, 저는 당신의 저서 『모든 용서는 아름다운가』에서 제기된 질문에 대한 글을 써 달라는 요청을 쾌히 수락했습니다. 이 책에서는 학살에 참여했던 SS대원 한 사람이 등장하지요. 침대에 누워 죽어 가던 그는 문득 SS에서의 훈련에도 불구하고 여전히 마음속에 남아 있었던 기독교인으로서의 양심을 자각하고, 마지막 순간에 이르러 어느 유대인 한 사람에게 용서를 구함으로써 '면죄'를 받으려 합니다. 죽어 가던 그가 손을 꽉 붙잡으면서까지 그토록 간절히 구했던 용서의 말을 당신—강제수용소에 수감되어 있던 다른 동료들과 마찬가지로 수많은 죽음의 위험에 둘러싸여 있었던 유대인—은 결코 하고 싶어 하지 않았습니다. 당신은 그를 용서하지 않고 그곳을 나와 버립니다. 결국 그는 아무런 위안도 받지 못하고 사망하지요. 하지만 당신은 그런 사실 때문에 고민합니다. 그리고 그 고민으로부터 벗어나지 못합니다. 당연한 일이지만, 당신은 이 문제에 대한 동료들의 의견을 오히려 반박합니다. 당신과 함께 고생했고, 또 여러 가지 이유로 인해 당신이 한때나마 일종의 도덕적 권위자로 여겼던 사람들의 의견을 말입니다.

저 또한 당신과 마찬가지로 가까스로 그 무시무시한 그물을 피해 살아난 사람입니다. 말하자면 생존자인 셈이지요. 물론 그렇다고 해서 도덕적 권위자라고 자부할 정도는 아닙니다. 그리고 저의 의견은 어디까지나 개인적인 것에 불과합니다. 단지 저 자신의 생각일 뿐, 어떤 공적인 의미를 띠지는 않습니다. 덕분에 저는 좀 더 자유롭게 발언할 수 있습니다. 제가 하는 말이 다른 누군가의 행동 규범이 될 수도 있다는 부담감 없이, 하고 싶은 말을 다 할 수 있습니다. 솔직히 그런 부담감이 아주 없는 건 아니지만 말입니다.

친애하는 비젠탈 씨. 어쩌면 제 말 때문에 실망하실지도 모르겠지만, 당신이 고민한 문제는 사실상 제겐 아무런 문제가 되지 않습니다. 이유를 설명하자면 이렇습니다. 당신은 그 죽어가는 SS대원이 '유대인'에게 용서를 청했을 때 거절하셨습니다. 제가 만약 그와 같은 상황에 놓여 있었다면, 저는 좀 더 온화한 태도를 취했을지도 모릅니다. 하지만 제겐 당신의 비타협적인 태도나 저의 너그러운 태도(물론 가능하기는 하겠지만, 솔직히 꼭 그러리라고 장담할 수는 없는)나 모두 별 의미는 없다고 생각됩니다. 제가 보기에 어떤 일을 용서하느냐, 혹은 용서하지 않느냐의 문제에는 두 가지 측면이 있습니다. 하나는 심리적인 측면이고 다른 하나는 정치적인 측면입니다. 심리적으로 어떤 일을 용서하느냐, 혹은 용서하지 않느냐 여부는 단지 각자의 성격이나 그 순간의 감정에 달린 문제에 불과합니다. 저는 당시 상황이 조금만 달랐더라면 당신이 아마 그 죽어 가는 사람을 용서했으리라 봅니다.

가령 당신이 상대방의 간청하고 애원하는 눈을 직접 보았더라면, 헐떡이는 목소리나 꽉 잡은 손보다 훨씬 강력한 효과가 있었을지도 모릅니다. 가령 당신이 그전에 어떤 '예의 바른' SS 대원들 중 누군가를 만나서 조금이나마 친절한 대우를 받았더라면, 당신도 좀 더 관용적인 기분이 들었을지도 모릅니다. 가령 당신의 가까운 친척들이 몇몇 독일인들의 도움을 받아 무사히 도망쳤다는 사실을 알게 되었더라도 마찬가지였을지 모릅니다. 저보다는 당신이 더 잘 알고 계시겠지만, 실제로 그런 일도 간혹 벌어졌으니 말입니다. 만약 그랬다면 당신은 아마 그를 용서했을 것입니다.

하지만 제가 보기에 그런 용서는 사실상 당신이 했던(그리고 나라도 그렇게 했을) 거절과 마찬가지로 별 의미는 없는 것 같습니다. 심리적인 관점에 대한 이야기는 이 정도면 충분하겠지요.

이제 정치적인 측면에 대해 이야기해 보겠습니다. 여기서도 마찬가지로, 그처럼 극적으로 중대하면서도 특이하기 그지없는 경우에 단순히 용서하느냐 혹은 용서하지 않느냐를 따지는 것은 부적절합니다. 당신이 불가지론자인지 아니면 유대교 신자인지 저로선 알 수 없습니다만, 당신이 고민하는 문제는 실상 종교에서 말하는 범죄와 속죄의 차원에 속하는 것입니다. 따라서 당신이 만약 불가지론자가 아니라면, 이 문제는 곧바로 '신학적'

인 문제가 되고 맙니다. 다만 저처럼 윤리의 형이상학에 대해 무관심하고 심지어 거부하는 무신론자라면, 그런 신학적 문제는 애초부터 존재할 수가 없겠지요. 게다가 저는 당신의 문제가 단지 개인적인 차원에서 용서하거나 용서하지 않는 것과는 관계가 없다고 봅니다. 한편으로는 "당신이 만난 그 죽어 가는 SS대원은 학살에 직접 참여했고, 또 자기가 지금 무슨 짓을 하는지 분명히 알고 있었다. 그가 만약 기독교 신자라면 나중에 죽어서 하느님하고나 해결해야 할 문제이니, 결국 아무런 위안도 받지 못하고 죽는 것은 당연하다"고 말할 수 있습니다. 또 한편으로는 "그렇게 한다고 무슨 소용이 있는가? 하느님의 이름으로건 마귀의 이름으로건, 제발 그를 평온히 죽게 내버려 두라. 그가 내게 용서를 빈다면, 그까짓 것 그냥 용서하고 말겠다"고 말할 수도 있습니다. 하지만 정치적인 측면에서 보자면 이 두 가지는 사실상 별차이가 없습니다.

저는 이 모든 문제를 오직 정치적인 측면에서 바라보고, 또 이러한 관점에서만 용서의 문제를 다룰 수 있기 때문에, 굳이 당신의 행동을 찬성하거나 비난하지는 않겠습니다(물론 제 정치적 사고방식의 기본 원리도 아마 특정한 윤리에 근거하고 있을 것입니다만, 지금 여기서 굳이 그 내용을 밝혀 봤자 그저 번거롭기만 하겠지요). 하지만 그렇다고 해서 제가 이 문제를 무시한다거나, 혹은 정치적 영역으로 옮겨 감으로써 고통스러운 질문을 회피하고 당신의 이야기에 담긴 논란의 소지를 벗어나려 한다고 생각하지는 말아 주시기 바랍니다. 정치적인 측면에서, 저는 솔직히 용서에 대해서라면 그 어떤 이야기도 듣고 싶지 않기 때문입니다! 당신처럼 나치의 범죄를 정치적인 영역에서 밝혀내는 데 평생을 바친 분이라면, 아마 제 입장을 충분히 이해하실 수 있으리라 믿습니다.

왜 제가 이렇게 단호할까요? 그것은 바로 단 한 가지 이유때문입니다. 당신과 내가 겪었던 그러한 일이 결코, 다시는, 어디에서도 벌어져서는 안 되기 때문입니다. 따라서 저는—지금까지 숱하게 이야기하고 또 글로 써 온 것과 마찬가지로—그 범죄자들을 비롯하여, 정말 우연히 그런 학살에 관여하게 된 자들, 또한차마 말로 표현할 수 없는 일들을 자행하도록 말이나 글로 도운 모든 자들과의 화해 자체를 어떠한 식으로건 거부한다는 입장입니다. 오로지 유럽 내 유대인들에 대한 종족말살이라는 나치의 범죄가 현재에나 미래에나 공소 시효의 한계에 얽매이지 않는 한에서만, 또한 오로지 그 학살에 관여한 모든 범죄자들이 색출되고 결국 체포되는 한에서만, 잠재적인 살인자들이 내일이건 모레건 향후 자신의 범죄적 잠재능력을 발휘하는 일을 막을 수 있는 것입니다.

저는 당신이 〈르몽드〉에 기고한 글에서 언급했던 바, 수많은 범죄자들이 이른바 '법'의 이름으로 보호받고 있으며, 당시 공직에 있었던 수많은 살인자들과 지난날 무자비한 재판관 노릇을 했던 자들이 평화로운 말년을 보내고 있다고 지적한 대목에 적극 동의합니다. 제가 제대로 이해한 것이라면, 당신의 대의명분은 언제나 정치적인 차원의 것이었습니다. 천사나 참새가 하늘을 날아다닌다고 해도 저로선 상관할 수 없는 일입니다. 마찬가지로 저는 어떤 한 가지 답변(우리 두 사람만 해도 결코 한 가지는 아니지만)에 대해 제기될 수 있는 갖가지 윤리-신학적이거나 윤리-철학적인 질문은 그저 전문가들의 손에, 즉 종신 재직하는 교수님들의 사색을 위해 남겨 두고 전혀 상관하지 않으렵니다.

비젠탈 씨, 스스로를 너무 책망하지 마시길 바랍니다. 당신은 그를 용서하지 않았고, 그 행동은 분명 옳은 것이었습니다. 그리고 당신이 만약 감정에 이끌려 용서의 말을 했다 하더라도 그 또한 옳은 일이었을 겁니다. 당신이 만난 SS대원은 분명 악마였지만, 한편으로는 '불쌍한' 악마였으니까요. 카를 개인이나 그의 죽음은 사실상 그리 중요하지 않았습니다. 마치 당시 수감자였던 시몬 비젠탈의 답변이 그리 중요하지 않았던 것처럼 말입니다. 정말로 중요한 것은 유대역사기록센터 소장이며 설립자인 당신의 이후 활동이었던 것입니다. 당신의 활동은 그때 병실에서 죽은 범죄자가 아니라 지금 우리 속에 있는—대부분은 우리의 동료들보다도 훨씬 나은 삶을 살고 있는—범죄자들과 관련이 있었던 것입니다. 유대역사기록센터의 소장으로서 당신은 결코 그런 범죄자들이 행복한 삶을 누리게 내버려 두어서는 안 됩니다. 이 세상의 정의라는 팔이, 비록 약하고 무력하기는 하지만, 여전히 그들에게 가닿을 수 있다는 것을 보여 주어야만 합니다. 제가 바라는 일은 그것뿐입니다. 당신의 업적에 다시 한번 감사드리며, 이만 작별을 고하는 바입니다.

장 아메리(Jean Améry, 1912~1978)는 유럽의 저명한 평론가 겸 에세이스트였다. 오스트리아 빈 출신으로, 악명 높은 뉘른베르크 법이 공표된 직후에 벨기에로 가서 레지스탕스로 활약하다가 나치에게 체포되어 여러 집단수용소를 전전했다. 종전 후 1978년 사망할 때까지 벨기에에 거주했다. 저서인『정신의 극한에서: 아우슈비츠와 그 현실에 대한 어느 생존자의 고찰(At the Mind's Limits: Contemplations by a Survivor on Auschwitz and its Realities)』은 홀로코스트의 희생자이자 생존자인 자신의 내면세계에 대한 의연한 분석으로 격찬을 받았다.

악을 선으로
무마할 수는 없다.

스마일 발리치(언어학자, 보스니아인)

『모든 용서는 아름다운가』가 출간된 지 거의 30년 가까이 흐른 지금, 우리는 어느 정도 떨어진 거리에서 이 자전적인 이야기에 나오는 끔찍한 사건을 살펴볼 수 있게 되었다. 이러한 거리를 통해 우리는 이 책에서 이야기하는 후회와 용서에 관한 문제를 좀 더 객관적으로 평가할 수 있게 된 것이다. 이 극적인 사건이 벌어졌을 당시만 해도 저자 자신은 박해를 받는 입장이었고, 악질적인 정권이 고안해 낸 파멸의 도구에 의해 존재 자체가 위협을 받는 상황이었다. 그리하여 양심의 가책에 시달리는 어느 SS대원으로부터 용서해 달라는 요청을 받았을 때, 그로선 거절하는 것밖엔 선택의 여지가 없었던 것이다. 만약 내가 그런 상황에 놓였더라도 그렇게 했을 것이다.

　　물론 "그 죽어 가는 사람의 진실한 뉘우침과 열렬한 소망을 생각해 보면 오히려 정반대의 반응이 나올 수도 있지 않았는가? 그 간청하는 사람이 상대방에게는 아무런 직접적인 해악도 끼치지 않았으니까"라고 주장하는 사람들도 상당히 많았다. 하지만 무척 힘이 드는 일이었음에도 불구하고, 시몬 비젠탈은 형식적인 용서를 해 줌으로써 스스로를 낮추지는 않았다. 그런 상황에서 이루어지는 용서라고 해 봐야 단지 그 일개인의 용서에 불과할 뿐이고, 보다 넓은 의미에서의 진정한 면죄란 결코 불가능했을 것이다. 물론 그럼에도 불구하고 그 SS대원의 목적은 달성되었을 것이지만.

　　나 개인으로선, 고통받는 사람에게는 일말의 동정(보스니아 말로는 '메르하멧'이라고 한다)을 표시해야 한다는 전통적인 생각에 동감하는 입장이다. 물론 이런 생각은 어디까지나 이론적인 것에 불과하다. 그럼에도 불구하고 그토록 큰 불의와 고통의 짐을 지고 있는 사람을 이해하기 위해서는, 우리 자신을 그의 입장에 놓고 생각해 보아야 한다. 마치 "탑에서 떨어진 사람을 치료하려면, 이전에 비슷한 일을 겪어 본 의사가 아니면 안 된다"는 동양의 속담처럼 말이다. 그러므로 지금 여기서 어떤 판결을 내리기에 앞서, 나로선 무척이나 조심스러워지지 않을 수 없다.

　　어찌 되었건 우리는 이 이야기에 나오는 젊은 SS대원의 뒤늦은 참회를 희망의 징조로, 또한 전쟁 이후 독일에서 시작된 새로운 민주주의의 신호로 받아들일 수 있다. 그로부터 오래지 않아 독일은 유대인의 가장 강력한 후원자 겸 친구가 되었기 때문이다. 자신의 뉘우침을 고백하고 표현함으로써, 그 죽어 가는 사람은 자기가 저지른 범죄가 얼마나 무거운지 알고 있음을 증명한 것이다. 따라서 비록 짧은 시간이긴 하지만 그는 이미 다른 사람으로 변했던 것이다. 종교적인 차원에서 보자면, 그의 삶에 있어서 이 결정적인 변화야말로 회심이라 할 만하다.

물론 모든 사람은 각자의 행동에 책임을 져야 하며, 그 어떤 사람도 누군가가 타인에 대해 갖고 있는 죄의식을 면제해 줄 수는 없다. 어느 누구도 타인의 영혼이 지고 있는 부담을 대신해 줄 수는 없기 때문이다. 마찬가지로 '집단적 죄의식'이란 존재하지 않는다. 왜냐하면, 그렇게 될 경우 실제로 죄를 저지른 사람뿐만 아니라 무고한 사람까지도 똑같이 손가락질을 당하기 때문이다. 다만 근본적으로 도착적인 성격을 지닌 자들이 권력을 잡는 것을 묵인했던 사회라면, 그 구성원들에게 넓은 의미에서 책임이 있다고 말할 수 있을 뿐이다.

　　잘못된 행동을 고치는 것은 어디까지나 가해자와 희생자 간의 문제이다. 이런 상황에서 제3자는 단지 중재자에 지나지 않는다. 진정한 뉘우침이 없는 한, 악을 그저 선으로 무마할 수는 없는 법이다.

　　세상에는 그야말로 어마어마하다고 말할 수밖에 없는 범죄가 있게 마련이다. 기독교 신자라면 아마도 이렇게 말할 것이다. 오직 하느님의 무한한 자비만이 그런 범죄자들의 죄를 용서하실 수 있다고 말이다.

　　『모든 용서는 아름다운가』는 그 외에도 죄와 벌에 대한 여러 가지 질문들을 제기하고 있다. 이 이야기의 주된 관심사 가운데 하나는 위법 행위에 대한 사회적 무관심이다. 실제 범죄에는 관여하지 않은 것처럼 보이더라도, 고문이나 모욕이나 살인 같은 행동을 묵과한 사람이 있다면 마찬가지로 유죄라는 것이다. 그런 상황을 외면하는 게 당장은 편리할지 모르지만, 궁극적으로는 이루 말할 수 없는 끔찍한 결과를 낳을 재앙으로 가는 길이기 때문이다.

이 이야기는 또한 대중의 시각을 형성하는 뿌리 깊은 편견, 상투적인 문구, 고정관념에 대해서도 언급하고 있다. 오늘날의 교육에서 가장 시급한 과제 중 하나는 이러한 교훈의 유산을 어떻게 보전할 것이냐 하는 점이다. 인류의 실수와 오류를 분명히 짚어 준다는 점에서, 비젠탈의 이 책은 무엇보다도 훌륭한 지침서가 될 것이다.

스마일 발리치(Smail Balić, 1920~2002)는 동양 언어, 아랍 및 이슬람 역사, 보스니아 문화의 전문가로 명성을 누렸다. 보스니아-헤르체고비나의 모스타르(Mostar)에서 태어나 빈 대학(University of Vienna)에서 박사 학위를 받았다. 이후 몇 년간 빈에 거주하면서 고등상업학교(Superior School of Commerce)에서 터키어를 강의했고, 사라예보 대학(University of Sarajevo)의 이슬람신학과 교수로 재직했다. 자신이 속한 무슬림계 보스니아인의 문화적, 민족적 정체성에 대한 학문적 연구에 전념했으며, 저서로는 『미지의 나라 보스니아(Das unbekannte Bosnien)』가 있다.

섣부른 용서는
희생자에 대한 배신이다.

모셰 베이스키(법조인, 폴란드 출신 이스라엘인)

내가 답변해야 하는 문제는 무척 복잡하고도 까다롭다. 인간의 양심이며, 윤리며, 심리학이며, 종교며, 신앙에 대해서까지 폭넓게 얽혀 있는 문제일 뿐만 아니라, 비정상적인 상황과 조건에서 만난 두 개인이 처한 딜레마에 대한 문제이기 때문이다. 두 사람 모두 인간이 하느님의 형상을 따라 창조되었다는 적절한 윤리적 가정 위에서, 외면상으로는 매우 합리적인 태도로 행동하고 또 반응한 듯하다.

　　더군다나 나는 이 사건이 벌어진 지 반세기가 지난 지금에 와서야 이에 대해 답변해야 하는 입장이다. 그토록 오랜 세월이 흐른 뒤에, 그리고 제아무리 예상치 못한 일이 닥쳐도 어느 정도는 감정을 억제할 수 있을 만큼 평온하고 안락한 지금의 상태에서, 당시의 생각이며 행동을 과연 제대로 분석할 수 있을까? 불가능한 것은 아니지만, 그러한 시간적 거리와 달라진 환경을 감안하면 당시에 과연 어떤 행동이 적절한 것이었는지를 판단하기란 쉽지 않은 일이다. 왜냐하면 당시 사람들이 처해 있던 감정적 상태, 정신적 압력, 주위 상황 등은 그야말로 유례가 없는 것이었고, 인간의 정신으로선 이전까지 한 번도 고안해 낸 적이 없는 종류의 것이었기에, 지금 와서는 감히 재현할 수조차 없기 때문이다.

그 나치, 그러니까 SS대원인 카를은 심한 부상을 입고 죽음의 고통 속에 놓여 있었다. 이성적인 기준에 따르면, 그런 상황에서는 카를 또한 자신의 고통과 상태에 대하여 누군가의 동정과 이해를 필요로 하는 위치에 있었다고 할 수 있다. 또한 그가 과거에 저지른 범죄를 고백했고, 그 고백이 단지 형식적인 것이 아니라 양심의 가책에 따른 진정한 후회였다면, 그는 충분히 용서를 받을 만한 위치에 있었다고도 할 수 있다.

하지만 당시 똑같은 환경에서 살아가던 시몬을 비롯한 다른 사람들에게 카를은 그저 독일 나치즘의 대변자였고, 수백 또는 수천 명이나 되는 SS대원과 특수부대원들은 기꺼이 자원입대했을 뿐 아니라, 자기가 하는 일이 무엇인지 분명히 인지하고 있는 범죄자들의 전형적인 모습과 전혀 다르지 않았다. 그들은 다른 독일인과 마찬가지로 유대인을 탄압하고, 굶기고, 모욕하고, 죽을 때까지 강제노동을 시키는 등의 끔찍한 범죄를 저질렀을 뿐만 아니라, 그때까지만 해도 어떤 인간의 머리로도 상상해 내지 못한 방법을 동원한 대량학살에도 기꺼이 참여했다.

그리하여 오로지 카를의 경우처럼 급박하고 확실한 죽음에 임박해서야, 그들은 비로소 자신들이 인류와 하느님 앞에 범죄를 저질렀음을 깨달을 수 있었던 것이다. 카를이 만약 치명적인 부상을 입지 않았더라면 그는 자원해서 SS에 입대한 동료들과 함께 계속해서 그런 범죄를 저질렀을 것이고, 자기 행동을 후회하기는커녕 오히려 자기는 그저 명령에 따랐을 뿐이라며 스스로를 정당화하는 쪽을 택했을 것이다.

이 사건이 벌어졌을 당시 시몬은 그저 한 개인, 즉 수용소에 갇혀서 매를 맞고, 죽도록 일하고, 굶주리고, 모욕당하는 죄수일 뿐이었다. 이미 그의 가족 전체가 베우제츠*나 트레블링카에서 피살되었기 때문에, 그는 당장 몇 시간이나 며칠 또는 몇 주 뒤에 자기가 죽을 것이 확실하다는 사실을 알고 있었다.

시몬은 또한 증인이기도 했다. 그는 시체를 파묻을 구덩이 옆에서 벌거벗은 사람들이 한꺼번에 총살당하는 장면과, 공개적으로 교수형을 당하는 장면을 두 눈으로 똑똑히 목격했다. 그는 무수히 많은 사람들이 죽는 것을 봐 왔다. 그는 자기 친척들이며 이웃들이 살해당하는 모습을 봐 왔다. 이런 면에서 그는 당시에 살았거나 또는 이미 사망한 사람 모두를 위한 대표적인 증인이었으며, 그런 악행이 계속되는 한 카를에 대해서는 물론이고 그 동료들에 대한 혐오감과 깊은 고통으로부터 결코 자유롭지 못했을 것이다. 카를은 나치 부대가 불을 지른 집 안에서

---

* 　베우제츠(Bełżec). 폴란드에 위치한 학살수용소. 1940년에 설립되었고, 무려 60만 명에 이르는 유대인과 집시가 학살되었다. 가스실을 갖춘 최초의 수용소로 알려져 있다.

아이를 데리고 함께 뛰어내린 어느 부부에 대해 이야기했고, 시몬은 그 이야기를 들으며 한때 르보브[**] 게토에서 자기가 알고 지내던 엘리라는 아이를 떠올렸다.

그 임종실에는 두 사람만이 있었지만 각각 전혀 다른 세계를 대표하고 있었다. 하나는 모든 악랄하고 끔찍한 범죄의 세계, 부상을 입기 전까지 카를이 그러했듯 그의 동료들과 그가 숭배하는 정권이 앞으로도 계속 저지를 반인륜적 범죄의 세계였다. 다른 하나는 그 범죄의 희생물이 되어 정신적·육체적으로 망가진 자들의 세계, 자신과 가족과 동족에게 가해진 범죄로 인해 차마 견디기 힘든 고통에 시달리는 자들의 세계였다. 그 죽어 가는 나치는 용서를 구했다. 다름 아닌 한 사람의 유대인에게! 결코 후회한 적이 없고 앞으로도 영원히 후회하지 않을 가능성이 큰 자신의 나치 동료들에 의해 이미 운명이 정해져 있는 바로 그 사람에게 말이다.

나는 시몬이 겪은 것처럼 죽어 가는 SS대원과 마주친 적은 없었지만, 그 외의 다른 면에서는 그와 비슷한 체험을 한 적이 있다. 우리 가족 또한 인근의 다른 주민들과 함께 베우제츠로 이송되었기 때문이다. 나는 여러 강제노동수용소, 집단수용소, 학살수용소 등을 거치면서 전쟁 기간의 끔찍한 악몽을 견뎌 냈다. 나는 많은 사람의 죽음과 처형을 목격했다. 나는 죽도록 굶주렸고, 모욕당했고, 인간 이하의 존재가 되도록 강요받았다. 그리하

[**]   렘베르크의 러시아어 표기.

여 나는 나치 정권이 유대인에게 저지른 갖가지 악행 가운데 어느 것 하나도 결코 잊어버리지 않게 되었다.

내 생각에는, 당시 그곳에서 똑같은 일을 겪은 사람이라면 누구든지 시몬과 크게 다르지 않은 행동을 했을 것 같다. 애초에 도덕적, 종교적, 인도주의적, 철학적 가정에 근거하여 이성적이고 적절한 방식으로 생각하고 반응할 수 있는 상황이 아니었기 때문이다. 대체 어떻게 그 나치는, 다른 동료 나치들에 의해 지금 당장 죽을지도 모르는 사람에게 감히 용서를 구할 수 있었을까? 심지어 자기도 유대인에게 똑같은 범죄를 저질렀고, 단지 하느님의 손길이 자기를 일깨움으로써 가까스로 그만둘 수 있었다고 인정했으면서 말이다.

만약 시몬이 이미 살해당한 많은 사람을 대신해서 그 나치를 용서할 권리가 자신에게 있다고 믿었다면, 그런 '자비로운' 행동은 결국 억울하게 죽은 그의 가족을 비롯한 수백만의 무고한 희생자에 대한 일종의 배신이자 부정이 되었을 것이다.

시몬의 반응은 본능적인 것이었으며 본인과 그 가족, 그리고 고통받은 모든 사람들의 깊은 괴로움에서 비롯된 것이다. 솔직히 나로선 그 어떤 종교적 윤리(유대교이건 기독교이건)나 이타적 양심이라 하더라도, 하느님의 이름으로 살아가는 극히 예외적인 일부 성자들과 성직자들을 제외한다면, 과연 그런 상황에서 인간의 능력을 넘어서는 수준의 자기희생적 자비심이 발휘될 수 있을지 의심스럽다.

실제로 하느님의 침묵 앞에서 종교적 신앙은 크게 흔들

릴 수밖에 없다. 전쟁 중에, 나의 사촌으로서 한때 랍비가 되려고 준비하던 경건한 청년이 나와 함께 플라스주프 수용소에 갇히게 되었다. 1944년 5월의 어느 날, 수용소에 남아 있던 280명의 아이들 전원과 노인 및 환자들이 '골라내기' 작업을 통해 모조리 아우슈비츠로 이송되던 날, 내 사촌은 이렇게 말했다. "난 더 이상 하느님을 믿지 않아."

이후 그는 죽을 때까지 결코 신앙을 되찾지 못했다. 하느님의 이름으로도 차마 그런 행동까지는 용서할 수가 없었던 것이다.

예루살렘에서 열린 아이히만* 재판에서 증언할 당시, 그 악의 화신을 마주하고 선 자리에서 나는 재판관에게, 그 당시 우리가 느꼈던 공포와 무력감과 낙담과 절망을 이토록 오랜 세월이 흐른 뒤에 과연 재현할 수 있을지 모르겠다고 말한 바 있다. 아마 지금 여기서 제시된 물음에 대해서도 마찬가지일 것이다. 그래도 가급적 당시의 상황 및 환경과 관련된 생각과 느낌과 행동에만 충실하려 최대한 노력했다. 그렇게 해서 나는 위와 같은 결론에 도달했던 것이다.

---

* 아돌프 아이히만(Karl Adolf Eichmann, 1906~1962). 독일의 군인. 제2차 세계대전 당시 SS 소속으로 나치의 조직적인 유대인 학살을 계획하고 수행한 장본인으로 악명 높다. 종전 후에 아르헨티나로 도주해 숨어 살다 1960년에 이스라엘 정보기관인 모사드에 의해 체포되어 이스라엘로 압송되었고, 재판을 거쳐 1962년에 교수형에 처해졌다. 이 책의 저자 시몬 비젠탈이 설립한 유대역사기록센터의 집요한 추적이 그를 체포하는 데 결정적인 역할을 했다.

오로지 시간이 흐름에 따라 고통이 차츰 줄어들었고, 벌어진 상처도 어느 정도 아물었다. 덕분에 우리는 이 문제를 좀 더 넓은 관점에서 볼 수 있게 되었다. 하지만 나치 정권이 저지른 범죄는 너무 야만적이었고 너무 파괴적이었던 까닭에, 가까스로 살아남은 생존자들은 자신들이 견뎌야 했던 공포로부터 결코 자유로울 수 없었다. 많은 생존자들이 부모를 잃거나 또는 가족 모두를 잃었다. 그러므로 나치가 저지른 모든 죄악을 열거하다 보면 그들의 범죄는 결코 잊어버릴 수 없게 된다. 생존자들은 각자의 고통과 슬픔을 죽을 때까지 안고 살아야 하는 형벌을 받았던 것이다. 그리고 잊어버릴 수 없는 것이라면 결코 용서할 수도 없다.

나치 정권이 저지른 범죄를 애써 망각의 손길에 넘겨 버리려는 것은 단지 독일인뿐만이 아니다. 이제는 전 세계가 너무 일찌감치 그러한 역사를 망각하기 시작했다. 그 가학적인 정권의 점령하에 고생했던 나라들에서조차, 정체가 밝혀지고 재판에 회부되어 처벌을 받는 나치 전범의 수는 계속 줄어드는 실정이다. 그리하여 수천수만 명에 달하는, 한때 종족말살을 저지르고 반인륜적 범죄에 가담했던 독일인들이 자기 집으로 돌아가, 양심에 아무런 거리낌도 없고 아무런 참회의 마음도 갖지 않은 채 평안하게 살아가고 있는 것이다. 그들은 분명 누구에게도 용서를 구하지 않을 것이다. 희생자에게든, 아니면 하느님에게든 말이다.

물론 카를은 참회했다. 그런데 과연 참회만으로도 가해자가 정당화되고, 용서받을 수 있고, 또한 그 범죄가 잊힐 수 있는 것일까?

일반적인 형사학이나 행형학(行刑學)에서는 개선된 행동을 수반하는 진정한 참회를 보이는 죄인에게 정상 참작을 해서 형량이 경감되게 마련이지만, 지나치게 심각한 범죄에는 이것조차 해당되지 않는다. 어떤 경우건 참회만으로 범죄가 무마될 수는 없다. 물론 국가에서 특정 범죄에 대해 사면령을 내리는 경우도 있지만, 그것은 어디까지나 정치적인 이유 때문이다.

종족말살과 반인륜적 범죄를 저지른 나치 전범들의 공소시효를 정하는 문제를 놓고 1960년대 내내 벌어졌던 열띤 토론을 기억할 것이다. 당시의 주된 의견은, 나치의 범죄야말로 인류로선 처음 접하는 끔찍한 것이었기 때문에, 공소에 시한을 정함으로써 차마 잊을 수 없는 그들의 범죄를 세월의 흐름에 떠넘기는 것은 결코 정당화될 수 없다는 것이었다.

뒤늦은 이야기지만 시몬의 행동에 대해 또 한 가지 언급하고 싶은 게 있다. 앞에서 나는 카를의 고백, 좀 더 정확히 말하자면 카를의 진술을 듣고 시몬이 병실에서 나와 버린 것에 대하여 누구나 그랬을 거라고, 그는 충분히 이해할 만한 감정에 따라 행동했을 뿐이라고 말한 바 있다. 그는 자기와 동족을 그토록 잔인하게 대한 사람에게 복수하려는 열망을 품고 있지도 않았고, 또한 당시의 상황에 대해 만족감을 느끼지도 않았다. 심지어 카를의 어머니를 만나러 가서도 그녀의 아들이 SS에 복무하면서 저지른 범죄에 대해 차마 사실을 말하지 못하고, 착한 아들에 대한 추억을 그대로 간직하도록 내버려 둔다.

내가 보기엔 그의 이런 자세심이야말로 보통 사람에게서는 결코 찾아보지 못할 남다른 행동이 아닐까 싶다.

비록 시간이 많이 지나긴 했지만, 나로선 시몬 비젠탈이 그 섬뜩한 만남에서 내린 결정으로 인해 양심의 가책을 느낄 필요는 전혀 없다고 확신하는 바이다.

모셰 베이스키(Moshe Bejski, 1920~)는 폴란드에서 태어나 제2차 세계대전 당시 여러 집단수용소를 전전했다. 1945년에 팔레스타인으로 이주하여 유럽과 북미지역 이민 담당국장으로 일했고, 소르본 대학에서 법학박사 학위를 취득한 뒤 이스라엘 대법원 판사로 재직했다. 아울러 30년 이상 야드바셈(Yad Vashem)의 '의로운 이방인 인정위원회(Commission for Recognition of Rightness Gentiles)'*에서 위원장으로 활동했다.

*　이스라엘에서는 제2차 세계대전 당시 비유대인(이방인)이면서도 유대인들을 홀로코스트의 위협에서 구해 내기 위해 영웅적인 노력을 한 사람들에게 '가장 의로운 사람'이라는 호칭을 부여하고, 1953년에 개관된 야드바셈 홀로코스트 기념관 내에 그들의 이름을 적어 기리고 있다. 1963년에 설립한 '의로운 이방인 인정위원회'는 그런 인물을 발굴하고 선정하는 기관이다.

'값싼 은혜'의
위험성에 대하여

앨런 L. 버거(유대교 신학자, 미국인)

나는 지난 몇 년간 시몬 비젠탈의『모든 용서는 아름다운가』를 교재로 사용해 학생들을 가르쳐 왔다. 이 책에서 제시된 질문은 참으로 답변하기가 힘들다. 학생들은 용서라는 말에 오히려 큰 충격을 받는다. 과연 시몬이 옳은 일을 한 걸까? 그가 침묵을 지킨 까닭은 무엇일까? 카를은 정말로 참회한 것이었을까? 나아가, 만약 홀로코스트가 가히 전례가 없던 사건이었다면, 과연 이 극악무도한 악행 앞에 용서를 비롯한 다른 전통적인 답변들을 감히 적용시킬 수가 있을까? 이를 통해 우리는 매우 심오한 차원의 의미와 답변을 주고받게 된다.

문학적으로 살펴보면, 이 도덕 예화에 나오는 가장 특징적인 단어는 바로 '침묵'이다. 시몬은 두 번 침묵한다. 한 번은 그 죽어 가는 나치의 병실 안에서, 그리고 다른 한 번은 죽은 나치의 어머니를 만난 자리에서. 하지만 과연 이 두 가지 침묵은 똑같은 것이었을까? 혹시 두 가지가 서로 다른 의미를 내포했던 것은 아니었을까? 앞서의 침묵은 아마도 혼란 때문이었을 것이다. 당황하고 두렵고 질린 상황에서, 시몬은 어느 쪽으로 가야 할지 몰랐던 것이다. 그는 유대교의 윤리적인 가르침과, 유대인의 종족말살을 유일한 목표로 삼는 홀로코스트의 가혹한 현실 사이에서 갈팡질팡했던 것이다.

이와 대조적으로, 나중의 침묵은 의식적인 결정이었다. 그 나치의 어머니를 위한 배려에서 나온 침묵이었던 것이다. 물론 그 어머니에게 아들에 대한 진실을 이야기했다 한들 뭐가 문제냐고 반문할 수도 있다. 하지만 어머니로 하여금 아들에 대한 좋은 기억을 간직하게 해 주는 것이야말로 진정한 은혜의 선물이며, 또한 이 이야기에서 가장 적절한 장소에 위치한 선물이기도 하다. 만약 그 나치를 용서했더라면 그것은 결국 유대인 희생자들은 물론이고, 나아가 용서의 존엄성마저도 모독하는 일이 되었을 것이다.

내가 만약 시몬의 입장이었다면 과연 어떻게 했을까? 이 질문에 답하려면 그보다 먼저 다음과 같은 질문에 대답해 보아야 한다. 과연 그 희생자들을 대신하여 누군가를 용서할 권한이 내게 있을까? 이에 대한 내 대답은, 용서해서는 안 될 사람이라면 결코 용서하지 말자는 것이다. 유대교에서는 두 가지 종류의 죄에 대해 가르친다. 하나는 인간이 하느님에게 짓는 죄로, '베인 아담 레 마콤'이라고 한다. 또 하나는 인간이 다른 인간에게 짓는 죄로, '베인 아담 레 아담'이라고 한다. 내게 죄를 짓는 사람은 용서할 수 있다. 하지만 누군가의 목숨을 빼앗는 사람은 결코 용서할 수 없다.

내 생각은 확고하다. 시몬은 그토록 잔인하게 살해당한

사람들을 대신해 범죄자들을 용서해서도 안 되고, 또한 용서할 수도 없다. 게다가, 자기 이야기를 들어 줄 만한 유대인을 한 사람 불러다 놓는 카를의 행동이야말로 전형적인 나치의 모습이 아닌가. 나치는 각자의 영혼과 느낌과 열망과 감정을 지닌 개인으로서의 유대인을 인정하지 않는다. 오히려 아무런 개성도 없고 결코 분화되지도 않는 '집단'으로만 유대인을 이해한다. "유대인을 한 사람 데려다 주시오." 바로 이것이 그 죽어 가는 나치의 요청이었다. 아무 유대인이나 좋다는 것이다. 결국 카를은 아무것도 깨닫지 못했다. 그는 단지 유대인을 이용해 자신의 영혼을 '세탁'하려는 열망에만 사로잡혀 있었을 뿐이다.

카를의 참회가 정말 진실한 것이었을까? 히브리어로 참회에 해당하는 단어는 '테슈바'로, "악으로부터 돌이키고, 『토라』[*]로 돌아선다"는 의미를 지니고 있다. 이것은 한 번에 이루어지는 동작이 아니라 일종의 과정인 것이다. 실제 상황에서, 즉 불타는 집에서 뛰어내리는 유대인들을 총으로 쏘는 와중에서 카를은 어떠한 도덕적 용기도 발휘하지 못했다. 최근의 연구에 의하면, 그 당시에 그런 명령을 거부하고 도덕적 입장을 견지했지만 처벌받지 않은 독일인들이 분명히 있었다고 한다. 도덕적으로 행동하는 것은 비도덕적으로 행동하기보다 훨씬 힘들다. 반면 참회는

---

[*]   토라(Torah). 구약성서의 처음 다섯 권을 말하며, 기록자의 이름을 따서 일명 '모세 오경'이라고도 한다. 유대교에서 가장 권위 있는 경전으로 여겨진다.

어디까지나 형식적이다. 이것은 살인자의 고통받는 영혼을 달래 주는 의식일 뿐, 정작 피살자와는 상관없는 것이다. 그가 "홀로코스트에 대해 유감스럽게 생각합니다"라고 말하는 것은 과연 도덕적으로 정당할까? 혹은, 결과적으로는 수백만의 유대인을 학살해 놓고서 그중 자기 개인의 살인 행위에 대해서만 사죄하는 것은 도덕적으로 정당할까?

여기서부터 이른바 '값싼 은혜', 즉 용서와 망각에 대한 논란이 솟아난다. 용서를 얻기만 했더라도 카를은 천국에 갔을지 모른다. 반면 시몬을 비롯한 다른 유대인들, 특히 그 폴란드의 도시에서 벌어진 살육의 희생자들은 그렇지 못할 수도 있다. 가톨릭교회의 가르침에도 불구하고 카를이 도덕적 책임감을 느끼지 못했다면, 교회는 진정으로 부끄러워해야 마땅하다. 살인자들 또한 부끄러워해야 마땅하다. 남에게 용서를 구함으로써, 자기에게는 결여되어 있는 도덕적 완전함을 다른 사람에게서 찾으려는 자들 또한 부끄러워해야 마땅하다.

카를이 부상을 입지 않았거나 죽지 않았다고 가정해 보자. 그렇다면 그는 과연 양심의 가책을 느끼기나 했을까? 전쟁이 끝난 뒤에 그는 참회하는 쪽에 속했을까? 아니면 이른바 '좋았던 옛날'을 추억하며 멀쩡하게 살아가는 다른 나치들 쪽에 속했을까? 결혼하고, 가정을 꾸리고, 부유해진 상황에서, 유대인들이 그 홀로코스트를 놓고 자꾸만 만들어 내는 소동에 못마땅한 듯 고개를 절레절레 흔들면서 말이다.

마지막으로 이런 생각을 해 보았다. 시몬이 지닌 유대인으로서의 양심은 그 사건으로 인해 크게 동요했다. 동료 죄수들에게 그 이야기를 털어놓기도 했지만, 그 문제는 여전히 그에게 무거운 짐이 되었다. 아마도 시몬은 나치가 저지른 그 혐오스러운 악행을 스스로에게 상기시키고, 또한 유대인의 고통에 대한 폴란드인의 무관심을 상기시키는 뜻에서, 이 사건을 이후 거대한 격전장이 된 자기 양심의 법정에 증거로 제시했던 것 같다. 어쩌면 카를은 바로 그런 혼란을 노린 게 아니었을까? 히틀러는 유대인들이 역사에 양심을 일깨워 주었다며 비난했다. 살인자에게 용서를 베푸는 것이야말로 나치즘의 궁극적인 승리였을 것이다. 만약 카를에게 뭔가 말을 했다면, 시몬은 자신의 죄책감을 봉인한 셈이 되었을 것이다.

앨런 L. 버거(Alan L. Berger, 1964~)는 보카레이턴(Boca Raton)에 위치한 플로리다 애틀랜틱 대학(Florida Atlantic University)의 라도크 석좌교수 겸 홀로코스트 연구소 소장으로 재직하고 있다. 한때 시라큐즈 대학(Syracuse University)의 종교학과 교수로 재직하며 유대학 프로그램을 추진하기도 했다. 저서로는 『재난과 언약(Crisis and Covenant)』『현대 세계에서의 유대교(Judaism in the Modern World)』 등이 있다.

두 개의 질문:
답변 가능한 것과 답변 불가능한 것

로버트 매커피 브라운(기독교 신학자, 미국인)

1979년 바르샤바. 우리는 바르샤바 게토에서 목숨을 잃은 유대인들의 기념비 앞에 서 있었다. 마침 비가 내리고 있었다. 당시의 전투에서 살아남은 내 친구 한 사람은 그날 감동적인 연설을 했다. 연설은 폴란드어로 진행되었고, 며칠 뒤에 그는 내게 연설문의 번역문을 건네주었다. 그 감동은 영어로도 고스란히 되살아나 있었다. 요지는 분명했다. "결코 잊지 말자, 결코 용서하지 말자"는 것이었다.

"결코 잊지 말자"는 것이야말로 어쩌면 홀로코스트의 가장 분명한 교훈이 아닐까. 만약 우리가 그것을 잊어버린다면 언젠가는, 유대인은 물론이고 권력자들이 없애 버리고 싶어 하는 다른 누군가에게도 그보다 훨씬 더 끔찍한 일들이 벌어질 때가 올 것이다.

"결코 용서하지 말자"는 교훈 또한 이와 똑같은 확고한 논리에서 파생된다. 만약 우리가 그들을 용서하게 되면 나중에는 누구든지 처벌에 대한 두려움 없이 그와 똑같은 짓을 할 수 있을 것이고, 결국 이 세계에는 그들을 살아남게 할 뿐 아니라 심지어 번성할 수 있게 해 주는, 이른바 '용서'라는 딱지가 붙은 도덕적 안전장치가 생겨나는 것이기 때문이다. 이 이야기는 기독교인들이 최고의 미덕으로 간주하는 용서야말로 오히려 '무기력한' 미덕이 되고, 결국 죄악이 퍼져 나가는 것을 막기보다는 도리어 묵인할 가능성을 항상 내포하고 있는 것이다.

그럼에도 불구하고, 솔직히 나는 "결코 용서하지 말자"는 두 번째의 확신에 대해서는 여전히 어딘가 불편한 느낌을 갖게 된다.

최악의 시나리오를 가정해 보자. 아우슈비츠의 어느 날, 잔인한 가스실조차도 제 할당량을 제대로 따라잡지 못하는 상황이다. 처리 속도를 높이기 위해 나치는 어린아이들을 한 줄로 세워 놓고 차례차례 불 속에 집어 던진다. 그 줄의 맨 뒤에 서 있는 아이들은 조만간 자신의 운명도 맨 앞에 서 있던 아이들과 똑같이 될 것임을 알게 된다. 하지만 도무지 어떻게 해 볼 도리가 없다.

이러한 상황이야말로 시몬 비젠탈의 이야기에서 각양각색의 사람들을 한집에 몰아넣고 불을 질렀다는 그 상황과 비슷한 부분이 있다.

이 두 가지 이야기는, 그런 상황에서도 용서는 가능하다고 하는 그 어떤 주장도 무력하게 만들 만큼 처절하기 짝이 없다. 만약 하느님이 인간의 그런 행동마저도 용서하신다고 가정한다면, 결과적으로는 하느님이 창조한 이 우주가 도덕적이라는 주장조차도 무의미해지는 것은 아닐까? 그런 절대자라면 자비와 연민을 지닌 하느님이 아니라, 오히려 악의를 지닌 하느님이라고 해야 할 것이다.

반대로 만약 하느님이 그런 행동을 용서하실 수 없다면, 그의 자녀인 우리들에게도 똑같은 도덕적 한계가 적용될 수 있을 것이다. 아이들을 불 속에 던져 넣거나 혹은 집 안에 가두고 태워 버린 나치를 용서하는 것이야말로 결과적으로는 나치를 편드는 일이며, 악한 행동에 맞서 싸우기보다는 오히려 묵인하는 일이며, 따라서 그들의 행위에 공범이 되는 일이다.

유대인이나 기독교인이라면 이러한 딜레마에서 벗어나기 위해, 하느님을 그런 악에서 완전히 떼어 놓고 생각할 것이 아니라 오히려 "악의 한가운데서", 즉 가해자보다는 피해자와 동일시되는 존재로서의 하느님을 발견할 수 있다고 주장할 수도 있을 것이다. 가령 「이사야」에 나오는 '고통받는 종'에 대한 유대인의 이미지*, 혹은 십자가 위에서 고난당하는 예수에 대한 기독교

---

* 구약성서의 「이사야」 53장에 나오는 이야기. 만인의 죄를 대신 짊어지고 고통을 당하는 '의로운 종'을 묘사하고 있다. 특히 훗날 신약성서의 복음서 기록자들이 예수 그리스도에 대한 예언으로 해석한 "그가 찔림은 우리의 허물 때문이요, 그가 상함은 우리의 죄악 때문이라. 그가 징계를 받으므로 우리는 평화를 누리고, 그가 채찍에 맞으므로 우리는 나음을 받았도다"(5절)라는 대목으로도 유명하다.

** 엘리 비젤(Elie Wiesel, 1929~2016). 미국의 작가 겸 인권운동가. 루마니아 출신의 유대인으로 제2차 세계대전 당시 아우슈비츠에 수감되었고, 이후 프랑스에 정착해 언론계에서 활동하다가 1956년에 미국으로 이주했다. 홀로코스트의 참상을 그린 자전적인 작품으로 큰 주목을 받았으며 핵 반대, 인종차별 반대 등 다양한 활동에 참여한 공로로

194

인들의 이미지가 그런 식이다. 그러나 엘리 비젤[**]이 『아니 마아 민』[***]에서 제기했듯이 그러한 해방은 너무나도 늦게—무려 600만 명이 죽고 난 뒤에—찾아왔기 때문에, 다만 인내하기만 할 뿐 아무런 일도 못 하는 하느님은 오히려 악의적인 절대자보다도 더욱 무기력해 보이는 것이다.

하지만 때로는 용서를 핵심으로 하는 희생적인 사랑이 제 역할을 '할 수 있는' 상황, 심지어는 더욱 유능한 상황도 있게 마련이다. 가령 넬슨 만델라[****]는 27년의 옥살이를 끝내고 석방된 뒤, 자기를 괴롭힌 자들에게 보복할 것이라는 세간의 예상과는 달리 오히려 자기를 가둔 자들을 용서했다. 또한 니카라과의 산디니스타[*****] 투사인 토마스 보르헤[******]는 반군에게 붙잡혀 지독

1986년에 노벨평화상을 받았다.

[***] 엘리 비젤의 1973년작 소설. 제목인 '아니 마아민'은 메시야의 도래를 향한 유대인들의 기다림을 소재로 한 유대 민요이며, 홀로코스트의 아픔을 상징하는 대표적인 노래이기도 하다.

[****] 넬슨 만델라(Nelson Mandela, 1918~2013). 남아프리카공화국의 정치가 겸 인권운동가. 극단적 인종차별 정책인 '아파르트헤이트'에 반대하다가 1962년에 체포되어 종신형을 선고받고 27년간 복역했으며, 출옥 후 남아공 내 인종분규를 종식시킨 공로를 인정받아 당시 대통령이던 드 클레르크와 함께 1993년에 노벨평화상을 공동 수상했다. 1994년에 남아공 역사상 최초로 흑인이 참여한 총선거에서 승리하여 대통령이 되었고 1999년에 퇴임했다. 저서로는 자서전 『자유를 향한 머나먼 여정(Long Walk to Freedom)』이 있다.

[*****] 산디니스타(Sandinista). 니카라과의 사회주의 정당. 정식 명칭은 '산디니스타 민족해방전선(FSLN)'이며, 1930년대 초에 미국의 니카라

한 고문을 당한 후, 전쟁이 끝난 뒤에 자기를 고문한 사람을 다시 만나게 되었다. 법정에서는 그 고문자에게 적절하다고 생각되는 형벌을 보르헤가 직접 선택하도록 했다. 그러자 그는 이렇게 대답했다. "그를 용서하는 것이야말로 제가 내리는 형벌입니다."

이러한 사례들은 남은 우리들이 가져다 쓸 수 있는 도덕적 자산을 구축한다. 즉, 우리가 누군가를 용서하는 행위가 저울의 눈금을 무자비함보다는 동정 쪽으로 기울여 놓을 수 있다고 가정하는(말 그대로 '가정'만 해 보는) 것이다…….

어딘가 강압적인 구석이 없지 않은 "결코 용서하지 말자"는 주장의 강도를 완화시킬 수 있는 예화라면 이것 말고도 여러 가지를 들 수 있겠지만, 우리가 제시하는 사례는 어디까지나 예외적인 경우들에 불과할 것이다. 그리고 어느 누구도 철학자 겸 시인이었던 하인리히 하이네*의 말마따나 "하느님은 당연히 용서하실 것이다. 그러기 위해 하느님이 있는 것이니까"라는 식의 입장을 취할 수는 없을 것이다.

따라서 내가 만약 시몬 비젠탈의 입장이었다면, 즉 너무

과 침공에 맞섰던 전설적 게릴라 아우구스토 산디노의 이름에서 따온 명칭이다. 1962년에 결성되어 1979년에 소모사의 독재를 무너뜨리고 혁명정부를 수립했으며 1990년 선거에서 패할 때까지 11년간 니카라과를 통치했다. 당시 대통령이었던 다니엘 오르테가는 2006년 선거에서 다시 승리하여 두 번째 산디니스타 정부를 출범시켰다.

******토마스 보르헤(Tomás Borge, 1930~2012). 니카라과의 혁명가 겸 정치가. 산디니스타 민족해방전선(FSLN)의 설립자 가운데 한 사람이며, 1979년 산디니스타 혁명정부의 내무부장관을 역임했다.

부정적이거나 너무 긍정적인 것 모두를 두려워하는 입장에 놓여 있다면, 나는 차라리 그 죽어 가는 젊은이로 하여금 직접 하느님에게 고백하게 함으로써 거룩한 자비의 가능성에 스스로를 맡기도록 촉구하지 않았을까 싶다. 왜냐하면 나로선 도저히 어떻게도 판결을 내릴 수가 없기 때문이다.

그렇다면 나는 그런 대답조차도, 즉 감상적인 자비나 단호한 심판 가운데 그 어느 것조차도 감히 줄 수 없는 나 자신을 어떻게 정당화할 수 있을까? 다시 한번 엘리 비젤을 인용하자면, 이에 대해서는 다음과 같이 두 가지 질문을 던져 볼 수 있다.

1. 나는 우리가 첫 번째 질문, 그러니까 엘리 비젤의 소설 속에서 어느 등장인물이 말한 대로 "지금 이 상황에서 과연 하느님께선 어디 계신가?"라는 질문에는 답변할 수가 없으리라 본다. 비록 노력하고 또 노력해 보긴 하겠지만, 이른바 '답변'이라 할 수 있는 것에 근접하면 할수록, 나는 점점 더 말을 아낄 수밖에 없는 것이다. 따라서 나는 결코 그 답변을 얻을 수 없을 것이다.

2. 그리하여 위 질문에 대한 답변이 궁색해지게 되면, 우리로선 두 번째 질문에 답변함으로써 그것을 해결책으로 취해야 할 것

---

* 하인리히 하이네(Heinrich Heine, 1797~1856). 독일의 유대계 시인. 흔히 서정시인으로 알려져 있으나 실제로는 낡은 봉건체제와 새롭게 대두하는 혁명운동의 편협함을 동시에 비판했던 현실참여적 예술가였다.

이다. 비젤의 소설『숲의 문』*을 보면 등장인물 가운데 하나인 어느 레베**가 어떤 악에 직면하는데, 그는 그 악에 분명히 관여하는 하느님의 섭리를 깨닫고서 깊은 고통에 사로잡혀 자문한다. "그렇다면 여기서 우리가 할 수 있는 일은 무엇이 남아 있을까?"

이것이야말로 우리의 불충분한 '답변'의 파편으로부터 우리가 그나마 주워 모아 볼 수 있는 것이다. 결국 마지막으로 얻게 되는 답변은 우리의 머릿속이 아니라 가슴속에서 나올 것이기 때문이다. 즉 우리가 가만히 앉아서 생각만 할 것이 아니라 어떻게든 행동할 때, 우리는 비로소 우리가 배우도록 허락된 것을 배울 수 있을 것이기 때문이다.

"그렇다면 여기서 우리가 할 수 있는 일은 무엇이 남아 있을까?" 정의롭게 처신하고, 자비를 사랑하며, 겸손히 하느님과 동행하고, 또한 박해받는 희생자들의 편에 서는 것이다. 만약 우리가 그렇게 할 수 있다면, 이 세상은 답변할 수 없는 질문을 더 이상 던질 필요가 없는 곳이 될 것이다.

---

*   엘리 비젤의 1966년작 소설.

**   레베(rebbe). 유대인 학교의 교사를 말한다.

로버트 매커피 브라운(Robert McAfee Brown, 1920~2001)은 퍼시픽 신학교 (Pacific School of Religion)의 신학 및 윤리학 명예교수를 역임했으며, 유니언 신학교(Union Theological Seminary), 매칼리스터 칼리지(Macalester College), 스탠포드 대학 등에서 강의했다. 저서로는 『새로운 기조의 신학(Theology in a New Key)』 『엘리 비젤, 만인에게 전하는 메신저(Elie Wiesel, Messenger to All Humanity)』 『영성과 종교와 폭력: 백인의 미국 입문서(Spirituality and Religion and Violence: A Primer for White America)』 등이 있다.

그는 내게도
용서받지 못했을 것이다.

해리 제임스 캐저스(작가, 미국인)

누군가를 용서하지 않으려니, 언제고 나 또한 용서받지 못하는 입장에 놓일까 두렵다. 최후의 심판을 받을 때가 된다면 나는 정의보다는 차라리 자비를 애걸하고 싶다. 어떤 신학자들은 자비와 정의가 궁극적으로는 공존할 수 있다고 주장하지만, "나는 정의 앞에서 아무런 가책도 없다"고 주장할 수 있는 사람이 우리 중에 과연 얼마나 될까?

시몬 비젠탈의 딜레마는 우리로 하여금 귀류법과 비슷한 논리적 결론에 도달하게 한다. 과연 우리는 아돌프 히틀러마저도 용서해야 할까? 하긴, 에스파냐에서는 한동안 매년 총통의 넋을 위로하는 가톨릭교회의 미사가 성황리에(말 그대로!) 열리기도 했으니까. 이런 경우에 대해서라면 누구라도 과연 그것이 자비의 원칙으로부터 유래한 일인지, 아니면 여전히 지속되는 반유대주의의 영향인지를 묻지 않을 수 없을 것이다(더욱 기이한 점은, 제2차 세계대전 당시 독재자의 치하에 있긴 했지만 자국 내의 유대인을 죽음의 수용소로 이송하도록 호락호락 넘겨주지는 않았던 유일한 나라가 바로 에스파냐였다는 사실이다).

200

다른 고결한 행동들과 마찬가지로 용서라는 행위는, 용서받는 당사자를 포함한 타인들의 오해를 불러일으킬 수 있다. 즉, 내가 베푼 자비조차도 가까이서 뜯어보면 일종의 오만한 행위로 드러날 수도 있다. 어쩌면 내가 누군가를 용서한다는 것은 내가 상대방보다 우위에 선다는 의미일 수도 있다. 즉, 내가 상대방에게 은혜를 베푸는 것이다. 그러니 나는 스스로에게 이런 질문을 던져 보게 된다. "도대체 내가 누구이기에 감히 누군가를 용서하는가?"

하지만 용서가 미덕이라는 것은 부인할 수 없는 사실이다. 또한 용서는 영혼의 완전함을 위해서도 필요하다. 그러나 과연 우리가 어떠한 경우를 막론하고 항상 용서를 해야 할까? 성서에는 그야말로 '용서받을 수 없는 죄'에 대한 언급이 나온다. 이 수수께끼를 놓고 갖가지 해석이 나와 있긴 하지만 어느 것도 만족스럽거나 명쾌하지는 않다.

내가 보기에 이 책에서 제기된 질문은 우리가 카를을 용서할 수 있느냐, 혹은 용서해야만 하느냐가 아니라 오히려 우리가 '감히' 그럴 수 있느냐는 것이다. 내가 살면서 겪은 것 중에 결코 용서받을 수 없는 범죄가 있었다면, 그것은 히틀러와 그 수하들이 유대인에게 저지른 행동일 것이다. 그들의 행동에 대한 책임은 전적으로 그들에게 있다고 주장할 때, 나의 존재 전체는 전율에 휩싸인다. 하지만 나는 감히 그렇게 주장한다. 용서란 결코 남이 해 줄 때까지 전적으로 기다려야만 하는 것은 아니기 때문이다. 죄지은 자는 어떻게든 직접 용서를 얻어 내야 한다, 그 임종의 자리에서 나온 이야기는 드라마틱하긴 했지만, 종종 '너무 쉽게' 보이기도 했다.

만약 하느님께서 카를을 용서하기로 하셨다면, 그건 어디까지나 하느님께서 알아서 하실 일이다. 시몬 비젠탈은 그렇게 할 수 없었고, 나 역시 마찬가지다. 내가 그의 입장이었더라도 카를은 결코 용서받지 못한 채 죽었을 것이다. 부디 하느님께서 내 영혼에 자비를 내려 주시길.

해리 제임스 캐저스(Harry James Cargas, 1932~1998)는 지금까지 31권의 책을 펴냈으며 대표작으로는 『홀로코스트에 대한 기독교적 답변(A Christian Response to the Holocaust)』 『엘리 비젤과의 대화(Conversations with Elie Wiesel)』 『홀로코스트의 증언(Voices from the Holocaust)』 『아우슈비츠 이후를 살아가는 기독교인의 반성(Reflections of a Post-Auschwitz Christian)』 등이 있다. 그는 가톨릭 신자로는 유일하게 야드바셈 국제자문위원회의 위원으로 선정되었다. 또한 홀로코스트 연구자 연례회의(Annual Scholars Conference on the Holocaust) 부회장과 가톨릭 홀로코스트 연구센터(Catholic Center for Holocaust Studies)의 이사를 역임했다. 이후 세인트루이스에 위치한 웹스터 대학(Webster University)에서 어문학 석좌교수로 재직했다.

죽어 가는 나치를 위해
기도는 할 수 있지만

로버트 콜스(심리학자, 미국인)

무척이나 도발적인 이 도덕 예화(감히 이 이야기를 저자의 상상이 빚어낸 『내 생애에 대한 고백』*이라 말해도 될까?)의 마지막 부분에서, 저자는 문제의 핵심이 다름 아닌 "용서에 대한 질문"이라고 말한다. 하지만 용서라니, 과연 누가 용서한다는 것일까? 곧이어 독자는 다음과 같은 도전에 맞부딪치게 된다. "망각이란 오직 시간만이 해결해 줄 수 있는 문제지만 용서는 인간의 의지에 달린 문제이고, 결정을 내릴 수 있는 사람은 오직 고난을 당한 장본인뿐이기 때문이다."

이러한 저자의 고찰 앞에서, 『모든 용서는 아름다운가』를 읽는 우리 대부분은 당연하고도 충격적인 침묵—이것이야말로 우리가 평소에 품고 있었던 윤리적 사고방식과도 그리 상충되지는 않는 행동이다—의 의무를 느낄 수밖에 없을 것이다. 위의 대목을 읽고 나서 우리는 또 다음과 같은 질문, 즉 저자의 입장이

---

* 영국국교회 추기경 존 헨리 뉴먼(John Henry Newman, 1801~1890)이 1864년에 쓴 기독교 변증론의 제목.

되어 보라는 요청을 받게 된다. "과연 나라면 어떻게 했을 것인가?" 이러한 요청—우리로 하여금 온갖 도덕적 상상력을 동원하여 콘래드*의『암흑의 핵심』에 나오는 "공포, 공포"**에 관한 것과 비슷한 고찰 속으로 기꺼이 뛰어들게 만드는 요청—을 통해, 우리는 결국 이 이야기에서 제기된 도덕적 질문에 대한 적절한 답변이 무엇인지를 생각해 볼 수 있는 자격을 부여받는다(차마 아무말도 할 수 없었던 이 시기에 일어난 일들이 결국 훗날 홀로코스트를 만들어냈으니까).

저자가 마지막에 던진 질문에 담긴 가장 중요한 문제는 '나'라는 말과 관련이 있다. 우리는 이 말에 각자의 특별한 인생의 경험을 대입시켜야 하는 것이다. 가령 우리가 지금 믿는 것이나 주장하는 것, 또는 우리가 의심하는 것이나 부정하는 것에 뚜렷한 영향을 준 각자의 경험을 말이다. "내가 그 죽어 가는 나치의 침대 곁에 앉아 끝까지 침묵을 지킨 것은 옳은 일이었을까, 아니면 틀린 일이었을까?"라고 시몬이 물었을 때, 그는 아마도 자기 자신을 향해 질문을 던진 것이었을 뿐 결코 우리를 향해 묻지는 않았을 것이다. 마지막 질문을 통해 우리에게 요청했던 것처럼, 그 역시도 자기 자신의 도덕관을 향해 도전해 본 것이었다.

---

* 　조셉 콘래드(Joseph Conrad, 1857~1924). 영국의 소설가.

** 　콘래드의 대표작인『암흑의 핵심(Heart of Darkness)』마지막 부분에서 주인공 커츠가 한 말. 이 말의 진의가 무엇인지를 놓고 수많은 평론가들이 다양한 의견을 내놓았다.

그는 분명 자신의 침묵이 "옳았다"고 믿었다. 그것이야말로 당시 자신의 특별한 삶에서 유일하게 허락된, 또한 가장 적절하고도 칭찬받을 만한 행동이었다는 것이다. 하지만 오늘날의 우리에게 이것은 또 다른 문제가 되고, 따라서 이제 우리는 그질문 자체에 대해 숙고해 보게 된다. 우리가 이 질문에 대입시킬 것은 이 책에 묘사된 '한 사람의 삶'이 아니라, 오히려 그로부터 한참 동떨어진 곳에서 지금 살아가는 '여러 사람들의 삶'인 것이다. 우리의 삶은 이 이야기의 설득력 있고 충격적인 묘사와, 힘과, 심지어 권위—바로 '거기'에 있었던 저자의 권위—에 의해 각성된다. 그럼으로써 우리는 이 질문을 각자의 입장에서 생각해볼 수 있는 것이다. 인류 역사상 최악의 시기를 증언하기 위해 살아남은 저자에 대한 최소한의 예의 차원에서라도 말이다.

한편으로는 불편한 기분을 느끼면서, 또 한편으로는 나같으면 『모든 용서는 아름다운가』에 묘사된 것처럼 시시각각 지속되는 공포와 치욕을 결코 한순간도(정신적으로건 육체적으로건) 견디지 못하리라는 부정적인 확신을 가진 채, 나는 마음을 단단히 먹고 이 뒤죽박죽되고 심지어 모순적이기까지 한 생각 속으로 뛰어들었다. 만약 내가 이 책의 저자처럼 다행히 살아남아서 마치 무슨 교훈극에나 나올 법한 바로 그런 '순간(죽음의 문턱에 들어선 나치로부터 용서해 달라는 부탁을 받는 상황)'을 겪게 된다면, 나는 극심한 분노를 느끼며 등을 돌려 버렸을 것이다. 물론 그 참회하는 듯한 나치의 영혼을 위해 하느님께 기도를 드리기는 했겠지만 말이다. 왜냐하면, 나는 어렸을 때부터 우리 가운데 누가 죄를 지었음을 알게 되면 반드시 그를 위해 대신 기도해 주어야 한다고 배웠기 때문이다.

물론 나는 (멍청하고도 터무니없게도)나치의 지도자나 앞잡이 같은 괴물들을 그런 일반적인 '죄인'들에 비견하려는 것은 아니다. 여기서 주장하고자 하는 핵심은 다만, 우리의 인생에는 어떤 한계가 있다는 것이다. 우리가 지닌 여러 가지 한계로 인해 우리는 오로지 이 자리에만, 즉 그 엄청나게 비극적이고 우울한 20세기의 모험담에 대한 논평에 불과한 이 심포지엄에만 참여할 수 있는 것이다. 우리의 토론(셰익스피어의 말마따나 그저 "말, 말, 말"*에 불과할지도 모르는) 주제는, 과연 다른 사람들이라면 그 끔찍하게도 익숙한 상황에서—물론 우리로서는 전혀 생각조차 못 할 상황에서—어떻게 행동할 것이냐 하는 것이다.

쓸데없는 말을 많이 늘어놓긴 했지만, 아무튼 우리 어머니께서 우리 형제에게 가르쳐 주신 바에 따르면 우리가 남을 이해하고 또 용서해야 하는 이유는 다음과 같다. 우리의 삶에서 빚어지는 실수와 과오를 이해함으로써 우리는 보다 더 나아질 수 있기 때문이다. 또한 우리 자신을 용서함으로써, 용서를 거부할 경우에 그러한 일탈이나 악한 측면이 우리를 완전히 좌우하게 되는 상황을 방지하려는 것이다.

하지만 그러한 도덕적 확신을 유지하기란, 운명이 내게

---

* 『햄릿』 제2막 제2장. 의붓아버지인 폴로니어스가 "무엇을 읽었느냐"고 묻자, 햄릿은 "그저 말, 말, 말이지요"라고 대답한다.

부여한 지금의 이 편안하고도 특권적인 삶 속에서도 결코 쉽지가 않다. 용서에 대한 기독교의 윤리를 실천한다고 자처하는 우리 가운데서도, 이른바 용서라는 행위 속에 내포된 면죄와 화해의 개념과는 완전히 상반되는 독선과 고집과 오만과 지나친 자만심으로 인해 무너지는 사람들이 얼마나 많은지 보라! 따라서 누군가가 자비로운 은혜를 갈구한다면 그에 대한 진정한 응답은 그가 범한 잘못에 대한 누군가의 면죄를 통해서가 아니라, 오직 그 스스로가 자신의 죄에 대한 길고도 집요한 내적 비판을 수용함으로써만 얻을 수 있을 것이다.

그런 이후에야 나는 그 참회한다고 주장하는 나치의 용서를 위해 하느님께 기도할 것이다. 바로 '나', 그러니까 지금 우리 부모님의 아들로 태어난 '나', 또한 이 삶을 살아가는 '나'의 입장에서 말이다. 하지만 위와 같이 말할 때 내겐 어떤 '의롭게 됨'에 대한 확신이나, 심지어 스스로 의롭게 됨에 대한 유혹은 결코 없다. 도대체 그 '나'가 누구이기에(여기에서 이런 수사학적 질문을 반드시 해 보아야 한다) 우리 모두를 대신하여 도덕적 판단 중지를 행했던 저자를 향해서는 물론이고, 심지어 나 스스로를 향해서까지 그런 상황에서는 어떻게 했어야 했다고 감히 주장할 수 있는 것일까. 솔직히, 우리 대부분이 지닌 양심(최소한 우리를 '문명화된' 사람으로 만들어 주는 바로 그 양심)은 이미 박동을 멈춘 심장 앞에서는 그야말로 무용지물에 불과한데도 말이다.

이제 그 무섭고도 도발적이며 극도로 도전적인 도덕적 문제에 대해 생각해 보되, 단지 우리의 갖가지 반응과 답변에만 매달리지는 말자. 그보다는 오히려 저자가 우리에게 진정으로 바라는 것이 무엇이었을지 깊이 생각해 보도록 하자. 우리는 결코 저자와 수백만에 달하는 그의 동족들에게 일어난 일을 잊을 수 없을 것이다. 그들의 경험은 오늘날의 상황은 물론이고 미래의 상황에도 적용 가능할 것이다. 단지 그러한 유산을 물려준 수많은 사람들의 고난을 존중하기 때문만이 아니라, 우리 자신으로서도 그런 도덕적 유산을 결코 스스로 포기하지는 않을 테니까 말이다.

로버트 콜스(Robert Coles, 1928~)는 하버드 의과대학의 정신분석 및 의료인문학 교수로, 또한 하버드 대학의 제임스 에이지 기념 사회윤리학 교수로 재직했다. 빈곤층 아동에 대한 연구로 퓰리처상을 수상했으며, 아동의 '내적 생활'에 대한 여러 권의 저서가 있다. 대표작으로는 『위기의 아동(Children of Crisis)』(전5권) 『아동의 도덕 생활(The Moral Life of Children)』 『아동의 영성 생활(The Spiritual Life of Children)』 『이야기의 필요성: 교육과 도덕적 상상력 (The Call of Stories: Teaching and the Moral Imagination)』 『봉사의 필요성: 이상주의의 증인(The Call of Service: A Witness to Idealism)』 등이 있다.

기억하되, 용서하라!

달라이 라마(불교 지도자, 티베트인)

나는 어느 누군가에게, 심지어 인류 전체에게 큰 죄를 지은 사람이라도 우리가 기꺼이 용서해야 한다고 믿는다. 그렇다고 해서 그가 지은 죄까지 잊어버려야 한다는 뜻은 결코 아니다. 오히려 그가 지은 죄를 인식하고 또 기억함으로써, 앞으로는 두 번 다시 그런 죄가 되풀이되지 않도록 해야 한다고 믿는다.

나는 자유를 되찾기 위해 투쟁하는 티베트인에 대한 중국 정부의 탄압을 보면서 이런 태도가 바람직하다는 것을 분명히 깨닫게 되었다. 1949년부터 50년까지 벌어진 중국의 티베트 침공 이후, 전체 인구의 5분의 1에 해당하는 120만 명의 티베트인이 학살과 처형과 기아와 자살 등으로 목숨을 잃었다. 하지만 이후 40년이 넘도록 우리는 일관되게 우리의 대의명분을 지켜 왔고, 또한 비폭력과 연민이라는 우리의 불교문화를 유지하기 위해 분투하고 있다.

이토록 비극적인 사건과 범죄에 대해 분노하는 것은 당연하다. 가령 중국인을 우리의 적으로 규정함으로써 우리는 그들의 잔인무도함을 거리낌 없이 비난할 수 있고, 아무런 고려 없이 그들을 무시할 수 있다. 하지만 이것은 불교도로서 올바른 행동이 아니다.

여기서 나는 이와 비슷한 이야기를 하나 하려고 한다. 몇 년 전, 무려 18년 동안이나 중국의 감옥에 수감되었던 어느 티베트인 스님이 가까스로 인도로 탈출한 직후 나를 만나러 왔다. 나는 티베트에 있을 때부터 그를 알았는데, 1959년 이후에는 한 번도 만난 적이 없었다. 그날 만나서 이야기를 나누다가 나는 그에게 감옥에 있는 동안 가장 큰 걱정이나 위험이 무엇이었느냐고 물었다. 그리고 그의 대답을 듣고 깜짝 놀랐다. 너무나 특별하고 감동적이었기 때문이다. 솔직히 나는 그가 다른 이야기를 하지 않을까 예상했는데, 그는 단지 자기가 감옥에 있는 동안 중국인에 대한 연민을 잃게 되지 않을지 오직 그것만을 걱정했다고 대답한 것이다.

달라이 라마(The Dalai Lama, 1935~)의 본명은 텐진 갸초이며, 티베트의 제14대 달라이 라마로서 전 세계 불교도의 영적 지도자인 동시에 평화운동가로 활약하고 있다. 1959년 중국이 티베트를 침공하여 점령한 직후 인도로 망명했다. 이후 티베트인의 영적·정치적 지도자로서 압제에 대한 비폭력 저항과 연민에 근거한 정책을 주장하고 있다. 1989년 노벨평화상을 받았다.

그것은 죽어 가는 나치의
최후의 범죄였다.

유진 J. 피셔(가톨릭 사제, 미국인)

시몬 비젠탈의 『모든 용서는 아름다운가』는 제2차 세계대전으로
인해 제기된 가장 강력한 윤리적 질문을 담고 있다. 이제 이 책
의 개정판이 간행됨으로써, 유대인이나 기독교인 가운데 새로운
세대 또한 이 문제를 둘러싼 치열한 고민을 시작하게 된 셈이다.
그야말로 반가운 일인 동시에, 이 문제를 고민한 모든 사람들이
그러했듯 무척 고통스러운 일이기도 하다.

　　　이 책의 영어 초판이 출간되었을 당시만 해도 나는 지금
처럼 전국가톨릭주교회의에서 가톨릭과 유대교의 협력 문제를
담당하진 않았다. 당시 나는 이 책의 초판에 내 글이 실리지 않
은 것에 대해 얼마나 안도의 한숨을 내쉬었는지 모른다. 만약 그
때 글을 부탁받았다면 도대체 어떻게 이야기를 시작해야 할지
몰랐을 것이다. 사실은 지금도 마찬가지다. 몇몇 답변자들이 이
책에서 언급했듯이, 그런 상황에서 각자가 어떻게 반응할지는
아무도 알 수 없다. 단지 각자가 그렇게 했으면 하고 '바라는' 것
에 대해서만 이야기할 수 있을 뿐이다. 또한 다른 답변자들이 언
급한 것처럼, 기독교인이라면 어느 누구도 그 상황에서 유대인

211

이 어떻게 행동해야 했을지 상상조차 할 수 없을 것이다. '쇼아'[*]에 대한 유대인의 행동에 관한 한, 기독교인은 감히 그에 대한 윤리적 판단을 내릴 만한 아무런 경험적 근거가 없었기 때문이다.

물론 누구든지 각자의 생각에 따라서 이 문제를 다양한 각도에서 깊이 있게 바라볼 수는 있다. 내가 보기에, 끝까지 침묵을 지킴으로써 형식적으로라도 상대방을 용서하지 않은 저자의 행동을 옹호하는 주장은 충분히 설득력이 있다. 이런 주장은 대개 유대인 답변자가 제시한 것이었다. 하지만 유대인과 기독교인의 모든 답변들을 읽는 동안, 나는 어떤 '양자택일'의 분위기에 대해서 불편한 느낌을 받았다. 왜냐하면 참회와 화해야말로 '욤 키푸르'[**]와 '성 금요일'[***]이라는 기념일에서 볼 수 있듯이, 유대교와 기독교 양자의 전통에서 모두 핵심적인 것이기 때문이다. 따라서 양쪽의 반응에서 나타나는 차이가 단순히 서로의 신학이나 존재 근거에서 비롯되지는 않았을 것이다.

---

[*]   쇼아(Shoah). 홀로코스트의 대체어. 서문의 첫 번째 주석(13쪽) 참고.

[**]   욤 키푸르(Yom Kippur). '속죄의 날'이라는 뜻이다. 유대력 새해 (9~10월경)의 9일 저녁부터 다음 날인 10일 저녁까지를 말하며, 모든 유대인이 하루 종일 금식하며 하느님 앞에 지은 죄를 참회하는 날이다. 규례에 따르면, 욤 키푸르가 시작되기 전까지는 이전에 불화한 사람들과 모두 화해해야 한다.

[***]   성(聖) 금요일(Good Friday). 예수의 '수난일'을 말한다. 정확한 날짜는 교회력에 따라 매년 달라지며, 기독교인은 지난 죄를 참회하고 예수의 고난을 생각하며 하루를 경건하게 보낸다.

이 책의 초판은 너무 뛰어나고 완벽한 까닭에 더 이상 내용을 덧붙일 필요가 없었다고 할 수 있다. 하지만 지난 20년 동안 유대인과 기독교인 사이에 벌어진 여러 가지 사건과 치열한 논쟁을 통해서 참으로 많은 결과물이 나오게 되었다. 그러므로 그 논조나 요지에서 이 책의 개정판은 이전의 판본과 다를 수 있다. 새로 펴내는 이 책은 지난 세월 동안 유대교와 기독교 사이의 관계가 어떻게 변해 왔는지를 보여 주는 귀중한 척도가 될 것이다.

초판이 나온 이래 우리는 레이건 대통령이 비트부르크를 방문하는 모습이며,**** 쿠르트 발트하임***** 이 선거에서 승리하는 모습이며, 에디트 슈타인****** 과 글렘프 추기경******* 그리고 아우슈비

**** 1985년 미국의 레이건 대통령이 종전 40주년을 기념해 서독을 방문한 자리에서, 당시 서독 총리였던 헬무트 콜과 함께 제2차 세계대전 당시 사망한 독일군의 무덤이 있는 비트부르크를 방문한 사건을 말한다. 당시 레이건은 "사망한 독일군도 나치즘의 희생자"라느니 "이제는 화해의 세기가 되었다"는 등의 발언을 해서 유대인은 물론이고 양심적인 독일인들로부터도 비난을 받았다.

***** 쿠르트 발트하임(Kurt Waldheim, 1918~2007). 오스트리아의 정치가. 1971년부터 81년까지 UN 사무총장을 역임하고 1986년에 오스트리아 대통령에 당선되었지만, 한때 나치에 가담한 전력으로 인해 1992년 퇴임 때까지 숱한 구설수에 시달렸다.

****** 에디트 슈타인(Edith Stein, 1891~1942). 유대인 출신의 독일 철학자 겸 수녀. 현상학자 에드문트 후설 밑에서 현상학적 방법을 원용한 토마스 철학 연구로 명성을 얻었다. 1922년에 가톨릭으로 개종하여 수녀가 되었으나 이후 아우슈비츠 수용소에서 사망했다. 1998년에 가톨릭에서 성인으로 추서되었지만, 종교적 이유가 아니라 인종적 이유로

츠 수녀원* 등에 대한 논란을 봐 왔다. 이러한 사건들에서 종종 대두된 문제는 다음과 같은 질문이었다. "왜 그들(유대인)은 용서하지 못할까? 우리 기독교인은 잘만 하는데, 왜 그들은 모두 내려놓고 다 함께 어울려 살아가지 못하는 것일까?" 달리 말하자면, 시몬 비젠탈이 일찌감치 제기했던 그 질문이야말로 유대-기독교의 관계에서는 무엇보다 중요한 질문인 것이다.

비트부르크와 발트하임 문제의 경우, 나는 유대인 공동체를 향해 "정녕 잊을 수가 없거든 차라리 용서하려고 시도라도 해보는 게 더 건전할 것"이라고 제안한 두 명의 영국 기독교인과 함께 훗날 '용서의 대화'라고 명명된 행사에 참여한 바 있다. 그러면서도 나는 한편으로 이렇게 주장했다. 용서하기에는 아직 때가 너무 이르다고 말이다. 왜냐하면, 참회에서 가장 핵심적인 것은 악으로부터 '돌이켜서'(히브리어로는 '테슈바') 선을 향하는 것이

인해 죽은 것이기 때문에 순교자로 볼 수 없다는 유대인 측의 반박으로 인해 한동안 논란이 벌어지기도 했다.

******유제프 글렘프 추기경(Cardinal Józef Glemp, 1929~2013). 폴란드의 가톨릭 성직자. 바르샤바 대주교를 역임했으며, 폴란드의 유력한 가톨릭 인사이면서도 극도로 보수적인 언행으로 인해 종종 여론의 공격을 받은 바 있다.

* 1984년에 옛 아우슈비츠 수용소 근처에 갈멜 수녀회의 수도원이 들어서면서, 그곳에 대형 십자가를 설치하는 바람에 유대인으로부터 항의를 받은 것이 발단이었다. 동족의 학살 현장에 기독교의 상징물을 둘 수 없다고 반발하는 유대인 측과, 당시 수용소의 희생자 가운데는 폴란드인 가톨릭교도도 상당수 섞여 있었다고 반박하는 가톨릭 측이 팽팽히 맞선 가운데, 결국 법정 분쟁으로까지 비화되었다.

기 때문이다. 물론 기독교인들의 그런 시도 자체는 바람직하지만, 내가 만약 유대인이라면 한 세대쯤 더 시간을 두고 기다리면서 기독교인이 스스로 천명한 목표를 교회의 공식 문서와 성명을 통해 얼마나 실질적으로 이룩하는지 지켜볼 것이라고 생각했다.

나는 기독교인이 유대인을 향해 독일인의 범죄를 용서하라고 말하는 것이야말로 오만하기 짝이 없는 일이라고 믿는다. 도대체 그들이 무슨 자격으로 그런 말을 할 수 있단 말인가? 물론 변화된 가르침과 달라진 행동을 바탕으로, 참회와 노력을 통해서 유대인과의 '화해'를 추구할 수는 있다. 하지만 유대인 생존자들을 향해, 당신들이 무려 600만 명의 희생자들을 대신하여 독일인을 용서해야 한다고 말할 수 있는 권리는 우리 중 누구에게도 없다. 그런 까닭에, 유대인 한 사람을 고민스러운 자리에 몰아놓고 희생물로 삼으려 한 것이야말로 내가 생각하기에는 죽어가는 나치가 저지른 최후의 범죄가 아닐까 싶다.

어떤 면에서는 비트부르크 사건이야말로 고전적인 경우라 할 수 있다. 승자인 연합군 측의 기독교도인 지도자와 패자인 독일 측의 역시 기독교도인 지도자가 함께 나치의 묘지를 찾아, 기독교인이 저지른 행동과 나치가 유대인에게 저지른 행동을 피차 '용서'하기로 합의했던 것이다. 당시 이러한 합의에 의문을 제기한 유대인들을 향해 기독교인들은 "용서할 줄 모른다"느니 "복수심에 불탄다"는 등의 비난을 퍼부어 댔다. 애초 문제를 만드는 데 기여했던 오래된 고정관념이 다시 한번 되풀이된 슬픈 광경이었다.

여러 해 동안이나 나는 그런 식의 상투적 표현을 반복하는 숱한 동료 기독교인을 봐 왔다. 그들의 주장을 반박하는 과정에서, 나는 또한 선한 의도를 지닌 가톨릭교도와 유대인으로부터 다음과 같은 질문을 받기도 했다. "가톨릭교회 측에서는 공식적으로 유대인에게 사과하고 용서를 구하지 않았는가?" 그럴 때면 나는 "교회는 그 이상의 일을 했다"고 답하면서, 그러한 사회학적이고 심리학적인 문제에 대해 만족스러운 신학적 답변을 할 수 있기를 원했다. 가톨릭교회는 하느님 앞에서는 물론이고 온 인류 앞에서도 참회의 뜻을 표한 바 있다. 또 수시로 수많은 '유대인'(과연 어느 유대인이 동족 모두를 대변한단 말인가?)을 향해 '용서'를 구하고 있다. 심지어 이것이 '값싼 은혜'로 오해될 만큼 자주 말이다.

1990년에 나는 영예롭게도 프라하에서 열린 국제 가톨릭-유대교 연락총회(ILC)에 참가하게 되었다. 그때 교황청의 대(對) 유대인 종교관계위원회의 캐시디 추기경*은 전체 교회를 대신하여, 홀로코스트 이후 가톨릭교회가 취한 태도는 일종의 '테슈바(참회)'였다고 공개적으로 언급했다. 그가 히브리어를 그대로 사용했기 때문에, 어느 누구도 그가 의미하는 바를 오해할 수 없었다. 1990년 12월 로마에서 열린 ILC 행사에서는 제2차 바티

---

* 에드워드 I. 캐시디 추기경(Cardinal Edward I. Cassidy, 1924~). 오스트레일리아 출신의 가톨릭 성직자.

칸 공의회^{**}에서 정식으로 발표한「비기독교에 대한 선언」^{***} 25주
년을 축하했는데, 당시 교황 요한 바오로 2세 또한 캐시디 추
기경의 말을 반복하는 것이 눈에 띄었다. 1992년 봄, 그로부터
500년 전에 유대인이 에스파냐에서 추방당한 사건^{****}을 기념하기
위해 마드리드를 방문한 유대인이 모인 자리에서 에스파냐의 가
톨릭 성직자가 참회 선언문을 발표했다. 1992년 5월 볼티모어에
서 열린 ILC 회의에서는 캐시디 추기경이 동일한 내용을 가톨릭
교회의 공식 입장으로 발표했다.

이러한 교회의 발표는 가톨릭 주교들의 모임인 제2차 바
티칸 공의회와, 이후 미국·유럽·남미·오스트레일리아 등지에서
열린 개신교 측의 비슷한 모임 이후의 정서를 반영하고 있다. 따

** 제2차 바티칸 공의회(Second Vatican Council). 교황 요한 23세가
소집한 공의회로 가톨릭의 현대화 및 신교와 구교의 일치를 표방하며,
1962년 10월 11일부터 1965년 12월 8일까지 열렸다. 이전까지의 보
수적인 면에서 완전히 벗어나 여러 분야에서 개혁이라는 큰 성과를 거
둔 것으로 평가된다.

*** '노스트라 아에타테(Nostra Aetate)', 즉 '우리 시대'라는 이름으로
유명하며, 정식 명칭은 '비(非)기독교 종교와 가톨릭교회의 관계에 대
한 선언'으로 힌두교 및 불교, 이슬람교, 유대교에 대한 가톨릭 측의 입
장을 표명했다. 특히 유대교에 대해서는 예수의 부활을 인정하지 않는
다고 해서 유대인을 비난하거나 정죄해서는 안 된다고 강조했으며, 아
울러 어떤 식으로든 반유대주의를 표방해서도 안 된다고 못 박았다.

**** 16세기에 가톨릭 군주인 페르디난드와 이사벨라 치하에서 종교재
판소가 이단 박해를 시작하자 당시 이베리아 반도 전역에 살던 유대인
(세파르딕)과 무어인이 대거 그곳을 떠난 역사적 사건을 말한다.

라서 오늘날 이 문제에 대한 가톨릭의 공식적인 가르침이 어떠한지는 명백하다. 이 모든 사실들은 『모든 용서는 아름다운가』에서 통렬하게 제기한 딜레마에 대한 조금 색다른 종류의 답변을 상징하고 있는 것이다. 그 공식 대변인의 발표를 통해 기독교 공동체는 진실한 참회(과연 행동이 변화했는지 여부가 평가의 기준이 된다)와 아울러, 유대인에게 직접 용서를 구하는 것이 아니라(왜냐하면 그렇게 함으로써 유대인 생존자들을 오히려 정신적으로 참기 힘든 상황으로 몰아갈 위험이 있으므로) 오히려 하느님에게 용서를 구하고 있는 것이다. 하지만 교황이 그랬던 것처럼 누군가 한 사람은 공개적으로 이러한 참회를 해야만 한다. 왜냐하면 그 범죄는 단지 유대인만을 대상으로 했던 게 아니라, 하느님과 인류 전체를 향한 것이었기 때문이다.

그리고 나서 교회 측에서는 반드시 교과서를 개정하고, 신약성서의 번역을 개선하고, 설교대에서 더 나은 설교를 하고, 또한 교실에서도 더 나은 수업을 하는 과정을 거쳐야만 한다. 설교대와 교실이야말로 향후 오랜 시간에 걸친 교회의 변화를 이끌어 낼 핵심적인 '운송 수단'이기 때문이다. 그렇게 된다면 유대인 공동체 측에서도 이러한 방향으로 나아가는 데 기꺼이 도움을 제공할 것이다. 제2차 세계대전 후 교회의 새로운 지도자들이 시작해서 제2차 바티칸 공의회 이후에 더욱 활발해진 이러한 노력은, 유대교를 향한 기독교의 입장을 혁신적이고도 영구적으로 바꿔 놓을 수 있을 것이다.

유진 J. 피셔(Eugene J. Fisher, 1940~)는 미국에서 전국가톨릭주교회의 (National Conference of Catholic Bishops)의 세계교회주의 및 초(超)교파 분야 사무국장을 역임했다. 뉴욕 대학(New York University)에서 히브리학 박사 학위를 받았고, 유대-기독교 연구 분야에서 10여 권의 책을 쓰고 편찬했다. 대표작으로는 리온 클레니키(Leon Klenicki)와 공저하여 1995년에 전국 유대인 도서상(National Jewish Book Award)을 수상한 『영적 순례: 유대인과 유대교에 대한 교황 요한 바오로 2세의 생각(Spiritual Pilgrimage: Pope John Paul II on the Jews and Judaism)』이 있다.

가해자와 희생자
모두의 영혼을 위하여

에드워드 H. 플래너리(가톨릭 사제, 미국인)

『모든 용서는 아름다운가』에 나오는 이야기는 우리에게 중대한 윤리적 문제를 제시한다. "진정으로 참회하는 악인에게 용서를 거부해도 되는가?" 이러한 질문은 이 책의 저자이며 홀로코스트 생존자인 시몬이 집단수용소에 갇혀 있을 당시, 한때 극악무도한 군사작전에 적극 관여했지만 죽음을 눈앞에 두고 참회한 SS 대원 카를이 요청한 용서를 거부했을 때 그의 현실 체험 속에서 나타났던 것이다.

시몬은 아무 말 없이 병실을 빠져나옴으로써 카를의 요청을 거절한다. 하지만 그의 마음고생도 결코 간단치는 않았다. 나중에 그의 동료 수감자인 아르투르는 시몬을 야단치며 이 문제를 다음과 같이 간단하게 요약한다.

"그리고 자네. (……) 제발 이젠 그 이야기 좀 그만하게. 그렇게 끙끙 앓는 소리를 해 봤자 무슨 소용이 있나. 일단 우리가 이 수용소에서 살아남고—솔직히 그럴 수 있을 것 같지는 않지만—이 세상이 모두 제정신으로 돌아오고, 사람들이 서로를 동등한 인간으로 보게 된 다음이라면, 그 용서니 뭐니 하는 문제를 놓고 토론할 시간은 충분히 있을 거야. 옳다는 사람도 있고, 그르다는 사람도 있고, 자네가 그를 용서하지 않은 것을 절대 용서할 수 없다는 사람도 나올 거야……. 하지만 지금 우리가 겪고 있는 상황을 그대로 겪어 보지 못한 사람이라면 결코 온전히 이해할 수는 없겠지. (……)"

아르투르의 말이 옳았다. 나도 알고 있었다. 그날 밤, 나는 엘리의 꿈을 꾸지 않고 깊이 잠들 수 있었다. (124쪽)

하지만 시몬은 결코 계속 평안히 잠들 수는 없었다. 이야기가 끝날 때까지도 그는 계속해서 이 문제를 가지고 고민한다.

그의 이후 행동들은 그를 사로잡고 있던 양면적인 감정을 잘 보여 준다. 카를의 어머니를 찾아가는 것이야말로 그가 느낀 의구심과 죄책감의 증거인 셈이다. 두 사람의 실제 만남을 통해 우리는 좀 더 많은 실마리를 얻을 수 있다. 그는 카를의 어머니에게 그녀의 아들이 저질렀던 악행을 밝히고자 하는 마음도 있었지만, 결국 그렇게 하진 않는다. 그의 이런 행동이야말로 실제로는 카를을 용서하는 쪽으로 마음이 기울게 된 증거라고 보지 않을 수 없다.

카를이 요청한 용서를 시몬이 거절한 것으로부터 우리는 어떤 결론을 이끌어 낼 수 있을까?

나는 시몬의 거절을 충분히 이해할 수는 있지만, 솔직히 옹호하기는 힘들다. 나로서도 이런 입장에 도달하기가 결코 쉽진 않았다. 우리의 유대-기독교적 전통에 충실한 사람이라면 누구나, 또한 쇼아의 공포와 나치 범죄자들의 야만성에 대해 알고 있는 사람이라면 누구나, 시몬이 처한 고통스러운 딜레마에서 쉽사리 어떤 결정을 내리진 못할 것이다.

이 딜레마를 제대로 이해하기 위해서는 두 가지 기본적인 요소를 고려해야만 한다. 첫 번째는 그 상황의 심리적이고 정서적인 측면이며, 두 번째는 윤리적이고 종교적인 연관성이다. 심리적이고 정서적인 요소는 매우 중요하기 때문에 앞으로 내려질 결정에 분명히 영향을 미치게 된다. 하지만 이 첫 번째 요소가 두 번째 요소인 윤리적이고 종교적인 원칙과 상충하는 경우, 지금 우리가 다루는 사례에서처럼 첫 번째 요소는 두 번째에 자리를 내어 주어야만 한다는 게 나의 생각이다. 즉, 영원하고 지속적인 것이 일시적이고 세속적인 것을 능가해야만 한다.

유대-기독교의 윤리에서는 항상 진정한 참회에만 용서가 부여된다는 것이 기본 원칙이다. 구약과 신약성서 모두에서 이러한 원칙에 대한 유일한 예외는 신약에 나오는 이른바 "성령을 모독하는, 용서받을 수 없는 죄"* 뿐이다. 하지만 이것은 사람이 하느님을 거부하는 경우에 대한 내용이므로, 사람이 다른 사람을 용서하는 것과는 아무 관계가 없는 대목이라 할 수 있다. 이에 반해, 우리는 신약의 복음서에서 사람이 다른 사람을 몇 번이

---

* "누구든지 성령을 모독하는 자는 영원히 사하심을 얻지 못하고 영원한 죄가 되느니라 하시니."(마가복음 3장 29절).

나 용서해야 하느냐는 질문에 대한 예수의 답변을 찾을 수 있다. "일곱 번이면 되겠습니까?" 제자가 이렇게 묻자 예수는 유대식 비유를 사용해 다음과 같이 대답했다. "일곱 번씩 일흔 번이라도 용서하라."** 이는 결국 "항상 용서하라"는 뜻이다.

하지만 시몬도 경우에 따라선 이와 같은 원칙을 간과한다. 나치의 만행을 수동적으로 지켜보기만 하는 행인들에 대해 그는 이렇게 쓰고 있다. "자기와 똑같은 인간이 이처럼 끔찍한 모욕을 당하는 광경을 말없이, 항의 한마디 없이 바라보는 것 역시 악랄한 행동 아닐까?" 그렇다면 최후의 고통 속에서 자비를 갈구하던 그 죽어 가는 나치를 그저 바라보고만 있었던 그의 행동 또한 이러한 비인간적 행동의 범위에 들어가는 것은 아닐까?

『모든 용서는 아름다운가』는 과연 시몬이 모든 유대인을 대신하여 카를을 용서할 권리를 지니고 있느냐는 질문을 제기한다. 하지만 내가 보기에 이런 질문은 부적절해 보인다. 왜냐하면 그 죽어 가는 SS대원은 결코 시몬에게 모든 유대인들, 혹은 희생당한 모든 유대인들의 이름으로 자비를 베풀어 달라고 요청하지는 않았고, 다만 자기가 해를 끼친 유대인들만을 언급했을 뿐이었다. 즉, 이 상황은 단지 개인과 개인 간의 것이었던 셈이다. '모든 유대인들'을 대변할 수 있는 권리는 곧 공적이며 사법적인 권리를 뜻하기 때문에 여기서는 적용될 수 없다. 하지만 좀 더 나

** "예수께서 이르시되, 네게 이르노니 일곱 번뿐 아니라 일곱 번을 일흔 번까지라도 할지니라."(마태복음 18장 22절)

아가 다음과 같은 질문을 던질 수도 있다.

"만약 카를이 유대인 집단 전체에게 용서를 구한 다음, 자기가 용서받았다는 행복한 환상 속에서 죽어 간다면, 과연 그것은 나쁜 일이라고 할 수 있는가?"

『모든 용서는 아름다운가』에서 제기된 궁극적인 질문은, 윤리나 도덕에 있어 기본적인 규범조차도 어떤 힘겨운 상황하에서는 예외가 될 수 있느냐는 것이다. 이에 대해서는 두 가지 답변을 할 수 있다. 첫 번째는 전통적이고 종교적인 답변으로, 기본적인 도덕률의 보편성과 영구성을 옹호하기 때문에 결코 예외가 없다는 쪽이다. 두 번째는 앞서의 주장을 부정하면서, 도덕률을 개인이나 사회의 필요와 요구에 따라 변화하는 독립적인 것으로 간주하고 상대화한다. 이러한 두 가지 입장은 서로 다른 종교와 윤리와 이데올로기적 전제로부터 나온 것으로, 어째서 우리의 세속 사회에서는 그런 문제에 대한 만장일치의 합의가 거의 불가능한지를 잘 설명하고 있다.

그렇다면 나는 시몬의 입장이 되었을 경우 어떻게 했을 것인가? 나라면—가능하다면—신실한 신자의 한 사람으로서 그를 용서하면서, 하느님께 자신의 죄악을 고백하고 용서를 구하도록 권고할 것이다. 또한 그 기회를 통해 그의 영혼과, 또한 그의 비인간적인 행동으로 희생된 사람들의 영혼을 위해 기도를 드렸을 것이다.

에드워드 H. 플래너리(Edward H. Flannery, 1912~1998)는 로마가톨릭 사제로서 전국가톨릭주교회의의 가톨릭-유대교 협력 사무국과, 이스라엘을 위한 전국 기독교지도자회의(National Christian Leadership Conference for Israel) 이사회에서 활동했다. 저서로는 『유대인의 고통(The Anguish of the Jews)』이 있다.

문제는 '용서했어야 했는가'가 아니라 '용서할 수 있는가'이다.

에바 플레이슈너(가톨릭 신학자, 미국인)

시몬 비젠탈의 이야기는 다음과 같이 독자로 하여금 자기와 입장을 바꿔 보도록 요청하면서 끝난다.

> 독자들도 나와 입장을 바꾸어 스스로에게 이렇게 물어볼 수 있을 것이다. "과연 나라면 어떻게 했을 것인가?" (156쪽)

하지만 내가 보기에 이 물음에는 대답하기가 불가능하다. 쇼아에 대해서라면 두 가지 면에서 외부인에 지나지 않는 나로서는—첫째로 당시 그곳에 있지 않았고, 둘째로 유대인이 아니므로—제아무리 생생한 상상력이나 깊은 감정이입을 통해서도 결코 그 희생자들이 생사를 넘나들며 느꼈던 공포를 털끝만큼도 경험할 수 없기 때문이다. 이 극적인 일화에 대한 시몬의 뛰어난 이야기 솜씨도 그런 간격을 메워 주지는 못한다. 따라서 나는 시몬의 '입장'이 되어 보는 대신, 죽어 가는 SS대원에게 건넨 그의 답변에 대한 내 '생각'을 설명해 보고자 한다.

어떤 사람은 시몬이 그냥 침묵하고 있었기 때문에 실상

답변이라 할 만한 것은 '없었다'고 할지도 모른다. 하지만 내가 보기에 시몬은 그 와중에도 계속 답변하고 있었다. 그는 SS대원이 자기 손을 잡도록 내버려 두었으며, 당장이라도 그곳에서 뛰쳐나가고 싶은 마음이 들었음에도 계속 침대 곁에 앉아 있었다. 심지어 그 죽어 가는 사람에게 달려드는 파리를 쫓아 주기까지 했다. 처음에 시몬은 억지로 그곳까지 끌려왔고, 다른 선택의 여지가 없었다. 하지만 이후에도 그는 계속 그곳에 남아 있는 것을 선택했고 카를의 이야기에 귀를 기울였다. 그리고 몇 년 뒤에 슈투트가르트에 있는 카를의 어머니를 찾아갔을 때, 그는 그 외로운 노부인에게서 '착한' 아들에 대한 좋은 기억을 빼앗아 버리지 않기로 결심한다. 이 모든 것들이 그의 입장에서는 매우 중대하고도 인도적인 '답변'이었다는 게 나의 생각이다.

임종실에서 나온 이후에도, 오랫동안 여러 번에 걸쳐서, 시몬은 자기를 용서해 달라는 카를의 요청을 들어주어야 했는지 자문하면서 고민한다. 내가 보기에 그 질문은 그가 카를을 '용서했어야 했는가'의 문제가 아니라 과연 그가 '용서할 수 있느냐'의 문제다. 과연 그에게 카를을 용서해 줄 능력이 있었을까?

지난 20여 년간 나는 『모든 용서는 아름다운가』를 내가 담당한 홀로코스트 관련 강의에서 교재로 사용했다. 매번 학생들은 이 책의 내용을 갖고 열띤 토론을 벌였다. 놀라운 사실은, 기독교 신자인 학생들은 하나같이 용서를 주장한 반면 유대인 학생들은 하나같이 시몬이 카를의 소원을 들어주지 않은 것이 정당했다고 주장한 점이다. 거의 단 한 번의 예외도 없이 말이다.

대체 그 이유가 뭘까? '용서'라는 문제에 대한 유대인과 기독교인의 접근 방법에서 어떤 근본적인 차이가 있는 것일까? 실상 용서라는 개념은 본래 기독교에서 나온 것이 아니다. 그것은 우리 문화의 다른 많은 유산들처럼 유대교로부터 물려받은 것이다. 한 예로, 죄인이 돌아오기를 간절히 바라며 두 팔을 벌리고 반기는, 사랑이 많고 자비로운 하느님의 이미지를 들 수 있다(이사야 55장 6~7절,* 요엘 2장 12~13절,** 시편 130편 7~8절*** 등을 참고하라). 성서의 전통에 근거한 이와 같은 내용—모두 열거하면 더 많다—은 여러 랍비의 가르침에서도 다시 나타나고 있다. 그중 하나를 인용하면 다음과 같다.

어느 왕에게 아들이 있었는데, 한번은 집을 나가 백 일이 넘도록 돌아오지 않았다. 아들의 친구가 그에게 말했다. "아버

---

* "너희는 여호와를 만날 만한 때에 찾으라. 가까이 계실 때에 그를 부르라. 악인은 그의 길을, 불의한 자는 그의 생각을 버리고 여호와께로 돌아오라. 그리하면 그가 긍휼히 여기시리라. 우리 하나님께로 돌아오라. 그가 너그럽게 용서하시리라."

** "여호와의 말씀에, 너희는 이제라도 금식하고 울며 애통하고 마음을 다하여 내게로 돌아오라 하셨나니, 너희는 옷을 찢지 말고 마음을 찢고 너희 하나님 여호와께로 돌아올지어다. 그는 은혜로우시며, 자비로우시며, 노하기를 더디 하시며, 인애가 크시사, 뜻을 돌이켜 재앙을 내리지 아니하시나니."

*** "이스라엘아, 여호와를 바랄지어다. 여호와께서는 인자하심과 풍성한 속량이 있음이라. 그가 이스라엘을 그의 모든 죄악에서 속량하시리로다."

지게 돌아가자." 그러자 아들은 말했다. "내 힘으론 할 수 없어." 그러자 그의 아버지는 아들에게 다음과 같이 전했다. "우선 네가 올 수 있는 데까지 오거라. 그러면 나머지 길은 내가 마중을 나가도록 하마." 하느님도 이와 비슷하게 말씀하신다. "내게 돌아오거라. 그러면 나도 네게 돌아가마."

('페시크타 라바티',***** 184b~85a,
해리엇 카우프먼 지음, 『유대교와 사회 정의』, 29쪽에서 재인용)

이른바 '탕자'에 대한 예수의 유명한 비유도 이 같은 유대교의 전통에 근거한 것이다. 하느님의 용서를 받기 위해 필요한 것은 오로지 진정한 참회─'테슈바'나 '메타노이아',*****─뿐이다. 이러한 '돌이킴'은 기독교는 물론이고 유대교 전통에서도 반드시 필요한 것이다. 즉, 참회가 없이는 용서도 없다.

이것이 사실이라면, 즉 기독교와 유대교 양쪽 모두 자비로운 하느님을 믿고 있다면, 또한 양쪽 모두 회개의 필요성을 강조하고 있다면, 어째서 내가 가르치는 학생들 사이에서는 이토록 서로 다른 답변이 나온 것일까?

***** 페시크타 라바티(Pesikta Rabbati). 유대교의 절기에 대한 중세의 미드라슈(성서에 대한 주석) 모음. 모두 47장으로 구성되어 있으며 하누카, 유월절, 로슈 하샤나(새해 첫날), 욤 키푸르(속죄일) 등에 대한 내용이 담겨 있다.

***** '참회'에 해당하는 그리스어.

첫 번째 이유는, 내가 생각하기엔, 기독교인 사이에 자주 인용되는 이른바 '산상설교'에서 제자들에게 "네 왼쪽 뺨도 내밀라"*고 한 예수의 가르침이 잘못 이해되었기 때문이다. 여기서 예수는 오로지 남이 '나에게' 행한 잘못만을 언급하고 있을 뿐이고, 또한 남에게 앙갚음하지 말라고 오로지 '나에게' 부탁할 뿐이다. 즉 예수는 결코 남이 나에게 잘못했을 때 다른 누군가가 반드시 "왼쪽 뺨도 내밀어야 한다"고 말하지는 않았으며, 또한 남이 피해를 당했을 때 내가 반드시 그 죄지은 사람을 용서해야 한다고 말하지도 않았다. 다시 말하면, 예수의 가르침은 어디까지나 '나에게' 죄지은 자를 용서하라며, 바로 '나에게'만 명하는 것이다. 이것은 주기도문에서도 마찬가지다. "우리가 우리에게 죄지은 자를 사하여 준 것 같이 우리의 죄를 사하여 주시옵고."**(여기서도 결코 '남들에게 죄지은 자를'이라고 하진 않았다.)

나는 많은 기독교인이—그리고 일부 비기독교인조차—이 대목을 잘못 읽었으며, 또한 지금까지도 계속 잘못 읽고 있다고 본다. 그리하여 마치 우리가 어떤 행동을 막론하고 모든 사람을 다 용서해야 한다는 식으로 예수의 가르침을 잘못 해석하고 있는 것이다. 사람들이 잊어버린 중요한 요소는 예수가 '나에게' 죄지은 자를 용서하라며, '나에게'만 과제를 준다는 것이다(이 자

---

*   "나는 너희에게 이르노니, 악한 자를 대적하지 말라. 누구든지 네 오른편 뺨을 치거든 왼편도 돌려 대며."(마태복음 5장 39절)

**   마태복음 6장 12절.

체만으로도 힘겨운 시험대가 아닌가!). 하지만 예수는 그 어디에서도 누군가가 다른 사람에게 행한 잘못까지 용서하라고 말한 적은 없다. 물론 기독교인 사이에서야, 진정한 기독교인이 되기 위해서는 누가 누구에게 지은 죄든 간에 무조건 용서해야만 한다는 식의 생각이 널리 퍼져 있지만 말이다.

이런 생각을 시몬 비젠탈의 이야기에 적용해 보면 어떨까? 카를은 시몬에게 자신이 무고하고 힘없는 유대인 남녀노소에게 저지른 끔찍한 범죄를 용서해 달라고 요청했다. 2년 전에 저지른 그 사건의 기억으로 인한 괴로움 때문에 자기가 마음 편히 죽을 수 없었기 때문이다. 하지만 나는 다시 묻고 싶다. 과연 시몬은 카를의 요청을 들어줄 수 있었을까? 이에 대해 나는 '아니'라고 분명히 강조하고 싶다. 그를 용서할 수 있는 위치에 있는 사람은 오직 그 희생자들뿐이다. 그리고 그들은 이미 죽어서 이 세상에 없다. 그것도 상상할 수 없을 만큼 비인간적인 방법으로 말이다.

둘째, 내가 가르치는 학생들 사이에서 나타난 차이는 한편으로 속죄나 보상의 개념적 차이와도 연관이 있다. 마침 내가 이 글을 쓰고 있는 지금, 유대인의 절기 중에서도 가장 거룩한 날인 욤 키푸르가 얼마 남지 않았다. 오래전에 나는 어느 유대인 친구로부터, 욤 키푸르를 준비할 때 가장 중요한 일은 지난 한 해를 되돌아보며 자기가 혹시 잘못을 범한 사람이 있다면 찾아가서 용서를 구하고, 그것을 어떻게든 보상해 주는 것임을 배운 바 있다. 그렇게 해야만 그들(유대인)이 하느님 앞에 설 수 있고, 또한 하느님에게 용서를 구할 수 있다는 것이다. 『미슈나』[*]에서는 그 이유를 다음과 같이 설명한다.

하느님에게 범한 죄는 속죄일에 용서받을 수 있다. 하지만 누군가가 자기 이웃에게 범한 죄는, 설령 속죄일이 되더라도, 그가 자기 이웃과 화해하기 전까지는 결코 용서받지 못할 것이기 때문이다.

('요마'[**] 8장 9절, 『미슈나』,
해리엇 카우프먼 지음, 『유대교와 사회 정의』, 30쪽에서 재인용)

내가 아는 어느 유대인 친구는 로슈 하샤나[***]와 욤 키푸르 사이에, 자기가 생각하기에 어떤 식으로건 상처를 준 것 같은 사람들에게 무려 40통이나 편지를 썼다. 가톨릭교도들이 참회할 때 '주기도문이나 성모송을 암송함으로써' 얻는 간단한 속죄에 비하면 이는 너무 복잡한 일이다. 물론 가톨릭 측의 이런 풍습 또한 오늘

---

[*]   『미슈나(Mishnah)』. 랍비의 구전을 모은 책으로, 유대교에서는 『토라』 다음으로 권위 있는 경전으로 여긴다.

[**]   요마(Yoma). 미슈나에 나오는 축제일 규정 가운데 하나로 욤 키푸르(속죄일)를 다루고 있으며 모두 8장으로 구성되어 있다.

[***]   로슈 하샤나(Rosh Hashanah). 유대력의 새해 첫날. 장장 열흘에 걸친 새해 기념일 가운데 처음 이틀이 '로슈 하샤나'이고 마지막 열흘째가 '욤 키푸르'다.

날에는 흔적도 찾아보기 힘든 유대교의 속죄 개념에서 비롯되었지만 말이다.

다시 우리 이야기로 돌아가서, 시몬은 어쩌면 카를에게 이렇게 이야기할 수도 있었다. "나로선 당신을 용서할 방법이 없습니다. 왜냐하면 나는 결코, 또한 감히, 그 살해당한 유대인들을 대표할 수 없기 때문입니다. 하지만 당신이 믿는, 그리고 내가 믿는 하느님은 무한한 사랑을 지닌 분이시고, 우리에게 그저 죄를 뉘우치기만 하라고 말씀하십니다. 만약 당신의 참회가 진정한 것이라면—저는 그렇게 믿습니다만—당신으로선 죄를 보상해 줄 길이 없으니, 부디 하느님의 자비를 구해 보시기 바랍니다."

하지만 시몬의 입장에서는 이것조차도 너무나 큰—이만저만 큰 것이 아닌—희생을 강요받는 꼴이 아니었을까? 극도의 무력감과 끝없는 공포에 시달리는, 그리하여 희망이라고는 전혀 없고 죽음이 항상 곁을 맴도는 상황에서는 말이다. 실제로 나는 이 이야기를 다시 한번 읽어 보면서, 그 죽어 가는 사람의 고통뿐만 아니라 그가 희생자들에게 저지른 잔혹 행위에 대해서, 또한 시몬과 동료들이 겪은 고난과 비인간적인 환경에 대해서도 새삼 충격을 받았다. 게다가 카를은 시몬을 자기 병실로 불러들임으로써, 비록 처형까지는 아니더라도 자칫하면 처벌받을 수 있는 입장으로 몰아넣었다. 그는 자기가 마음 편히 죽을 수 있도록 아무나 '유대인 한 명'을 불러 달라고 했다. 그야말로 자기 고통에만 눈이 멀어서, 단지 자기가 참여한 그 학살에서 죽은 유대인들을 제외하면, 수용소와 게토에 있는 다른 유대인들이 겪는 고통에는 관심조차 없었던 것이다. 심지어 자기 앞에 선 시몬의 고통조차도 말이다.

물론 카를이 임종을 앞두고 겪은 심리적 고통을 이해하지 못하는 것은 아니다. 하지만 마지막으로 나는 그에게 한 가지 물어보고 싶다. 과연 카를은 자기 침대 곁에 앉아 있는 그 무기력하고 불쌍한 유대인 한 사람에게 잘못을 고백하는 대신, 자기 동료인 SS대원을 불러다 놓고 똑같은 이야기를 함으로써 많은 유대인의 목숨을, 하다못해 몇 명의 목숨이라도 구해 줄 수는 없었던 걸까? 어쩌면 그것이야말로 그가 할 수 있는 진정한 참회가 아니었을까?

에바 플레이슈너(Eva Fleischner, 1925~)는 몽클레어 주립대학(Montclair State University)의 종교학 명예교수이다. 또한 미국 홀로코스트 추모회(U.S. Holocaust Memorial Council)의 교회협력위원회와 미국가톨릭회의(U.S. Catholic Conference)의 자문회의 멤버로, 가톨릭-유대교 협력사무국(Office of Catholic-Jewish Relations)의 위원으로 활동하고 있다. 저서로는 『독일 기독교 신학에서 바라본 유대교(The View of Judaism in German Christian Theology)』와 『아우슈비츠: 새로운 시대의 시작인가?(Auschwitz: Beginning a New Era?)』가 있다.

지혜로운 침묵,
정의를 뛰어넘은 연민

매튜 폭스(가톨릭 사제, 미국인)

시몬 비젠탈은 우리의 양심을 일깨우는 진실의 전달자다. 예수 그리스도를 비롯한 많은 과거의 랍비들과 마찬가지로, 그는 무엇이 옳고 그른지 정확히 꼬집어 이야기해 주지는 않는다. 오히려 그는 우리로 하여금 각자의 양심에 비추어 결심을 하게 만든다. 이에 대해 그에게 감사하고 싶다. 물론 한편으로는 그를 원망하고도 싶다. 그가 우리에게 던진 질문은 너무나 어려운 것이기 때문이다. 우리가 그때 그 죽어 가는 SS대원과 함께 병원에 있었다면, 우리는 과연 어떻게 했을까?

우선 그의 상황을 다시 한번 살펴보자. 그 당시 시몬은 차마 내일이나 내주 혹은 내년을 기약할 수 없는 목숨이었다(실제로 그의 동료 대부분은 수용소에서 살아남지 못했고, 그의 친지 중에서도 무려 89명이 사망했다). 그런데도 젊은 SS대원은 마치 명령이라도 하듯 이 유대인을 데려다 놓고 자기 고백을 듣게 했다. 그는 시몬이 어떻게든 자기를 죄의식으로부터 건져 주길 바랐다. 여기서 우리는 SS대원인 카를을 그토록 괴롭힌 기억, 즉 무고한 사람들이 갇힌 집을 불태우는 학살에 참여한 것이 그의 유일한 죄는 아니었음을 반드시 기억해야만 한다. 그 운명적인 날이 오기 전부터, 그러니까 드네프로페트로프스크의 학살 이전부터도 그 SS대원은 수많은 사람들의 죽음을 빚어낸 집단 히스테리와 인종차별적 증오에 참여해 왔다. 그는 자신이 그동안 SS대원으로서 저질렀을 또 다른 가혹행위와 반유대주의에 대해서는 어떠한 참회도 표하지 않았다. 그의 참회는 다만 자신의 안식을 방해하는 하나의 끔찍한 사건에 대해서뿐이었다.

따지고 보면, 열렬한 나치인 이 젊은이는 시몬의 친척 89명의 죽음에도 부분적으로 책임이 있는 셈이었다. 게다가 시몬이 매일같이 죽음에 직면해야 했던 그 수용소의 설립에도 책임이 있었다고 봐야 한다. 따라서 그가 임종 자리에서 시몬에게 한 고백은 단지 빙산의 일각에 지나지 않는다. 결코 전부 이야기한 것이 아니었다.

그 SS대원은 한때 가톨릭 신자였다고 주장하는데, 가톨릭 신자가 자기 죄를 고해할 때는 그간 있었던 모든 일을 고백할 뿐만 아니라 자신의 슬픔과 통회도 함께 드러내야만 한다. 이런 점에서 보면 내겐 오히려 시몬이야말로 이상적인 고해 신부인 것 같다. 왜냐하면 그는 카를에게 자기가 줄 수 있는 유일한 사면을 허락해 주었기 때문이다. 그것은 다름 아닌 침묵이었다. 그 사면을 통해 시몬은 카를을 저 혼자 스스로의 죄의식과 함께 죽어 가도록 내버려 두었던 것이다.

시몬은 결코 유대인으로서 그에게 용서를 베풀지는 않았다. 그가 어떻게 그 불타는 집에서 죽은 수백 명, 또는 죽음의 수용소에서 죽어 간 수백만 명을 대변할 수 있겠는가? 하지만 시몬은 고해 신부의 입장에서 그의 이야기를 모두 들었다. 어떤 죄는 너무 커서 진짜 신부조차도 차마 용서할 수 없었을 것이다. 따라서 그에게는 고해보다는 오히려 공개적인 참회가 필요했다. 그러나 그는 개인적 고해에 머물렀고, 자기가 직면한 진실의 침묵 속에서 죽어 가야만 했다. 나는 그 자리에서 침묵한 채 걸어 나가기로 결정한 시몬의 지혜야말로 두 사람 모두에게 똑같이 유의미한 선택이었다고 본다. 시몬은 자신의 영혼을 지켰고, 또한 카를은 자신의 영혼을 구제받았던 것이다. 그 SS대원은 자기가 찾을 수 있는 최적의 인물에게 제 영혼의 짐을 덜어 놓았다. 그 최적의 인물은 차마 말할 수조차 없는 죄에도 그저 값싼 은혜를 베푸는 신부가 아니라, 그가 죽인 희생자들의 동포였던 것이다.

　　어쩌면 이것은 '난폭한 사랑'이나 '감상적이지 않은 연민' 같은 일종의 모순 어법인지도 모른다. 하지만 시몬은 카를에게 도덕적으로 책임감 있고 성숙한 답변을 한 것이다. 침묵하라, 너의 양심을 생각하라, 너의 희생자를 생각하라, 너의 하느님을 생각하라…… 나는 카를이 시몬의 답변을 고맙게 생각했기 때문에, 빈약하나마 자기 유품을 일종의 답례 삼아서 그에게 주려 했다고 생각한다. 물론 시몬은, 또다시 현명하게도, 그 물건에 손조차 대지 않았지만 말이다.

　　하지만 시몬은 그 죽어 가는 사람의 손을 잡아 주었다. 그리고 죄의식에 시달리는 군인을 위해 그를 괴롭히는 파리를 쫓아 주었다. 그의 손을 잡아 줌으로써 '인간 이하'의 존재였던 시몬은 잠시나마 현존하게 되었고, 또한 잠시나마 인간이 될 수 있었던 것이다. 물론 그 끔찍한 이야기가 계속되자 결국 손을 놓아 버렸지만. 그럼에도 시몬은 여전히 방 안에 남아 그의 이야기에 귀를 기울인다. 상대방의 고백을 들어 준 것이야말로 그의 가장 큰 선물이었다. 그것이야말로 그의 동정심을 표출하는 행위였다. 두 청년을 엮어 준 특이한 유대감은 물론이고, 손을 잡아 주고 이야기를 들어 주고 동정심을 갖는 것이야말로 젊은이들에게 진정한 통과의례를 제공하지 못하는 당시 문화에서는 보기 드문 통과의례인 셈이었다. 결국은 두 사람 모두 기성세대의 결정이 만들어 낸 희생자였던 것이다. 하지만 그중에서도 한 사람은 지도자의 극악한 사고방식으로 인해 가해자가 되었고, 또 한 사람은 단지 인종이 다르다는 이유만으로 피해자가 되었다. 그 자리에 남아서 이야기를 들어 주고, 고통스런 침묵을 지키면서도 그토록 극악한 범죄에 대해 값싼 은혜 베풀기를 거절한 것이야말로 시몬이 카를에게 베푼 동정이었다. 왜냐하면, 그러한 범죄는 사람이 아니라 오직 하느님만이 용서할 수 있는 것이었기 때문이다. 또한 어느 누구도 시몬에게 하느님을 대신해 상대방을 용서하라고 한 적이 없었기 때문이다.

여기서 문득 두 젊은이 사이에는 일종의 신비한 은혜가 베풀어지지 않았나 생각해 본다. 사실 내 생각에는 시몬이 바로 이 죽어 가는 SS대원을 만난 덕분에 이후 자신의 사명에 투철하게 종사하게 된 것이 아닐까 싶다. 왜 내가 굳이 이런 이야기를 하는 것일까? 시몬이 죽음의 수용소에서 살아남은 이후 평생을 바쳐 한 일이야말로, 사실상 그 병원 침대 위에서 그토록 생생하게 묘사된 장면의 연장선상에 있었다고 생각하기 때문이다. 즉 시몬은 나치 한 명 한 명을 철저하게 색출함으로써, 그들로 하여금 임종에 직면했을 때 참회와 고해를 하게 만든 것이었다. 그의 노력이 없었더라면, 나치 전범들은 물론이고 그 피해자들 역시 다음 생에서도 결코 편히 쉬지 못했을 것이기 때문이다.

이러한 각성이 없다면 정의는 죽어 버리고 말 것이다. 시몬은 그 SS대원을 공정하게 대했고, 단순히 공정한 것 이상으로 대했다. 즉 시몬은 그에게 연민을 표했던 것이다. 그리고 이후 평생에 걸친 그의 노력이야말로 정의를, 또한 연민을 추구한 것이었다. 정의 없는 연민이란 존재할 수 없기 때문이다. 시몬은 자기가 찾아낸 전범들에게 유죄를 선고하지 않는다. 그는 다만 법정의 판사에게 그 일을 위임할 뿐이다. 단지 그는 증언을, 고백을, 그리고 증거를 제시할 뿐이다. 왜냐하면 전범들 스스로가 자신의 죄를 잘 알고 있기 때문이다. 마치 카를이 그랬던 것처럼 말이다.

진실을 이야기하려는 노력을 통해서 시몬은 카를이 자기에게 남긴 교훈을 실행하고 있다. 그것은 두 사람 사이의 기이한 역전인 동시에, 기이한 유대관계다. 그야말로 감동적인 장면이다. 시몬은 카를이 죽어 가는 동안 그의 이야기에 귀를 기울여 주었다. 그리고 카를은 시몬에게 평생의 사명을 주었다.

시몬의 입장에서 베푼 또 다른 연민의 표시는 그가 아무런 의도 없이 카를의 어머니를 방문한 것이었다. 그곳에서 그는 카를과 좀 더 긴밀한 유대감을 형성하게 된다. 사진으로나마 카를의 얼굴을 처음 보았고, 산산조각 난 그의 가정 이야기를 들으며 고통을 느낀다. 자기 아들의 악행을 부인하고 아들의 선량함을 믿어 의심치 않는 카를의 어머니 앞에서 아무 말도 하지 않은 것은, 단순한 정의의 차원을 뛰어넘은 연민의 표시였다. 그는 불행한 어머니에게 진실을 밝혀 봐야 좋을 게 없다는 것을 간파했던 것이다. 너무 때가 늦었기 때문이다.

하지만 엄밀하게 말하면, 나치와 관련해서 '범죄 이상의 범죄'라고 할 수 있는 것이 바로 이런 부인(否認)이다. 얼마나 많은 평범한 독일 시민이—또한 성직자와 주교들이—그런 악행이 벌어졌다는 것을 뻔히 알고 있었음에도 지금까지 계속 부인하며 살아가고 있는가? 의도적인 무지는 범죄나 다름없다. 그런 무지야말로 홀로코스트를 가능케 한 파멸적인 범죄였기 때문이다. 시몬은 어머니와 아들 모두를 똑같이 대했다. 그는 두 사람의 이야기를 모두 들어 주었으며, 또한 침묵한 채 떠나 버렸다. 그리하여 두 사람 모두 비록 부분적이지만 각자의 진실을 안고 죽게 내버려 두었던 것이다. 하지만 이후 시몬의 활동은 그런 침묵을 깨뜨리는 것이었고, 실제로 벌어졌던 일의 완전한 진실을 계속 밝혀내는 것이었다. 이를 통해서 그는, 두 모자에게 연민을 표시했던 자신의 행동을 국제적인 규모로 지속했던 것이다.

나는 이 이야기가 우리를 무척 곤혹스럽게 만든다고 생각한다. 다른 윤리적 일화들과 마찬가지로, 어제뿐만 아니라 오늘날의 우리에게도 충분히 적용 가능한 이야기인 까닭이다. 악행을 저지르는 인간의 능력은 결코 단일하고 개별적인 결정이나 행동에만 국한되지 않는다. 이 이야기는—나치에 대한 모든 이야기들이 그러하듯—우리를 그러한 악행에 깊이 관여하게 만드는 '공모죄'와 '태만죄' 그리고 '부인죄'를 낱낱이 드러내고 있다.

언론과 정치꾼과 기득권 세력의 선전으로 인해 거짓이 제멋대로 횡행하는 사회 속에서, 이러한 죄는 언제든 일어날 수 있다. 진실에 대한 부인은 이러한 죄가 뿌리 내리고 번성할 수 있는 토양을 제공해 준다. 가령 카를의 어머니를 보라. 이러한 일은 오늘날에도 여전히 일어나고 있다. 공모죄는 지구의 환경을 파괴하고 많은 젊은이의 영혼을 황폐화시킨다. 절망과 실업으로 인해 폭력을 휘두르게 된 수많은 젊은이들을 수용하기 위해 새로 감옥을 짓고 있다는 사실, 그리고 우리의 소비적인 생활방식으로 인해 숲과 물과 흙과 공기가 황폐해진다는 사실마저 부인함으로써 말이다. 우리가 부인하는 것이나 카를의 어머니가 부인하는 것이나, 근본적으로는 같은 것이 아닐까? 지금 우리 주위에서, 우리의 이름으로 얼마나 많은 악행이 저질러지고 있는 것일까? 과연 우리는 진실보다 부인을 더 중요하게 여기는 것일까? 이것이야말로 시몬 비젠탈의 이야기가 우리 앞에 드러내 보이는 영원한 윤리적 질문이 될 것이다.

용서하는 것과 잊어버리는 것은 서로 다른 행위다. 우리는 누군가를 용서할 수는 있지만—이타적인 동기에 의해서가 아니라 다만 한 사람의 일생을 망쳐서는 안 된다는 이유에서—결코 잊어버려서는 안 된다. 시몬은 자신이 겪은 일을 잊어버리지 않았고—그 덕분에 우리에게 이토록 훌륭한 명저를 선사했다—정의와 연민을 위해 자기의 전 생애를 바쳤다. 그야말로 거룩한 삶이 아닐 수 없다. 그의 이야기는 우리로 하여금 이 비극을 잊지 않도록 해 준다. 이 비극을 잊지 않고 기억하는 한, 우리는 훗날 다른 사람들을 억울한 죽음으로부터 구해 낼 수도 있을 것이다.

매튜 폭스(Matthew Fox, 1940~)는 캘리포니아 주 오클랜드(Oakland)에 개교한 창조영성대학(University of Creation Spirituality)*의 설립자다. 영성과 문화에 관한 수많은 저서가 있으며, 대표작으로는 『노동의 재발견(The Reinvention of Work)』 『원래의 축복(Original Blessing)』, 과학자 루퍼트 셸드레이크(Rupert Sheldrake)와 공저한 『천사의 물리학(The Physics of Angels)』 등이 있다. 로마 가톨릭 사제로 28년간 도미니코 수도회에 있었고, 지금은 감독파 소속의 성직자다.

*   지금은 위즈덤 대학으로 이름이 바뀌었다.

붕대 너머로
보아야 할 것들

레베카 골드스타인(작가, 미국인)

도덕적 '관념'이 확고한 보편성이 있는 까닭은 그것이 어디까지
나 '관념적'이기 때문입니다. 반면 현실에 수반되는 구체적이고
세부적인 내용들은 항상 모호하고 복잡하고 혼란스러운 상황을
빚어내죠. 솔직히 저는 그런 관념보다는 이런 혼란을 더 신뢰합
니다. 그렇기 때문에 저는 당신이 느낀 혼란도 신뢰합니다, 시몬
비젠탈 씨. 그리고 그날의 침묵 속에서 느낀 극심한 고통을 그토
록 섬세하게 포착하여 설명해 준 당신의 탁월한 주의력에도 존
경을 보내는 바입니다.

　　나치의 짐승들이 만들어 낸 거대한 고문 및 살인 기계의
희생자인 당신은 어느 죽어 가는 SS대원의 고백을 듣기 위해 불
려 갑니다. 그는 자신이 마음 편히 죽기 위해 당신에게 뭔가를
요구합니다. 바로 '용서'를 말입니다(그는 자기에게 마음 편히 죽을 권
리가 있다고 생각하는 모양입니다. 이 확고한 가정은 아마 그가 한때 가졌
던 종교적 확신의 잔재겠지요). 당신이 불려 간 까닭은 다름 아닌 유
대인이었기 때문입니다. 아마 '유대인'을 마치 '물'이나 '소금'처럼
개별성 없는 집단 명사로 생각한 모양이지요. 가령 "여기 물이

조금 있다"고 할 때처럼 말입니다. 어떤 물이건 간에, 물은 다 똑같으니까요. 나치가 유대인을 이렇게 생각한 것도 그리 놀라운 일은 아닙니다. '집단' 명사, '집단' 학살, '집단' 매장 등등. 그들의 악행도 나름대로 일관성이 있으니까요.

　　그런데 당신에게 면죄를 요청한 그 SS대원은 죽을 때까지 여전히 나치로 남았나요, 아니면 죽어 가면서 한 고백을 통해 자기가 따르던 나치의 신조를 포기했나요? 이것이야말로 당신이 우리에게 제시한 윤리적 난제를 구성하는 질문 가운데 하나라고 생각합니다. 왜냐하면 시몬 비젠탈 씨, 당신은 나치 특유의 '집단적 사고방식'에 호응할 생각이 전혀 없어 보였으니 말입니다. 그렇다고 자신이 들은 이야기를 그저 '지옥에나 떨어질' 나치 짐승의 말로 폄하하려 하지도 않았습니다. 두려움과 혐오감이 있었음에도 당신은 눈앞에 있는 특별한 개인을 바라보는 임무 앞에서 결코 위축되지 않았고, 그 임종실에서는 물론이고 이후로도 오랫동안 그가 진정으로 어떤 인물인지 알아내려 노력했습니다.

　　그의 말대로 가까이 가자 침대 위에 놓인 사람의 모습을 좀 더 잘 알아볼 수 있었다. 이불 위에는 핏기 없는 잿빛 손이 놓여 있었고, 머리는 코와 입과 귀가 있는 곳에 뚫어 놓은 구멍을 제외하고는 두 눈까지 죄다 붕대로 감겨 있었다. (50쪽)

　　당신은 그 SS대원의 눈을 볼 수 없었고(눈이라고 할 만한 것이 더 이상 남아 있지 않았겠지요), 몇 년 뒤에 사진을 통해서 봤을 뿐입니다. 하지만 당신은 그 피투성이의 붕대 뒤에 있는, 그리고 그 텅 빈 눈 너머에 있는 어떤 것을 보려고 한 겁니다. 당신이 처한 상황을 겪어 보지 못한 우리로선 도무지 알 수 없는 그런 혐오감에도 불구하고 말입니다.

과연 그때 당신은 무엇을 보았습니까? 그리고 이제 우리에게 무엇을 보여 주려 합니까? 그 SS대원은 평생 나름의 규범적 관념을 가지고 살아왔습니다. 그는 자기 욕망을 만족시키는 일에만 전념한 이기주의자는 아니었습니다. 오히려 그는 매우 성실한 인물이었고, 더 큰 선(善)에 이바지하는 일이라고 스스로 생각한 명령에 복종했을 따름입니다. 어머니의 말마따나 모범적인 아들이었으며, 교구 신부가 가장 총애한 소년이었습니다.

규범적 관념에 대한 그의 순응적인 태도는 기독교에서 나치 이데올로기로 개종한 뒤에도 결코 없어지지 않았습니다. 감히 말하건대, 근본적인 면에서 그의 도덕적 천성은 전혀 바뀌지 않았던 것입니다. 당신이 제시한 바와 같이, 그는 남들과는 달랐습니다. 다른 사람들은 자신의 양심을 마치 헌 옷처럼 벗어던지고 그 대신 SS대원의 제복을 걸쳤으니 말입니다. 당신이 공들여 재구성한 카를에 대한 묘사를 보면서, 저는 그의 '양심' 혹은 그의 규범적인 체질만큼은 나치로 개종하기 이전이나 이후나 달라지지 않았다고 생각했습니다.

그가 나치로서 순종한 그 관념은 결코 관념적인 차원에만 머물진 않았습니다. 훗날 그의 멀어 버린 눈을 가리고 있던 얼룩진 붕대처럼 더럽고도 맹목적이던 그 관념으로 인해, 그는 당신에게 용서를 간청한 범죄를 저지르기 훨씬 전부터 이미 반인륜적인 범죄자였던 것입니다. 그러한 붕대로 눈을 가렸기 때문에, 그는 심지어 자기가 잘 알던 유대인조차 외면하고 말았습니다. 그의 부모는 유대인 주치의를 걱정했지만 그는 결코 그러지 않았습니다. 그런 맹목적인 태도야말로 정말 저주받을 짓이 아니겠습니까! 비젠탈 씨, 당신은 우리 인류의 얼굴을 감싼 그런 맹목적인 붕대를 풀어 버리기 위해 노력해 왔습니다. 하지만 가중스럽기 그지없는 관념의 붕대에 둘러싸인 그는 그 너머에 있는 인간의 얼굴을 결코 보지 못했던 것입니다.

물론 그 사건, 즉 유대인으로 가득한 건물에 불을 지른 사건 전까지는 말입니다. 그가 그 광경을 보고 충격을 받았다니, 솔직히 저로서는 무척 당황스럽습니다. 유대인이 학살당하는 장면을 보고 충격을 받은 SS대원이 있다니? 그는 지금껏 유대인을 '해충'으로 묘사한 갖가지 선동 문구의 진의를 미처 알아차리지 못했던 것일까요? 만약 그 일가족 세 명이 불타 죽지 않았더라면, 그는 도대체 얼마나 더 구체적인 현실을 맞닥뜨리고서야 자기가 따르는 관념의 실체를 깨달을 수 있었을까요? 만약 가스실에서 죽은 300만 명에게 사용된 치클론 B*가스가 사실은 살충제였다는 사실이 알려지지 않았더라면 어땠을까요?

---

* 치클론 B(Zyklon B). 맹독성인 시안화물(청산가리) 성분으로 된 독가스. 나치가 학살수용소에서 유대인을 학살할 때 사용한 독극물이다.

하지만 이상하게도, 그 특별한 몇 사람이 학살당하던 광경이 그에게는 매우 충격적이었나 봅니다. 현실의 삶에서 흔히 볼 수 있는 장면, 가령 어린 아들의 눈을 가려 주는 아버지의 모습 같은 인간적인 행동이 어쩌면 그 SS대원의 눈을 동여맨 더러운 붕대를 느슨하게 해 주었는지도(결코 '풀어 주었다'고 말하려는 건 아닙니다) 모르겠습니다. 어떤 면에서, 이것은 그가 이전에 기독교의 관념에서 나치즘의 관념으로 돌아선 것보다 더 중대한 개종이라고 할 수 있습니다.

그리고 이것은 정말 개종이라 할 만했습니다. 그 가족이 살해당하는 장면을 보고 끔찍하다고 느꼈으니, 그 SS대원은 더 악질적인 나치에 비하면 그나마 인간적이지요. 이후에 전장에 나가서도 문득 그들의 얼굴을 떠올렸으며 심지어 시력을 잃고서도 계속 그들의 얼굴을 볼 수 있었으니, 분명 다른 나치에 비해서는 더 나은 사람이라고 할 수 있을 겁니다. 아마 그중에선 가장 나은 사람이겠지요. 하지만 그의 이런 인간적 측면들을 최후의 하나까지 모두 한군데에 쌓아 올린다고 해서, 과연 그 무게가 그때까지 그가 이론이나 실천에서 적극 관여했던 공포의 무게와 대등해질 수 있을까요? 그가 당신에게 '용서'를 요청한 그 한 가지 행동은 물론이고, 그가 미처 깨닫지 못한 다른 많은 행동들에 대해서도 말입니다.

그렇습니다. 그 SS대원은 어느 정도까지는 자신의 잘못을 알게 되었던 것 같습니다. 하지만 제가 생각하기에 그는 자신의 죄가 여전히, 또한 영원히 남으리라는 것까지는 깨닫지 못한 것 같습니다. 만약 자신의 범죄가 얼마나 거대한 것인지 깨달았더라면, 그는 감히 어느 누구에게도 용서를 구하지는 못했을 것이기 때문입니다. 결단코 말입니다. 자신의 죄를 올바로 자각했다면, 그는 자기가 그 어떤 용서도 받지 못할 상황에 놓여 있음을 알았을 것입니다. 따라서 자신이 결코 '마음 편히 죽을 수 있는' 입장이 아니라는 것을 알았을 것입니다. 그런 극단적인 상황에까지 도달하고 난 다음에야, 즉 자신이 결코 용서받을 수 없는 죄인이라는 것을 분명히 알게 된 다음에야, 비로소 그는 용서를 청할 수 있지 않았을까요? 단지 그 불타 죽은 가족뿐 아니라, 수백만 명에 달하는 모든 희생자들의 몫까지 말입니다.

레베카 골드스타인(Rebecca Goldstein, 1950~)은 원래 철학 교수였다가 훗날 소설가가 되었다. 장편 및 단편소설로 여러 문학상을 수상했으며, 현재는 맥아더재단 지원금(MacArthur Fellow)을 받고 있다. 대표작으로는 『심신문제(The Mind-Body Problem)』『어둠의 자매(The Dark Sister)』『스트레인지 어트랙터(Strange Attractors)』『행운(Mazel)』 등이 있다.

그 나치가 가야 할 곳은
집단수용소였다.

메리 고든(작가, 미국인)

가톨릭 집안에서 자라난 나치 장교가 한 유대인을 향해 용서를
구한다. 자신이 나치가 되면서 지녔던 신념으로 인해 공개적으
로 처형당한 모든 유대인의 이름으로 자기를 용서해 달라고 말
이다. 그는 자신이 직접적으로 해를 끼친 대상이 아닌 상대방에
게 개인적인 용서를 청하는 것이지만, 그럼에도 불구하고 상대
방이 다른 사람들의 이름으로 자기를 용서해 주기를 바란다. 그
렇다면 이 나치는 과연 어떤 용서를 받고 싶었던 것일까?

　어쩌면 그는 '용서'를 현실에서는 결코 되돌릴 수 없는 일
을 되돌리는 일종의 마술 지우개로, 즉 "그런 일은 결코 일어난
적이 없다"고 확인해 주는 방법이라고 생각한 듯하다. 그렇게 보
자면 그의 행동은 도덕적인 것이라기보다는 오히려 나르시시즘
적인 것인 셈이다. 왜냐하면 그것은 피해에 대한 보상이나 범죄
사실의 인정을 원하는 희생자의 요구보다도, 오히려 죄를 씻어
버리고자 하는 가해자의 요구를 앞세우기 때문이다.

　물론 용서는 양쪽 모두에게 좋은 일일 테지만 망각은 결
코 그렇지 않다. 첫째로 망각은 일종의 부인인 셈이며, 둘째로는

과거의 범죄 사실을 양쪽에서 공히 인정해야만 그러한 끔찍한 일이 재발되는 것을 막을 수 있기 때문이다. 어떤 방법으로건 죄인에 대해 선명한 표식을 반드시 해 두어야만, 집단적 참회라는 공적 의례를 통해 그러한 일을 한시라도 결코 잊지 않으리라 보증할 수 있는 것이다.

그 나치 장교가 시몬 비젠탈에게 용서를 구한 행동은 두 가지 면에서 잘못이었다. 첫째, 그는 어느 한 사람에게 모든 유대인의 공적 상징이 되어 줄 것을 요구했다. 상징이란 본래 집단적인 것이며, 누군가에게 그런 자격을 부여하는 것은 오로지 그 사회 전체이기 때문이다. 따라서 '개인적인 동시에 상징적인 인물' 같은 것은 존재할 수가 없다. 물론 신부 한 사람이 하느님의 이름으로 죄를 용서해 주긴 하지만, 그때 신부의 역할은 그 자신의 이력과는 아무런 상관이 없다. 그는 단지 사회와 하느님 사이의 중재자일 뿐이다. 게다가 이런 경우에는 사회에서 그에게 그러한 역할을 하도록 자격을 부여했던 것이다.

둘째, 그 나치는 참회의 개념을 잘못 이해하고 있었다. 성례전에서 자기 역할의 의미를 제대로 이해하고 있는 신부라면 결코 공중(公衆)을 향해 죄를 지은 자를 속죄해 줄 수 없다. 그 죄인은 반드시 공중 앞에서 자기 죄를 시인해야 하고, 그런 연후에나 속죄를 요청할 수 있을 것이다. 그렇지 않은 한, 내가 보기에 그것은 성례전의 남용이나 마찬가지다. 바로 이 때문에 가톨릭 신자들 중 다수가, 공개적인 참회의 절차가 없는 완전히 개인적인 형태의 참회에 대해 불편한 느낌을 받는 것이다.

시몬 비젠탈은 이 죽어 가는 사람의 고해 신부가 될 수 없었다. 신부가 아닌 한 개인으로서, 그는 오로지 자기 이름으로만 행동할 수 있었을 것이다. 어느 누구라도 한 개인인 이상에는 결코 남의 이름으로 누군가를 용서할 수 없다. 왜냐하면 그것이야말로 피해자들의 용서할 권리를 침해하는 것이기 때문이다.

물론 의례적인 맥락에서는 누군가가 다른 사람을 용서할 수도 있다. 다만 이 경우에 그런 의례는 집단의 권위에 근거하여 벌어지는 것이어야만 한다. 따라서 그런 의례가 어떤 의미를 갖기 위해서는 그가 지은 죄에 상응하는 보상이 뒤따라야만 한다. 만약 그 죽어 가는 나치 군인에게 진정으로 보상하려는 의지가 있었다면 그는 마땅히 집단수용소에 들어가야 했다. 그럼으로써 자기가 용서를 구했던 유대인과 마찬가지로, 그 비참한 환경에서 서서히 죽어 갔어야 옳았던 것이다.

메리 고든(Mary Gordon, 1949~)은 작가로서 『마지막 계산(Final Payments)』 『여자들(The Company of Women)』 『인간과 천사(Men and Angels)』 『다른 곳 (The Other Side)』 등 여러 권의 베스트셀러 소설을 썼다. 그 외의 작품으로는 중편집 『여생(The Rest of Life)』, 단편집 『임시 대피소(Temporary Shelter)』, 에세이집 『착한 남자와 못된 여자(Good Boys and Dead Girls)』, 회고록 『그림자인간(Shadowman)』 등이 있다. 라일라 애치슨 월리스/리더스 다이제스트 작가상(Lila Acheson Wallace-Reader's Digest Writer's Award)과 구겐하임 지원금 수상자이며, 현재 바나드 칼리지(Barnard College)의 영문학 교수이다.

**죽은 이들이 용서할 수 없는 상황이라면,
산 사람들 또한 그렇게 할 수 없다.**

———————

마크 골든(언론인, 영국인)

『모든 용서는 아름다운가』는 여러 가지 면에서 대단한 작품이다. 책을 펴는 순간부터 덮는 순간까지 독자의 마음을 사로잡는, 무척 감동적이고 슬프고 충격적인 이야기다.

이 책은 처벌을 피해 도망치려 한 나치 전범들에 대한 기념비적인 저서(『우리 안의 살인자들』)를 펴내기도 한 저자 시몬 비젠탈이 겪은 비극적인 경험을 이야기하고 있다. 하지만 그 흥미진진한 이야기와는 별개로, 독자의 도덕적 양심에 불타오르듯 생생한 질문을 던지고 있다는 점에서 또한 대단한 작품이다.

그 질문은 다름 아닌 용서에 대한 것이다. 지금으로부터 수십 년 전에 벌어진 독일인의 범죄를 과연 용서할 것인가? 어떤 사람은 그 문제가 이제는 좀 진부한 것 아니냐고 말할 수도 있다. 아직까지도 우리의 기억에 생생히 남아 있는, 인류 전체에게 수치심을 안겨 주고 종교와 인류을 웃음거리로 전락시킨 그 끔찍한 악행을 이제는 전 세계가 마치 잊어버리기 위해 작당이라도 하는 듯한 분위기이기 때문이다.

솔직히 그 무시무시한 범죄에 대해 글을 쓰는 것은 물론

이거니와, 잠시 생각하기만 해도 나로선 냉정을 유지하기가 쉽지 않다. 그 범죄의 엄청난 규모 앞에서는 어느 누구라도 소스라치지 않을 수 없을 것이다. 스스로에게 물어보라.

과연 문명화된 어느 한 민족이 또 다른 민족을 마치 해충처럼 몰살해 버리기 위해, 그토록 크고 복잡한 처형 시설을 건설했단 말인가?

과연 평범한 독일 병사들이 커다란 구덩이 옆에 줄지어 서 있는 사람들을 향해 기관총을 갈겨서, 그 총알에 맞아 죽은 시체가 구덩이에 떨어져 층층이 쌓이게 하라는 명령에 복종했단 말인가?

과연 독일인들이 무려 96만 명에 달하는 무고한 아이들을 가스실에 집어넣었단 말인가? (굳이 어느 정도인지 비유하자면)웸블리 운동장*열 개를 가득 채울 수 있는 엄청난 수의 아이들을 말이다.

벨젠,**아우슈비츠, 비르케나우, 트레블링카 등지의 수용소에서 살아 있는 해골들이 발을 질질 끌며 오그라든 시체들 사이를 헤매고 있는 기록영화의 한 장면은 과연 헛것이 아니었단 말인가? 그런 좀비들 또한 우리처럼 한때 정상적인 인간이었단

---

* 웸블리 운동장(Wembley Stadium). 영국 런던의 축구 경기장으로 1923년에 개장했으며 수용 인원은 9만 명에 달한다.

** 베르겐 벨젠(Bergen-Belsen). 독일의 집단수용소로 1943년에 설립되어 약 5만 명에 달하는 유대인 및 정치범을 수용했다.

말인가?

이런 생각을 떠올린다는 것은 참을 수 없이 무시무시한 악몽 속으로 뛰어드는 것이나 마찬가지다. 인간의 정신은 그러한 학살의 엄청난 규모나 희생자들의 엄청난 수를 감히 이해할 수조차 없다. 그러나, 아아, 이것은 결코 한낱 악몽이 아니었다. 끔찍하게도 이것은 모두 사실이었으며, 그 주제를 다룬 수많은 책에 자세히 수록되어 있는 내용이다.

가령 다음 이야기를 가만히 생각해 보라. 몇 년 전에 프랑크푸르트에서 열린 아우슈비츠 관련 재판*에서는 죽음의 수용소에서 학살당한 정확한 희생자 수를 놓고 격론이 벌어졌다. 여러 증거들에 따르면 총 440만 명의 남녀노소(이는 거의 덴마크의 총 인구수와 맞먹는다)가 아우슈비츠로 이송되었으며, 이후 수용소에서 해방되었을 당시 생존자는 겨우 6만여 명인 것으로 밝혀졌다. 결국 그곳으로 이송된 사람들 가운데 무려 98.5퍼센트를 독일인이 조직적으로 학살했다는 뜻이다. 죽음의 수확이 이 정도라면, 쥐를 잡은 것이라 해도 가히 상상을 초월할 정도인데 심지어 사람을 이렇게나 많이 죽였다니!

그것이야말로 전쟁이 끝난 이후에 독일인이 짊어지게 된

---

* 프랑크푸르트 아우슈비츠 재판(The Frankfurt Auschwitz Trials). 독일에서는 1947년의 아우슈비츠 재판에 뒤이은 '제2차 아우슈비츠 재판'으로 통칭된다. 1963년 12월 20일부터 65년 8월 10일까지 벌어진 일련의 재판을 통해 22명의 아우슈비츠-비르케나우 수용소 관련자 가운데 18명이 종신형을 비롯한 중형을 선고받았다.

죄의식이었을 테지만, 그들은 국가적 차원에서 이에 대한 어떤 속죄도 한 적이 없었다. 처음에는 이런 짓을—직접적 참여이건 간접적 묵인이건—저지른 사람들이 어떻게 그런 비인간적인 죄과를 잊어버릴 수 있느냐는 물음을 종종 제기하곤 했다. 감히 그들이 문명사회에서 다시 고개를 떳떳이 들고 다닐 수 있을까? 독일인이 유대인 희생자들의 팔에 새긴 결코 지워지지 않는 다윗의 별** 문신처럼, 독일인의 이마에도 그 카인의 낙인***이 영원히 남아 있을 것인가?

이는 오로지 세월만이 답할 수 있는 질문이었고, 실제로 세월은 이 질문에 답변을 했다. 그로부터 수십 년이 흐른 지금, 역사상 길이 남을 최대 규모 학살의 가해자인 바로 그 나라는 자신감과 냉정함을 회복함으로써 세계 여러 나라들 사이에서 이전의 지위를 되찾았고, 미국의 대통령에 의해 "우리의 헌신적이고, 듬직하고, 훌륭한 우방 국가"로 칭송되고 있다.

** 다윗의 별(Star of David). 일명 '다윗의 방패' '솔로몬의 문장' '유대인의 별'이라고도 한다. 삼각형 두 개가 겹쳐진 육각형 별 모양으로 유대교와 유대인을 상징하는 기호로 사용되며, 오늘날 이스라엘 국기에도 들어 있다. 제2차 세계대전 당시 나치는 유대인에게 노란색 다윗의 별 표지를 가슴에 달도록 의무화하기도 했다.

*** 아담과 이브의 아들인 카인이 동생 아벨을 죽이자 하느님은 그를 타향으로 추방한다. 이때 타향 사람들이 자기를 죽일지도 모른다며 카인이 겁을 내자, 하느님은 그에게 '특별한 표식'을 주어 타인으로부터 해를 면하게 해 주었다. 유대인의 전설에서는 이 표식이 카인의 이마에 새겨진 것이라고 하고, 어떤 전설에서는 붉은 머리카락이라고도 한다.

오늘날 사람들은 무려 600만 명이 죽은 대량학살에 대해 더 이상 이야기하지 않는다. 심지어 그런 내용을 다룬 책조차 읽으려 하지 않는다. 이 주제에 대한 책들은 이제 이른바 '집단수용소 관련서'라는 이름으로 폄하되어 불리고, 여간해서는 잘 팔리지도 않는다. 세상 전체가 "그 문제는 잊어버리자"는 데 합의한 듯 보이고, 특히 독일인이야말로 망각의 캠페인을 벌이는 데 누구보다 앞장서고 있다. 독일인은 다른 이유가 있어서가 아니라, 그저 언젠가 아데나워*가 솔직히 털어놓았듯 "우리의 명성을 되찾기 위해서" 그렇게 해야 한다고 주장한다. 심지어 그들은 최근에 더 이상 나치에 대한 재판을 벌이지 못하게 하는 법안을 내놓기도 했다. 그런 재판이 이른바 가스실이며, 화장터며, 고문에 대한 전설을 지속시키고 있다는 이유로 말이다.

일종의 무언의 합의에 의해서, 독일의 악행을 지칭하는 표현 또한 세월이 지나면서 몰살이니 학살이니 만행이니 하는 말 대신 '홀로코스트'니, '최종 해결'**이니, '종족말살'이니 하는 식의 완곡어법으로 대체되었다. 그리고 우리는 이 모든 것의 원흉

---

* 콘라트 아데나워(Konrad Adenauer, 1876~1967). 독일의 정치가. 제2차 세계대전 후 서독의 초대 총리에 취임하여 이른바 '라인 강의 기적'이라는 독일의 경제 부흥을 주도했다.

** 최종 해결(The Final Solution). 제2차 세계대전 당시 나치가 수립한 유대인에 대한 조직적인 이송 및 학살 계획을 말한다. SS의 아돌프 아이히만이 계획을 수립하고 하인리히 힘러가 실행을 총지휘한 결과, 당시 유럽 내 유대인 가운데 약 4분의 3이 몰살당했다. 좁은 의미에서의 '홀로코스트'나 '쇼아'는 바로 이 '최종 해결'을 말한다.

이 바로 '나치'라는, 인간이 아니라 아마도 외계에서 온 전설적 종족이었다는 사실을 매번 되새기곤 한다. 이 외계 종족 나치는 하필이면 지구상에서도 가장 뛰어나고 '문명화된'*** 국가에 제멋대로 내려와서, 독일인으로서는 감히, 결코, 그리고 '전혀' 저항할 수 없는 명령을 내렸던 것이다. 그러니까, 지금 살아 있는 독일인 가운데 나치는 전혀 없는 셈이다. 혹시 있더라도 극소수에 지나지 않는다. 끔찍한 만행이 있었더라도 그것은 어디까지나 먼 옛날 '히틀러 시대'에—또는 '나치 정권 당시'에—벌어진 일에 불과하다. 이것이야말로 독일인 모두가 지니고 있는 거대한 집단 알리바이라 할 수 있을 것이다.

여기서 문득 의문이 생긴다. 설령 (지금껏 아무도 알지 못했던)어느 외계의 범죄자들이 저지른 (지금껏 아무도 보지 못했던)범죄라고 해서, 반드시 이 세계가 그 일을 그토록 빨리 잊어버려야만 하는 것인가?

깡그리 잊어버리는 건 쉬운 일일지 모르지만, 모두 용서하는 건 설교대에서 들먹이는 상투어와는 전혀 다른 차원의 일이다. 무엇보다 우리는, 과연 저들에게 용서를 베풀 수 있는 특권이 누구의 손에 있는지를 자문해 보아야만 한다. 성직자들의 말마따나 "자비와 용서는 전적으로 하느님께서 알아서 하실 문제"

*** 여기서 저자는 '쿨투르(Kultur)'라는 독일어를 사용하여 '쿨투르한 (Kultured)'이라고 표현한다. 이는 나치 정권 당시 이른바 국민정신을 고양한다는 의미로 벌어진 정신문화운동(쿨투르)을 비꼬는 대목이다.

라고 말함으로써 이 모든 논의를 간단히 끝내 버릴 수도 있다. 또는 시인 드라이든*의 다음과 같은 말을 인용할 수도 있다. "용서, 그것은 피해를 당한 사람에게 달린 일이다." 하지만 이 경우에는 피해를 당한 사람(600만 명에 달하는 사망자들)이 그러한 특권을 사용하기는커녕, 한마디 의견조차 표현할 수 없는 상황이다.

죽은 사람들이 용서할 수 없는 상황이라면, 산 사람들 또한 그렇게 할 수 없다. 여러분 같으면 어떤 행사에서, 즉 공개적인 자리에서 튜튼족** 특유의 허세와 정확성을 발휘하여 사람을 산 채로 불태워 버린 짐승 같은 작자들을 과연 용서할 수 있겠는가? 하느님조차 과연 이들을 용서할 수 있겠는가?『모든 용서는 아름다운가』에서 제시하는 도전적 질문의 한가운데 놓인 이야기도 바로 이같이 끔찍한 범죄에 대한 것이다. 과연 그 죽어 가는 나치가 용서해 달라고 간청한 것을 거부한 시몬의 행위는 정당했는가? 물론 사람에 따라서 이 질문을 무시하거나 회피하거나 쓸데없는 궤변을 늘어놓을 수도 있겠지만, 다음과 같은 또 하나의 질문은 여전히 남게 된다. 당신이라면 시몬 비젠탈의 입장에 놓였을 때 과연 어떻게 하겠는가? 여기에는 정답이 있을 수 없다. 이것은 각자 알아서 대답해야만 하는 개인적인 딜레마이기 때문이다.

나는 이 질문에 대해 서슴없이 이렇게 답변하고 싶다. 시

---

*   존 드라이든(John Dryden, 1631~1700). 영국의 시인.

**   독일 민족을 말한다.

몬 자신은 그 죽어 가는 나치와 그 밖의 수백만 독일인이 자랑스러워하고 심지어 전쟁도 불사한 그 '이상'과 '가치'의 직접적인 결과로 거의 죽기 직전의 상황에까지 몰렸다. 나 같으면 만약 그 젊은 나치가 운 좋게 다시 살아난다면, 또는 아예 독일이 제2차 세계대전에서 이긴다면 과연 무슨 일이 벌어질지 상상해 보았을 것이다. 나 같으면 승리한 독일인들이 시몬을 비롯한 수많은 유대인들에게 베풀어 줄 그리스도와도 같은 동정과 자비심을 어떻게든 상상해 보려고 애썼을 것이다. 그리고 이런 온갖 생각을 뒤로하고, 이 세상에서 나치가 한 사람 줄어들었다는 사실에 조금이나마 안도하면서 조용히 병실에서 나왔을 것이다.

마크 골든(Mark Goulden, 1898~1980)은 영국의 언론인 겸 출판인으로, 여러 신문사 및 잡지사에서 기자 및 편집인으로 활동했다. 36년간 영국의 출판사인 W. H. 앨런 앤드 컴퍼니(W. H. Allen and Company)의 대표를 맡았으며, 인도주의적 활동으로 많은 표창과 상을 받았다. 영국 민간 항공업계의 개척자기도 한 그는 이 책의 초판이 출간되고 5년 뒤인 1980년에 사망했다.

정의 없는 용서는
자기만족적 유약함일 뿐

한스 하베(언론인, 독일인)

『모든 용서는 아름다운가』를 읽으면서, 이 글을 읽은 사람 모두가 그랬듯이 저 또한 무척이나 흥분했습니다. 그런데 당신은 제게 문학평론을 요청하시는 게 아니라, 용서의 문제에 대한 제 의견을 물어보시는군요. 당신의 이야기에서 제가 특별히 관심을 가졌지만 답변을 얻진 못했던 두 가지 질문은 이런 것이었습니다. "우리는 누구를 용서해야 하는가? 그리고 우리는 언제 용서해야 하는가?"

저는 당신이 카를 S.라는 그 사람을 확실하게 용서해 주었다고 상상해 보았습니다. 그건 너무 단순한 대답이겠지요. 우리는 하느님의 법정에서 결코 항소할 수 없습니다. 하느님은 우리가 내린 판결을 다시 판결하시지만, 우리는 하느님이 내리신 판결을 다시 판결할 수 없습니다. 그 SS대원은 인간의 법정보다 우월한 하느님의 법정에서 처벌을 받을 것입니다.

하지만 그는 인간에게 처벌받고 난 뒤에 하느님에게 용서받을 수도 있습니다. 혹은 인간에게 용서받은 뒤에, 오히려 하느님에게는 처벌받을 수도 있습니다. 우리로선 하느님에게 처벌받은 그 자를 뒤이어 용서할 수도 없고, 또한 하느님에게 처벌을 더 늘려 달라고 요청할 수도 없습니다. 적어도 우리의 증오를 통해서는 불가능합니다. 그렇게 처벌받은 자는 실상 우리의 사법권 밖으로 벗어나게 됩니다. "편히 쉬소서"라는 말조차도 그에겐 빈말에 불과할 것입니다. 물론 우리가 그의 평안한 죽음을 기원할 수도 있지만, 과연 그에게 그것이 실제로 가능할지는 알 수 없습니다.

이렇게 되면 또 이런 질문이 나오겠지요. "그렇다면 우리는 아직 살아 있는 다른 살인자들도 용서해야만 하는가? 정말 그럴 수 있는가?"

이 대목에서는 질문을 좀 더 명확히 해야 할 필요가 있습니다. "당신이 말하는 '우리'란 과연 누구입니까?"라고 말입니다. 만약 당신이 유대인들만을, 그 학살당한 사람들의 부모와 친지와 친구들만을 '우리'로 여긴다면 여기서는 커다란 의미의 변화가 생겨나게 됩니다. 살인은 용서받을 수 있는 행위는 아니지만, 그렇다고 용서받지 못할 행위도 아닌 것이 되어 버리기 때문입니다. 도덕이란 단지 희생자들에게만 국한되어 있는 것이 아닙니다. 저는 살인 사건에 대한 재판에서 한 개인을 대신해 등장하는 이른바 변호인의 역할에 대해 늘 의구심을 가져 왔습니다. 반인륜적 범죄에 대한 재판은 어디까지나 인류에 근거해서 이루어져야 합니다. 따라서 저는 전쟁 직후 유대인의 깃발 위에 감히 '용서'라는 말을 적어 넣었던 영국의 출판인 빅터 골란츠*나, 인류의 손으로부터 복수의 칼을 빼앗아야 한다고 주장했던 어느

261

유대인이나, 모두 수상쩍은 눈으로 바라볼 수밖에 없었습니다. 제게 있어 '우리'라는 말은 단순히 유대인뿐만이 아니라 인류 전체를 말하기 때문입니다.

살인은 용서받을 수 없는 죄일까요? 그렇습니다. 의심의 여지 없이 말입니다. 그렇다면 과연 우리는 살인자를 용서할 수 있을까요? 이것은 처벌이라는 것과도 긴밀히 연관되어 있는 질문입니다. 살인자를 처벌하고자 하는 열망이야말로 정의의 계명입니다. 또한 처벌을 받고 난 살인자를 용서하는 것이야말로 사랑의 계명입니다.

당신은 카를에 대해 "그는 타고난 살인자도 아니었고, 살인자가 되고 싶어 하지도 않았어"라고 말했습니다. 이 말이 용서의 문제와 무슨 관련이 있을까요? 이 말은 타당하지도 않고, 또한 변명이 될 수도 없습니다. 태어날 때부터 살인자인 사람은 없으니까요. 만약 타고난 살인자가 있다면 그것은 병리학적으로 이례적인 경우일 테니, 그런 사람이 저지른 범죄는 오히려 '멀쩡하게' 태어난 다른 사람들에 비해 면죄를 받을 가능성도 더 클 겁니다. 반면 예수가 십자가에 달려 죽기를 선택한 것처럼, 인간에게는 자유로운 결단을 내릴 능력이 있습니다. 따라서 살인을 저지르기로 스스로 결단을 내린 사람의 경우, 비정상적인 환경하에서 어쩔 수 없이 살인자가 될 수밖에 없었던 사람에 비하면 죄

---

* 빅터 골란츠(Victor Gollancz, 1893~1967). 영국의 출판인 겸 사회주의자.

가 더 크다고 할 수 있습니다. 어찌 되었건, 어느 누구도 기꺼이 살인자가 되어 생을 마감하고 싶어 하지는 않을 겁니다. 심지어 무신론자조차도 사후를 두려워하긴 마찬가지니까요.

그렇기 때문에 우리는 살인자를 용서할 수 없습니다. 살인은 배심원이나 재판관조차도 감히 속죄해 줄 수 없는 죄이기 때문입니다. 모든 사회, 다시 말하지만 세상 모든 사회는 특정한 도덕적 원칙을 기반으로 삼고 있으며, 그 원칙 중에서도 맨 앞에 놓인 것이 바로 이런 중대한 범죄에 대한 단죄의 원칙입니다. 따라서 여기서 저는 당신이 미처 이야기하지 않았던, 다음과 같은 새로운 질문을 던져 보게 됩니다. "살인죄조차도 경감될 수 있는 어떤 상황이 있을 수 있을까?"

이러한 질문은 실제로 그런 상황이 있을 수 있다는 데 근거하고 있으므로—그렇지 않다면 살인 사건을 놓고 재판하는 것 자체가 무의미하겠지요—그 내용이 어떤 것인지 살펴보아야 할 것입니다. 당신은 그 SS대원 어머니와의 대화를 통해 카를이 결국 살인에 이르게 되기까지의 과정을 묘사했습니다. 그것은 자연스러운 일인 동시에, 한편으로는 복잡한 일이기도 합니다. 왜냐하면 우리는 용서에 대한 질문과 처벌에 대한 질문을 절대로 혼동해서는 안 되기 때문입니다. 만약 카를이 이 지상의 어느 법정에서 재판을 받게 되었다면 그의 어린 시절이며, 환경이며, 시대며, 전반적인 분위기며, 전쟁 당시의 상황 등 그의 죄가 경감될 수 있는 요소가 분명히 있었을 것입니다. 그럼에도 불구하고 이 문제에 있어 우리는 두 가지 차원을 다루어야만 합니다. 용서는 정신적 차원의 문제인 반면, 처벌은 전적으로 법적인 차원의 문제이기 때문입니다.

법정에서의 유죄 선고는 정상 참작이 가능한 여러 상황으로부터 영향을 받습니다. 그로 인해 형이 경감될 수는 있겠지만, 그렇다고 해서 우리가 그 살인자를 용서할 수 있는 것은 아닙니다. 인간에게 주어진 자유의지의 역할은 단지 살인을 저지를 것인가 말 것인가 사이에서의 양자택일에만 국한되지 않습니다. 과연 정의를 선택할 것인지, 아니면 무시할 것인지를 결정하는 것 또한 자유의지의 중요한 측면입니다. 따라서 아직 처벌받지 않은 살인자들에게 사면을 베푸는 것은 사실상 그들의 범죄에 동조하는 행위입니다. 그것은 용서를 베푸는 행위가 아니라, 오히려 용서를 가로막는 행위인 것입니다.

다시 이런 질문을 할 수 있을 겁니다. "그렇다면 우리의 용서, 혹은 복수의 대상은 과연 누가 되어야 하는가?"

비젠탈 씨, 당신은 무척 고결한 원칙을 지닌 인물입니다. 당신의 이야기는 그 SS대원과 희생자들에 대한 것이지만, 이야기가 진행되면서 그 살인자 또한 결국에는 마치 우리에 갇힌 짐승처럼 나치의 체제 안에 갇혀 버린 인물로 묘사됩니다. 이 대목에서 당신과 나의 길은 두 갈래로 나뉘게 됩니다.

우리가 지금 이야기하는 그 정권에 대해서라면, 용서에 대한 '문제'는 아예 생겨날 수조차 없습니다. 그 정권이 저지른 범죄는 결코 용서할 수 없는 것이니까요. 또한 그 정권은 이미 심판을 받고 막을 내렸습니다. 그 와중에 우리가 맞닥뜨린 것은 메피스토펠레스가 아니라 오히려 파우스트였습니다.[*] 왜냐하면 '타락'이라는 것은, 제아무리 지속력이 강하다 해도, 그로 인해 '타락한 자'들의 동조가 없다면 존재할 수 없는 것이기 때문입니다. 요컨대 '타락한 자'들은 결코 그들을 '타락시킨 자'들에 의한 희생자가 아니라, 오히려 동조자였습니다. 파우스트는 "무시무시한 형상이구나!"^{**}라고 외치며 고개를 돌렸지만 땅의 정령은 오히려 당당하게 말합니다. "네가 나를 부른 것이 아니었더냐? 네가 나의 영역에서 노닌 것이 아니었더냐? (……) 네가 나를 만나기를, 내 목소리 듣기를, 내 얼굴을 바라보기를 간절히 원했던 것이 아니었더냐?"^{***}

히틀러와 카를 S.라는 동업자를 두었던 그 회사의 이름은 '파우스트 주식회사' 혹은 '메피스토펠레스 주식회사'라고 해야 할 겁니다. 그 악마 같은 나치 정권은 결코 모든 사람을 타락시켰던 것도 아니었고, 또한 그렇게 타락한 자들이라 해서 모두가 살인을 저지른 것도 아니었습니다. 저는 각 개인의 책임을 그 조

---

* 괴테의 『파우스트』에서 파우스트는 악마 메피스토펠레스와 계약을 맺고 여러 가지 쾌락을 맛보며 갖가지 죄를 저지른다. 하지만 이때의 죄에 대해서는 비단 메피스토펠레스뿐 아니라 파우스트에게도 '동조'의 책임이 있다는 의미이다.

** 『파우스트』 제1부 483행. 파우스트는 노스트라다무스의 마법책을 펼쳐 땅의 정령을 불러내지만, 그 흉측한 모습에 놀라 외면하고 만다.

*** 『파우스트』 제1부 483~487행. 땅의 정령은 초인을 자처하며 마법을 부리던 파우스트가 자기 모습에 놀라는 것을 책망하며, 그의 소원을 들어주지 않고 홀연히 사라져 버린다.

직의 탓으로 전가시키려는 투의 변명을 받아들일 수 없습니다. 월트 휘트먼*은 이렇게 말한 바 있습니다. "이 나라에나, 혹은 거기 속한 주(州)에나, 혹은 그 주에 속한 도시에나, 누구든 저항은 크게 하고 복종은 적게 하라!" 악에 대한 저항은 영웅주의가 아니라 오히려 우리의 의무인 것입니다. 혹시 자기가 이 세상의 악 '그 자체'를 깡그리 없애 버릴 수 있다고 주장하는 사람이 있다면, 그는 과대망상증 환자에 불과할 것입니다. 게다가 그런 과대망상증 '그 자체'에 악의 씨앗이 들어 있을지 누가 알겠습니까? 중요한 것은 악에 대한 저항을 강화해야 한다는 사실입니다.

　제가 보기엔 바로 여기에 용서의 진정한 문제점이 있습니다. 그리고 제가 보기엔 바로 여기에서 우리는 비로소 우리가 과연 누구를, 그리고 언제 용서해야 할지에 대한 답변에 도달했다고 생각합니다.

　만약 사랑과 정의라는 두 가지 원칙이 서로 보완적이지 않고 완전히 별개였다면, 인류는—생각만 해도 끔찍하지만—결코 지금처럼 되지 못했을 것입니다. 당신이 제시한 질문을 이러한 관점에서 바라보면, 당신은 천지창조 이래 인간의 역사에서 사랑과 정의는 줄곧 서로 배치되는 것이었음을 발견할 수 있을 겁니다. 어느 한 시대에는 정의가 인간의 이상이었지만, 또 어느 시대에는 사랑이 이상이었습니다. '사랑 속의 정의' 혹은 '정의 속의 사랑'이라는 지고한 생각을 인류는 어디까지나 하느님의 권한

---

* 　월트 휘트먼(Walt Whitman, 1819~1892). 미국의 시인.

으로만 남겨 두었던 것입니다.

용서는 결국 하느님을 흉내 내는 것입니다. 처벌 또한 하느님을 흉내 내는 것이긴 마찬가지입니다. 하느님은 반드시 죄인을 처벌하고 나서야 용서합니다. 이 순서는 결코 바뀌지 않습니다. 하지만 우리와 달리 하느님은 결코 미워하지 않습니다. 이러한 도덕적 가치는 훌륭하기는 하지만, 우리로선 결코 도달할 수 없는 차원입니다.

당신은 『모든 용서는 아름다운가』의 마지막에 이렇게 썼습니다.

> 어떤 사람은 내가 처한 딜레마에 공감하면서 내 행동이 정당했다고 두둔했지만, 또 어떤 사람은 살인자가 참회를 했는데도 죽음의 순간까지 그를 편하게 해 주지 않았다는 사실을 들어 나를 비난하기도 했다. (156쪽)

하지만 저는 위의 두 가지 중 어느 쪽에도 속하지 않습니다. 저는 당신이 그 살인자를 용서했건 안 했건, 사실은 아무런 차이가 없었으리라 봅니다. 왜냐하면 하느님의 섭리가 그에게서는 생명과 처벌을, 그리고 당신에게서는 그 결정으로 인한 양심의 부담을 모두 면제해 주었을 테니 말입니다. 하지만 최소한 당신은 그 죽어 가는 살인자를 미워하지는 않았고, 그것이야말로 진정한 시작이었습니다. 정의 없는 용서란 자기만족적인 유약함에 불과합니다. 또한 사랑 없는 정의란 진정한 능력의 모조품에 불과하겠지요.

나치가 저지른 가장 끔찍한 범죄는 우리로 하여금 그들을 용서할 수 없도록 만든 일일 것입니다. 이 문제만 나오면 우리는 영혼의 미궁에서 벗어날 수가 없게 됩니다. 우리는 미궁을 벗어날 방법을 찾아야 합니다. 그 살인자들을 위해서가 아니라 우리 스스로를 위해서 말입니다. 단지 사랑이라는 미명으로 용서만을 감행하거나, 단지 정의라는 미명으로 처벌만을 감행해 봐야 미로에서 벗어날 수는 없습니다. 단죄와 용서는 서로 모순되는 개념이 아닙니다. 어떤 사람이 다른 누군가의 일생을 망쳐 놓았다면, 용서보다는 오히려 단죄가 앞서야 하는 것이니까요. 사랑과 정의, 단죄와 용서를 통해서 우리는 증오 없는 삶이라는 똑같은 목표에 도달할 수 있다고 생각합니다. 이것이야말로 우리의 목표가 되어야 합니다. 저로선 그 외의 방법은 없다고 봅니다.

한스 하베(Hans Habe, 1911~1977)는 헝가리 출신으로 오스트리아의 빈에서 신문기자 겸 편집인으로 활동했다. 대표작으로는 나치의 박해로 인해 발생한 난민 문제의 해법을 찾기 위해 열린 1938년의 에비앙 회의*를 소재로 한 다큐멘터리 소설 『사명(The Mission)』이 있다. 제2차 세계대전 이후에는 뮌헨의 〈노이에 차이퉁(Die Neue Zeitung)〉 편집장으로 근무했으며, 탁월한 시온주의자에게 수여하는 헤르츨 상(Herzl Prize. 오스트리아의 유대계 저널리스트 시오도어 헤르츨(Theodore Herzl, 1860~1904)의 이름을 따서 만든 상)을 받기도 했다. 그 외의 대표작으로는 『오염된 강물(Poisoned Stream)』과 『자랑스러운 시온(Proud Zion)』 등이 있다.

* 에비앙 회의(Evian Conference). 독일과 오스트리아에서 추방당한 유대인 난민 문제를 논의하기 위해 1938년 7월 프랑스 에비앙에서 29개국이 참석해 연 회의. 그러나 주최국이었던 미국을 비롯한 여러 나라가 자국과 관련된 난민 문제를 고려해 소극적인 자세로 임한 탓에 별다른 성과를 거두지는 못했다.

비록 과거는
잊을 수 없다고 해도

요시 클라인 할레비(언론인, 미국 출신 이스라엘인)

시몬 비젠탈이 죽어 가는 카를과 만나게 된 것은 그야말로 우리의 이해와 판단을 넘어서는 차원의 사건이었다. 수용소 죄수인 시몬의 입장을 함부로 판단하는 것은 겸손하지 못한 행위일 것이다. 그것은 또한 홀로코스트를 경험하지도 못했으면서 그 생존자들을 멋대로 단죄하려 드는—가령 그들이 단호히 저항하지 않았다고 비난하고, 아마도 나치에 협조했을 거라고 비난하고, 심지어 살아남았다는 사실 자체를 놓고서도 비난하는—자들의 실수를 반복하는 것이나 마찬가지다. 수용소에 갇혀 있는 시몬과 그의 동료 죄수들이 카를을 용서하느냐 마느냐를 놓고 토론을 벌였다는 것만 해도, 솔직히 우리로서는 상상조차 할 수 없는 놀라운 일이기 때문이다.

하지만 그 학살의 생존자인 시몬은 우리에게 자기의 행동을 판단해 달라고 요청했다. 쓰라린 은둔 속으로 사라지는 대신 우리가 사는 세계에 다시 합류하는 과정에서, 시몬을 비롯한 생존자들은 사회의 도덕적 정상화에 대한 부담을 떠안았다. 1945년 이후 그들은 우리와 동일한 잣대에 의해 평가되어 왔다.

전쟁 기간에 겪었던 고난은 전쟁 이후 그들의 삶이 시험대에 오르는 것을 막아 주지 못했다.

　나는 우선 내게 가능한 부분에서부터 그의 이야기에 답변해 보려 한다. 바로 1946년, 그가 카를의 어머니를 만난 대목에서부터 말이다. 여기에는 도덕적으로 어떠한 모호함도 없기 때문이다. 카를에 대한 진실을 털어놓는 대신, 시몬은 오히려 모든 것을 잃어버린 그녀가 최소한 아들에 대한 자부심 하나는 계속 지킬 수 있도록, 카를의 행위를 그녀에게 밝히지 않는다. 그는 무고한 독일인을 향한 복수를 거부한다. '그곳'에서 무슨 일이 있었든, 그것이 '이곳'에서의 잔인한 행동을 정당화할 수는 없기 때문이다. 그가 용서를 거절한 행동은 그 당시의 시간과 장소에 속한 것이고, 지금의 우리가 판단할 문제는 아니다.

　나로선 이 간단한 메시지를 이해하는 데 참으로 오랜 시간이 걸렸다. 전후에 태어났지만 나 역시 독일이라면 무조건 증오심을 불태운 그런 유대인들 가운데 하나였기 때문이다. 나는 독일을 방문할 기회가 있어도 거부했고, 독일제 물건은 아예 사지도 않았다. 혹시 내 또래 독일인을 만나면 나는 노골적으로 그들에 대한 혐오감을 드러냈고, 그들이 불편해하는 모습을 보며 즐거움을 느끼곤 했다. 나는 독일인—그 추악한 나치 문화와 동일시했던 모든 독일인—을 인류 집단 가운데서 완전히 추방시켜 버리고 싶었다.

　그러다가 1989년 11월에 이르러 나는 언론인 자격으로 독일을 방문하게 되었다. 베를린 장벽이 무너진 직후였다. 어느 추운 날 저녁, 나는 많은 군중의 틈에 끼어 서베를린의 번화가인 쿠담* 쪽으로 천천히 걷고 있었다. 당시 상황 속에서 나는, 비록 내키진 않았지만 '6일 전쟁'** 직후 예루살렘의 모습을 떠올렸다. 그때와 마찬가지로 얼떨떨한 기쁨을 느꼈고, 범접할 수조차 없던 경계선을 넘었다는 사실이 좀처럼 믿기지 않았다. 그때 문득 나는 깨달았다. 지금 독일인이 느끼는 기쁨을 나 혼자만 외면하는 것은 인간의 본질적인 경험으로부터 스스로를 격리시키는 행위이며, 나 자신을 인류로부터 추방시키는 일이라는 것을.

독일 방문 중에 나는 나치에게 희생된 독일계 유대인 청년의 이름을 딴 서베를린의 '미어바움 하우스'에 있는 기독교 청년단체를 찾아간 적이 있었다. 그곳 벽에는 폴란드의 옛 죽음의 수용소 부지를 청소하러 갈 자원봉사자를 모집하는 포스터가 붙어 있었다. 또한 국제앰네스티***부터 산디니스타까지, 각양각색의 자유주의적이고 급진주의적인 세력들을 지지하는 포스터가 붙어 있었다. 그곳을 방문하는 사람은 죽은 유대인 미어바움의

---

* 독일 베를린 거리인 '쿠어퓌르슈텐담'의 약자. 동서 분단 시절에는 서독 최대의 번화가이자 경제 중심지였다.

** 6일 전쟁(The Six-Day War). 제3차 중동전쟁을 말한다. 1967년 6월 5일 이스라엘에 대한 이집트의 선제공격으로 시작되었으나, 곧바로 우위를 점한 이스라엘이 시나이 반도, 요르단강 서안 등을 점령하고 불과 6일 만인 6월 10일에 끝났다.

*** 앰네스티 인터내셔널(Amnesty International, 국제사면위원회). 1961년에 설립된 국제기구로 세계 각국의 정치범 석방 및 인권운동을 벌이고 있다. 1977년에 노벨평화상을 수상했다.

271

영향력이 그곳에 절대적으로 남아 있음을, 또한 그곳의 젊은이들이 그를 기념하며 기꺼이 이타적인 정치적 노선을 취하고 있음을 발견하게 될 것이다.

그 젊은이들에게 나는 자신이 독일인이라는 것에 대해 어떤 자부심을 느끼는지 물어보았다. 그들은 그저 웃을 뿐이었다. 베를린 장벽이 무너지는 순간 그들도 신이 났을까? 하지만 그들의 눈은 공허하기만 했다. 내가 그들로부터 기대한 것은 어떤 뜨거운 반응, 이를테면 그들 또래의 이스라엘 젊은이들이 국가적인 승리의 날—위협받던 디아스포라* 공동체를 구출하거나, 테러리스트 지도자를 성공적으로 섬멸한 순간 등—보여 준 것과 같은 열광적인 반응이었다. 그러나 미어바움 하우스의 젊은이들은 홀로코스트를 지나치게 의식한 나머지, 자기 나라의 순수한 기쁨조차도 제대로 공유하지 못하는 것처럼 보였다. 나는 그들이 느끼는 수치심을 엿보는 상대적 쾌감 대신, 오히려 무고한 자들에 대한 복수의 허망함만을 느꼈다. 결국 나는 과거 때문에 현재가 왜곡되어서는 안 된다고, 또한 아우슈비츠 때문에 그들이 자존심을 되찾은 지금 이 순간이 부정되어서는 안 된다고 독일 젊은이들에게 충고할 수밖에 없었다.

---

* 디아스포라(Diaspora). 유대인의 민족 분산, 또는 이산을 뜻한다. 팔레스타인이 아닌 외국에 거주하며 유대교의 신앙 및 관습을 유지하는 유대인이나 공동체를 가리킨다. 지금은 그 의미가 더 확대되어, 유대인 외에도 타의에 의해 조국을 떠나 생활하는 모든 사람들을 지칭하는 말로 쓰이고 있다.

물론 나는 독일인이나 유대인 중 어느 누구도 과거에 대한 기억을 완전히 잊어버릴 수는 없다고 생각한다. 하지만 베를린에서의 그 만남 이후로, 나는 점점 독일인과 유대인 간의 화해 쪽으로 마음이 기울고 있다. 시몬이 카를의 어머니에게 행했던 자비로운 행동을 보면서, 나는 우리 유대인들이 이집트에서 보낸 고난의 세월을 기억하라는 가르침을 받는 것과 마찬가지로, 언젠가 우리가 그들을 넘어설 때가 올 것이라는 느낌을 더욱 강하게 받았다. 대학살의 생존자인 시몬 비젠탈이 SS대원의 모친에게 보여 준 고귀한 행동에는 무척 큰 용기가 필요했을 것이다. 그에 비하면 그다음 세대인 지금의 우리가 새로운 세대의 독일인을 친절하게 대하는 것은, 솔직히 약간의 윤리적 상식만으로도 가능한 일이 아닌가.

요시 클라인 할레비(Yossi Klein Halevi, 1953~)는 뉴욕 출신이며 그의 아버지는 홀로코스트의 생존자였다. 이후 이스라엘로 건너가 〈예루살렘 리포트(The Jerusalem Report)〉의 주필로 일했다. 저서로는 자서전인 『어느 유대인 과격파의 회고록(Memoirs of a Jewish Extremist)』이 있다.

홀로코스트에 대해서라면
하느님조차 피고인일 뿐

아서 허츠버그(유대교 신학자, 미국인)

그 죽어 가는 군인의 개인사를 살펴보면, 그의 죄는 줄어들기는
커녕 오히려 커지기만 한다. 그가 나치가 된 것은 결코 불가피한
선택이 아니었다. 왜냐하면 그의 어머니는 경건한 가톨릭교도였
고, 또한 그의 아버지는 히틀러와 그 추종자들에 대한 반대 의견
을 서슴지 않고 말하던 사람이었기 때문이다. 그가 히틀러 소년
단에 들어가기로 결심했을 때 그의 어머니보다는 아버지가 더욱
완강히 반대했다. 당시 열네 살이었던 그는 아버지의 반대에도
막무가내였고, 이후에는 더욱 도전적으로 바뀌어 SS에 입대하였
다. 그러다가 임종의 순간이 되어서야 자기가 부모에게 배운 것
은 이게 아니었다는 걸 깨닫는다.

　　그는 일부 확고한 나치들과는 달리, 유럽 내의 유대인들
을 완전히 몰살해 버리기 위해서라면 "무덤 속에라도 기꺼이 들
어가겠다"고 자신하지는 못했다. 하지만 자기가 합류하려는 살
인자들이 결국 성공하리라고 확신하자 그는 기꺼이 악행을 선택
했다. 사실 나치 정권은 '마음이 약한' 병사들에게는 다른 임무를
부여하도록 허락해 왔다. 심리적 충격이 그토록 컸다면 자기 손

으로 그런 범죄를 저지르는 일은 마땅히 피했어야 하지만, 그는 결국 무고한 사람들을 자기 손으로 죽이고 만다. 설령 '인종적으로 열등한 자들'을 모두 없애 버려야 한다는 주장에 확신을 갖고 있지는 않았더라도, 그는 '인간이 아닌 존재'를 죽임으로써 당시 승승장구하던 나치 정권하에서 뭔가 특별한 혜택을 얻으려는 생각을 했던 것이다.

그 군인의 침대 곁에 앉아 있던 긴장된 순간, 시몬 비젠탈은 『탈무드』에 나오는 다음과 같은 이야기를 미처 기억하지 못했던 모양이다. 누군가가 나에게 다른 사람을 죽이라고 명령하고 그렇지 않으면 오히려 나를 죽이겠다고 협박한다 하더라도, 그런 상황에서 내가 한 살인은 결코 정당화될 수 없다는 이야기를 말이다. 『탈무드』는 이에 대해 다음과 같이 해설하고 있다. "어찌 너의 피가 남의 피보다 더 귀중하다고 하겠느냐?"

그 죽어 가는 SS대원은 인종주의적 살인자가 되거나 직업적 도살자가 되기보다는 차라리 자기 목숨을 잃는 편을 택했어야 한다. 그러나 그는 유대인 한 명, 어느 누구라도 좋으니 '유대인'을 자기 침대 곁으로 데려오게 함으로써, 희생자와는 물론이고 나아가 하느님과의 평화까지 도모했다.

비젠탈은 침묵했고, 그의 행동은 옳은 것이었다. 그 SS대원이 참여했던 범죄는 인간은 물론이고 심지어 하느님의 용서를 받을 수 있는 한계조차도 넘어서는 것이었다. 왜냐하면, 하느님은 이 범죄에 있어 오히려 피고인 가운데 하나이기 때문이다.

(창세기에 기록된 바에 의하면)하느님이 소돔과 고모라의 악

275

을 보시고 그곳을 멸망시키려 작정하셨을 때, 아브라함은 이렇게 항변한다. "하느님께서는 악한 자들 중에 있는 의로운 자들도 모두 죽이실 셈입니까?"* 하느님은 그 악한 도시에 정의로운 사람이 단 10명만 있어도 멸망시키지 않겠다고 약속하시지만, 아브라함은 그 숫자조차도 너무 많다고 생각한다. 아브라함과의 대화 속에서, 온 땅의 심판관이신 하느님께서는 당신조차도 반드시 정의롭게 행동해야 한다는 사실을 인정하신다. 하느님은 당신이 악한 자와 정의로운 자를 한꺼번에 멸망시킬 수 없다는 전제를 받아들이신다.

지금 이 시대에도 우리는 아브라함과 같은 질문을 던져 보아야 한다. 홀로코스트의 희생자 가운데는 수많은 정의롭고 경건한 사람들뿐만 아니라, 미처 죄를 알지도 못했던 아이들도 100만 명이나 포함되어 있지 않았느냐고 말이다. 창세기에 나오는 '논쟁'을 보면, 아브라함은 결코 하느님이 그런 잔혹한 행동을 하도록 내버려둘 수 없었다.

어쩌면 하느님은 욥에게 한 다음과 같은 말로 스스로를 변호했을지 모른다. 하느님의 계획은 인간의 이해를 뛰어넘는다고 말이다.** 하지만 그렇다고 해서, 나치조차도 우리로선 감

---

* "아브라함이 가까이 나아가 이르되, 주께서 의인을 악인과 함께 멸하려 하시나이까. (……) 주께서 이같이 하사, 의인을 악인과 함께 죽이심은 부당하오며, 의인과 악인을 같이 하심도 부당하니이다. 세상을 심판하시는 이가 정의를 행하실 것이 아니니이까."(창세기 18장 23, 25절)

히 측정할 수 없는 목적을 위해 만들어진 하느님의 도구였다는 식의 지나친 확대해석은 결코 받아들일 수 없다. 하느님이시라면 당신이 원하시는 일을 이루기 위해 그토록 많은 수의 사람을 죽일 필요조차도 없었을 것이다. 과연 어느 누가 감히 나치와 그 동조자들을, 홀로코스트의 와중에서도 숨어서 침묵하고 계셨던 하느님의 이름으로 용서할 수 있을까? 한때 가톨릭 신자였던 그 SS대원은 아마도 자기가 했던 몇 마디 회개의 말로 하느님으로부터 용서받을 수 있으리라 생각했던 모양이다. 어쩌면 비젠탈이 나간 뒤에 그는 또다시 신부를 불러 종부성사를 받고, 하느님의 용서를 확신하며 죽었을지도 모른다. 하지만 홀로코스트를 허락했던 하느님이라면, 결코 그런 살인을 저질렀던 괴물들을 용서할 만한 자격이 있다고는 할 수 없다.

그로부터 오래 후에 시몬 비젠탈은 슈투트가르트를 방문하여 죽은 군인의 어머니를 만나는데, 당시 그가 아들에 대한 어머니의 환상을 깨뜨리지 않은 것 또한 옳은 행동이었다. 그는 아들의 죄를 어머니에게 전가하지 않았다. 시몬은 사람이 그 아비의 죄나 그 자식의 죄 때문이 아니라 각자의 죄 때문에 죽게 마련

** 구약성서 「욥기」의 주인공 욥은 원래 부유했으나 갑작스럽게 재산과 자녀를 모두 잃는 불행을 겪는다. 자신이 아무런 악행을 저지르지 않았음에도 불구하고 이러한 불행을 겪는다며 욥이 원망하자, 하느님은 그 앞에 나타나 절대자의 능력이 얼마나 심오한지 펼쳐 보인다. 그리자 욥은 인간이 하느님 앞에서 감히 자신의 정의를 주장할 수 없다는 사실을 깨닫고 입을 다물게 된다.

이라는 성서의 내용을 따랐던 것이다.* 그는 그 군인의 어머니에게 진실을 말하지 않았다. 진실을 알게 된다면 그녀는 절망할 것이었기 때문이다. 몸은 여전히 살아가더라도, 정신은 한없이 황폐해질 것이었다.

지금까지 내가 얘기한 것은 단지 시몬의 감동적인 이야기에 대해 숙고하는 과정에서 나온 것만은 아니다. 나는 1912년 갈리치아의 루바추프**에서 태어났고, 1926년에 가족과 함께 미국으로 이민 오는 바람에 가까스로 홀로코스트를 피할 수 있었다. 나는 같은 세대의 독일인들은 물론이고 그 위성국가의 동조자들과도 결코 화평할 수가 없었다. 왜냐하면 나와 같은 세대의 그들은 분명히 나치에 동조하지 않을 수 있었음에도 불구하고, 히틀러가 패하고 죽는 그날까지도 그를 향해 만세를 불렀기 때문이다. 내 친지들—할아버지와 삼촌들과 숙모들과 사촌들까지—은 물론이고 나 또한, 단지 유대인이라는 이유로 사람들을 학살한 자들의 정신상태를 도무지 짐작조차 할 수 없었다. 자신의 죄에 대해 미안해하고 부끄럽게 생각하는 자가 있다 해도, 그건 어

---

* "그런데 너희는 이르기를, 아들이 어찌 아버지의 죄를 담당하지 아니하겠느냐 하는도다. 아들이 정의와 공의를 행하며 내 모든 율례를 지켜 행하였으면 그는 반드시 살려니와, 범죄하는 그 영혼은 죽을지라. 아들은 아버지의 죄악을 담당하지 아니할 것이요, 아버지는 아들의 죄악을 담당하지 아니하리니, 의인의 공의도 자기에게로 돌아가고, 악인의 악도 자기에게로 돌아가리라."(에스겔 18장 19~20절)

** 루바추프(Lubaczów). 폴란드 남동부의 도시.

디까지나 스스로의 죄의식에 맡길 문제다. 나로선 홀로코스트를 감히 '설명'하려는 갖가지 글들을 접하는 것만으로도 충분히 고통스럽기 때문이다. 그런 글들은 비록 역사적인 통찰력이나 정교한 신학으로 가득 차 있긴 하지만, 어느 누구도 답변할 수 없는 다음과 같은 문제점을 하나같이 외면하거나 간과하고 있다.

"어째서 인간은, 그리고 하느님은 그토록 끔찍한 실수를 저질렀던 것일까?"

침묵한 채 그 SS대원의 침대 곁을 떠난 시몬 비젠탈과 마찬가지로, 우리 또한 이 문제 앞에서 침묵할 수밖에 없을 것이다.

아서 허츠버그(Arthur Hertzberg, 1921~2006)는 뉴욕 대학(New York University)의 인문학 전공 브론프먼 방문교수이자 다트머스 칼리지(Dartmouth College)의 종교학 명예교수로 재직했다. 랍비 허츠버그의 대표작으로는 『시오니스트 사상(The Zionist Idea)』 『프랑스 계몽주의와 유대인(The French Enlightenment and the Jews)』 『미국의 유대인(The Jews in America)』 『유대교(Judaism)』 등이 있다.

부디 그를 용서할 수 있기를!
내가 아닌 하느님의 이름으로.

시오도어 M. 히스버그(가톨릭 사제, 미국인)

나와는 다른 종교를 지니고, 또 나보다 훨씬 더 끔찍한 고통을 겪은 누군가에게 어찌 내가 감히 조언을 할 수 있을까? 나는 결코 그럴 수 없다는 입장이지만, 요청을 받은 관계로 부득이 한마디 해 보려 한다.

나는 시몬이 카를을 용서했어야 한다고 생각한다. 아마도 이것은 내가 가톨릭 신부이기 때문일 것이다. 어떤 면에서 나는 사람들을 용서하는 직업에 종사하고 있는 셈이니까. 나는 몇 시간 동안이나 고해실에 앉아서, 그곳에 들어와 죄를 고백하는 사람들을 모두 용서한다.

나는 하느님을 죄 많은 인간에게 끝없는 용서를 베풀어 주시는 분으로 생각한다. 예수 그리스도가 한 이야기 가운데 가장 훌륭한 것은 바로 탕자의 비유다. 우리는 하느님께서 우리를 용서하시듯 타인을 용서할 수는 없는 것일까?

물론 이 책에서 말하는 범죄는 그야말로 전무후무한 것이었다. 하지만 그것도 역시나 유한한 것인 반면, 하느님의 자비는 그야말로 무한한 것이기 때문이다.

어느 누구든지, 또 어떤 일에 대해서든지 누군가가 내게 용서를 구하면, 나는 하느님께서 우리에게 그러셨듯이 기꺼이 그를 용서할 것이다. 내가 수없이 많은 고통을 받았다면 아마 다른 때보다는 그를 용서하기가 더욱 힘들겠지만, 그래도 나는 내가 그를 용서할 수 있기를 소망한다. 지금 내 모습과 능력으로 인해서가 아니라, 전능하시고 자비가 풍성하신 하느님의 이름을 빌려서 말이다.

시오도어 M. 히스버그(Theodore Martin Hesburgh, 1917~2015)는 35년간 노트르담 대학(University of Notre Dame)의 총장으로 재직했고, 그 뒤에도 명예 총장으로 재직했다. 고등교육 분야뿐만 아니라 공공 분야에서도 활발한 활동을 펼쳐 15개나 되는 다양한 단체의 회장을 맡았으며, 네 명의 교황 밑에서 성직자로 근무했다. 특히 평화에 대한 오랜 관심과 공로로 자유훈장을 받았으며, 미국평화협회(U.S. Institute for Peace)의 이사를 역임하기도 했다.

브리스크의 랍비가
우리에게 가르쳐주는 것

아브라함 요슈아 헤셸(유대교 신학자, 미국인)

지금으로부터 50여 년 전, 유명한 학자이며 점잖은 인품의 소유
자로 잘 알려진 브리스크*의 어느 랍비가 집에 가기 위해 바르샤
바에서 기차에 올라탔다. 평범한 외모의 이 랍비가 들어간 객실
에는 여행 중인 상인 몇 명이 있었는데, 이들은 기차가 출발하자
마자 카드놀이를 시작했다. 놀이가 계속될수록 흥미도 배가되
었다. 하지만 랍비는 그저 초연한 태도로 명상에만 잠겨 있을 뿐
이었다. 그런 태도를 불편하게 느낀 상인들은 랍비에게 카드놀
이를 같이 하자고 권했다. 그러자 랍비는 카드놀이를 한 번도 해
본 적이 없다고 대답했다. 시간이 지날수록 그들은 랍비의 초연
한 태도를 더욱 견딜 수 없었고, 결국 그중 하나가 이렇게 말했
다. "우리랑 놀든지, 아니면 여기서 나가시오." 잠시 후, 그는 랍
비의 멱살을 잡고 그를 객실 밖으로 몰아냈다. 결국 그 랍비는

---

*   오늘날 벨로루시의 지방 도시인 브레스트를 말한다. '브리스크'는
브레스트의 옛 이름인 '브레스트-리토프스크'를 가리키는 유대인들의
속칭이다.

기차가 목적지인 브리스크에 도착할 때까지 마냥 서 있어야만
했다.

그런데 그 상인들의 목적지 또한 브리스크였다. 랍비가
기차에서 내리자 그를 존경하는 사람들이 달려와 반기며 악수를
나누었다. "저 사람이 도대체 누구요?" 상인이 물었다. "저 분을
모르시오? 그 유명한 브리스크의 랍비시라오." 그 순간 상인은 가
슴이 덜컥 내려앉았다. 그는 자기가 행패를 부린 사람이 누구인
지 미처 몰랐던 것이다. 그는 재빨리 랍비에게 다가가 자기가 한
짓을 용서해 달라고 간청했다. 그러나 랍비는 그를 용서해 주지
않았다. 호텔에 와서도 도무지 마음이 편치 않았던 상인은 급기
야 랍비의 집으로 찾아갔다. "랍비님." 그가 말했다. "저는 부자가
아닙니다. 하지만 저금해 놓은 것이 300루블쯤 있습니다. 저를
용서해 주신다면 그 돈을 랍비님께 드리겠습니다." 그러나 랍비
의 대답은 간단했다. "그럴 수는 없소."

상인은 불안해서 참을 수가 없었다. 그는 위안을 얻기 위
해 회당을 찾아갔다. 그가 자신의 근심을 회당 안의 몇몇 사람들
에게 이야기하자 사람들은 모두 놀랐다. 그토록 고매하기로 소
문난 그들의 랍비가 어떻게 누군가를 용서하지 않을 수 있단 말
인가? 그들은 상인에게 랍비의 큰아들을 찾아가서 그 아버지의
이상한 행동에 대해 이야기해 보라고 조언했다. 자초지종을 전
해들은 아들 역시 아버지의 행동을 이해할 수가 없었다. 그는 불
안해하는 상인에게 자기가 아버지와 한번 얘기해 보겠다고 약속
했다.

그러나 유대인의 율법에 따르면 아들이 아버지를 직접적으로 비난할 수는 없다. 그래서 아들은 아버지의 서재로 들어가 율법에 대한 일반적인 이야기를 나누다가, 용서에 대한 율법으로 슬쩍 화제를 바꾸었다. 누군가가 세 번씩이나 용서를 간청하면 반드시 용서해 주어야 한다는 원칙을 랍비가 언급하자, 아들은 곧바로 그 상인의 이름을 꺼냈다. 그러자 랍비는 이렇게 대답했다.

"나는 그를 용서하고 싶어도 할 수가 없구나. 왜냐하면 그는 내가 누군지 몰랐기 때문이지. 사실 그는 유명한 랍비가 아닌 어느 이름 없는 사람에게 죄를 지은 거란다. 그러니 그 상인한테, 나 말고 그 이름 없는 사람을 찾아가서 용서를 구하라고 말해 주려무나."

어느 누구도 다른 사람에게 저질러진 범죄를 대신 용서해 줄 수는 없다. 이미 이 세상에서 사라진 600만 명이 받은 고통을 지금 여기 살아 있는 어떤 한 사람이 대표해서 용서하는 것은 불가능하다. 그래서 유대인의 전통에 의하면, 심지어 하느님조차도 인간이 당신을 향해 지은 죄만을 용서할 수 있을 뿐, 인간이 다른 인간을 향해 지은 죄까지는 어쩔 수 없다고 하는 것이다.

아브라함 요슈아 헤셸(Abraham Joshua Heschel, 1907~1972)은 저명한 신학자 겸 철학자로, 폴란드의 바르샤바에서 태어나 유럽에서 공부했으며 1940년에 미국으로 이주했다. 유대인 성인을 위한 교육기관인 프랑크포르트 레르하우스(Frankfort Lehrhaus)에서 마르틴 부버(Martin Buber)의 후임으로 교편을 잡기도 했다. 미국에 온 이후에는 1972년 사망할 때까지 미국 유대신학교(Jewish Theological Seminary of America)에서 유대교 철학, 윤리학, 신비주의를 강의했다. 랍비 헤셸은 시민권 운동에도 활발히 참여하여 마틴 루터 킹 목사와 함께 행진에 참여하기도 했고, 제2차 바티칸 공의회 당시에는 유대교-기독교 간 대화에 참여하기도 했다. 그의 독특한 종교철학이 반영된 대표작으로는 『사람은 혼자가 아니다(Man is not Alone)』『사람을 찾는 하느님(God in Search of Man)』『예언자들(The Prophets)』『안식일(The Sabbath)』『이스라엘: 영원의 반향(Israel: An Echo of Eternity)』 등이 있다.

용서받지 못하는
두 개의 죄악

수재너 헤셸(유대학자, 미국인)

물론 나 같아도 시몬 비젠탈과 똑같이 했을 것이다.

종전 후, 시몬의 질문은 그가 수용소에서 그 일을 겪었을 때보다 더 큰 현실적 중요성을 지니게 되었다. 우리는 과연 나치의 범죄를 용서할 수 있을까? 우리는 과연 독일인을 용서할 수 있을까?

유대교에서는 용서를 받기 위해서는 참회와 보상 두 가지가 모두 필요하다고 본다. 그런데 결코 용서받을 수 없는 죄가 두 가지 있다. 하나는 살인이며, 다른 하나는 누군가의 명예를 훼손한 죄다. 두 가지 모두 참회는 가능하지만 용서는 불가능하다. 죽은 사람이 그 살인자를 용서할 수는 없는 노릇이고, 또한 명예란 한 번 훼손되면 결코 이전과 똑같이 복구될 수 없기 때문이다. 홀로코스트는 두 가지 죄에 모두 해당한다. 살인은 물론이고, 반유대주의적 선동을 통해 유대인의 명예를 훼손했기 때문이다. 따라서 이러한 범죄에 대해 그들이 아무리 참회를 하더라도, 보상이 불가능한 까닭에 그들은 용서받을 수 없다.

"하지만 독일인이 진심으로 뉘우치고 있지 않은가?" 어떤 사람은 이렇게 물어볼지도 모른다. "많은 유대인에게는 물론이고, 이스라엘 측에도 수백만 달러의 배상금을 지불하지 않았는가?"

남아프리카공화국이 진실화해위원회*를 설립한 것과 달리, 독일은 유대인에 대한 범죄를 공개적으로 자백하기 위한 공개 재판소를 만든 적이 전혀 없었다. 반대로 독일인은 연합군에 의한 비(非)나치화 작업의 와중에서 자신들의 죄를 숨기거나 축소하는 데 여념이 없었다. 제3제국을 만드는 데 관여한 자들 대부분은 단지 나치와의 관련을 부인하는 것만으로도 이전의 지위에 그대로 남아 있을 수 있었고, 참회보다는 오히려 그들을 묵인하고 은폐하기로 공모한 독일 사회에서는 그들의 변명을 기꺼이 받아들였다. 심지어 콘라트 아데나워 수상조차도 공식적으로는 독일이 기꺼이 참회할 준비가 되어 있다고 말했지만, 그의 내각에서 국무장관을 지낸 한스 글롭케**는 히틀러에게 무한 권력을

---

* 　진실화해위원회(Truth and Reconciliation Commission). 흑인에 대한 인종차별을 자행한 남아프리카공화국의 과거사 청산을 위해 1995년에 설립한 기구. 1960년부터 93년까지 자행된 국가 차원의 범죄 및 인권침해 등을 조사하여, 모두 7112명의 조사 대상자 가운데 5392명을 처벌하고 849명을 사면한 뒤 1998년에 활동을 마쳤다. 조사 과정 중에는 여론이 분열되는 등의 위기가 있었지만, 비교적 공정한 평가로 바람직한 성과를 거둔 것으로 평가받는다.

** 　한스 글롭케(Hans Globke, 1898~1973). 독일의 정치가. 제3제국 당시 고위 관료는 아니었지만 '뉘른베르크 법'의 초안 작성자 겸 정부 논평 기안자로 평가된다. 나치스에 가입한 전력이 없었기 때문에 종전 후에도 무사했으며, 1953년부터 63년까지 아데나워 정권에서 국무장

287

부여한 긴급 입법의 창안자인 동시에 유대인의 시민권을 박탈한 '뉘른베르크 법'*의 창안자였다. 하지만 나치에 입당한 기록이 없었기 때문에 훗날 어떤 불이익도 받지 않았고, 반(反)나치적인 아데나워 정권에 참여할 수 있었던 것이다.

유럽에서 유대인을 말살한 것만이 나치의 유일한 반인륜적 범죄는 아니었다. 나치는 심지어 반독일적인 범죄조차 서슴지 않았다. 역사가들에 의하면, 독일 국민은 죽음을 무기 삼아 협박하는 나치 정권 때문에 일종의 감옥 같은 상태에서 어쩔 수 없이 히틀러에게 복종한 게 아니었다. 오히려 독일 사회 전체가 나치 정권에 협조적이었으며, 독일 국민은 종종 자발적으로 나치의 범죄에 가담했다. 괴츠 알리**는 일부 '아리안족' 독일인 가정에서 나이 많은 조부모나 장애가 있는 어린 자녀를 이른바 안락사라는 방법으로 살해했다고 폭로했다. 그것은 살인일 뿐 아니라 국가적인 자살 행위이며, 어쩌면 독일의 영원한 황폐화로 이어질 수도 있었다. 이런 만행이 어떻게 속죄가 되겠는가?

나의 아버지인 랍비 아브라함 요슈아 헤셸은 "죄 없는 자의 피가 영원히 외칠 것"이라는 글을 쓴 적이 있다. 만약 그 피

관을 역임하면서 논란을 불러일으켰다.

* 뉘른베르크 법(Nuremberg Laws). 1935년 9월에 통과된 '독일 혈통 및 명예 보호법'과 11월부터 시행된 '제국시민법'을 말한다. 전자는 유대인과 비유대인 간의 결혼을 금지하는 것이었으며, 후자는 유대인 및 유대 혼혈인(조부모까지)으로부터 시민권을 박탈하는 것이었다.

** 괴츠 알리(Götz Aly, 1947~). 독일의 언론인 겸 역사가.

가 외침을 그쳐야 한다면, 인간성 또한 더는 존재할 수 없을 것이다. 문제는 용서가 아니라, 어떻게 해야 희생자들과 그 후손들이 가족들의 피의 외침을 듣고서도 슬픔과 원한을 갖지 않고, 또한 그들 스스로의 인간성을 잃지 않고 살아갈 수 있느냐는 것이다. 그러니 나치의 후손들은 우리에게 용서를 구하는 대신, 차라리 유대인들의 피의 외침에 계속 귀 기울임으로써 그들 자신의 인간성을 보존해야 할 것이다.

수재너 헤셸(Susannah Heschel, 1956~)은 랍비 아브라함 요슈아 헤셸의 딸로, 현재 미국 뉴햄프셔 주 다트머스 칼리지에서 유대학 교수로 재직 중이다. 저서로는 『아브라함 가이거와 유대인 예수(Abraham Geiger and the Jewish Jesus)』가 있고 『인사이더/아웃사이더: 다문화주의와 미국의 유대인(Insider/Outsider: Multiculturalism and American Jews)』을 공동 편저했다.

용서야말로
진정한 힘이다.

호세 호브데이(가톨릭 수녀, 미국인)

"나라면 어떻게 했을 것인가"라는 질문을 받고 나니, 이에 대한 내 답변이 마치 비젠탈 씨의 행동에 대한 판결처럼 받아들여질 것 같다는 생각이 든다. 하지만 나는 그런 판결을 내리진 않겠다. 이 문제에 대해서는 이타주의니, 정신 건강이니, 난해한 질문이니, 신학이니, 토론이니 하는 차원에서 여러 가지 이야기가 나올 수 있겠다. 하지만 내가 보기엔 그 모든 것도 결국 충분치 못해 보일 뿐이다.

어떤 사람이 보기에 용서란 그저 나약함이며, 어쩌면 악한 행위를 덮어 버리는 행동에 불과할 수도 있다. 하지만 나는 이에 반대한다. 그렇다면 이런 질문은 어떨까. "카를에게는 용서를 요청할 수 있는 '권리'가 있었을까?" 물론 이것은 요지에서 어긋나는 질문이다. 왜냐하면 권리 여부를 떠나서 카를은 '실제로' 요청을 했기 때문이다. 비젠탈 씨는 자기가 그 죽어 가는 사람 곁에 머물렀고 그의 이야기를 들어 주긴 했지만, 그에게 위로를 베풀 생각은 없었다고 말한다. 비젠탈 씨는 침묵한 채 그곳을 떠난다. 그의 침묵은 보는 사람에 따라 서로 다른 의미로 해석될 것이다.

나는 아메리카 인디언의 후손(세네카족과 이로쿼이족, 그리고 세미놀족의 후예다)으로서, 평생 이 땅에서 차별대우를 당해 왔다. 나는 지금까지 우리 종족이 당해 왔던 온갖 잔혹 행위와 처형과 굶주림과 종족말살에 대한 이야기를 고스란히 들어 왔다. 우리의 역사에는 이러한 고통에 대한 이야기가 수두룩하다. 원주민들은 미국 정부가 선물한 담요에 묻은 천연두 병균으로 인해 거의 몰살당하다시피 했다. 백인들은 우리를 향해 개를 풀어놓는가 하면, 그저 운동 삼아 우리에게 총을 쏘기도 했다. 그렇게 죽은 사람이 무려 600만 명 이상이었다. 한 세기 내내 지속된 이러한 학살을 그 침입자 겸 정복자들은 멀거니 서서 바라보고만 있었다. 이 세상의 다른 많은 종족들도 이와 비슷한 끔찍한 치욕을 당한 바 있을 것이다.

하지만 잘못된 길을 걸으며 복수와 앙갚음을 원하던 내게, 세네카족이었던 우리 어머니는 이렇게 말씀해 주셨다. "너도 저 사람들처럼 무지하고 어리석고 비인간적이어서는 안 된다. 장로님께 가서, 네 마음을 씁쓸함에서 달콤함으로 바꿔 놓을 수 있는 약을 지어 달라고 해라. 너는 사람의 마음속에서 독을 뽑아내는 지혜를 배워야 한다."

망각과 용서는 마치 서로 다른 듯 보이지만, 나는 이 두 가지가 사실은 하나임을 확신한다. 왜냐하면 내가 당한 악행을 떠올릴 때마다, 용서라는 단어가 덩달아 떠오르기 때문이다. 내 경험으로 미루어 보건대, 그런 악행에 대한 기억은 우리의 마음속에 몇 년이고, 몇 년이고, 몇 년이고 그대로 남아 있고는 한다. 그리고 매번 내게 용서의 필요성을 상기시키는데, 그것을 결국 용서하기까지 나는 실상 그 악행의 영향력 안에 사로잡혀 있는 셈이다.

연민은 모든 것을 감싸 안으며, 또한 모든 피조물에까지 확장되어 적용될 수 있다. 식물이나 동물, 두 발 달린 갖가지 종류에게도 말이다. 용서는 우리의 마음에서 우러나오는 것이다. 따라서 나 같으면 카를을 용서했을 것이다. 그의 마음의 평화뿐 아니라 내 마음의 평화를 위해서라도 말이다. 비젠탈 씨는 자신이 선을 행하고 정의를 되찾아야만 한다는 사실을 잘 알고 있었던 것 같다. 나는 그의 마음이 평화와 안정을 되찾기를 바라며, 비록 그 기억이 여전히 짐으로 남아 있을지라도 이제는 그 짐을 벗어 버렸으면 한다. 그 어느 누구도, 그 어떤 기억도 우리를 절망하게 해서는 안 되며 우리의 평화를 깨뜨려서도 안 된다. 용서야말로 진정한 힘이라고 할 수 있다.

언젠가 그가 광활한 이곳 미국 서부의 해바라기를 볼 수 있길 바란다. 이곳의 해바라기는 우리가 훌쩍 뛰어넘을 수 있을 만큼 키가 작기 때문이다. 호!

호세 호브데이(José Hobday, 1929~2009)는 아메리카인디언인 세네카족과 이로쿼이족과 세미놀족의 후손이며 평생을 프란체스코회 소속 수녀로 살았다. 〈패러볼라(Parabola)〉〈크로스커렌츠(Cross - Currents)〉〈내셔널 가톨릭 리포터(National Catholic Reporter)〉〈프레잉(Praying)〉 등에 가톨릭과 아메리카인디언의 영성에 대해, 그리고 아메리카인디언 문제에 대해 많은 글을 발표했다. 강사로도 유명해서 미국 전역은 물론이고 세계 각지에서 강연을 했으며, 그 내용이 카세트테이프로 제작되어 널리 보급되었다.

용서할 권리가 충분했고,
용서해야 했다.

크리스토퍼 홀리스(언론인, 영국인)

완전히 자전적인 작품인지 혹은 일부 허구적인 내용이 들어 있는지는 모르겠지만, 『모든 용서는 아름다운가』는 분명히 무척이나 감동적이며 생생한 책이다. 문학평론을 쓰는 것이라면 나는 기꺼이 이 책을 격찬했을 것이다. 하지만 내가 받은 요청은 다음과 같은 질문에 대해 어느 한 가지 입장을 결정해서 내 의견을 서술하라는 것이었다. 유대인 아이를 잔인하게 학살했다고 고백한 어느 죽어 가는 SS대원에게 끝내 동정의 말을 건네지 않은 저자의 행동은 과연 옳은 것이었던가?

저자는 용서를 거절한 자신의 행동을 결코 후회하지 않는다. 또한 훗날 사망한 그의 두 유대인 동료는, 만약 그 SS대원에게 그가 동정을 표시했다면 큰 잘못을 범하는 셈이었다고 생각한다. 오직 폴란드인 신학생만이 다르게 생각하지만, 그는 저자와 연락이 끊겼기 때문에 이후 자신의 생각을 어떻게 더 발전시켰는지에 대해서는 알 수 없다. 하지만 저자가 훗날 그 SS대원의 어머니를 찾아갔다는 것은, 그의 마음이 결코 편하지 않았음을 보여 준다. 물론 그 방문이 어떤 목적을 띠고 있었는지, 혹은 어떤 목적을 띠어야 한다고 저자가 스스로 생각했는지는 불명확하다. 왜냐하면 그는 그 SS대원의 어머니에게 진실을 이야기하지 않았고, 단지 그 방문을 자신의 불편하고 의심스럽고 힘든 마음을 나타내는 증거로만 삼았기 때문이다.

내가 받은 질문은 과연 그런 상황에서 '그가' 어떻게 했어야 하느냐는 것이다. 우선 명확히 해 두고 싶은 것은, 이 질문은 "과연 나라면 어떻게 했을 것인가?"라는 질문과는 전혀 다르다는 점이다. 나중의 질문에 대해서라면 나는 결코 대답할 수가 없다. 나로선 그런 유혹에 대해 보통 이상으로 저항할 수 있을 것이라고 감히 주장할 수 없다. 또한 한 번도 접해 본 적 없고 비교할 수도 없는 그런 거대한 공포에 직면해서 과연 어떤 용기를 발휘할 수 있을지도 장담할 수 없다. 우리는 다만, 누구나 각자의 믿음에 대해 심각한 도전을 받을 경우에는 기꺼이 순교자가 되어야 한다고 말할 수 있을 뿐이다. 그러나 정작 그러한 심판의 날이 왔을 때 스스로가 순교자가 될 만한 용기를 발휘할 수 있을지는, 우리 중 누구도 장담할 수 없을 것이다.

그렇지만 저자가 과연 어떻게 했어야 했느냐는 명백한 도전 앞에서, 나는 그가 동정의 말을 건넸어야 한다고 분명히 말하고 싶다. 그 문제에 대한 신학적 논지는 폴란드인 신학생이 말했듯이 아주 명백하며, 실제로 기독교인과 유대인 사이에는 아무런 차이가 없다. 여기서 차이를 말하는 것은 부적절하다. 하느님의 율법은 곧 사랑의 율법이다. 우리는 서로를 사랑하도록 창조되었고, 따라서 사랑의 율법이 깨지는 바로 그 순간 하느님의 본성은 좌절할 수밖에 없는 것이다. 그렇게 끊어진 유대관계는 가급적 빨리 회복되어야 한다. 심지어 우리는 이웃이 우리에게 일곱 번씩 일흔 번이나 죄를 범해도 용서해 주어야 할 의무가 있다.

한편으로 우리는 모두 태어날 때부터 원죄를 갖고 있다(물론 정통파 유대인이라면 이 문장 자체를 순순히 인정하려 하지 않겠지만, 그들이 이 내용을 부정하는 주장을 가만히 살펴보면 실제로는 그들 또한 대부분의 기독교인들과 마찬가지로 이 사실을 믿고 있다고 해야 할 것이다). 사실 어느 누구도 어쩔 수 없는 것이, 다른 교리들과는 달리 원죄는 기독교의 사고방식에 있어 분명 필수적인 것이기 때문이다. 인간은 죄를 갖고 태어나기 때문에, 설령 하느님이 그 외의 실제적인 죄를 모두 문제 삼지 않는다 하더라도, 우리로선 오직 참회밖에는 용서받을 길이 없는 것이다. 실제로 우리는 가급적 남들을 단죄하지 말라는 지시를 받는다.

"정죄하지 않으면 너희도 정죄받지 않을 것이다."[*]

여기서 우리는 우리의 이해력이 얼마나 좁은지를 반드시 상기해야만 한다. 만약 우리의 이해력이 보다 넓다면, 이 세상에는 타인

---

[*] "비판하지 말라. 그리하면 너희가 비판을 받지 않을 것이요. 정죄하지 말라. 그리하면 너희가 정죄를 받지 않을 것이요. 용서하라. 그리하면 너희가 용서를 받을 것이요."(누가복음 6장 37절)

에 대해 흉볼 것이 매우 많다는 것은 물론이고, 겉으로 보이는 것
과는 달리 그 흉볼 일의 대부분이 사실은 나 자신의 소행이란 것
까지도 깨달을 수 있을 것이다.

하지만 평소 같았으면 정당했을 이러한 고찰조차도 지
금 여기서는 부적절하다. 그 SS대원은 그야말로 지독한 범죄를
저질렀기 때문이다. 그로 하여금 SS에 입대하게 만든 그 충동이
며, 그가 맹종했던 나치 선전의 타락성이며, 그가 노예처럼 굴어
야 했던 군사 훈련 같은 것들을 되새겨 본들 그에겐 아무런 소용
이 없었을 것이다. 왜냐하면 그것은 일종의 설명에 불과하기 때
문이다. 그것은 결코 변명이 될 수 없다. 물론 그 SS대원은 그것
을 변명으로 삼지는 않았다. 그는 그 지독한 범죄로 인해 죄의식
을 느꼈고, 그렇기에 솔직히 자신의 범죄를 고백했던 것이다. 또
한 저자는 상대방의 참회가 진심인지에 대해서는 결코 의심하지
않았다. 따라서 비록 쉽지는 않았겠지만, 그러한 진실함을 깨달
은 이상 저자가 동정의 말을 건넸어야 한다는 점에는 의심의 여
지가 없다.

한편 참회는 피해를 당한 사람에게 기꺼이 보상하려는 의
지와도 관련이 있기 때문에, 만약 상황이 조금만 달랐더라면 저
자는 그 SS대원을 향해서, 비록 그가 그 죽은 아이의 생명을 되돌
려 놓지는 못하더라도, 최소한 참회의 진실성을 보여 주는 증거
로 유대인들을 위해 뭔가 봉사해야 한다고 요구할 수도 있었을
것이다. 만약 그가 살아났거나 건강을 회복했다면 그러한 요구
를 기꺼이 받아들였을지 누가 알겠는가? 하지만 그로부터 몇 시

간이 지나지 않아 그가 사망하고 말았으니 이런 질문은 사실상 무의미하다. 비록 저자는 그럴 가능성에 대해 의구심을 가졌지만, 우리로선 좀 더 선의를 갖고 추측해 볼 수도 있는 것이다.

결국에는 하느님께서 갚아 주실 것이다. 그러니 아무런 문제가 없다.

또한 저자 스스로가 인정하듯이, 과연 그 SS대원이 진심으로 자신의 행동에 대해 부끄러워하지 않았더라면 무슨 이유로 굳이 유대인 한 사람을 불러서 고백을 했겠는가?

물론 나는 어디까지나 내가 보기에 확고한 도덕률이라 생각되는 것을 서술할 뿐이다. 그런 상황에서 그러한 도덕률에 순응함으로써 좀 더 일이 쉬워진다거나 개인적 단죄를 피할 수 있었으리라고 가정하는 것은 아니다. 하지만 이 확고한 도덕률은 십자가에서 처형될 당시 자기를 죽이는 사람들을 용서해 달라고 기도했던 그리스도로부터 시작되었다. 물론 유대인에 대한 박해와 살해가 지속되고 있던 당시 상황에서, 저자 스스로도 자기가 머지않아 살해당할 것이라 믿었던 것은 사실이다. 하지만 내가 생각하기에, 도덕적 명령의 측면에 있어서는 그것이 용서를 더 어렵게 만들기보단 오히려 쉽게 만들었던 것 같다.

저자의 두 유대인 친구 아르투르와 요제크는, 자기가 당한 피해를 용서할 수는 있지만 결코 다른 사람이 당한 피해까지 용서할 권리는 없다며 저자와 논쟁을 벌였다. 하지만 그 SS대원 한 사람이 그 유대인 아이 한 사람에게 행한 것이 단지 개인적인 행동이었던 게 아니라 종족말살이라는 거대한 군사 작전의 일부였다는 점을 떠올려 보면, 저자 또한 그 아이와 마찬가지로 그 작전의 희생자—혹은 조만간에 희생자가 될 사람—이므로, 고통받은 사람들 중 하나로서 용서할 수 있는 권리도 충분히 갖고 있다고 할 수 있다. 따라서 그의 용서는, 사실상 별 관심도 없으면서 누군가가 이전에 범한 죄를 무심코 용서해 주는 무신경한 행동과는 전혀 다르다고 할 수 있다.

용서는 처벌을 면제해 주는 것과는 전혀 다르다. 이 경우에는 그 SS대원이 곧 죽게 될 상황이었기 때문에 처벌에 대한 질문이 제기되지 않았을 뿐, 만약 그가 살아났더라면—비록 영적으로는 용서를 받았다 하더라도—자기 죄에 걸맞은 처벌까지 모면하지는 못했을 것이다.

따라서 그 SS대원이 어째서 알지도 못하는 유대인에게 고백하고자 했는지를 이해하는 것은 매우 흥미로운 일이다. 그 SS대원은 본래 가톨릭 가정에서 자랐지만, 이후 히틀러 소년단에 들어가면서 종교를 버리게 되었다. 그가 임종 당시에 이전의 신앙으로 분명히 돌아갔는지—혹은 돌아가려는 마음이 있긴 했는지—에 대해서는 이론의 여지가 있을 수 있다. 그가 만약 정말로 그랬다면, 즉 죽음 이후의 삶과 심판의 가능성을 확신했더라면, 오히려 그 병원 내에 있었을 가톨릭 신부를 불러야만 더 이치에 맞는다. 만약 당시 그곳에 신부가 없었다면 그는 하느님의 판결이 그야말로 정의롭다는 것을 확신할 수 있었을 것이다. 또한 그가 진정으로 참회하고 있었다면, 그는 하느님이 행여 자신에게 자비를 베풀지 않을까 봐 두려워하진 않았을 것이다.

298

어떤 쪽이건 간에, 어째서 그는 알지도 못하는 어느 유대인에게 고백을 함으로써 상태가 더 나아지고 마음이 홀가분해질 수 있었던 것일까? 그 유대인으로선 아무런 속죄도 해 줄 권리가 없는데 말이다. 이해하기는 쉽지 않은 일이지만, 임종에 직면한 죄인들이 종종 누군가에게 자기 이야기를 털어놓음으로써 안식을 얻고자 한다는 것은 심리학에서도 인정된 사실이다. 더군다나 일반적인 상황에서라면 과연 누가 굳이 완고하게 그런 이야기를 듣기 싫다고 거절하겠는가?

진정한 논점은 과연 유대인과 나치가 똑같은 인간성을 지닌 하느님의 자녀들인지, 아니면 서로 완전히 다른 존재로서 전쟁을 벌일 수밖에 없는지에 대한 것이다. 만약 두 번째 해석이 옳다고 여겨진다면 그런 해석에 대한 책임은 어디까지나 나치에게 있는 것이고, 나치로선 유대인이 그렇게 생각한다는 사실을 불평할 자격이 없을 것이다. 하지만 그럼에도 불구하고 달리 생각하고 싶은 유혹이 없진 않다. 왜냐하면 모든 인간이—물론 그중 일부는 별로 사랑스럽지 않지만—결국 하느님의 자녀라는 것은 유일신 신앙에서는 필연적으로 도달하게 되는 결론이기 때문이다. 가령 기독교에서는 전능하신 창조주가 그 자녀들을 결코 죽게 내버려 두지 않는다고 주장하고, 유대교에서는 자신들이 바로 하느님의 피조물이라고 주장하니 말이다.

우리는 수용소에 수감된 유대인들이 어떻게 해서 '하느님이 잠시 자리를 비우셨다'는 약간은 씁쓸한 농담을 주고받게 되었는지를 충분히 이해할 수 있다. 하지만 종교적 신앙은 이러한 신성모독조차도 거부하라고 요구한다. 아무리 이해하기가 힘들다 하더라도 "하느님은 속이지 않는다"는 것을 믿어야 한다는 것이다. "그가 나를 살육할지라도 나는 그를 믿노라"*고 했던 욥처럼 말이다.

　　인간들이여, 이것이 무슨 일이며 너희가 왜 절망하느냐?
　　하느님께선 절망을 제외한 너희 모든 죄를 용서하실 것이다.**

중세의 전설 가운데 예수 그리스도의 열두 사도가 천국에서 모두 만나 최후의 만찬을 다시 한번 열었다는 이야기가 있다. 마침 한 사람의 자리가 비어 있었는데, 갑자기 문이 열리고 배신자인 가롯 유다가 방 안으로 들어오자 그리스도가 얼른 자리에서 일어나 그에게 입 맞추며 이렇게 말했다고 한다. "자네가 올 때까지 기다리고 있었네."

---

*　　과거 킹 제임스 성서에서는 이 대목을 "그가 나를 죽이실지라도 나는 그를 의뢰하리니"(욥기 13장 15절)라고 번역했지만, 현재 우리말 성서에서는 "그가 나를 죽이시리니 내가 희망이 없노라"로 바뀌어 있다. 이는 히브리어 원문에 대한 후대 해석자들의 견해차에 근거한 것이다.

**　　이 인용문은 프레더릭 윌리엄 헨리 마이어즈가 1867년에 쓴 찬송가 「그리스도여, 나는 당신의 것입니다」의 가사 가운데 일부이다.

크리스토퍼 홀리스(Christopher Hollis, 1902~1977)는 영국의 언론인 겸 작가로서 제2차 세계대전 중에 영국 공군에서 복무했으며, 이후 하원의원을 역임했다. 대표작으로는 『교회와 경제(Church and Economics)』 『교황권(The Papacy)』 『성소: 성지의 유대교, 기독교, 이슬람교 유적(Holy Places: Jewish, Christian and Muslim Monuments in the Holy Land)』 등이 있다.

당신은
최선의 선택을 했을 뿐

로저 카메네츠(작가, 미국인)

시몬 비젠탈 씨에게.

저는 그와 같은 상황에서는 침묵만이 최선의 답변이었다고 생각합니다. 어차피 죽을 운명의 포로였던 당신으로서는 말할 수 있는 자유조차도 없었겠지요. 그 상황에서는 용서고 단죄고 그 어떤 것도 할 수 없었을 겁니다. 병원에서 당신에게 한 행동으로 미루어 볼 때, 그 독일인은 용서에 대한 이야기를 꺼내기 전에 우선 자기 입장에 대한 당신의 생각을 듣고 싶었던 모양입니다. 하지만 솔직히 당신으로선 당신이 하는 말이 그에게 어떻게 받아들여질지, 그로 인해 혹시나 목숨이 위태로워지진 않을지, 그야말로 알 수가 없는 상황이 아니었겠습니까? 당신 자신도 속박된 상황이었으니까요. 그러니 결국 침묵만이 최선의 선택이었겠지요.

그 상황에 대한 저의 거부감도 사실은 그것 때문입니다. 당신은 결코 한 '개인'의 자격으로 그의 앞에 불려 간 것이 아니었습니다. 그가 보기에 당신은 그저 '유대인'에 불과했지요. 유대인 '한 명'이나 유대인 '한 사람' 혹은 고유한 인생과 역사와 슬픔을

302

지닌 '한 개인'이 아니라, 그냥 '유대인'으로만 말입니다. 그의 목적을 위해서라면 자기 앞에 있는 유대인이 누구든 아무 상관이 없었던 셈이지요.

그것은 당신을 제대로 존중하지 않은 행동이었습니다. 상대방의 인격에 대한 존중이야말로 그 당시 상황에서 당신에게는 무척이나 소중한 것이었을 텐데 말입니다. 저는 이제껏 누구를 만난 자리에서도, 상대방을 어떤 집단적 존재로 인식한 적은 한 번도 없었습니다. 다만 누군가 특별한 개인으로 만났을 뿐이지요. 따라서 저는 그의 접근 방법 속에 일종의 모욕이 숨어 있었다고 봅니다. 물론 그는 자신에게 가해진 고통을 직시했고, 또한 자기 죄를 인식했습니다. 하지만 그는 결코 자기 영혼과 자기 시대의 훨씬 더 깊은 질병을 넘어서지는 못했습니다. 이것은 물론 우리 시대에도 마찬가지이지만 말입니다. 그는 당신을 오로지 '유대인'으로만 보았기 때문에, 결국 당신을 '인격체'로 대하지는 못했던 것입니다.

하지만 당신은 그를 특별한 인격체로, 즉 인간으로 보았습니다. 이것이야말로 당신의 탁월함이었습니다. 만약 그가 당신과 똑같은 시각으로 접근했더라면, 그때야말로 비로소 진정한 용서를 위한 대화가 시작될 수 있었을 것입니다.

로저 카메네츠(Roger Kamenetz, 1950~)는 미국의 시인 겸 작가로서, 유대계 불교 신자의 이야기를 다룬 『연꽃 속의 유대인(The Jew in the Lotus)』 저자로 널리 알려져 있다. 배턴루지(Baton Rouge)에 위치한 루이지애나 주립대학(Lousiana State University)에서 유대학을 강의하고 있다.

그것은 초인적인
선행의 기회였습니다.

프란츠 쾨니히 추기경(가톨릭 성직자, 오스트리아인)

당신의 체험담을 읽고 나서 저는 무척 감동을 받았습니다. 제게 유난히 충격적이었던 것은 단지 당신이 집단수용소의 죄수로 있으면서 목격한 공포뿐만이 아니었습니다. 당신의 학생 시절과 대학 시절의 이야기 또한 제게는 충격이었습니다. 당신의 이야기에서 거듭 등장하는 해바라기라는 상징은 한편으로는 문학적으로 탁월한 솜씨를 보여 주는 동시에 다른 한편으로는, 제가 감히 이야기하지는 못하겠지만, 어떤 심리학적 해석의 대상이 될 수도 있다고 생각합니다.

당신이 독자에게 건넨 그 어려운 질문—자신이 참여했던 끔찍한 유대인 학살의 죄를 당신에게 '고백'하고, 당신을 유대인의 대변자로 간주하면서 용서를 구한 그 죽어 가는 젊은 SS대원에게 당신이 했던 행동이 옳았느냐 하는 것—에 대해 말하자면, 저는 그로 인해 발생하는 정의니 자비니 죄악이니 하는 등의 일반적인 질문에만 답을 늘어놓고 싶지는 않습니다. 그보다는 당신의 개인적인 질문에 대해 다음과 같이 대답해 보고 싶습니다.

'다른 사람들'에게 가해진 죄악을 어느 개인이 대신 용서해 줄 수 없다는 것은 사실입니다. 그럴 수 있는 능력이 그 개인에게 주어지지 않았기 때문이지요. 하지만 그럼에도 불구하고 우리가 누군가에게 용서를 "해도 되느냐"는 질문은 여전히 남아 있습니다. 기독교인들이라면 아마 복음서 속에서 이에 대한 답변을 찾을 수 있을 것입니다. 그리스도께서는 용서의 한계가 있느냐는 질문에 대해, 확고하게 결코 아니라고 답변하셨기 때문입니다.

우리가 용서를 "할 수 있다"는 것과 우리가 용서를 "해도 된다"는 것 사이의 구분에도 불구하고, 과연 우리가 용서를 "해야 하느냐"는 질문은 여전히 미결 상태로 남게 됩니다. 당신은 속으로는 내키지 않았으면서도 그 죽어 가는 사람의 이야기를 들어 주었고, 그를 동정했고, 또한 그로 하여금 자신의 범죄와 후회를 고백할 기회를 갖게 해 줌으로써—덕분에 당신은 그의 내적인 회심을 깨닫게 되었지요—그에게 큰 은혜를 베풀었습니다. 우리로선 그 죽어 가는 사람이 여전히 하느님을 믿고 있었다고 간주할 만한 충분한 이유가 있습니다. 따라서 그가 당신에게 개인적인 고백을 한 것은, 하느님의 자비를 구하려는 희망에 사로잡힌 그가 당시 상황 속에서 할 수 있었던 최선의 행동이었다고 간주할 수 있습니다. 비록 당신이 그에게 정식으로 용서한다는 말을 하지 않고 떠나 버리긴 했지만, 그 죽어 가는 사람은 어떤 면에서 당신이 자기를 받아들였다고 생각했을 것입니다. 그렇지 않았더라면 자기 유품을 당신에게 남기진 않았을 테니까요.

그 당시 당신이 처했던 상황과 당신이 그때까지 겪었던

일들을 상기해 보면, 솔직히 그 어떤 용서의 말조차도 우리 인간의 한계를 뛰어넘는 일이었을 것임은 분명합니다. 그럼에도 불구하고 당신은 나치의 만행으로 인한 인간 이하의 끔찍한 상황에서도, 그야말로 초인적인 선행을 할 수 있는 기회를 만났던 것입니다. 어쩌면 당신은 그 기회를 잘 사용하지 못했다는 자책감으로 인해 여태껏 괴로워하고 있는 것인지도 모릅니다.

마지막으로 「시편」의 한 구절을 인용하여 제 답변을 요약해 볼까 합니다.

여호와여, 주께서 죄악을 지켜보실진대, 주여, 누가 서리이까?(130편 3절)

당신의 귀한 원고를 제게 보내 주신 데 대해 다시 한번 깊은 감사를 드리는 바입니다.

프란츠 쾨니히 추기경(Cardinal Franz König, 1905~2004)은 빈 대주교를 역임했고 1958년에 추기경으로 임명되었다. 가톨릭 신학자로도 유명하며, 대표작으로는 『세계사의 관점에서 본 성서(The Bible in View of World History)』 『그리스도와 세계 종교(Christ and World Religions)』(전3권) 등이 있다.

그 나치 병사는
차라리 이렇게 말했어야 한다.

해럴드 S. 커슈너(유대교 신학자, 미국인)

누군가를 '용서한다'는 것이 과연 가능한 일인지 나는 잘 모르겠다. '용서받는다'는 게 뭔지는 알 것 같지만 말이다. 용서받는다는 것은 우리의 어깨를 짓누르던 과거의 무게를 덜어 내는 것, 과거의 잘못으로 인한 오점을 씻어 내는 것을 의미한다. 즉 용서받는다는 것은 우리가 과거에 어땠는지, 이전에 무엇을 했는지에 상관없이 홀가분한 기분으로 미래를 향해 나아가는 것이다.

컴퓨터에 비유하자면 인간의 영혼은 일종의 '피드백 메커니즘'을 갖고 있다고 할 수 있다. 가령 뭔가 결정을 내려야 하는 경우, 우리는 여러 선택을 놓고 무작정 고민하는 것이 아니라 과거에 이와 비슷한 상황에서 어떻게 했었는지를 떠올린다. 머릿속에서 "이런저런 선택이 있는데 지난번에는 이걸 선택했었지"라는 목소리가 들리는 것이다. 마이모니데스*와 에리히 프롬**은

---

* 모세스 마이모니데스(Moses Maimonides, 1135~1204). 에스파냐 출신의 유대교 철학자 겸 신학자. 아리스토텔레스 철학과 유대 신학을 접목시켰으며, 의학 및 천문학 분야에서도 큰 업적을 남겼다. 중세유럽의 최고 학자 가운데 한 사람으로 평가된다.

출애굽기 이야기에서 파라오가 매번 모세의 요청을 거절한 것을 두고, 시간이 갈수록 파라오로선 요청을 완강하게 거절하는 것이 점점 더 쉬워지는 반면, 마음을 완전히 바꾸어 요청을 수락하기는 점점 더 힘들어진다고 지적했다. 왜냐하면 그의 내부에 존재하는 '피드백 메커니즘'이 계속해서 "그런 요구를 받는다면 단호하게 안 된다고 말해야 한다"고 속삭이기 때문이다.

만약 우리가 과거에 저지른 어떤 행동이 잘못이었다고 느낀다면, 우리가 용서받는다는 것은 그러한 메시지를 지워 버리는 것, 우리가 여전히 잘못된 인간이라는 생각에서 해방되는 것, 그리하여 우리 자신이 자유롭고 새로운 사람이 된다는 것을 의미한다.

용서받는다는 것은 기적이다. 용서는 하느님으로부터 오는 것이고, 우리가 그렇게 할 수 있는 것이 아니라 오직 하느님이 베풀기로 작정했을 때만 오는 것이기 때문이다. 그렇기에 '아미다'*에도, 하느님의 용서라는 기적을 얻기 위해서는 하루에 세 번씩 열심히 기도해야 한다고 나와 있는 것이다. "하느님이 용서하신다"고 말할 때 이것은 하느님에 대한 진술도, 하느님의 감정 상태를 나타내는 것도 아니다. 왜냐하면 하느님의 용서는 우리 속

** 에리히 프롬(Erich Fromm, 1900~1980). 미국의 정신분석학자. 독일 출신의 유대인으로 사회학과 심리학을 공부했으며, 나치스의 대두로 인해 1933년에 미국으로 망명했다. 주요 저서로는 『자유로부터의 도피(Escape from Freedom)』 『사랑의 기술(The Art of Loving)』 『소유냐 삶이냐(To Have or to Be?)』 등이 있다.

에서 일어나는 어떤 것이지, 하느님에게 일어나는 것이 아니기 때문이다. 우리는 용서를 통해 과거의 부끄러움에서 자유로워지고, 새로운 사람이 되어 과거와는 다른 선택과 행동을 하게 된다.

『모든 용서는 아름다운가』에서 그 나치 병사가 범한 잘못은 바로 이것이다. 용서할 (권리는 고사하고)능력조차 없는 사람에게 용서해 달라고 간청했기 때문이다. 용서받은 기분을 느끼며 마음 편히 죽고 싶었다면, 그는 차라리 스스로에게 이렇게 말하는 편이 나았을 것이다. "내가 한 짓은 끔찍하게 잘못된 것이었고, 나는 그런 짓을 했다는 것이 너무나 부끄럽다. 나는 그런 짓을 자행한 나 자신을 부정하련다. 나는 그런 짓을 자행하는 인간이 되고 싶지 않다. 얼마나 더 버틸 수 있을지 모르지만, 나는 아직 살아 있다. 하지만 그 어린아이를 죽인 나치는 이미 죽어 버리고 없다. 그는 더 이상 내 안에 살아 있지 않다. 나는 이미 그와 관계를 끊었으니까." 그리고 만약 하느님이 그에게 용서의 기적을 베풀기로 작정하셨다면, 그는 마치 우리 몸이 외부의 어떤 물체를 거부하듯 자기 안의 나치를 거부하게 되었을 것이다. 그리고 자신의 과거와는 전혀 다른 사람이 되어 죽을 수 있었을 것이다.

만약 죽음 직전이 아니고 조금만 더 일찍 자기 죄를 뉘우

---

*　아미다(Amidah). '일어섬'이라는 뜻으로 유대교의 예배에서 일어나 암송하는 기도문을 말한다. 아미다에는 하느님께 지혜를 구하는 기도인 '비나,' 하느님의 용서를 구하는 기도인 '테슈바' 등 여러 종류가 있다.

쳤더라면, 그는 이후 똑같은 상황을 맞아서도 전과는 전혀 다르게 행동함으로써 자신의 뉘우침이 갖는 정화의 힘을 경험할 수 있었을 것이다. 하지만 불행히도 그는 어느 유대인 한 명을 불러서 자기가 다른 유대인에게 한 짓을 용서해 달라고 강요함으로써, 과연 그가 유대인을 인간 이하의 존재로 보는 나치의 시각을 확실히 버렸는지에 대한 의구심을 불러일으켰다. 나치는 유대인을 하나하나의 개별적 인간으로 본 것이 아니라 언제든지 서로 대체 가능한 집단으로만 생각했고, 간혹 개별적으로 볼 때도 어느 흑인 한 명이나 백인 한 명이 자기에게 한 짓 때문에 모든 흑인, 모든 백인, 모든 기독교인, 모든 유대인, 모든 독일인을 미워하는 것과 동일한 죄를 범했기 때문이다.

여기까지가 이른바 '용서받는다'는 말의 뜻이다. 그렇다면 '용서한다'는 것은 무엇일까? 하루는 우리 회당에 나오는 어느 여자가 나를 찾아왔다. 그녀는 남편과 이혼하고 직장에 다니며 세 딸을 키우고 있었다. 그녀는 이렇게 말했다. "남편이 저희를 버린 후 줄곧 생활고를 겪고 있습니다. 남편은 재혼하고 다른 주(州)에 가서 잘 사는데, 저는 아이들에게 영화 보러 갈 돈조차 주지 못하고 있습니다. 그런데 제가 남편을 어떻게 용서할 수 있겠습니까?"

그래서 나는 이렇게 대답했다. "제가 당신에게 남편을 용서하라고 하는 것은 그가 한 일을 두둔해서가 아닙니다. 당신 남편의 행동은 비열하고도 이기적이었으니까요. 제가 용서를 권하는 이유는, 계속 당신의 머릿속에 남아 있으면서 당신을 괴롭히고 매사에 분노하는 사람으로 만들 자격이 그에게 없기 때문이지요. 남편이 물리적으로 당신의 삶에서 완전히 사라진 존재가 되었듯이, 이제는 감정적으로도 완전히 사라진 존재가 되었으면 하는 겁니다. 하지만 당신은 여전히 그를 붙잡고 놓지 않는군요. 그를 붙잡는다고 해서 그에게 어떤 해를 끼칠 수는 없습니다. 오히려 당신 자신을 해칠 뿐이죠."

용서란 그 나치가 시몬에게 요청한 것처럼 누군가 다른 사람이 대신 해 줄 수 있는 것이 아니다. 용서란 우리 스스로의 내부에서 일어나는 것이다. 이는 슬픔을 벗어던지는 것인 동시에, 더 중요하게는 희생자로서의 역할을 벗어던지는 것이다. 유대인 한 사람이 나치를 용서한다는 것은—그럴 리는 없겠지만—결코 "당신이 한 일은 이해할 만하군요. 당신이 어떻게 해서 그런 일을 하게 되었는지 이해하게 되었으니, 이제 그 일로 인해 당신을 미워하지 않겠습니다"라고 말하는 것이 아니다. 용서란 오히려 이래야 한다. "당신이 한 일은 참으로 야비하고, 차마 정상적인 인간이 할 짓이 아니었습니다. 하지만 나는 당신이 나를 희생자로 규정하도록 내버려 두진 않겠습니다. 나는 당신이 나를 '유대인 전체'로 규정하고, 또 그로써 만족하게 되는 것을 거부합니다. 나는 당신을 미워하지 않습니다. 다만 당신을 거부할 뿐입니다." 그렇게 하면 그 나치는 여전히 자신의 과거와 자신의 양심에 속박되어 있을 것이고, 유대인 자신은 그로부터 자유로울 수 있을 것이다.

해럴드 S. 커슈너(Harold S. Kushner, 1933~)는 매사추세츠 주 나틱(Natick)에 위치한 이스라엘 회당(Temple Israel)의 명예 랍비이며 유대인 신학교(Jewish Theological Seminary)와 클라크 대학(Clark University)에서 강의를 하기도 했다. 베스트셀러 저자로도 유명한 그의 대표작으로는 『착한 사람에게 나쁜 일이 일어날 때(When Bad Things Happen to Good People)』 『아이들이 하느님에 대해서 물을 때(When Children Ask About God)』 『삶으로!: 유대인의 존재와 사고에 대한 찬양(To Life!: A Celebration of Jewish Being and Thinking)』 등이 있다.

카를에게
묻고 싶은 것들

로렌스 L. 랭어

만약 내가 시몬 비젠탈과 같은 상황에 놓였더라면 어떻게 했을지 모르겠고, 그가 제기한 질문—"만약에 당신이었다면?"—이 적절하다고도 생각하지 않는다. 홀로코스트의 진실에 대한 이와 같은 역할 바꾸기는 『모든 용서는 아름다운가』가 제기하는 심판과 용서에 대한 심각한 논점을 오히려 분산시키는 부작용이 있다. 내 생각에는 오히려 그 SS대원의 요청과 그에 대한 시몬의 답변에 초점을 맞춰 토론해야 할 것 같다.

유대인에 대한 대량학살은 결코 용서받을 수 없는 범죄다. 그 SS대원은 자기 입으로 자세한 이야기를 들려준다. 유대인 남녀노소를 한 건물 안에 몰아넣고 기관총을 난사하며 집에 불을 질렀다는 것이다. 그 SS대원은 불을 피해 창밖으로 뛰어내리는—심지어 아이들까지 포함된—유대인들을 향해 총을 난사했다. 과연 이처럼 끔찍한 짓을 뉘우치는 것이 '가능'할까? 나로선 그게 어떻게 가능한지 모르겠다. 사격 명령을 받았을 때, 그 SS대원은 자신의 정신적 고결함을 확인할 수 있는 진정한 시험대에 오른 셈이었다. 그 순간까지만 해도 그는 도덕적으로 깨끗한 인간이었다(물론 그전에 다른 범죄에 참여하지 않았다는 전제 아래서 말이다). 하지만 상급자의 명령에 고의적으로 미적거리거나 불복하는 대신 기꺼이 방아쇠를 잡아당김으로써, 그는 시험에 실패한 동시에 스스로를 용서의 가능성으로부터 영원히 격리시켰다. 다른 범죄에 대해서라면 "결코 용서할 수 없다"는 표현을 쓸 수 없을지 모른다. 하지만 유럽 내 유대인에 대한 대량학살은 결코 일반적인 범죄라고 할 수 없다.

그 범죄자들—그런 범죄를 계획하고 주도하고 저지른 사람뿐만 아니라 그에 동조한 사람까지도—이 나중에 뭐라고 변명했든지 간에, 홀로코스트는 영원히 용서받을 수 없는 범죄로 남을 것이다. 그토록 용서받을 수 없는 죄를 저지른 사람을 누가 감히 용서할 수 있단 말인가?

내가 보기에, 용서 베풀기를 거절한 시몬은 무의식중에 그 범죄자와 범죄 사이에 얽혀 있는 단단한 끈을 인식했던 것 같다. 많은 사람들이 그 SS대원의 '진심 어린' 참회를 높이 평가했지만, 솔직히 그것을 검증할 방법은 없다. 우리가 아는 것은 단지 시몬이 회고한 내용, 즉 나중에 재생된 목소리일 뿐 그의 진짜 목소리는 아니다. 죽어 가는 SS대원의 긴 독백은 당시에 그가 했던 말 그대로가 아니라 단지 근사치에 지나지 않는다. 그의 몸을 둘러싼 붕대 안에 감춰진 내심이 어땠는지는 여전히 의문으로 남는다. 둘 사이에 대화가 있었다면 그걸 통해서 SS대원의 내심이 드러날 수 있었겠지만, 시몬은 그와 아무런 대화를 하지 않았다. 그저 묵묵히 듣고 있었을 뿐이다.

그는 동료 유대인들은 물론이고 볼레크란 이름의 신부 견습생과도 이야기를 나눈다. 이들의 대화는 우리가 직면한 딜레마에 대한 중요한 단서를 제공한다. 즉, 용서를 청한 그 SS대원을 향한 우리의 태도를 결정짓는 것은 그가 저지른 실제 범죄가 아니라 우리가 주고받는 '말'이라는 점이다. 가령 볼레크는 시몬이 용서하지 않은 것을 이렇게 너그러이 질책한다.

> "물론 한편으로는 이렇게 생각할 수도 있지. '그렇다면 그 SS
> 대원은 누구에게 용서를 빌어야 할까?' 그가 잘못을 저지른
> 대상 가운데 어느 누구도 살아 있지 않으니 말이야." (133쪽)

무방비 상태의 유대인 부자를 살해한 행위를 단순히 '잘못'이라고 지칭함으로써 우리는 그 범죄를 좀 더 익숙하고도 용서 가능한 사소한 '위반'의 차원으로 끌어내리는 한편, 그 공포의 실체와 직면하는 부담으로부터도 자유로워지는 셈이다.

시몬이 묘사한 볼레크의 대사에는 의문의 여지가 있는 상투적인 표현이 흘러넘친다. 가령 "죽음을 눈앞에 둔 사람은 결코 거짓말을 할 수 없으니까" "그로선 자기가 저지른 죄를 속죄할 기회를 갖지 못한 거야" "자신의 과오에 대해 진실하고 확실한 참회를 한 거야" 등등. 내가 생각하기엔, 무방비 상태의 유대인을 학살한 행동을 단순히 '과오'라고 말하는 사람이라면 그는 결코 그 문제에 대해서 말할 자격이 없다. 단지 자신의 신학적 용어에만 얽매인 탓에, 그 풋내기 신부는 범죄자의 무죄를 암시하

315

는 단어의 태피스트리를 만들어 냄으로써 그 사건의 책임에 대한 부담을 교묘하게 범죄자 측에서 희생자 측으로 전가한 셈이된다. 물론 이 대화를 기록해서 독자들에게 보여 주는 사람은 볼레크가 아니라 시몬이다. 그렇기 때문에『모든 용서는 아름다운가』의 내용이 과연 진실한지에 대해서도 문제를 제기할 수 있겠지만, 이에 대해서는 아마 별도의 연구가 필요할 것이다.

'범죄자들의 잠적'은 홀로코스트의 경험이 남긴 가장 위협적이면서도 그야말로 탄식할 만한 유산이다. 그 SS대원이 유대인에게 용서를 구함으로써 도덕적 결정에 대한 부담을 자신의 어깨에서 (어쩌면 희생자가 될 수도 있는)상대방의 어깨로 떠넘겼다는 사실은 그야말로 역설적이다. 이러한 역전 현상은 많은 홀로코스트 생존자들의 공통된 증언인 바, 그 죽어 가는 SS대원 같은 진짜 범죄자들이 사라진 상황에서 무고한 희생자에 지나지 않는 생존자들이 오히려 '스스로를' 자책하는 결과를 가져오는 것이다. 내가 보기에는, 그 SS대원의 요구야말로 그가 자기 범죄의 성격을 이해하는 데 실패했다는 사실을 은폐하고 있다. 죄의식에서 벗어나려는 마지막 몸부림처럼 보이지만, 그 뒤에 숨겨진 본래 의도까지는 그 자신도 미처 깨닫지 못하고 있는 것이다. 아마죽는 순간까지도 결코 깨닫지 못했을 것이다.

'잘못'이니 '과오'니 하는 단어는 가스실과 화장터가 넘쳐나던 아우슈비츠나 마이다네크* 같은 장소를 염두에 두지 않고만들어 낸 말에 지나지 않는다.『모든 용서는 아름다운가』에 계속 등장하는 용서와 관련된 단어들—보상, 속죄, 참회, 죄 씻음

등—또한 겉보기엔 그럴듯해 보이지만, 사실은 기존의 사법 용어로는 도저히 묘사할 수 없는 사건을 우리 귀에 익숙한 단어로 포장하려 한다는 점에서, 그리하여 결과적으로는 진실을 호도한다는 점에서 비난받아 마땅하다. 게슈타포에게 체포된 이후 아우슈비츠에서 겪은 고초를 서술한 장 아메리의 명저 『정신의 극한에서』의 독일어 원제는 『범죄와 속죄를 넘어서』이다. 아메리는 이 제목을 니체[**]의 『선악을 넘어서』에서 가져왔을 뿐만 아니라, 20세기의 가장 극악한 범죄를 평가할 때 우리가 흔히 사용하는 용어들을 독자로 하여금 다시 한번 돌아보게 만든다.

단테[***]의 「지옥편」[****]이 출간되었을 당시의 독자들은 지옥에 떨어진 죄인들 중 한 명이 등장하는 대목에서 아연실색했을 것이다. 왜냐하면, 그 인물이 아직 살아 있다고 생각했기 때문이다. 실제로 그는 살아 있었다.[*****] 단테는 이런 이례적인 행위를 통

---

[*] 마이다네크(Majdanek). 폴란드에 위치한 학살수용소. 1941년에 설립되어 50만 명 이상이 이곳을 거쳐 갔으며, 그중 약 36만 명이 사망했다. 이곳에서는 저항운동이 활발히 일어났고, 탈출에 성공한 사람도 있었다. 1944년에 폐쇄되었다.

[**] 프리드리히 니체(Friedrich Wilhelm Nietzsche, 1844~1900). 독일의 철학자.

[***] 단테 알리기에리(Dante Alighieri, 1265?~1321). 이탈리아(당시 피렌체)의 시인.

[****] 단테의 서사시 『신곡』(1307~1321)의 제1부로, 저자가 베르길리우스의 안내로 지옥을 여행한다는 내용이다.

[*****] 여기서 말하는 인물은 필리포 아르젠티다. 피렌체 사람으로 보카

해 자신의 정적을 영원한 형벌에 시달릴 죄인으로 일찌감치 단죄했던 것이다. 그러니까 '참회할 수도 없고 용서받을 수도 없는 죄'라는 개념이 오늘날 새로이 등장한 것은 아니다. 물론 단테 본인이야, 자기가 정교하게 그려 낸 지옥의 묘사가 오늘날 '범죄와 속죄를 넘어서는' 악행으로 인한 난국에 하나의 전범(典範)이 될 줄은 몰랐겠지만.

가령 지금, 한때 SS대원이던 사람이 헤움노*나 트레블링카나 바비 야르**에 있는 공동묘지에 서서 "잘못했습니다. 제가 한 짓을 참회합니다"라고 이야기한다고 상상해 보자. 그의 말은 수천수만에 달하는 버려진 시체와 불탄 재 사이로 흘러내린 다음 땅속 깊은 곳으로 파고들어, 그 끔찍한 범죄에 동조했고 그리하여 영원히 저주받은, 결코 용서받지 못했고 용서받을 수도 없

치오의 『데카메론』에도 나오는데, 망명 중인 단테와는 철천지원수였다고 한다. 그는 「지옥편」의 제8곡에서 늪에 빠져 진흙투성이가 되는 형벌을 받다가, 늪을 건너는 단테를 발견하고 그에게 다가와 뱃전을 잡고 시비를 건다. 결국 그가 다른 죄인에게 물어뜯기는 모습을 보며, 단테는 "주님을 찬미하고 감사하노라"(60행)라고 말한다.

* 헤움노(Chełmno). 폴란드의 집단수용소. 나치의 소련 내 점령지 가운데서도, 이른바 '최종 해결'이라는 명목으로 가스를 사용한 대량학살이 최초로 자행된 곳이다. 이곳에서 사망한 유대인 희생자는 무려 35만 명이 넘었다.

** 바비 야르(Babi Yar). 우크라이나 키예프 근교의 계곡. 제2차 세계대전 당시 나치가 대량학살을 자행한 곳이다. 1941년 9월 29일과 30일 양일에 걸쳐 이곳에서 기관총에 의해 사살된 유대인은 3만 3771명에 달했다.

는 영혼의 울부짖음 속으로 떨어져 내릴 것이다. 죄에 대한 우리의 탐색은 바로 이곳에서부터 시작되고, 또한 바로 이곳에서 끝나야만 하는 것이다.

『모든 용서는 아름다운가』는 우리로 하여금—나야 항상 그렇게 자극을 받지만—논의의 중심을 다른 곳으로 옮기게 한다. 이 이야기에서 우리가 제기해야 할 질문은 시몬 비젠탈이 그날 그 SS대원을 용서해야 했는지 여부가 아니다. 그보다는 차라리 다음과 같이 물어야 한다. 도대체 왜 그 나이 어린 소년은 굳이 아버지를 실망시키면서까지 히틀러 소년단에 가입했을까? 도대체 왜 그는 다시 한번 아버지를 실망시키면서까지 SS에 자원해서(즉, 본인의 자유의지로) 입대했을까? 도대체 왜 그는 아무 항의도 하지 않고 그 살인자 무리와 함께 행동하면서, 임종 자리에서 고백한 그런 만행을 저질렀을까? 그리고 가장 중요한 질문은 다음과 같다. 도대체 왜 그는 결국 죽을 때가 되어서야 참회를 하고 용서를 구한 것일까? 이 모든 물음에 대해 그 SS대원은 그저 침묵하고 있을 뿐이다.

시몬의 이야기에 내포된 이러한 질문들이야말로 우리의 상상력을 자극하는 것들이다. 결국 시몬 비젠탈은 그때는 물론이고, 지금까지 어떤 잘못도 저지르지 않았던 셈이다.

로렌스 L. 랭어(Lawrence L. Langer, 1929~)는 보스턴 시몬스 칼리지(Simmons College)의 영문학 명예교수다. 대표 저서로는 『홀로코스트와 문학적 상상력(The Holocaust and the Literary Imagination)』『홀로코스트의 증언(Holocaust Testimonies)』『홀로코스트를 인정하며: 에세이 선집(Admitting the Holocaust: Collected Essays)』등이 있다.

용서했다면
더 큰 고통에 직면했을 것

프리모 레비(작가, 이탈리아인)

당신이 회고한 사건은 근본 자체가 흔들리고 있던 세상에서, 그리고 모두가 범죄로 물들어 있던 상황에서 벌어진 것이었습니다. 물론 그런 환경에서도 옳고 그름에 대한 절대적 가치를 적용하는 것이 불가능하지는 않습니다만, 그렇다고 쉬운 것도 아닙니다. 무릇 범죄란 그 특성상 모종의 도덕적 대립을, 즉 뭔가에 동의하거나 타협해야만 비로소 빠져나갈 수 있는 막다른 길을 만들어 냅니다. 그렇게 해서 빠져나가더라도 결국은 정의에, 또는 나 스스로에게 또 다른 상처를 남기게 됩니다.

폭력이나 범죄 행위는 일단 한번 저질러지고 나면 영원히 돌이킬 수 없습니다. 물론 여론이 어떤 제재나 처벌, 또는 고통에 대한 '대가'를 요구하는 경우도 있고, 피해를 보상하거나 새로운 범죄를 줄인다는 측면에서는 그런 '대가'가 유용할 수도 있을 것입니다. 그렇지만 애초의 범죄는 여전히 그대로이며, 게다가 '대가'라는 것은 항상(설령 그것이 적절하더라도) 또 다른 범죄인 동시에 새로운 고통의 원인이 됩니다.

이런 입장에서 생각하자면, 저는 당신이 그 상황에서 죽어 가는 나치를 용서하지 않은 것이 분명 잘한 일이라고 확신합니다. 왜냐하면, 당신이 택한 방법이 오히려 덜 악한 행동이었기 때문입니다. 만약 그를 용서하려 했다면, 당신으로선 거짓말을 하거나 아니면 스스로에게 끔찍한 도덕적 폭력을 가할 수밖에 없었을 겁니다. 물론 당신의 거절이 만사형통의 답변은 아니었습니다. 그렇기 때문에 당신은 어쩔 수 없이 고민을 하게 된 것이었습니다. 이런 경우에 '예' 또는 '아니오'를 확실히 결정하기는 어렵습니다. 어느 쪽을 선택하든, 다른 한쪽에도 뭔가 말할 여지가 남아 있기 때문이지요.

이 경우에 당신은 '해프틀링',* 즉 희생자로 예정된 존재였습니다. 만약 그 순간 당신이 스스로를 유대 민족 전체의 대변자로 생각하고 그를 용서했더라면, 지금쯤 당신은 그를 용서해 주지 않은 것 때문에 느끼는 것보다 더욱 깊은 후회를 하고 있었을 겁니다.

그러한 용서가 그 죽어 가는 사람에게나 당신에게 과연 무슨 의미가 있었을까요? 어쩌면 그에게는 큰 의미가 있었을지 모릅니다. 영원한 처벌에 대한 공포로 인해 뒤늦게야 솟아난 종교적 양심의 가책을 덜어 주는 일종의 성화(聖化), 또는 정화로서 말입니다. 하지만 분명히 말하건대, 그것 또한 사실은 무의미한

---

* 해프틀링(Häftling). '죄수' 또는 '수감자'라는 뜻의 독일어. 프리모 레비는 자신의 저서에서 이 말을 비롯하여 '라거(수용소)' 등의 용어를 독일어 그대로 사용하고 있다.

일이었을 겁니다. 그렇다고 해서 당신이 그에게 "너는 아무 죄가 없다"거나 "너는 자기 의지와 무관하게, 또는 뭔지도 모르는 상황에서 죄를 저질렀을 뿐이다"라고 말해 줄 것은 아니었기 때문입니다. 당신의 입장에서 보면 그것이야말로 공허한 형식에 지나지 않으며, 결국은 거짓말에 불과했을 겁니다.

저는 이 말을 덧붙이고 싶습니다. 당신이 묘사한 그 SS대원은 도덕적인 관점을 완전히 회복하지는 못한 것으로 보입니다. 모든 상황을 종합해 보건대, 임박한 죽음에 대한 두려움이 아니었다면 그는 분명 당신이 본 것과 다르게 행동했을 것입니다. 그는 나중에서야, 가령 독일이 패망한 뒤에야 참회했거나 아니면 결코 참회하지 않았을 것입니다. "유대인을 한 명 데려다 달라"는 그의 행동은 제 눈엔 그저 유치하고도 뻔뻔스러워 보일 뿐입니다. 제가 그를 유치하다고 하는 까닭은, 그의 모습이 마치 누군가의 도움을 바라며 징징거리는 어린아이 같기 때문입니다. 나치의 선전으로 단련된 그의 머릿속에서 '유대인'은 그저 열등한 존재였지요. 절반은 악마고 절반은 성자라서, 결국 무슨 일이든 할 수 있는 존재 말입니다. 연합국 측과의 비밀 평화협상에서 국제유대인협회가 혹시 독일 편을 들지 않을까 하는 기대감에 힘러가 한때나마 '라거'**에서의 학살을 중단하도록 지시한 것도

** 라거(Lager). 독일어로 '수용소'를 뜻한다. 역시 프리모 레비 특유의 표현이다.

결국 그런 맥락이 아니었을까요?[*]

그리고 제가 그를 뻔뻔스럽다고 하는 까닭은, 그 나치가 다시 한번 유대인을 도구로 사용했기 때문입니다. 자신의 요구로 인해 그 죄수가 어떤 위험과 충격에 노출될 것인지에 대해서는 아무런 생각도 하지 않고서 말입니다. 좀 더 깊이 생각해 보면, 그의 행동은 그야말로 이기심으로 가득 차 있습니다. 그는 단지 자신의 고민을 다른 누군가에게 전가하고 싶어 했을 따름입니다.

프리모 레비(Primo Levi, 1919~1987)는 이탈리아 토리노(Torino) 출신의 화학자이며, 국내의 저명한 문학상을 두루 수상한 유명 작가이기도 하다. 제2차 세계대전 당시인 1944년, 반파시스트 운동에 가담해서 체포되었다가 아우슈비츠에 수감된 뒤 그곳에서 해방을 맞았다. 죽음의 수용소에서의 경험을 바탕으로 쓴 저서 『이것이 인간인가(Is This a Man)』와 『아우슈비츠 생존기(Survival In Auschwitz)』로 유명하다. 그 외의 저서로는 『주기율표(The Periodic Table)』 『가라앉은 자와 구조된 자(The Drowned and the Saved)』 『지금이 아니면 언제?(If Not Now, When?)』 등이 있다.

---

[*] 1944년 11월에 나치스 친위대장 하인리히 힘러가 내린 유대인 살해 금지령을 말한다. 당시 힘러는 연합국 측과 비밀리에 협상을 진행하고 있었으나, 훗날 이 사실이 히틀러에게 알려지면서 신뢰를 잃고 권력을 박탈당했다.

참회와 속죄의
근본적 차이에 대하여

데보라 E. 리프스태트(역사학자, 미국인)

'테슈바', 즉 참회는 '돌이킨다'는 뜻의 히브리어에서 파생된 말이다. 유대교에서 이것은 내 잘못으로 인해 피해를 본 사람에게 사과하기 위해 반드시 거쳐야 하는 과정이기도 하다. 이것은 단순히 뉘우치는 것에서 더 나아가 하느님과의, 그리고 주위 사람들과의 관계를 모두 새롭게 만드는 행위다. 하느님은 사람들이 되돌아오기를 '열망하신다.'

테슈바가 제대로 이루어지기만 한다면 어떤 죄인이라도 하느님이 그에게 돌아오시는 것은 물론이고, 자기 주위 사람과도 관계를 회복할 수 있다. 『탈무드』에는 이런 말이 나온다.

테슈바를 행한 사람이 선 자리에는, 제아무리 정결한 '자디크(의로운 사람)'조차 감히 설 수 없다.

참회한 죄인이 오히려 정결한 '자디크'보다 더 의롭다는 말은 언뜻 보기엔 이해가 되지 않는다. 이런 모순이 해결 가능한 것은 테슈바에 대한 마이모니데스의 다음과 같은 흥미로운 통찰 때문이 아닐까 싶다. 그는 아담과 이브가 금지된 과일을 먹은 이후에 하느님이 "이 사람(아담)이 선악을 아는 일에 '우리 중 하나처럼(c'echad memenu)' 되었으니"라고 언급하신 「창세기」의 한 대목(3장 22절)을 인용한다.

인간이 원죄를 저지르고 나서 도리어 하느님과 같이 되었다는 이런 설명은 오히려 더 혼란스럽기만 하다. 하지만 마이모니데스는 『미슈나』와 『토라』에서 이 대목을 조금 다르게 읽었다. 그는 앞에 있는 '하나처럼(echad)'이라는 단어 뒤에 마침표를 넣고 그 단어를 '유일무이하게'라고 해석한 다음, 뒤에 있는 '우리 중(memenu)'이라는 단어를 '그 자신 안에서'라고 해석했다. 즉 "이 사람(아담)은 이제 '유일무이하게' 되었다. '그 자신 안에서' 그는 선악을 알게 되었다"라고 해석한 것이다. 인간이라는 종은 지구상에서 유일무이하며, 또한 자신의 지성과 이성으로 선과 악을 구분한다는 점에서도 유일무이하다.

따라서 잘못을 저지른 뒤에 '테슈바'를 행한 사람들은 오히려 다른 사람보다 더 높은 수준에 도달하게 되는 셈이다. '그 자신 안에서' 그들은 선과 악의 진정한 차이를 알게 되었기 때문이다. 선과 악의 차이를 아는 인간의 유일무이한 능력으로 인해 '테슈바'는 일종의 변모적 성격을 갖게 되었던 것이다. 하지만 참회는 결코 쉬운 일이 아니다. 그러므로 유대인의 입장에서 그 죄수가 그 SS대원에게 보인 반응을 평가하려면, 먼저 참회에 필요한 여러 단계를 대략적으로나마 설명할 필요가 있다.

가장 첫 단계는 내 잘못으로 인해 피해를 본 사람에게 용서를 구하는 일이다. 두 사람 사이에서 저질러진 죄일 경우, 이런 개인적 만남은 반드시 필요한 조건이다. 상당히 오래전 〈60분〉*에서 마이크 월러스**가 닉슨 대통령 재임 당시 백악관의 최측근이었으며 워터게이트 사건***과 관련해 비리를 저질렀던 척 콜슨****과 인터뷰를 한 적이 있었다. 수감 생활을 하는 동안 신실한 기독교인으로 거듭난 콜슨에게 월러스는 혹시 당신 때문에 힘들어한 사람들에게 찾아가 미안하다고 사과할 필요를 느끼지 않느냐고 물었다. 그러자 콜슨은 "아니오"라고 대답했다. "이미 제 마음속에서는 하느님과의 평화가 이루어졌으니까요." 내 잘못으로 인해 피해를 본 사람을 가장 먼저 찾아가라고 가르치는 '테슈바'와는 너무나도 대조적이다. 유대교에서는 사람들 사이의 상호작용이야말로 희생자의 회복을 위해서나 가해자의 진실한 변화를 위

---

* 〈60분(Sixty Minutes)〉. 미국 CBS에서 1968년부터 방영하고 있는 TV 시사 프로그램.

** 마이크 월러스(Mike Wallace, 1918~2012). 미국의 방송인. CBS의 〈60분〉에 첫 회부터 리포터로 출연하여 큰 인기를 얻었다.

*** 워터게이트 사건(The Watergate Affair). 1972년 6월 공화당 닉슨 대통령의 재선위원회 소속 요원들이 워싱턴 워터게이트 빌딩에 위치한 민주당 전국위원회 본부에 침입하여 도청 장치를 설치했다가 발각되어 경찰에 체포된 것을 시작으로, 이후 측근들이 저지른 부정이 속속 드러나면서 결국 닉슨 대통령의 하야를 불러온 정치적 사건을 말한다.

**** 찰스 척 콜슨(Charles Wendell Chuck Colson, 1931~2012). 미국의 정치인. 1969년부터 73년까지 닉슨 대통령의 최측근으로 일하며 워터게이트 사건에 연루되어 7개월간 복역했다. 그 와중에 신실한 기독교인으로 거듭나 출옥 후 기독교 관련 활동에 종사했다.

해서나 최선의 방법이라 여긴다. 하느님과의 평화는 그다음의 일이다. 내 잘못으로 인해 피해를 본 사람과 직접 대면하도록 함으로써, 유대교는 '죄'라는 것이 불특정한 대상을 향한 행동이 아니라 특정 개인이나 집단에 대한 구체적인 행동이라고 가르치는 것이다. 가령 내가 죄를 지었을 경우, 피해자와 그리 가깝지도 않은 누군가를 대신 찾아간다거나 제3자에게 용서를 부탁하는 것은 불가능하다.

내 죄로 인해 피해를 당한 사람을 찾아가 잘못된 것을 바로잡으려고 노력한 다음에는, 이제 하느님을 만날 차례다. 이때는 내 죄를 입으로 고백하고, 그런 행동을 저질렀다는 것에 대한 부끄러움과 뉘우침을 보여 주어야 하며, 다시는 그러지 않겠다고 맹세해야 한다. 하지만 여기까지 왔더라도 가장 높은 단계인 '테슈바 게무라', 즉 '완전한 테슈바'에 도달하지는 못한다. 이 단계는 죄를 지은 사람이 다시는 그런 행동을 반복하지 않겠다고 결심할 때만 비로소 성취될 수 있다. 물론 인간인 이상 언젠가는 죄를 다시 짓게 마련이다. 죄를 짓는 힘이 감퇴하거나 죄를 지을 가능성이 완전히 사라지는 것은 아니기 때문이다. 그럼에도 '완전한 테슈바'에 도달한 사람은 다시는 죄를 짓지 않겠다는 선택을 한다.

마지막으로 '테슈바'와 '카파라', 그러니까 '참회'와 '속죄(죗값을 치르는 짓)'를 구분하는 것이 중요하다. 속죄는 오로지 내가 내 행동의 결과를 인정한 다음에만 따라온다. 어떤 사람은 이렇게 물을 것이다. 참회만으로도 충분하지 않은가? 왜 군이 처벌이 필요한가? 유대교의 기본 원리에 따르면, 행동에는 반드시 결과가 따라오게 마련이다. 의로운 행동은 축복을 낳고 악한 행동은 처벌을 낳는다. 다윗 왕이 밧세바를 차지하기 위해 그녀의 남편을 죽이려는 계획을 세움으로써 죄를 범했을 때*, 그는 이후에 '테슈바'를 행했다(그의 진정한 뉘우침은 그 가증스러운 죄를 범한 직후에 쓴 「시편」 51편에 뚜렷이 나와 있다). 그럼에도 그는 자신의 행동에 대해 처벌을 받았다. 그러고 나서야 하느님과의 관계가 이전처럼 회복될 수 있었던 것이다.

이 책에서 제시된 질문은 유대인 죄수가 SS대원을 '용서해야 하느냐'의 문제가 아니라, 오히려 그가 SS대원을 '용서할 수 있느냐'는 것이다. 어쩌면 그는 상대방이 다른 SS대원과 달리 참회를 했다는 사실 때문에 개인적으로는 용서한다고 말해 줄 수 있었을지도 모른다. 하지만 이 유대인은 SS대원에게 진정한 속죄를 시켜 줄 수는 없다. 왜냐하면 SS대원이 그 유대인에게 직접 해를 끼치진 않았기 때문이다. 또한 그 SS대원의 범행으로 불타 죽은 유대인들은 자신들 대신 그를 용서해 줄 권리를 어느 누구에게도 위임한 적이 없기 때문이다.

이 죄수의 딜레마는 오늘날까지도 어떤 여운을 남긴다.

---

* 다윗은 부하인 우리아의 아내 밧세바와 간통한다. 밧세바가 임신하자 다윗은 간통 사실을 숨기려고 전장에 나간 우리아를 집으로 돌려보내 아내와 동침하도록 유도한다. 충성심이 투철한 우리아가 전쟁 중이라는 이유로 집에 돌아가기를 거부하자, 다윗은 총사령관 요압에게 명령하여 우리아가 전투 도중 적군에 의해 죽게 만든다.

유대인이 아닌 사람들은 유대인에게 종종 이렇게 물어본다. "이젠 '너희 유대인들'도 독일인 전범들을 용서할 때가 되지 않았는가? 이제 그만 잊어버려야 할 때가 아닌가?"(흥미로운 사실은, 그들이 우리보다 덜 박해당한 민족들에게는 오히려 이같이 물어보지 않는다는 점이다.)

이런 질문을 받으면 나는 아직까지 진정으로 용서를 구하는 전범을 만나 본 적이 없기 때문이라고 답변한다. 독일, 오스트리아, 그리고 홀로코스트에 관여한 다른 나라의 국민 가운데 전쟁 후에 태어난 사람들은 과거의 일에 대해 직접적 죄의식을 지니고 있지는 않다. 물론 국가적 차원의 책임감을 지닐 수 있고, 그들의 모국이 역사에 남긴 지울 수 없는 오점에 대해 수치심을 느낄 수는 있겠지만, 직접적인 죄의식은 없다. 더 중요한 사실은, 만일 내가 용서를 청하는 어느 전범을 만나더라도 과연 '나'에게 그를 용서할 수 있는 자격이 있느냐는 것이다. 나로선 그들로 인해 피해를 당한 사람들, 특히 이미 죽어 버린 사람들을 대변할 수 없기 때문이다.

결국 우리로선 그 SS대원이 진정으로 '완전한 테슈바'를 행했는지 알 도리가 없다. 침대 위에서 죽어 가던 그에겐 자기가 범했던 끔찍한 범죄를 다시는 저지르지 않을 능력조차 없었기 때문이다. 만약 죽음이 임박한 상태가 아니었다면 그가 과연 진정으로 뉘우쳤을까? 또한 그가 비록 겉으로 보기에는 진정으로 자신의 과거를 부정하려 했더라도, 자신의 범죄에 대해 처벌받아야 하는 책임마저 면제되는 것은 아님을 반드시 기억해야 한다. 설령 죄수가 SS대원에게 입으로 용서를 베풀었다 해도, 그렇다고 해서 SS대원의 죄가 완전히 지워질 수는 없다. 그런 경우의 속죄란 다만 그 죄지은 사람이 자신의 행동의 결과를 인정하고, 이후 자기가 그 끔찍한 범죄를 저지르기 이전의 '자리'로 돌아왔음을 직접 행동으로 보여 줄 때만 가능할 뿐이다.

데보라 E. 리프스태트(Deborah E. Lipstadt, 1947~)는 조지아 주 애틀랜타에 위치한 에머리 대학(Emory University)의 현대 유대학 및 홀로코스트 전공 도로트 기념교수로 재직 중이다. 대표작으로는 『믿기지 않는 사실: 미국 매체와 홀로코스트의 대두, 1933년부터 1945년까지(Beyond Belief: The American Press and the Coming of the Holocaust 1933~1945)』『홀로코스트에 대한 부정: 진실과 기억에 대한 폭력의 증대(Denying the Holocaust: The Growing Assault on Truth and Memory)』 등이 있다.

그러나
낙담하지 말아야 한다!

프랭클린 H. 리텔(종교사학자, 미국인)

여기서의 질문은 죄에 대한 것이다. 이 죽어 가는 가해자가 직면한 문제는 이 세상에서 그를 용서해 줄 수 있는 사람들이 이미 죽고 없다는 사실뿐이다.

이 이야기는 홀로코스트와 그 범죄자들, 그리고 공모자들에 대한 논의가 있을 때마다 반복되어 나오곤 한다. 개인의 죄에 대한 문제는 쉽사리 집단의 죄에 대한 문제로 확대될 수 있기 때문이다. 분명하게 드러난 정치적 범죄의 사실로부터, 도덕적 죄악의 문제 또한 필연적으로 솟아날 수밖에 없다.

기독교인들은 종국에 가서는 하느님의 개입만이 죄에 사로잡힌 영혼을 정화하고 해방시킬 수 있다고 믿는다. 또한 그들은 하느님이 애통해하는 참회자를 사랑하신다고 믿는다. 하지만 그 어떤 개인이건 국가건 간에, 그들이 이른바 '악의 길에서 돌이켜서 주께로 되돌아가는' 경우는 언제나 무지막지한 범죄와 죄악을 범한 다음이다.

라파엘 렘킨[*]이 '제노사이드(genocide, 종족말살)'라는 단어를 만들어 낸 이후, 정치와 도덕이라는 양 전선에서 그 경과는 점차 둔화되는 추세를 보였다. 하지만 지금까지 학자들과 정치가들이 주로 인종·종교·문화가 다른 특정 종족에 대한 학살을 실질적으로 금지하고 처벌하는 체제를 만들기 위해 끊임없이 노력한 반면, 종교운동가들은 단지 종족말살을 금지하고 사법처리하기 위해 자신들의 도덕적이고 종교적인 영향력을 결집하는 정도에만 그쳤다.

또한 정치 지도자들은 종족말살을 규제하기 위해 적극적으로 자신들의 영향력을 발휘한 반면, 종교 지도자들은 그런 범죄자들과 방관자들의 범죄와 죄악을 그저 말로만 규탄했다. 혹시 이것은 이른바 '기독교 국가'들의 교회 지도자들이 아직까지도 그들 자신을 그 죽어 가는 SS대원의 자리에 놓아 본 적이 없었기 때문은 아닐까?

그런 와중에 문명 세계는 종족말살에 가담한 범죄자들을 적법한 절차에 따라 처벌할 수 있는 방법을 찾기 위해 혼신의 힘을 다했다. 이에 대한 원칙은 뉘른베르크에서 처음 세워졌고, 이후 '제노사이드 협약'에 이르러 국제법의 일부가 되었다. 지금은 유고슬라비아의 폐허 위에서 벌어진 종족말살 행위의 범죄자들을 처벌하기 위한 최초의 노력이 진행되고 있다.**

---

* 라파엘 렘킨(Rafael Lemkin, 1900~1959). 폴란드의 변호사. 1944년에 '종족'을 뜻하는 그리스어 '제노스'와 '학살'을 뜻하는 라틴어 '사이드'를 결합한 신조어 '제노사이드(종족말살)'를 창안한 것으로 유명하다.

** 이 책의 원서 개정판이 출간된 1997년은 물론이고 한국어판이 처

많은 사람들이 이 방법을 적용하기가 쉽지 않다는 사실에 절망감을 느끼곤 한다. 하지만 도덕적이고 종교적인 죄를 공적이고 사법적인 죄로 환원시키는 몇 단계에 걸친 과정은 항상 시간적으로 지연되게 마련이다. 이 과정에서 가장 먼저 필요한 것은, 이러한 악행 가운데 일부는 지진이나 홍수 같은 자연재해와는 분명 다르다는 인식이다. 즉, 누군가가 옳지 않은 일을 저질렀다는 사실을 일단 깨달아야 한다. 그러고 나서도, 만약 누군가 그런 일을 했다면 마땅히 처벌받아야 한다는(또한 그런 일을 하려는 다른 사람을 저지해야 한다는) 생각이 여러 사람의 마음속에 떠오를 때까지 또다시 시간이 지연된다. 그 이후에도 대상자들을 향해 그들의 범죄를 규정하고 처벌이 선포되기까지 시간이 지연된다. 마지막으로, 법전에만 명시되어 있는 내용이 실질적으로 집행되기까지 또 시간이 필요하다.

살인, 중혼, 결투, 반목, 영아 살해, 노예 매매, 그리고 수많은 크고 작은 악덕의 역사가 바로 이러한 과정을 거쳐 왔고, 훗

음 출간된 2005년까지만 해도 구 유고슬라비아 땅에서 자행된 종족말살 범죄의 주요 책임자들은 대부분 도피 중이었다. 2017년 11월, 네덜란드 헤이그에 있는 UN 산하 구 유고슬라비아 국제전범재판소(ICTY)는 보스니아-헤르체고비나 내전(1992~1995) 당시 대량학살에 관여했던 '보스니아의 도살자' 라트코 믈라디치 전 세르비아계 총사령관에게 종신형을 선고했다. 8천여 명이 학살된 '스레브레니차 학살'로부터 22년, 종전 이후 16년간 도피 생활을 하던 믈라디치가 세르비아 당국에 체포된 지 6년, ICTY의 재판이 시작된 지 5년 만이었다. 2019년 3월에는 내전 당시 세르비아계 정치 지도자였던 라도반 카라지치(2008년 체포)에게도 종신형이 선고되었다.

날에 가서야 범죄로 간주되어 형법의 대상이 되었다. 현재 르완다,* 부룬디,** 그리고 특히 보스니아 등지에서 벌어지는 무지막지한 종족말살의 죄악 앞에서 인류가 무기력해 보이는 것에 낙담하는 대신, 우리는 모든 사람이 이 현실을 개탄하고 있다는 사실에서 오히려 용기를 얻어야만 한다. 우리는 지금 그 '시간적인 지연'의 마지막 단계, 즉 이미 판결문은 나와 있지만 막상 집행 단계에 와서는 진행이 부분적이고 산발적이기만 한 단계에 와 있기 때문이다.

고대에만 해도 지배자들은 무슨 일을 하건 전혀 거리낄 것도, 부끄러워할 것도 없었다. 원시사회를 만들고 이끌어 나간 자들은 다른 사람을 능가하는 자신의 힘을 자랑하기 위해 해골을 산더미처럼 쌓아 올리곤 했다. 그러다가 문명화된 사람들의 시대가 오자, 사람들은 좋지 않은 소식을 듣고 언짢아하기는 해도 그러한 범죄를 제한하거나 처벌할 수 있는 방법은 없다고 생각했다. "세상 일이 다 그런 거지"라는 말은 보편적이고도 숙명론적인 표현이었으며, 만약 몇 세대 전이었다면 지금처럼 유고

---

* 르완다의 종족 간 분쟁은 다수 민족인 후투족과 소수 민족인 투치족 사이에 벌어지고 있다. 1994년 후투족 출신 대통령 하비야리마나가 암살되자, 그 보복으로 약 80만 명에 달하는 투치족이 학살당하는 사태가 벌어져 전 세계를 경악시켰다.

** 부룬디에서는 1962년 독립 이후 연이어 군부독재가 정권을 잡으면서 1964년과 72년, 그리고 90년대 후반에 극심한 인종 간 분쟁이 벌어졌다.

슬라비아의 폐허 위에서 벌어지는 끔찍한 범죄에 대해서도 다들 그렇게 말하고 말았을 것이다. 하지만 오늘날엔 이런 범죄를 목격하는 사람들 모두 그런 현실을 개탄하고 있다. 이것이야말로 역사적 진보의 증표다.

머지않은 장래에 그 최후의 간격도 메워지게 되면 인명 살상—이른바 '종족말살'이라는 말이 나오기 전에 널리 유행했던 말—은 법적으로 금지되고, 그 법을 위반한 범죄자들은 반드시 처벌을 받게 될 것이다.

하지만 정치적인 영역이 아닌 도덕적이고 종교적인 전선에서는 이 문제가 그리 뚜렷하게 진보하진 않았다.

가령 독일, 크로아티아, 오스트리아, 프랑스, 우크라이나, 그리고 발트해 연안국에서 유대인에 대해 종족말살을 자행한 범죄자들에게 동조했거나, 또는 최소한 무관심하게 방관했던 교회 성직자들의 죄는 어떻게 되는 것인가? 홀로코스트의 와중에도 그저 방관자로 남아 있기를 원했던 미국의 교회 성직자들의 죄는 어떻게 되는 것인가?

지금까지 기독교 관련 단체들은 줄곧 '전적으로' 방어적인 자세만을 취해 왔다. 1980년 1월의 「라인란트 개신교회 선언문」* 같은 예외적인 경우를 제외하면, 유럽이나 미국에 있는 기독교

---

* 　이 선언문은 '기독교인과 유대인 간의 관계 개선을 위하여'라는 부제를 달고 있으며, 홀로코스트에 대한 기독교인의 책임을 인정하는 동시에, 유대인에 대한 교회의 부정적인 인식을 바로잡자는 내용으로 되어 있다.

기관 및 단체에서 이른바 '반유대적인 가르침'과 반유대적인 '인종적 편견'에 대해 유감 표시 이상의 깊은 사죄를 표시한 적은 이제껏 없었다. 기독교의 교리에서 언급하는 '범죄'와 '죄악'이란 단어조차도, 이제는 비교적 부드럽고도 모호한 '오류'나 '잘못된 판단'이라는 단어로 대체되고 말았던 것이다.

기독교 교회들은 홀로코스트가 벌어지는 동안 기독교인의 인습적인 말과 실제적인 행동, 또는 비(非)행동 사이에 큰 간극이 있었다는 진실을 직시해야만 한다. 당시 기독교 국가가 저지른 죄는 그 구성원인 개인들이 저지른 실수의 단순 합계 이상이며, 그로 인해 기독교 신앙에 대한 신뢰성을 떨어뜨리게 되었다. 결국 신자가 아닌 일반인 사이에서는 냉소주의와 무신론이 오히려 늘어났다. 교회 지도자들의 견해는 그 나라 안에서는 물론이고, 더 이상 그 신자들 사이에서도 권위를 지니지 못하게 되었다.

의도했건 의도하지 않았건 간에, 우리는 결국 법과 질서의 가장 근본적인 요소로 되돌아오게 된다. 제아무리 무자비한 폭군이나 독재자라 하더라도, 국민이 최소한 수동적으로라도 동조하지 않는 한 결코 나라를 지배할 수 없다. 하지만 다른 한편에는, 어떤 행동이 죄라는 사실에 대한 강한 확신이 없는 한 범죄를 사전에 방지하거나 처벌할 수 없다는 엄연한 현실이 존재한다. 따라서 인간의 상호작용 및 관계에서 가장 수준 높은 단계를 성취하기 위해서는, 다음과 같은 두 가지 전선에서 반드시 진보해야 한다. 즉 한쪽에서는 신뢰할 만한 공권력과 공인이 법을 집행해야만 하며, 다른 한쪽에서는 각 개인은 물론이고 집단으로 하여금 선과 악, 그리고 무죄와 유죄 사이에서의 선택이 지닌 진정한 본질을 깊이 자각하게 해야만 한다.

프랭클린 H. 리텔(Franklin Hamlin Littell, 1917~2009)은 당대의 석학인 클레어 프랜시스 리텔(Clair Francis Littel) 밑에서 역사학을, 라인홀트 니버 (Reinhold Niebuhr) 밑에서 신학을, 롤랜드 베인튼(Roland Bainton)과 케네스 스코트 래터리트(Kenneth Scott Latourette) 밑에서 교회사를 전공했다. 템플 대학(Temple University)의 종교학 명예교수로 재직했으며, 1986년부터 뉴저지의 리처드 스탁턴 칼리지(Richard Stockton College)를 비롯한 여러 학교에서도 특별 방문교수로 활동했다. 10여 권에 달하는 그의 저서 가운데 대표작은 『유대인의 십자가 처형(The Crucifixion of the Jews)』이며, 그 외에도 수백 편에 달하는 논문이 있다.

하느님이 침묵하셨고
당신이 침묵했듯이

휴버트 G. 로크(정치학자, 미국인)

당신이 우리에게 이야기해 준 경험담 위에는 침묵이 마치 휘장처럼 늘어뜨려져 있습니다, 비젠탈 씨. 죽어 가는 나치가 당신을 향해 용서를 구했지만 당신은 그저 침묵하고 있었지요. 바로 그 순간을 당신은 이렇게 묘사했습니다.

> 이제 방 안에는 무거운 침묵만이 흐를 뿐이었다. (94쪽)

훗날 그의 어머니를 방문한 자리에서도 당신은 그의 사진 앞에서 침묵한 채 서 있었고, 노부인의 간절한 부탁에도 그저 침묵한 채 그곳을 떠났습니다. 당신은 그 노부인에게 아들에 대한 진실을 알리지는 않았지요.

> 나는 차마 그 불쌍한 여인의 마지막 남은 위안마저 깨뜨리지는 못한 채 그냥 나와 버리고 말았다. 그 위안이란, 자기 아들은 정말로 누구보다도 착하다는 확고한 믿음이었다. (152쪽)

침묵을 통해서 당신은 한편으로는 그 죽어 가는 남자가 말한 자신에 대한 진실에 동의했고, 다른 한편으로는 그의 어머니에게 아들에 대한 진실을 숨겼습니다. 당신의 침묵 속에는 '드러냄'과 '숨김' 두 가지가 모두 담겨 있습니다. 혹시 당신은 침묵을 통해 그 이상의 것도 표현하실 수 있습니까?

당신은 그 죽어 가는 나치가 용서를 간청했음에도 불구하고 침묵했던 것이 옳은 일이었는지, 아니면 잘못된 일이었는지 물었습니다. 당신은 또한 그의 어머니에게 사실대로 이야기하지 않은 것이 혹시나 실수는 아니었을지 자문했습니다. 그리고 이 이야기를 읽는 우리들에게, 만약 우리가 당신의 입장에 놓여 있었다면 어떻게 했을지 물었습니다. 이러한 세 가지 질문 중에서 가장 마지막 것에 대해 답할 수 있는 사람만이, 앞의 두 가지 질문에 대해서도 충분히 답변할 수 있으리라 생각합니다. 물론 어쩌면 여기서도 침묵이 더 나은 답변─즉, 당신을 향한 우리의 답변─이 아닐까 싶기도 합니다. 당신의 경험을 조용히 듣고 가까이 느낌으로써, 우리는 그 일을 도덕적으로 해석하기보다는 오히려 그 일로부터 뭔가를 배울 수 있기 때문입니다.

어째서 우리 인간들은 침묵을 그토록 싫어하고, 모든 경험을 해체하고 토론하고 분석하여 어떤 말에서건 모종의 의미를 찾아내는 것일까요? 물론 우리가 이성적인 방법을 통해서 뭔가를 이해한다는 것은 사실입니다. 질문을 제기하고, 증거를 확인하고, 대안을 고려하고, 증명을 요구하고, 다양한 입장과 해석을 논의한 다음에야 인생의 수수께끼에 대해 어느 정도 '올바른' 답변에 도달할 수 있는 것입니다. 인간의 진보 과정에서 생겨난 큰 성과들은 대부분 그러한 노력을 통해 이루어진 것입니다. 하지만 간혹 우리는 당신이 지금 우리 앞에 내놓으며 답변을 요구하는 그런 경험과도 마주치게 됩니다. 이런 경우에 우리의 답변은 —적어도 저의 답변은—그저 몸서리치는 것뿐입니다. 저로선 당신의 입장에 대해 어떤 정교한 도덕적, 윤리적 질문을 제기할 수 없었습니다. 그 대신 저는 당신과 같은, 혹은 그와 비슷한 상황에 놓인다고 상상해 보는 순간, 그야말로 차가운 전율을 느꼈습니다. 아니, 저는 당신이 던진 질문에 대해 옳다거나 그르다는 답변조차 할 수 없습니다. 당신의 답변은 침묵이었고, 어쩌면 우리의 답변도 당신과 똑같을 테니까요.

　　들는 방법을 배우기만 한다면, 우리는 침묵으로부터 많은 것을 배울 수 있을 것입니다. 그런 교훈 가운데 하나는, 이 세상에는 전혀 답변할 수 없는 질문도 있으며 어떤 답변은 그 질문으로부터 도덕적 효과를 제거하기도 한다는 것입니다. 또한 세상에는 영원히 답변 없이 남아 있어야만 하는 질문도 있습니다. 그런 질문은 우리의 의식에 커다란 무게로 남게 되는 탓에, 우리는 계속해서 그 재촉에 다시 한번 직면해야 할 의무감을 느낍니다. 또 세상에는 우리의 정신으로선 도무지 답변할 수 없는 질문들을 비롯해서, 인간이 대답하기에는 너무 끔찍한 반면 심오한 이성적 해결 방법으로 처리하기엔 너무나도 악마적인 질문들도 있습니다. 침묵함으로써, 우리는 도리어 많은 것을 인정하는 것인지도 모릅니다. 바로 우리가 인간임을 말입니다. 이는 우리 스스로가 신이 아니라는 것을, 또한 비록 인정하기는 싫지만, 인생에서 설명 불가능한 순간들까지도 이해하고 확언할 능력은 우리에게 없다는 것을 시인하는 셈이지요.

　우리가 당신의 질문에 답변하기를 내켜 하지 않는 이유는 어쩌면 또 있습니다. 영어의 '답변(response)'이란 단어의 기원이 된 라틴어에는 '보장하다' '약속(맹세)하다' 혹은 '직접 관여하다' 등의 뜻이 포함되어 있습니다. 따라서 이 단어에는 당신이 우리에게 제시한 지적인 문제 이상의 것이 포함되어 있는 셈입니다. 가령 우리가 하나의, 혹은 여러 개의 '답변'을 갖고 있다고 할 경우, 우리는 그러한 답변이 어떻게든 당신의 도덕적 딜레마를 해결해 주리라고 '보장하는' 것입니다. 또한 우리는 그런 '답변'을 제시함으로써, 그 답변의 정확성(감히 말하자면 '진실성')을 유효하게 만드는 데 '직접 관여하는' 것입니다. 그런 답변은 곧 개인적 '관여'나 '실천'을 통하여 우리 주장의 진실성을 기꺼이 증명하거나 확인하려는 우리의 태도와 관련되어 있는 것입니다.

　당신의 경험은 역사적 한순간의 일부를 차지하고 있습니다. 그것도 종종 이야기되듯이, 하느님조차도 침묵하고 있었던 때에 말입니다! 저는 아르투르가 당신에게 게토의 어느 노부인이 한 말을 다시 들려주며 했던 대화에 크게 충격을 받았습니다. 언제쯤 당신과 동료들이 수용소를 벗어날 수 있을지, 혹은 언제쯤 학살될 것인지에 대해 혹시 뭔가 새로운 소식이 없느냐는 질문에 노부인은 대뜸 "새로운 소식은 없다. 하느님이 잠시 자리를 비우셨으니까"라고 했다지요. 아마도 그 당시에는 하느님조차도 침묵할 수밖에 없을 정도로 이해의 범위를 넘어선 순간—당신과 수백만의 다른 사람들이 체험한 순간—이 있었던 모양입니다. 심지어 하느님께서도 침묵하셨는데, 우리 중 누가 감히 무슨 말을 할 수 있겠습니까?

휴버트 G. 로크(Hubert G. Locke, 1934~2018)는 시애틀에 위치한 워싱턴 대학(University of Washington)의 행정대학원 학장 겸 교수로 재직했다. 그는 프랭클린 리텔과 공동으로 홀로코스트 연구자 연례회의를 창설한 장본인이기도 하다. 대표 저서로는 『조국에서의 유배: 마르틴 니묄러가 모아비트 형무소에서 보낸 편지(Exile in the Fatherland: Martin Niemoeller's Letters from Moabit Prison)』와 『나치에 저항한 교회(The Church Confronts the Nazis)』가 있다.

그의 인간성에
경의를 표하며

에릭 H. 로위(윤리학자, 오스트리아 출신 미국인)

시몬 비젠탈처럼 그야말로 상상도 못 할 만한 상황에 실제로 처해 본 적이 없는 사람이라면, 어느 누구도 『모든 용서는 아름다운가』에 나온 사건을 함부로 판단할 수 없을 것이다. 그런 상황에서라면 우리가 어떤 판단을 제시하건 간에 일종의 오만이 될 테니까 말이다. 나 또한 1938년에 가까스로 나치의 손아귀에서 벗어난 경험이 있다. 물론 당시 내가 겪은 상황도 —무척 점잖게 표현하자면—'극도로 불쾌한'것이었지만, 그런 경험조차도 실제로 수감 생활을 겪은—이는 단지 나치뿐만 아니라 서구 여러 나라와 교회의 정책이 잘못되었기 때문이기도 했다—사람들의 경험에 비길 것은 아니다. 따라서 내가 하려는 말은 일반적인 기준으로는 결코 판단 불가능한 상황을 섣불리 판단하려는 것이 아니고, 오히려 이보다는 좀 더 보편적인 윤리적 문제를 고찰해 보려는 것이다.

여기서 우리가 마주치게 되는 두 사람의 관계는 단순히 강력한 억압자와 무력한 희생자 사이의 그것만은 아니다. 또한 그들이 이전에 갖고 있었던 억압자와 희생자의 위치가 단순히 역전된 것만도 아니다. 왜냐하면 이 문맥에서의 실존적 상황은 여전히 변치 않은 채 남아 있기 때문이다. 비젠탈은 여전히 죄수이며, 주위에 도사린 탐욕스러운 힘의 희생자로 남아 있는 것이다. 하지만 비젠탈이 경험한 특별한 맥락—부상당한 SS대원의 병실—속에서 이러한 상황은 잠시나마 역전된다. 이제는 억압자가 오히려 약자가 되어서, 이전까지만 해도 자기에 의한 희생자였던 상대방에게 심리적으로 의존하며 간청하게 되었던 것이다. 하지만 그가 간청하는 대목의 맥락은 매우 특이하다. 비록 약해졌다고는 하지만, 그 SS대원에게는 당장이라도 비젠탈을 파멸에 이르게 할 수 있는 힘이 남아 있었다. 따라서 비젠탈의 입장에서는, 그 SS대원이 원하는 대로 행동하지 않다 보면 자칫 치명적인 위험에 직면할 수도 있는 상황이었다. 이런 관계는 극히 복잡한 것이어서, 그 상황에 놓인 두 사람은 언제라도 서로의 위치를 바꿔 버릴 수가 있다.

내가 생각하기에, 이 책에서 그 SS대원이 '고백'하는 동안 비젠탈이 한 행동에 대해서는 오히려 묘사가 불충분한 듯하다. 분명 그 시간이 두 사람 모두에게 괴로웠던 탓이었을 것이다. 반면 용서할 것이냐 혹은 용서하지 않을 것이냐 하는 마지막 질문에 대해서는 너무나도 많은 내용이 담겨 있다.

여기서 문제가 되는 것은, 또한 특히 더 주목해야만 하는 것은 이 상황에서 드러난 근본적인 인간성이다. 눈이 멀고 치명적인 부상을 입은 억압자가 그의 희생자(가 될 뻔했던 상대방)에게 용서를 간청하자, 희생자는 그런 상황에 직면하여 상대방에게 동정을 느낀다. 동정을 느낀다는 것은 비젠탈이 자신을 누군가 다른 고통받는 사람의 입장에, 심지어 자기에게 해악을 끼칠 수도 있는 상대방의 입장에 놓아 보기까지 했다는 의미이다. 그는 상대방의 손을 잡았고(이건 진짜 생각만 해도 피가 끓는다), 상대방을 성가시게 하는 파리를 쫓아 주었고, 또한 상대방의 병실에 남아 있었다. 그런 행동을 통해서 비젠탈은 그 SS대원을 인류라는 집단 속으로, 즉 진상이 밝혀지고 나면 결국은 영구히 배제될 수밖에 없는 집단 속으로 다시 받아들였던 것이다. 이것은 일종의 용납, 그러니까 용서나 이해까지는 아니더라도 최소한 상대방을 나와 같은 인류로 용납하는 행위라고 할 수 있다.

어쩌면 이렇게 생각할 수도 있겠다. 공허하기만 한 용서의 말보다는 차라리 그런 인간적인 용납이야말로 그 SS대원이 진정으로 원하고 바라는 것이 아니었을까 하고 말이다. 범죄를 모두 자백하고 난 다음에도 비젠탈의 눈과 마음에는 그 SS대원이 여전히 한 인간으로 남아 있었다는 것! 그런 사실을 보여 주는 것이야말로 어쩌면 비젠탈이 할 수 있는, 그리고 실제로 했던 유일한 일은 아니었을까? 비젠탈이 그럴 수 있었다는 사실, 상대방의 침대 곁에 앉아 있었다는 사실, 상대방과 손을 잡았다는 사실, 그리고 파리를 쫓아 주었다는 사실이야말로 내가 보기에는 상대방이 다름 아닌 인간임을 나타내는 척도나 마찬가지였다. 내가 보기에는 이것이야말로 이 이야기에서 가장 중요한 요소이며 결과적으로는 그 SS대원이 바랄 수 있는, 정확히 말하자면 그가 받을 수 있는 것보다도 훨씬 더 큰 위안을 가져다준 행위였다고 할 수 있다.

물론 비젠탈은 그 SS대원을 용서할 수 없었을 것이다. 어느 누구라도 자기가 직접 당한 일이 아닌 한, 그 일을 저지른 다른 누구를 용서할 수는 없기 때문이다. 게다가 비젠탈은 하느님의 용서를 받을 수 있는 가능성을 제시할 입장도 아니었다. 그는 신부도 랍비도 아니었으며, 하느님이라면 그런 상황에서도 자비를 베풀었을 것이라는 주장에 위로는커녕 오히려 짜증만 났다고 실토하고 있다. 그 SS대원은 가톨릭 신자였음에도 불구하고 신부에게 고해하고 면죄받는 쪽을 택하지 않았다. 그는 오히려 희생자에게 고백을 함으로써, 자신이 상처 입힌 사람들을 대표한다고 여겨지는 누군가에게 인간적인 용서를 받고 싶어 했다. 여기서 하느님이나 어떤 전능자의 용서는 또 다른 문제였던 것이다. 하지만 비젠탈로선 그런 요청을 묵살하는 수밖에 없었다.

그 SS대원의 어머니와 비젠탈의 관계 또한 고찰해 볼 필요가 있다. 비젠탈이 그녀를 찾아간 것은 카를이 말한 어린 시절 이야기가 진실인지 거짓인지에 대한 의문 때문이었고, 또 한편으로는 가족을 잃고 상처받은 그의 어머니에 대한 연민 때문이었다. 전쟁 직후 비젠탈은 힘겨운(전쟁 직후의 독일 상황을 잘 알고 있는 사람이라면 얼마나 힘들었을지 능히 짐작이 가는) 여행 끝에, 폭격으로 파괴되어 황폐해진 집에서 그녀를 찾아낸다. 그녀는 죽은 외아들의 사진을 벽에 걸어 두고 있었고, 자기 아들의 어린 시절에 대해 이야기해 준다. SS에 입대하고 나치가 된 뒤부터 아버지와의 관계가 완전히 멀어졌다는 것이다. 그럼에도 불구하고 자기 아들은 어느 누구에게도 해를 끼치지 않는 착한 아이였다고 말한다.

그녀로부터 질문을 받자 비젠탈은 거짓말을 한다. 자기는 카를을 개인적으로는 만나 본 적이 없으며, 단지 부상병을 태우고 가는 열차에서 이름과 주소를 적은 쪽지만을 건네받았을 뿐이라고 말이다. 어떤 사람들은 비젠탈이 그 SS대원의 어머니에게 한 거짓말이 잘못이었다고 지적한다. 아들에 대한 진실을 알게 되었더라도 그 어머니는 견뎌 낼 수 있었을 것이며, 교회로부터 위안을 얻고 하느님의 용서를 확신할 수 있었을 것이라면서 말이다. 하지만 나는 이런 주장에 동의하지 않는다. 당시에는 그녀의 믿음이 약해졌을 수도 있고, 설령 믿음이 깊다 하더라도 그런 위안이야 아무런 의미가 없었을 것이기 때문이다. 그녀가 만약 아들에 대한 진실을 알게 되었더라면 오히려 절망에 빠져 자살할 수도 있었으리라는 주장이 나로서는 더욱 설득력 있게 느껴진다. 비젠탈이 인도주의적인 의도에서 침묵했다면, 나는 오히려 그런 이유에서 사실을 숨기는 쪽을 택할 것이다.

이 모든 것으로부터 우리는 과연 무엇을 배울 수 있을까? 윤리적인 문제를 가지고 이야기할 경우, 동정심 없는 합리성이나 합리성 없는 동정심은 모두 무용지물이라고 나는 생각한다. 만약 비젠탈에게 동정심만 있었더라면 그는 아마 공허한 용서를 베풀었을 것이다. 그러한 용서란 잘못된 것이며, 더 나아가 불가능한 것인데도 불구하고 말이다. 반대로 합리성만 있었더라면, 그는 그 SS대원이 고통을 받아 마땅하다고 여기고 비인간적으로 대했을 것이다. 하지만 합리성 덕분에 동정의 감정이 감상주의로 변질되지 않을 수 있었고, 동정심 덕분에 섣부른 합리성으로 인한 비인간적 행동이 억제되었던 것이다.

한편 그 SS대원의 어머니와 이야기할 때, 비젠탈은 이성의 이름으로(어쩌면 복수를 향한 열망도 가세하여) 그녀에게 진실을 누설했을 수도 있었다. 하지만 그의 동정심은 진실을 폭로함으로써 그 어머니에게 일격을 가하는 것을 막았고, 또한 그의 이성은 그로 하여금 지나친 동정을 억제하게 했다. 이성이 없었다면 동정심은 이런저런 과장과 거짓말을 통해 악당인 그 SS대원을 영웅으로 둔갑시켰을지도 모른다. 하지만 그 SS대원과의 개인적 만남을 통해 진실을 알고 있었던 까닭에, 비젠탈은 그의 어머니가 좀 더 슬픔을 잘 견딜 수 있게 해 주는 선에서 그치고 그 이상은 침묵했던 것이다. 다시 한번 그의 남다른 인간성이 발동했던 셈이다.

나로선 이런 상황에서 비젠탈을 판단할 수도, 또한 그의 행동이 틀렸다고 비난할 수도 없다. 그럴 리는 없겠지만 만약 내가 그와 비슷한 상황에 놓인다면, 나는 다만 그와 비슷하게 행동할 수 있기만을 바랄 뿐이다. 하지만 애석하게도 그러지는 못할 것 같다.

에릭 H. 로위(Erich G. Loewy, 1927~2011)는 오스트리아 빈에서 태어났으며, 제2차 세계대전이 터지기 직전인 1938년 나치스의 박해를 피해 가족과 함께 영국으로 탈출했고 이후 미국으로 이주했다. 그러나 가까운 친척들 중 상당수는 홀로코스트에 의해 희생되었다. 대학에서 의학을 전공했으며, 캘리포니아 대학 데이비스 캠퍼스의 생명윤리학 교수 겸 동창회장으로 활동했다. 저서로는 『현대 의학의 윤리적 딜레마: 어느 의사의 관점(Ethical Dilemmas in Modern Medicine: A Physician's Viewpoint)』과 『고통과 너그러운 사회(Suffering and the Beneficent Community)』가 있다.

섣부른 용서는
악을 희석시킬 뿐

허버트 마르쿠제(철학자, 독일 출신 미국인)

솔직히 말하자면, 나 또한 당신이 한 것처럼 죽어 가는 SS대원의 요청을 거절했을 것입니다. 나는 가해자가 희생자에게 용서를 구하는 것이야말로 비인간적이며, 정의에 대한 모욕이라고 늘 생각해 왔기 때문입니다. 즐거운 마음으로 사람들을 죽이고 고문한 다음, 심판의 때가 닥치자 간단히 요청해서 용서를 얻어 내다니! 그럴 수는 없고, 그래서도 안 됩니다. 내가 보기에는 이것이야말로 진짜 범죄가 아닐 수 없습니다.

당신의 질문은 단순히 유대인만의 문제가 아닙니다. 그 이상의 것입니다. 가령 민족해방전선* 소속의 어떤 사람이 자신의 친구와 아내와 아이를 죽이고 고문한 해병 하사관을 용서할 수 있을까요? 과연 이 세상의 어느 누가 그를 두둔하거나 용서할

---

* 민족해방전선(National Liberation Front, NLF). 대개 과거에 식민통치를 당한 나라에서 외세의 지배를 물리치고 민족주의를 달성하려는 좌익 게릴라 조직의 명칭으로 자주 사용된다. 대표적으로 알제리 민족해방전선, 니카라과의 산디니스타 민족해방전선, 베트남 민족해방전선 등이 있다.

수 있을까요?

라테나우**가 암살된 후 그의 어머니가 자기 아들을 죽인 살인자의 어머니를 찾아가 위로했다는 사실에 나는 그야말로 큰 충격을 받은 바 있습니다!

그러한 범죄를 쉽사리 용서해 주는 것이야말로 오히려 본질적인 악의 문제를 희석시킬 뿐이라는 게 나의 생각입니다.

허버트 마르쿠제(Herbert Marcuse, 1898~1979)는 후기 산업사회에 대한 날카로운 분석을 통해 이른바 '신좌파'에 큰 영향을 미친 저명한 철학자다. 컬럼비아 대학, 하버드 대학, 브랜다이스 대학, 캘리포니아 대학 샌디에이고 캠퍼스 등에서 철학을 강의했다. 베를린 출신으로 1934년에 독일을 떠나 미국으로 이주했으며, 제2차 세계대전 중에는 미국 전략사무국(OSS)과 국방부에서 일하기도 했다. 대표작으로는 『에로스와 문명(Eros and Civilization)』 『일차원적 인간(One-Dimentional Man)』 『소비에트 마르크스주의(Soviet Marxism)』 『이성과 혁명(Reason and Revolution)』 등이 있다.

** 발터 라테나우(Walther Rathenau, 1867~1922). 독일의 기업가 겸 정치가. 유대인이었지만 기업가로 크게 성공했으며, 훗날 바이마르 공화국의 외무부장관을 역임했으나 우익 민족주의자에 의해 암살당했다.

값싼 은혜는 위험하지만
용서는 가치 있는 행동이다.

마틴 E. 마티(종교사학자, 미국인)

"과연 나라면 어떻게 했을 것인가?"

저자의 마지막 질문은 계속해서 우리를 괴롭힌다. 특히 "나"라는 말이 계속해서 떠오르면서 우리를 괴롭히고 비난한다. 여기에는 어떤 지상명령이나 보편원칙조차도 없다. 과연 "나"는 어떻게 했어야 하는 걸까? 오르테가[*]는 우리를 다음과 같이 일깨운다. "나는 나 자신인 동시에, 내가 처한 상황이기도 하다." 내가 처한 상황과 남이 처한 상황은 분명히 다르다. 따라서 저자의 질문에 대답하기 위해 상상하는 것조차도 쉽지는 않다.

초창기의 기독교인들이 로마인들에 의해 순교당한 지 무려 2000년이 지난 지금까지도, 우리 기독교인들은 항상 순교를 준비하고 있어야 한다는 가르침을 받는다. 우리 또한 죽음 앞에서조차 신앙의 증인이 되도록 부르심을 받을지 모른다는 것이다. 그런 이야기가 2000년 뒤까지 영향력을 지닌다는 것은 참으

---

[*]   호세 오르테가 이 가세트(Jóse Ortega y Gasset, 1883~1955). 에스파냐의 철학자.

로 놀라운 일이다. 유대인의 후예들에게 홀로코스트에 대한 기억도 어쩌면 이와 같지 않을까? 유능한 교사들은 이런 순교가 지금도 계속되고 있음을 우리에게 알려 준다. 러시아에서, 독일에서, 그리고 다른 여러 나라에서 기독교인들은 신앙 때문에 죽어가고 있는 것이다. 내가 3학년이었을 때, 훗날 히틀러가 만든 수용소에서 죽은 기독교 목사인 디트리히 본회퍼**는 제자도에 대한 책을 썼다.*** 그 책의 첫 문장은 이렇게 시작된다.

예수 그리스도께서 우리를 부르실 때는, 우리보고 죽으라고 부르시는 것이다.

아무런 의심도 없이, 나는 어린 시절부터 머릿속으로나마 그런 제자도에 적합한 인물이 되려고 준비해 왔다. 물론 내 주위 상황이 그렇게 극단적인 요청을 해 올 경우 내가 과연 준비된 상태일지는 확신하지 못했지만 말이다. 치과에만 가도 섬뜩해지고 조금만 아파도 움츠러드는 내가, 이런 내가 과연 그런 고문을 견딜 수 있을까? 일상에서 벌어지는 불의와 고난을 외면하거나 묵인

** 디트리히 본회퍼(Dietrich Bonhoeffer, 1906~1945). 독일의 신학자. 나치스에 저항하여 히틀러 암살을 기도했다가 게슈타포에 체포되어 처형당했으며, 대표적인 현실참여적 기독교인으로 평가된다.

*** 1937년에 출간된 그의 저서 『제자의 길(Nachfolge)』을 말한다. 한국에는 『나를 따르라』라는 제목으로 여러 출판사의 번역본이 출간되어 있다.

하도록 가르침을 받은, 아니 어쩌면 그렇게 스스로를 훈련시킨 내가, 과연 증인이 될 준비가 되었다고 할 수 있을까? "과연 나라면 어떻게 했을 것인가?" 나로서도 알 수 없다. 하지만 저자의 질문은 그러한 회피에도 불구하고 더 멀리 나아간다.

　"과연 나라면 어떻게 '했을' 것인가?"라는 질문은 이제 "과연 나라면 어떻게 '했어야 할' 것인가?"라는 질문이 된다. 이 질문에 답변하려면 다시 한번 저자와 그 당시의 상황에 나 자신을 대입해 보아야 하는데, 이는 실상 내게 불가능한 일이다. 심지어 당시 같은 상황에 있던 동료들의 조언조차도 저자에겐 결코 만족스럽지 못했다. 만약 내가 그에게 직접 대답해야 했다면, 나로선 그의 동료들과 같은 경험을 나누기 위해 가능한 한 그들과 가까워져야만 했을 것이다. 하지만 그렇게 한다고 해서 어떤 한 가지의 '당연히'나 '반드시'가 있을 수 있을까? 그의 조언자들이 한 말은 그런 게 분명히 있다는 의미를 함축하고 있다. 한쪽은 유대 민족을 무시하는 길이고, 다른 한쪽은 지지하는 길이다. 하지만 나라면 저자와 마찬가지로 그들의 조언에 확신을 갖지 못했을 것이다. 한 민족에 속하는 모든 사람들이 단 한 가지의 특정한 방식으로만 행동해야 한다고 말하는 것은, 결국 그들을 기계화하고 프로그램화함으로써 그들로부터 인간성의 요소를 빼앗아 버리는 것에 불과하다.

　죽음의 수용소에서 살아남은 정신과 의사 빅터 프랭클*은 수감 당시는 물론이고 그 이후에도 어떤 예외적 상황에 대해서 깊이 생각해 보았다. 어째서 어떤 죄수들은 그날 안에 자기가 죽게 될 것임을 알면서도 여전히 남을 위로하고 빵을 나누어 줄 수 있었던 것일까? 이 질문에 선뜻 대답할 수는 없었지만, 그는 이들의 모습을 통해 다음과 같은 한 가지 자유만은 결코 누구도 빼앗아 갈 수 없다는 사실을 알게 되었다고 말한다. 어떤 상황에서건 자신의 태도를 스스로 결정할 수 있는 자유 말이다. 이런 시각에서 보자면 시몬 비젠탈은 당혹스럽고 곤란해하는 자신의 태도를 스스로 선택한 셈이 된다. 즉, 그 일이 평생 자신의 삶에 따라다니도록 스스로 선택한 셈이 되는 것이다. 그러니 비젠탈의 선택이 스스로는 물론이고 민족의식에 대해서도 투철한 확신을 갖고 있었던 동료들의 선택보다 못하다고 말할 수는 없다.

민족의식과 상황에 대해서라면 나도 한 가지 더 할 말이 있다. 나는 기독교인이기 때문에, 이 질문을 비젠탈의 경험에 의해 틀 지워진 대로만 듣게 된다. 내겐 마치 이렇게 들리는 것이다. "과연 유대인이라면 어떻게 했을(했어야 할)까?" 하지만 내가 기독교인이 아니라면 굳이 이 심포지엄에 답변을 써 달라는 요청을 받지는 않았을 것이다. 따라서 나는 이 질문을 "과연 기독교인이라면 어떻게 했을까?"라고 받아들이겠다. 그리고 그 질문에 대한 나의 답변은, 그저 침묵을 지키는 것뿐이다. 비(非)유대인들, 특히 기독교인들은 자신의 후예들에게 적어도 홀로코스트의 경

---

* 빅터 프랭클(Viktor Emil Frankl, 1905~1997). 오스트리아의 정신의학자. 유대인으로서 아우슈비츠 수용소에서의 체험을 담은 자전적 저서 『죽음의 수용소에서(Man's Search for Meaning)』로 전 세계적 주목을 받았으며, '로고테라피'라는 실존주의적 심리학을 제창했다.

험에 대해서는 앞으로 2000년간 아무런 조언도 하지 말아야 할 것이다. 또한 그 이후에도 우리로선 아무런 할 말이 없을 것이다.

물론 이것은 홀로코스트가 역사상 벌어졌던 다른 모든 종족말살이나 박해의 경험과 질적으로 완전히 다르다고 주장하려는 것은 아니다. 그렇게 주장하면 다른 여러 곳의 무고한 피해자들을 본의 아니게 깎아내리는 것이 될 테니 말이다. 현대에 들어서도 아르메니아인*, 아프리카의 여러 부족들, 그리고 남부 아시아 사람들 또한 유대인들과 마찬가지로 증오와 광기를 경험했다. 비록 통계상으로는 숫자가 더 적을지 몰라도, 혹시나 내가 그들이 겪은 고통의 의미나 확실성을 폄하하는 것이라면 나는 사실상 홀로코스트를 전혀 이해하지 못하는 것이나 다름없다. 하지만 홀로코스트는 이미 '우리'의 역사에 편입되었다. 서구의 역사는 물론이고 서구의 종교사에도 말이다. 이런 상황은 우리에게 침묵을 강요한다. 나 같은 기독교인 한 사람이 무심코 내뱉는 싸구려 충고 한마디로 인해 수백만의 생명과 죽음이 하찮은 것으로 폄하될 수 있기 때문이다.

우선 저자의 상황을 잊어버리고 나서, 그의 질문의 본질만을 다시 한번 검토해 보기로 하자. 과연 내가 이 세상에 살면

---

* 아르메니아 종족학살(Armenian Genocide). 오토만 제국의 통치 말기인 1915년부터 1923년까지 벌어진 동(東)아나톨리아 주민에 대한 대규모 학살로 100만~150만 명에 달하는 사람들이 죽었다. 그로 인해 "반인륜적 범죄"라는 말이 사상 처음으로 사용될 정도로 국제사회에 충격을 주었다.

서, 분명 진정한 참회인 것 같지만 도저히 용서를 베풀 수 없을 정도로 어마어마하고도 광범위한 범죄에 직면했던 적이 있었던가? 내가 할 수 있는 답변은, 내가 상상할 수 있는 어떤 환경에서건 용서를 베풀지 않는 것보다는 베푸는 것이 더욱 가치 있으리라는 점이다. 하지만 이렇게 말하면서 내가 왜 두려움과 걱정을 느끼는지, 무엇이 나로 하여금 자꾸 우물쭈물하거나 괜히 헛기침을 하거나 스스로의 답변에 의심을 품게 만드는지에 대해서도 몇 마디 해야 할 것 같다.

첫째로 내가 걱정하는 것은 저자의 동료들 말마따나 "값싼 은혜"이다. W. H. 오든**의 헤롯***은 기독교인의 용서를 패러디하고 있다. 헤롯은 죄를 짓기 좋아하고 하느님은 남의 죄를 용서하기 좋아하니, 결국 이 세상은 매우 훌륭하게 조화를 이루고 있다는 것이다. 과연 그럴까? 나는 아니라고 생각한다. 증오에 사로잡힌 자들과 살인자들을 향해 당신들이 언제든지 은혜를 누릴 수 있다고 아무리 역설한들, 그들은 결코 손에 든 갈고리를 치우지 않을 것이다. 그러니까, 병실에서 저자가 침묵을 지켰던 것은 은혜가 값싸게 변하는 것을 막으려는 행동이었다.

두 번째 걱정은 이렇다. 만약 각 개인이 각자의 입장에서

** W. H. 오든(Wystan Hugh Auden, 1907~1973). 영국의 시인.

*** 신약성서에 나오는 헤롯 대왕을 말한다. 예수의 탄생을 소재로 한 오든의 풍자시 「당분간: 크리스마스 오라토리오(For the Time Being: A Christmas Oratorio)」의 등장인물이기도 하다.

누군가를 용서하기 시작하면, 나중에는 인간을 향한 심각한 범죄조차도 자칫 덜 심각하게 여겨질 것이다. 바로 이 지점에서, 장차 태어날 독일인들이 참회를 표시할 경우에는 그들로 하여금 용서받은 기분이 들게 해 주어야 하느냐는 질문이 나온다. 여기서 나는 한 민족의 죄의식을 연장시키는 것이 과연 가치 있는 일이냐는 질문을 던지고 싶다. 백인의 한 사람으로서 나는 미국인들이 과거에 인디언을 학살하고 흑인을 노예로 삼은 것에 대해 죄의식을 느끼고 머리를 숙여야 한다는 이야기를 종종 듣곤 한다. 물론 어느 정도까지는 나도 그렇게 한다. 하지만 나는 인디언과 흑인의 자손들은 물론이거니와 다른 많은 민족에 대한 나자신의 잘못에 대해서만도 충분히 많은 죄의식을 갖고 있다. 내가 머리를 숙이고, 자책감을 갖고, 조상으로부터 물려받은 유산의 긍정적인 면에 대한 자부심을 잃음으로써, 과연 얼마나 큰 선(善)이 이룩되는 것일까? 솔직히 나치즘이야말로 부분적으로나마 그런 부정적 원망의 마음에서 비롯된 것이 아니었던가? 내가 우리 민족의 역사로부터, 그 역사에 존엄과 위엄을 부여할 수 있는 어떤 순간이나 모범 혹은 동기를 끄집어내면 안 되는 것일까?

세 번째는 이런 이유에서다. 만약 은혜가 값싼 것이 되고 제멋대로 흩뿌려진다면, 우리는 그 이야기를 금세 잊어버리고 더 이상 말하지 않게 되는 것은 아닐까? 아도르노[*]와 솔제니친[**]은 우리에게 상기시켰다. 이야기하기를 잊어버리는 것은 과거의 희생자들로부터 그들이 한 행동의 의미를 빼앗아 버리는 것이라고 말이다. 이야기를 하는 방법에는 여러 가지가 있다. 비젠탈이 느낀 양가감정이 우리 마음속에도 남게 되는 까닭은, 그가 우리에게 이야기하는 고통을 감내했기 때문이다. 이야기를 퍼뜨릴 이야기꾼이 있는 한, 그가 지닌 다른 태도들도 마찬가지로 우리에게 전달될 것이다.

우리는 값싼 은혜도, 무심한 국민도, 잊혀진 희생자들도 원치 않는다. 그러면 우리가 원하는 것은 무엇일까? 나는 이 세상에 과연 은혜가 존재하는지 찾아보고 있는 중이다. 내 동료들이 악의 현상학 혹은 의지의 현상학에 대해 글을 쓰고 있는 동안, 나는 은혜라는 것이 도대체 어떻게 느껴지는 것인지를 이해하고 싶은 것이다. 기독교인으로서 나는 하느님이 은혜로운 분이라고 들었지만 나 또한 은혜로운 형제가 될 필요가 있다. 은혜의 부재는 값싼 은혜와 마찬가지로 전체주의를 낳는 데 이바지하는 면이 있기 때문이다. 만약 은혜가 필요하다면 그것은 반드시 사람들을 통해 이루어져야 한다. 우리는 정말로 최악인 사람들의 삶에서조차 어떤 잠재능력을 보아야 하고, 또한 바로 우리가 자칫 은혜의 물결을 막을 수도 있다는 사실을 자각해야 한다.

---

* 테오도르 아도르노(Theodor W. Adorno, 1903~1969). 독일의 철학자. 홀로코스트 문제에도 관심을 가져 "아우슈비츠 이후에 시를 쓴다는 것은 야만이다"라는 명언을 남기기도 했다.

** 알렉산드르 솔제니친(Alksandr Solzhenitsyn, 1918~2008). 러시아의 작가. 시베리아에서의 유배 체험을 바탕으로 소련 사회를 비판한 작품을 펴내 권력의 탄압을 받았다. 1970년에 노벨문학상을 수상했으며, 1974년에 소련에서 강제 추방되어 20년간 망명 생활을 하다가 1994년에야 러시아로 돌아갔다.

내가 기독교인이기 때문에 이런 시각을 갖게 되었다고 주장하고 싶지는 않다. 현상학적으로 말하자면, 은혜에 대한 그런 개념은 기독교 이외의 다른 신앙을 가진 사람은 물론이고 신앙이 없는 사람들에게도 보편적으로 존재한다. 연구에 의하면 그런 개념이야말로 오히려 기독교의 토양에서는 찾아보기 힘든 것이다. 물론 그렇다고 해서 오늘날 그런 변화가 불가능하다는 건 아니지만 말이다.

만약 내 눈앞에 진정한 참회와 새로운 결의를 보여 주는 사람이 있다면, 나로선 보다 자유로운 느낌이 들 것이다. 비젠탈은 자신이 처해 있던 불확실한 상황에서도 비교적 훌륭하게 일을 처리한 셈이라고 하겠다. 나 같으면 내 처지에만 온통 신경을 쓰느라 '다른 누군가'에 대해서는 아무런 생각도 못 했을 것이다. 용서하는 것과 용서받는 것은 나로 하여금 새로운 날을 위해 더욱 자유로운 인간이 되게 해 준다. 물론 내가 비젠탈보다 훨씬 더 자유롭다거나 더 창의적이라고 말할 수는 없다. 그렇기 때문에 나는 '그가' 어떻게 했어야 한다고 얘기하는 대신 '내가' 하고 싶은 대로, '내가' 생각한 바를 말하는 것이다.

마틴 E. 마티(Martin E. Marty, 1928~)는 1963년부터 시카고 대학(University of Chicago)에서 미국 종교사를 강의했고, 근본주의와 인종민족주의를 비롯한 전 세계의 종교운동에 대한 비교 연구를 수행했다. 또한 〈크리스천 센츄리(The Christian Century)〉의 편집장으로 일하면서 『현대 미국 종교(Modern American Religion)』(전3권)를 비롯한 여러 권의 저서를 펴냈다.

그가 용서받지 못하고
죽도록 내버려 두라.

신시아 오지크(작가, 미국인)

• 「용서에 대한 고찰」을 위한 초고

1. 예수 활용

그 SS대원은 가톨릭 집안에서 자라났다. 어렸을 때는 '복사 노릇'을 하기도 했다. 어린 시절의 기독교 교육도 그 소년이 훗날 SS대원이 되는 것을 막지는 못했던 것일까? "그 SS대원은 가톨릭 집안 출신이다"라는 문장은 도무지 무슨 뜻인지 모를 정도로 완전히 모순된 내용이 아닐까?

하지만 이것은 결코 뜻 모를 문장이 아니었다. 그 SS대원은 '실제로' 기독교 집안 출신이었기 때문이다.

어쩌면 어린 시절부터 되풀이해서 '주님'—인간의 형상을 하고 있었음에도 여전히 전지전능한 존재—을 섬기는 법을 배웠기 때문에, 훗날 '총통'조차도 쉽게 받아들일 수 있었던 것일까?

2. 동정의 원천

동정은 본능적으로나 반성적으로 '느끼는' 것이 아니다.

동정은 오히려 배움으로써 알게 되는 것이다. 하지만 동정의 본래 원천은 무엇일까? 무엇이 우리에게 동정을 가르쳐 줄까? 그것은 바로 제2계명, 즉 우상을 섬기지 말라는 것이다.

모든 우상은 인간의 살을 제물로 요구하는 몰록*의 그림자다. 우상에 대한 헌신이 깊어질수록, 그 우상에게 제물을 바치는 신자의 냉혹함 또한 깊어진다. 결국 우상을 섬기지 말라는 계명은 무엇보다 희생 제물 바치기를 금지하는 계명이다. 즉, 우리의 동정을 희생 제물과 맞바꾸지 말라는 뜻이다.

제2계명이 침묵을 지키는 곳에서는 늘 몰록이 튀어나온다. 제2계명이 없는 곳에서부터 희생자를 찾는 사냥이 시작된다.

제2계명은 우리에게 살인하지 말라고 명령하는 제6계명보다 더 강력하다. 제2계명은 우리의 신앙을 빌미로 벌어지는 살인에 대해 더욱 강력히 항거해야 한다고 명령한다.

과연 독일의 교회는 "히틀러는 몰록이다"라고 주장한 적이 있었는가?

몰록의 식욕은 끝이 없었다. 처음에는 유대인을 희생 제물로 삼키기 시작하더니, 나중에는 성당에서 복사로 하느님을 섬긴 소년들까지 삼켜 버렸다.

순결한 우상이란 있을 수 없다. 모든 우상은 인간의 동정

---

* 　몰록(Moloch). 바빌로니아와 가나안의 신화에 등장하는 신으로, 어린아이를 제물로 바치는 인신공양의 대상으로 숭배되었다. 구약성서에 나오는 이스라엘 민족의 대표적인 우상 가운데 하나다.

심을 억눌러 버린다. 왜냐하면 그게 바로 우상을 세운 목적이기 때문이다.

3. 복수와 용서

도덕적 문제로 고민하는 인간은 복수와 용서 가운데 어느 쪽으로 가기 쉬울까?

복수는 무엇이고 용서는 무엇인가?

종종 우리는 이런 식으로 생각한다. 복수는 곧 폭력이고, 용서는 곧 정화라고 말이다.

하지만 그 반대도 진실이다. 랍비들은 이렇게 말한다. "잔인한 자에게도 자비를 베푸는 사람이라면, 결국 무고한 자에게도 무심하게 마련이다." 결국 용서도 폭력이 되는 셈이다.

어쩌면 이렇게 항변하는 사람도 있을 것이다. "단순히 너그럽게 봐줄 경우에는 그럴 수 있다. 하지만 용서는 단지 너그럽게 봐주거나 눈감아 주는 것이 아니다. 이것은 구제를, 백지 상태를, 그리고 새 출발을 허락하는 것이다. 이것은 다시 시작하게 해주는 것이다. 용서는 회복을 가능케 한다."

하지만 용서는 다음 기회가 있을 때만 가능하다. 우리는 진흙투성이 발로 양탄자를 더럽힌 아이에게 이렇게 말한다. "이번만은 용서하마. 하지만 다음에는 절대 그러지 마라." 그러면 아이는 다음부터 진흙투성이가 된 신발을 밖에 벗어 놓고 들어올 것이다. 확장된 의미의 용서로부터 뭔가를 배운 것이다. 용서는 유능한 선생 노릇을 할 수 있다. 단, 이때의 오점은 반드시 씻어 낼 수 있는 것이어야만 한다.

하지만 살인은 회복할 수가 없다. 또한 돌이킬 수도 없다. 살인에는 '다음 기회'라는 것이 있을 수 없다. 설령 그 용서 덕분에 누군가가 또다시 새로운 주검을 한 무더기 만들어 내는 일을 막는다고 치자(물론 나치 치하의 독일에서는 이런 경우가 한 번도 없었지만). 그렇게 한다고 지난번에 죽은 사람들이 되살아날 수 있는가?

또한 세상에는 용서로도 씻어 낼 수 없는 오점이 있다. 구제를 허락하는 용서는, 단지 구제가 가능한 상황하에서만 가능한 것이다.

어쩌면 이렇게 항변하는 사람도 있을 것이다. "용서로도 살인을 씻어 낼 수 없다면 복수 또한 마찬가지다. 용서로도 구제할 수 없다면, 복수로는 더더욱 불가능하다. 복수는 악에 대하여 똑같은 악을 요구하기 때문에, 결국은 이 세상에 새로운 악 하나를 보태는 것에 불과하다."

하지만 이것은 오해에 지나지 않는다. 복수는 단지 악을 악으로 갚는 것이 아니다. 복수는 결코 뭔가를 갚거나, 앙갚음하거나, 청산하거나, 똑같게 하거나, 배상할 수 없다. 만약 복수를 통해서 그런 게 가능하다면, 대량학살에 대한 복수로서 우리는 상대방의 가족은 물론이고 그 나라 사람들 대부분을 죽여야 할 것이다. 하지만 그렇게 한다고 해서 희생자가 다시 살아 돌아오는 것은 아니다.

우리가 '복수'라고 하는 것은 악에 대하여 공공의 정의를 적용하는 행위를 말한다. 이는 똑같은 악을 반복하거나, 그런 악을 모방하거나, 새로운 악을 만들어 내자는 것이 아니다. 이전의 악을 결코 관대히 봐주지 말자는 것이다. 심지어 관대히 봐주는 것처럼 보이게 하지도 말자는 것이다.

'공공'의 정의라고? 그렇다. 악이 횡행하고 있는 상황에서 그것을 외면하거나 애써 모른 척하려는 것은, 실제로는 공모나 다름없다. 마찬가지로, 그로부터 30~40년이 지나 그 악이 역사로 남게 되었을 때 그런 역사를 외면하려고—또는 잊으려고—하는 것 또한 공모에 해당된다. 그러한 악이 자기 세대의, 또는 다음 세대의 집단적 망각 속으로 미끄러져 들어가게 하는 일은 사실상 악을 관대히 봐주는 것이나 마찬가지다.

어쩌면 이렇게 항변하는 사람도 있을 것이다. "지금 당신은 공공의 정의가 악을 관대히 봐주지 않는다는 이유로, 그것을 '복수'라고 일컫고 있다. 하지만 용서 또한 악을 관대히 봐주지 않기는 마찬가지다. 간혹 관대히 봐주는 것처럼 '보인다고' 해도 문제는 없다. 왜냐하면 실제로는 그렇지 않으니까. 그리고 당신은 이미 어떤 악은 용서로도 씻어 낼 수 없다고 말했다. 그런데 이제는 복수 또한 용서와 마찬가지로 악을 관대히 봐주지도 않고 씻어 내지도 못한다고 말하고 있다. 그렇다면 도대체 복수와 용서는 어떻게 다르단 말인가?"

그건 이렇게 답할 수 있다. 용서는 곧 냉혹함이다. 희생자를 잊어버리기 때문이다. 그것은 희생자 자신의 생명에 대한 권한을 부인한다. 그것은 고통과 죽음을 희석시킨다. 그것은 과거를 달래 버린다. 그것은 희생자에 대해 둔감해지는 대신 살인자에 대해 민감해지는 법을 키워 나가는 것이다.

이른바 '복수'의 특성으로 일컬어지는 것, 그것은 죄의 본성에 맞서 이 세상을 밝히는 정의를 뜻한다(여기서 '죄의 본성'이라고 할 때 내가 뜻하는 바는 뭔가 철학적이거나 형이상학적인 것이 아니라, 악행자의 바로 그 '행위'를 말한다. 즉 실제로 일어난 일인 것이다. 언제, 어디서, 누가, 누구에게!). 이러한 복수는 동정에 의해 불붙게 되는 것이다. 이러한 복수는—적절하게 차려입은 정의라고나 할까—동정의 불을 계속 불러일으킨다.

잠시 동안 나는 지금 내가 어디 와 있는지조차 잊어버리고 있었다. 그러다가 문득 뭔가 붕붕거리는 소리를 들었다. 냄새에 이끌려 왔는지, 파리 한 마리가 죽어 가는 사람의 머리 근처를 날아다니고 있었다. 나는 손을 저어 파리를 쫓아 주었다. 물론 그는 앞을 볼 수 없으니 손을 젓는 내 모습도 볼 수 없었겠지만.
"고맙습니다." 그가 내게 속삭였다. 그 순간 나는 무기력한 '인간 이하'의 존재인 내가 무심코, 그리고 간단하게 나와 마찬가지로 무기력한 '초인'의 고통을 덜어 주었다는 사실을 깨달았다. (68쪽)

시몬 비젠탈이라는 이 청년, 훗날 세계 최고의 '나치 사냥꾼'이 될 그가, 죽어 가는 나치에게서 "무심코, 그리고 간단하게" 파리 한 마리를 쫓아 준 것이다. 그는 다름 아닌 동정 때문에 손을 내뻗은 것이었다. 바로 그 순간, 그 SS대원이 파리의 희생자로 보였기 때문이다.

복수, 오직 복수만이 희생자에 대한 동정을 가능케 한다.

어쩌면 이렇게 항변하는 사람도 있을 것이다. "궤변이다! 그가 만약 SS대원을 용서했더라도, 파리를 쫓아 주기는 마찬가지였을 것이다."

아니, 그는 파리를 전혀 눈치 채지 못했을 것이다. 그토록 엄청난 피를 불러온 살인자에게도 눈을 감아 주는 사람이, 어찌 그런 작은 해충 한 마리를 볼 수 있었겠는가?

오히려 가차 없는 쪽은 복수가 아니라 용서다. 용서의 얼굴은 온화해 보이지만, 죽은 사람들에게는 냉랭하기 그지없기 때문이다.

4. 도덕적 유약함과 도덕적 책임감

그 죽어 가는 SS대원을 생각해 보자. 그는 과연 다른 많은 이들과 달랐는가? 최소한 그는 자기 양심을, 후회를, 죄를 보여 주긴 했으니까. 그는 완고한 성격이 아니었다. 그는 자기 합리화를 하지도 않았다. 그는 자기가 목격한 모든 것에 염증을 느꼈고, 자기가 저지른 모든 짓으로부터 뒷걸음질 쳤다. 그는 도덕적 회심을 감행한 것이었다. 그렇다면 그는 죽음을 눈앞에 두고서 ─오래된 기독교 용어를 쓰자면─참회를 하지 않아도 되는 것이었을까? 그는 분명 참회자였으나 다른 많은 이들은 그렇지 않았다. 그렇다면 참회자를 그렇지 않은 비(非)참회자들과 똑같이 대우해도 될까? 마음에 선량함과 깨끗함이 되살아나고 회복된 사람도, 완고하기 짝이 없는 야만스러운 고집불통과 똑같이 대우 받아야만 할까?

이제 야만성에 대해 이야기해 보자. 그런 자들은 자신의 야만성에 의기양양해한다. 결코 후회하지 않는다. 기억 속에서 조차, 또한 그런 야만적 행위로부터 무려 30년이 지난 뒤에조차, 그는 그 일을 의기양양해한다. 다른 것에 대해서는 희미하기 짝이 없는 그의 정신도, 지금은 없어지고 말았지만 한때 연약한 자를 눌러 버렸던 자신의 야만적인 힘의 업적을 되새기는 순간만큼은 또렷하고 은밀한 영사막 노릇을 해 준다. 그 당시에 그는 위대한 인간이었다. 그는 마치 천사와 같았다. 실제로도 '죽음의 천사' 노릇을 하며, 손에는 많은 사람의 목숨을 움켜쥐고, 구둣발로는 저주받은 자들의 목을 밟고 서 있었으니까. 그 당시에 결코 후회하지 않았던 것과 마찬가지로, 그는 지금도 그때의 기분과 추억을 씻어 버리고 싶은 생각이 추호도 없다.

하지만 그 죽어 가는 SS대원은 내내 양심의 가책에 시달렸다. 실제로 그에게는 도덕적인 기질이 있었다. 그는 지적으로 후회하고 있었다. 그는 자기로선 속죄할 방법이 없다는 것을 알고 있었지만 적어도 속죄가 무엇인지는 알고 있었고, 참회의 위력을 알고 있었다. 그는 자신의 도덕적 본성에 대해 뚜렷한 통찰을 할 수 있는 인물이었다. 그는 양심이 있는 인물이었다.

이처럼 양심이 있는 인물에게라면 뭔가 특별한 고려를—가령 단죄를 하는 경우에도 뭔가 완화해 준다든지—해 줘야만

368

할까? 우리는 반인륜적인 자를 단죄한다. 그런 자는 야만인이다. 그리고 우리는 야만인을 단죄하듯이 그를 단죄한다. 그렇다면 어떻게 우리는 양심이 있는 사람마저도, 마치 그와 야만인 사이에 아무 차이가 없다는 듯 단죄할 수 있을까?

우리가 양심이 있고 지적인 사람을 단죄하는 까닭은 바로 이러한 차이가 '있기' 때문이다. 심성적으로는 야만인이 아니었는데도 그는 스스로를 야만인인 듯 행세하게 만들었고, 또한 거기에 저항하지 않았기 때문이다. 그에게 양심이 없어서가 아니었다. 다만 그가 양심을 묵살했기 때문이다. 그에게 지각이 없어서가 아니었다. 다만 그가 지각을 망쳐 놓았기 때문이다.* 그에게 인간성이 결여되어서가 아니었다. 다만 그가 인간성을 둔화시켰기 때문이다.

야만적인 인간은 몰록에게 제물을 바친다. 그에게 몰록은 가짜 신이 아니라 훌륭하고 진실한 주님이며, 그를 고양시켜 주는 주인이기 때문이다. 그런 고양 상태에서 그는 갓난아이들을 삽으로 파묻는다. 그런 일을 중단할 수 있는 어떤 양심도, 도덕 교육도, 통찰력도 그에겐 없다. 아마 성당에서 복사 노릇을 한 적도 없었을 것이다. 과연 그는 사악함이 무엇인지 알고나 있을까?

양심을 지니고 지적이기까지 한 사람 또한 갓난아이들을 삽으로 파묻기는 마찬가지다. 그에게는 그런 고양도 불필요하

---

*　이 대목의 근거에 대해서는 인디애나 대학의 멜빈 L. 플로틴스키 교수의 견해에서 큰 도움을 받았다. (글쓴이의 원주)

다. 양심이니 교육이니 통찰력이니 하는 것도 결코 그를 막지 못한다. 그는 계속 삽질한다. 그는 사악함이 무엇인지도 잘 안다. 몰록이 무엇인지 알게 된 이후에도 그는 지금까지 계속 삽질을 해 왔고, 심지어 몰록과 매우 친밀하기까지 하다. 그는 도덕적으로 예민한 사람이고, 강철로 된 우상의 뱃속에 갓난아이들을 삽으로 가득 채워 넣는다.

도덕적으로 예민한 이 SS대원은 계속해서 삽질하고, 삽질하고, 삽질한다.

성당에서 복사 노릇을 했던 도덕적인 어린 시절은 이미 지나가 버린 지 오래다. 그는 삽질한다. 그리고 장차 참회의 전범이 될 만한 도덕적인 미래의 모습이 그의 앞에 놓여 있다. 그는 삽질한다. 계속해서 삽질하고, 삽질하는 중에도 그는 정밀하고 예민한 도덕적 기질을 내내 보유하고 있었다. 어찌나 정밀하고 예민한지, 용서의 거룩한 위력도 잘 알고 있었다. 그는 때가 되면 용서를 청할 생각이었던 것이다.

한나 아렌트*는 이렇게 말했다. "역사의 비가역성에 대한 유일한 해독제가 있다면, 그것은 다름 아닌 용서의 능력이다."

---

* 한나 아렌트(Hannah Arendt, 1906~1975). 미국의 정치학자. 독일 출신의 유대인으로 하이데거와 야스퍼스 밑에서 철학을 공부했으며, 나치를 피해 1941년에 미국으로 건너갔다. 1961년에 나치 전범 아이히만의 재판을 방청하고 나서 집필한 『예루살렘의 아이히만(Eichmann in Jerusalem)』에서 이른바 '악의 평범성'을 언급하여 큰 반향을 불러일으켰다.

결국 또다시 뜻 모를 문장이다. 아렌트는 이 시대 최고의 도덕철학자이긴 하지만, 그녀조차도 역사의 나사로[**]를 되살릴 수는 없었다.

그레이엄 그린[***]은 가톨릭의 지옥 개념을 이렇게 설명했다. 지옥이 영원한 불 속에서의 고통이라는 개념은 중세 시대에나 통용된 것이었고, 이제는 오히려 하느님으로부터의 영원한 격리야말로 진정한 지옥으로 봐야 한다고.

그가 용서받지 못하고 죽도록 내버려 두라.

그가 지옥에 가게 내버려 두라.

그보다는 차라리 날아다니는 파리가 하느님 보시기에도 좋았을 것이다.

신시아 오지크(Cynthia Ozick, 1928~)는 장편 및 단편소설, 그리고 에세이 등을 통해 미국 내 저명한 문학상을 휩쓴 유명 작가다. 최근의 저서로는 『명성과 어리석음: 에세이집(Fame & Folly: Essays)』과 장편소설 『퍼터메서 비망록(The Puttermesser Papers)』이 있다. 미국 문학예술아카데미(American Academy of Arts and Letters) 회원인 그녀의 작품은 여러 나라에서 번역 출간되었다.

[**] 나사로(Lazarus). 신약성서의 「요한복음」에 나오는 인물. 죽어서 무덤에 묻힌 지 나흘 만에 예수에 의해 되살아난다. 이른바 '부자와 나사로' 이야기로 유명한 「누가복음」의 '거지 나사로'와는 다른 인물이다.

[***] 그레이엄 그린(Henry Graham Greene, 1904~1991). 영국의 작가.

화해는 불가능해도
용서는 가능했다.

존 T. 폴리코우스키(가톨릭 신학자, 폴란드계 미국인)

시몬 비젠탈이 『모든 용서는 아름다운가』에서 제기한 질문에 적절한 답변을 한다는 것은 어쩌면 인간의 능력을 넘어서는 일인지도 모른다. 하지만 우리는 무엇보다도 먼저 '용서'와 '화해'의 중대한 차이점을 이해함으로써 이 질문에 대한 답변을 시도할 수 있다. 불행히도 대개의 사람들은, 그리고 어쩌면 시몬조차도 개념상으로는 이 두 가지를 혼동하고 있다. 시몬은 그 죽어 가는 나치 군인이 원하던 용서의 말을 해 주는 것을 거절했지만, 우리는 그가 내심으로는 그런 행동에 근접해 있었음을 감지할 수 있다. 그가 같은 죄수였던 신부와 나눈 대화, 수용소 동료들과 벌인 토론, 그리고 카를의 어머니가 지닌 '착한 아들'이라는 이미지를 깨뜨리고 싶어 하지 않았던 것 등을 보면서, 나는 시몬의 침묵이 그의 마음속 깊은 곳에 있는 감정까지 완전히 표현해 주지는 못했다는 느낌을 받았다.

내심으로나마 상대방을 용서하고픈 의향이 있었다는 사실은 그가 이야기의 서두에서 제시하는 질문에도 부분적으로나마 반영되어 있다.

과연 우리 인간들은 모두 똑같은 흙으로 빚어진 존재일까?

(23쪽)

시몬은 이 질문에 대해 단지 모호한 답변만을 남길 뿐이지만, 우리는 그가 '희생자'와 '가해자' 모두에게 공통적인 어떤 기본적인 인간의 동질성을 깨달았다는 인상을 받게 된다. 또한 "유대인에 대해 이야기할 때, 그 죽어 가는 사람의 목소리는 오히려 온화하고도 차분하게 들렸다"(73쪽)는 그의 묘사는 이런 느낌을 다시 한 번 확인시켜 주고 있다.

화해는 공적인 형태로 이루어지는 용서라고 할 수 있다. 따라서 화해는 용서보다도 더 길고 복잡한 과정을 필요로 한다. 특히 시몬이 희생자 집단을 대신하여 말하고 행동함으로써 그 나치 군인과 공개적으로 화해하라는 요청을 받는 상황에서는 더더욱 그러하다. 화해에는 몇 가지 단계가 필요하다. 후회, 회개, 책임의 인정, 치유, 그리고 마지막에 가서 재결합이 이루어진다. 시몬이 그 죽어 가는 나치 군인을 만났던 때와 같은 제한된 상황에서는 화해가 결코 불가능했을 것이다. 화해의 여러 단계는 결코 단번에 이루어질 수 없기 때문이다. 화해는 단순히 입으로만 하는 것이 아니라, 실제로 변화된 모습을 보여 주어야 한다. 내가 시몬의 묘사를 통해 본 바에 의하면 그 죽어 가는 병사는 단지 좁은 의미에서의 '용서'보다는, 오히려 시몬 개인과는 물론이고 나아가 유대 민족 전체와도 일종의 '화해'를 원했던 것 같다.

시몬이 그러한 화해를 거절한 것은 옳은 행동이었다. 그가 줄 수 있었던 것은 신학자 파울 틸리히*의 말마따나 "싸구려 은혜"에 불과했을 것이기 때문이다. 시몬이 좁은 의미에서의 개인적 용서를 상대방에게 베풀어 줄 가능성도 아주 없진 않았다. 하지만 이 문제를 더욱 복잡하게 만드는 것은, 그 군인이 시몬을 개인이 아닌 '집단의 상징'으로 간주하고 있었다는 점이다. 만약 시몬이 용서와 화해의 차이를 분명히 숙지하고 있었더라면, 그는 그 상황에서 유대인 희생자 전체와의 '화해'를 도모하기는 명백히 불가능하다는 사실을 깨닫고, 대신 개인적인 '용서'를 제공할 수 있는 길을 찾아냈을 것이다. 인간이라는 유대감에 근거하여 상대방에게 비교적 긍정적으로 대답하는 동시에, 상대가 선부른 화해를 기대하지 못하도록 저지할 수 있었을 것이다. 그랬다면 시몬은 이 이야기의 막판에까지 그가 짊어지고 있었던 것으로 보이는 의구심과 부담을 벗어 버릴 수 있었을 것이다.

『모든 용서는 아름다운가』 전체를 관통하고 있는 용서와 화해에 대한 도덕적 딜레마와는 별개로, 우리가 생각해 보아야 할 문제가 두 가지 더 있다. 첫 번째는 "하느님이 잠시 자리를 비우셨다"는 어느 여인의 표현에 관한 것이다. 시몬의 친구 아르투르가 보기에는 이것이야말로 일리 있는 생각이었다. 그래서 시몬은 자기의 친구가 수용소에 온 이후 처음으로 웃게 되었다고

---

* 파울 틸리히(Paul Tillich, 1886~1965). 미국의 신학자. 독일 출신으로 이른바 실존주의적 신학을 제창한 대표적인 인물이었으나, 나치에 의해 추방되어 1933년에 미국으로 망명했다.

언급하고 있다. 하지만 과연 시몬도 그때 웃고 있었을까? 이런 의구심을 갖는 이유는, 그 여인의 '신학적' 고찰에 대한 그의 반응이 오히려 경멸 투에 가깝기 때문이다.

"하느님이 돌아오시면 깨워 줘."(24쪽)

뒤늦게나마 우리는 이에 대한 아르투르와 시몬의 의견이 부분적으로는 둘 다 옳았다고 말할 수 있다. 그렇다. 홀로코스트 이후로 하느님에 대한 논의나 하느님에 대한 신앙이 완전히 사라져 버린 것은 아니었다. 이 모든 것이 하느님 탓이라고, 즉 하느님이 충분히 진지하게 은총의 책임을 지지 못했고 나치의 행로를 중단시키지 못했기 때문이라고 원망하기는 너무나 쉽다. 하지만 시몬의 퉁명스러운 대답은, 홀로코스트에 대한 신정론(神正論)**적인 답변 또한 '싸구려 은혜'와 마찬가지로 그다지 설득력이 없는 것임을 상기시켜 준다. 하느님의 현존에 대한 의미 있는 이해를 발견하는 것은 아르투르나 시몬이 깨닫고 있었던 것보다도 훨씬 더 고통스러운 과정이었다. 엘리 비젤이 여러 작품을 통해 통렬히 보여 준 바와 같이, 홀로코스트의 생존자들은 그 모든 일에도 불구하고 결코 하느님을 자신들의 삶에서 추방시키지는 못했던

** 악의 존재에 대해 하느님의 입장을 옹호하려는 변증론을 말한다. 가령 "하느님이 전능하고 선하시다면 어째서 이 세상에 악이 존재하는가?"라는 질문에 대해 "그 악조차도 하느님의 도구일 뿐"이라고 대답하는 식이다.

것이다.

어빙 그린버그*와 몇몇 사람들이 정확히 고찰했듯이, 홀로코스트 당시와 그 이후 하느님의 역할에 대한 보다 깊은 평가는, 그 여인이 말했던 완전한 부재보다는 오히려 부재와 현존의 지속적 관계(이른바 '순간의 신앙')에 대한 이해와 연관되어 있을 것이다. 그리고 여기에는 하느님의 섭리에 대한 중요한 재정의가 포함될 것이다. 이제 하느님의 주권이나 하느님의 주재(主宰) 가능성은 더 이상 유대교와 기독교의 성경적이고 고전적인 형태 그대로 그려질 수는 없는 것이다.

시몬의 이야기를 읽고 나서 한편으로 드는 생각은, 하느님이 잠시 자리를 비우셨다는 표현을 놓고 벌어진 토론에서 시몬이 보였던 모호한 반응이 이후 카를과 만났을 때 뭔가 중요한 역할을 하지는 않았을까 하는 점이다. 시몬이 하느님의 현존에 대한 의문—겉으로는 그냥 어깨만 으쓱하고 말았지만 속으로는 그가 표현한 것 이상으로 그를 사로잡았던 의문—을 계속 붙잡고 있었던 것이야말로 그가 그 나치 군인에게 이중적인 태도를 보였던 주된 이유가 아니었을까? 만약 그가 홀로코스트와 관련하여 하느님에게 품은 의구심을 해결하려 애쓰지 않았다면, 그 죽어 가는 나치를 유대 민족의 이름으로 용서하지 않으면서도 한편으론 진정 자비로운 태도로 상대방에게 다가갈 수 있는 내

---

* 　어빙 그린버그(Irving Greenberg, 1933~). 미국의 유대교 랍비 겸 작가.

적인 힘을 갖지는 못했을 것이다.

　내가 마지막으로 하고 싶은 말은 『모든 용서는 아름다운가』에서 제기된 고통스러운 주제—폴란드인과 유대인의 관계—에 대한 것이다.[**] 적어도 몇 가지는 분명하게 짚고 넘어갈 필요가 있다. 시몬은 당시 독일의 일부이며 영토였던 폴란드가 겪어야 했던 실제적이고 잠재적인 고통에 대해서 잘 알고 있었다. 예를 들어 그는 "폴란드인과 우크라이나인은 자칭 '초인'인 독일인과 '인간 이하'인 유대인 사이에서 특이한 계층을 형성했고, 혹시 언젠가 유대인이 모두 사라지는 날이 오지는 않을까 해서 벌써부터 몸서리치고 있었다"고 언급했다. 그럼에도 불구하고 폴란드인과 유대인의 관계에 대한 그의 언급은 대체적으로 폴란드를 반유대주의의 온상으로만 그리는 일종의 고정관념에 가까워 보인다. 가령 그는 "어느 현자는 유대인이야말로 '지상의 소금'이라고 했다"고 하면서, 곧이어 다음과 같이 덧붙인다.

　　하지만 폴란드인은 자기네 땅에 소금이 너무 많이 뿌려져 있다고 생각했다. 그리하여 나치의 마수가 우리를 향해 뻗쳐올 무렵, 우리는 다른 어떤 나라의 유대인보다 박해를 맞이할 준비가 더 잘되어 있었을 정도였다. (116쪽)

[**]　필자는 폴란드계 혈통이기 때문에 여기서 폴란드인을 옹호하는 듯한 발언을 한다.

유대인을 보는 관습적 시각과 근대의 민족주의적 이론에 근거한 반유대주의가 양차 세계대전 사이 폴란드 사회에 널리 퍼져 있었다는 데는 의심의 여지가 없다. 그러한 반유대주의에 대해서는 최근 폴란드 주교들이 한 것처럼 분명히 반대를 표시했어야 마땅하다. 하지만 당시 폴란드의 현실에는『모든 용서는 아름다운가』만으로는 이해할 수 없는 또 다른 측면이 있다. 그것은 홀로코스트 당시 유대인을 구출하고자 하는 목적으로 결성된 유일한 조직이었던 '제고타'*의 활동에 대한 것이다. 당시 폴란드에는 개인적으로 의로운 기독교인들과 사회주의자들이 유럽의 그 어떤 나라보다도 많았다. 또한 폴란드 사회에서 유대인들이 오랜 세월에 걸쳐 상당히 유력한 지위를 차지하고 있었던 것도 사실이다.

마지막으로, 양차 세계대전 사이에 폴란드는 유럽에서 가장 큰 유대인 공동체가 있던 곳이다. 정통파에서부터 사회주의자니 마르크스주의자니 시온주의자까지, 지극히 다양하고 복잡한 공동체가 존재하고 있었다. 물론 이러한 '사실'조차도 시몬의 고통스러운 개인적 경험을 비롯한 폴란드의 반유대주의를 완화시키진 못했다. 하지만 폴란드인과 유대인의 관계를 정확하게 설명하려면 이런 역사적 사실들 또한 감안해야 한다고 생각한다.

---

* 제고타(Żegota). 제2차 세계대전 당시인 1942년부터 45년까지 독일 점령하의 폴란드에서 유대인 구제를 위해 결성된 비밀조직이었다.

존 T. 폴리코우스키(John T. Pawlikowski, 1940~)는 성모의 종 수도회(Servite Order) 사제이며, 시카고에 위치한 가톨릭 신학교(Catholic Theological Union)의 사회윤리학 교수이다. 또한 1980년 설립된 미국 홀로코스트 추모회에서 활동하기도 했다. 유대인과의 협력을 위한 가톨릭 주교위원회(Catholic Bishops' Commissino for Relation with Jews)에서도 활동하고 있으며, 저서로는 『기독교 신학에 대한 홀로코스트의 도전(The Challenge of the Holocaust for Christian Theology)』과 『예수와 이스라엘의 신학(Jesus and the Theology of Israel)』이 있다.

유대인들의 지지와
기독교인들의 비난

데니스 프레이저(방송인, 미국인)

나는 경건한 유대인으로서 기독교인들을 존중하고, 또한 기독교를 좋게 생각하고 있다. 나는 기독교를 비유대인들이 하느님께 나아갈 수 있는 거룩한 길이라고 생각하며(사실 나 같은 정통파 예시바* 출신의 유대인이 이런 주장을 하기는 결코 쉽지 않을 것이다), 혹시라도 미국이 비기독교화되는 경우가 없기를 기원한다. 10년이 넘도록 매주 기독교인들과 나눠 온 대화와 친밀한 토론의 결과 나는, 예수의 신성 문제는 별개로 하더라도, 유대교와 기독교의 가장 큰―그리고 가장 중요한―차이점은 다음과 같은 것이라 확신하게 되었다. 그것은 다름 아닌 용서에 대한 이해의 차이, 그리고 궁극적으로는 악을 어떻게 대할 것인가에 대한 답변의 차이다.

『모든 용서는 아름다운가』의 초판이 발간되었을 때 나는 비젠탈이 참회하는 나치를 용서하지 않은 것은 정당했다며 하나같이 그를 두둔한 유대인들의 답변, 그리고 그와 반대로 하나같이 그가 잘못했다고 비난한 기독교인들의 답변을 보고 매우 당

---

*   예시바(yeshiva). 『탈무드』를 가르치는 유대교 학원.

혹스러웠다. 나중에서야 나는 이것이 단지 홀로코스트가 유대인만의 비극이어서가 아니라, 악에 대한 유대인과 기독교인의 개념이 다르기 때문이라는 것을 깨달았다. 결국 용서에 대한 양측의 이해가 근본적으로 달랐던 것이다. 다만, 용서에 대한 기독교의 다른 관점과 악에 대한 기독교의 다른 관점 중에서 어떤 것이 먼저인지는 잘 모르겠다.

먼저 용서에 대해 살펴보자. 비젠탈의 동료 죄수들과 이 책에 기고한 다수의 유대인 답변자들이 제시한 바에 따르면, 유대인에게 '용서'란 누군가에게 해를 끼친 사람이 그 피해자에게 직접 찾아가서 요청해야 하는 것이다. 이때 그를 용서할 수 있는 것은 오직 피해자뿐이다. 만약 가해자가 그 피해자로부터 용서받지 못한다면, 심지어 하느님도 그를 용서할 수는 없다는 것이다.

그러므로 살인은 결코 용서받을 수 없다! 살인자를 용서할 수 있는 유일한 사람이 이미 이 세상에 없기 때문이다. 아주 깊이 회개(내 생각에는 살인자가 스스로의 생명을 포기하는 것도 반드시 포함되어야 하리라 본다)하는 경우라면 하느님도 그 살인자를 용서할지 모른다. 하지만 사람의 입장에서는 살인은 결코 용서받을 수가 없다. 가령 살인자에게 아이를 잃은 부모라면 결코 상대방을 용서할 수 없을 것이다. 만약 부모가 그 살인자를 용서한다면, 그 부모는 아이를 자율적인 인간이 아닌 자신들의 소유물로 여기는 셈이 될 것이기 때문이다.

오직 희생자만이 가해자를 용서할 수 있고 따라서 살인은 결코 용서받지 못한다는 유대교의 믿음은, 살인이야말로 인간이 저지를 수 있는 가장 끔찍한 행동이라는 점을 강조하고 있는 것이다(물론 살인에도 정도의 차이는 있다. 가령 고문을 동반한 살인은 다른 살인보다 더 나쁘다고 할 수 있다). 살인은 하느님이 창조하신 세상의 근본 자체를 잠식하는 행위다. 그런 까닭에 하느님이 홍수 직후에 인간에게 주신 세 번째 계명(첫 번째는 "생육하고 번성하라"*는 것이었고 두 번째는 "산 동물의 피를 먹지 말라"**는 것이었다)도 바로 "다른 사람의 피를 흘리면 그 사람의 피도 흘릴 것이니"***였다. 살인을 방조하지 않는 것(『토라』에 의하면, 살인자를 살려 두는 것 또한 살인을 방조하는 행위였다)이야말로 문명의 도덕적 기초이기 때문이다.

뒤집어 말하면, 오늘날처럼 살인을 방조하는 것이야말로 이 세상이 퇴보하고 있다는 뜻인 셈이다. 가령 내가 지금 이 글을 쓰고 있는 20세기의 마지막 10년 동안 이 나라, 특히 그 권력자들은 사실상 살인을 방조해 왔다고 봐야 한다. 그렇지 않다면, 미국이라는 이 나라에서는 살인을 하더라도 대개 11년 정도 형을 마치면 다시 풀려날 수 있다는 사실을 달리 설명할 도리가 없기 때문이다. 우리는 거의 대부분의 살인자들을 용서하고 있다

---

* "하나님이 노아와 그 아들들에게 복을 주시며, 그들에게 이르시되 생육하고 번성하여 땅에 충만하라."(창세기 9장 1절)

** "그러나 고기를 그 생명 되는 피째 먹지 말 것이니라."(창세기 9장 4절)

*** "다른 사람의 피를 흘리면 그 사람의 피도 흘릴 것이니, 이는 하나님이 자기 형상대로 사람을 지으셨음이니라."(창세기 9장 6절)

(살인자들은 감옥에서 나오며 "이 사회에 진 빚을 모두 갚았다"고 말한다). 심지어 그들이 어떠한 참회도 하지 않았음에도 말이다. 서구 사회의 지성인들은 살인을 '반(反)사회적' 행동으로 인해 벌어진 불운한 사건으로 간주하면서, 살인자를 처벌할 것이 아니라(사형은 제쳐 두고라도) 오히려 사회에 복귀시키자고 주장하고 있다.

이것은 혹시 우리 사회가 모든 사람을 용서하라는 기독교의 주장에 지나치게 깊이 영향을 받은 까닭일까? 아니면 이 사회의 권력자들이 도덕적 면죄에 대한 유대교와 기독교의 견해를 완강히 거부하기 때문일까? 어쩌면 양자의 조합인지도 모르겠다.

『모든 용서는 아름다운가』 못지않게 우울한『보니 갈란드 살인 사건』이란 책에서 정신분석학자 윌러드 게일린****은 살인자—가톨릭 계통 대학에 다니던 히스패닉 학생으로, 자기 여자 친구를 때려 죽였다—를 보호하면서 그가 기소되지 않도록 노력한 가톨릭 사제들의 노력을 묘사하고 있다.***** 세속적인 유대인 치료사들이나 사회운동가들이라면 이와 비슷한 일에 관여할 수도

**** 윌러드 게일린(Willard Gaylin). 미국의 정신분석의 겸 저술가.

***** 1977년 7월 7일 아침, 예일대 대학원생이던 리처드 헤린이 변심한 여자 친구 보니 갈란드를 망치로 때려 숨지게 한 사건이 벌어졌다. 이후 헤린은 체포되어 살인죄로 재판을 받았으나, 그의 모교인 예일대와 가톨릭교회 측에서는 그가 LA의 빈민가 출신이며 이 사건은 결국 잘못된 사회구조 탓이라는 식의 지나친 옹호론을 펼쳐 미국 내에서 한동안 크나큰 논란이 벌어졌다.

있겠지만, 내 생각에 랍비들이라면 제아무리 자유주의적인 주장에 동조하는 사람이라도 그런 활동에는 관여하지 않을 것 같다.

실제로 나는 이러한 주장을 현실에서 검증해 본 바 있다.

앞에서 언급한 바대로, 나는 지난 10년 동안 매주 라디오 프로그램을 진행하면서 개신교 목사며 가톨릭 신부며 랍비 등 다양한 초대 손님들을 만났다. 당시 뉴욕의 센트럴 파크에서 조깅을 하던 어느 여성이 다수의 청년들에게 윤간당하고 폭행당하는 사건이 벌어졌다. 그런데 그들이 체포되어 수감된 직후, 로마 가톨릭교회의 어느 '추기경'이란 사람이 감옥을 방문해서 이렇게 말했다고 한다. "하느님은 당신들을 사랑하십니다."

나는 이 사실을 알고 너무 화가 나서, 차라리 누군가가 '추기경으로부터 개인적인 방문을 받는 방법'이라는 제목으로 기사를 써도 되겠다고 공개적으로 발언했다. 평생 가난하고 병든 사람들을 위해 헌신하는 뉴욕의 신실한 가톨릭 신자들이라면, 추기경이 자기 교회를 단 한 번만 개인적으로 방문해 주어도 그야말로 감격해 마지않을 것이다. 그러나 정작 그런 방문을 받은 행운의 주인공은 다름 아닌 가학적 강간범들로, 눈부신 현대의학이 아니었다면 분명 살인범이 되었을(그들은 피해자가 심하게 피를 흘리고 있는데도 그냥 내버려 두고 도주했다) 인간들이었다.

프로그램을 진행하면서 나는 그 추기경(이름을 밝히진 않겠지만, 그렇다고 나쁜 사람은 물론 아닐 것이다)을 향한 내 분노가 단지 개인적인 차원의 것인지, 아니면 내가 유대인의 한 사람이라서 그런 것인지 문득 궁금해졌다. 아마도 후자일 것이라 생각했다.

왜냐하면 우리 프로그램으로 전화를 걸어오는 기독교인 청취자들은 대개 그 추기경의 행동을 지지한 반면, 유대인 청취자들은 나의 의견을 지지했기 때문이다.

하지만 나는 다시금 성직자들에게 이 주장을 시험해 보고 싶었다. 그리하여 이후 4주 동안 나는 초대 손님으로 출연한 성직자들에게, 만약 당신이 그 강간범들을 만나면 뭐라고 말할 것인지 물어보았다. 개신교와 가톨릭 성직자들은 자유주의적이건 보수적이건 간에 하나같이 그 추기경이 한 말을 반복했다. 반면 랍비들은 개혁파건 보수파건 정통파건 간에 하나같이 그 범죄자들을 만나지 않을 것이라고 말했다. 만약 억지로라도 만나야 한다면 그들의 행동이 얼마나 추악한 것인지 말해 줄 것이며, 엄하게 처벌받고 나서도 평생 동안 그 죄를 갚아야 한다고 거듭 일러 줄 것이라고 했다. 물론 그들은 "하느님은 당신을 사랑하십니다" 같은 말은 하지 않을 것이었다. *

---

* 본문에 언급된 사건은 한동안 미국을 떠들썩하게 만든 일명 '센트럴 파크 조깅 여성 사건'이다. 1989년 4월 19일 밤에 뉴욕 센트럴 파크에서 조깅을 하던 20대 여성이 강간 및 폭행을 당해 의식을 잃은 채로 발견되었다. 경찰은 근처에 있던 흑인 및 히스패닉 청소년 5명을 체포하고 심문해서 범행 일체를 자백받았고, 법원은 이들에게 최소 5년~최대 15년의 징역형을 선고했다. 그런데 2001년에 DNA 검사를 통해 진범이 따로 있는 것으로 확인되면서, 억울한 옥살이를 한 일명 '센트럴 파크 5인'은 경찰의 강압수사 및 인종차별의 희생양으로 밝혀졌다. 이들은 뒤늦게 누명을 벗었고, 뉴욕 시로부터 손해배상을 받게 되었다. 사건 발생 당시 뉴욕 대주교 존 오코너 추기경(1920~2000, 본문에서 필자가 비난한 바로 그 추기경)은 뉴욕의 치안 부재가 근본 원인이라고

이 사례에서 드러난 기독교인들의 용서에 대한 관점, 그리고 하느님의 사랑에 대한 관점으로 미루어—평생 유대교를 공부하고 가르쳐 왔지만, 나는 이제껏 한 번도 하느님이 악한 자를 사랑한다고 말하는 유대인을 만나 본 적이 없다—나는 다음과 같은 결론을 내렸다. 기독교와 유대교는, 또는 기독교인과 유대인은, 악에 대해서는 물론이고 악에 직면하여 무엇을 해야 하는지에 대해서도 서로 다른 생각을 갖고 있다고 말이다.

옛 소련의 전체주의 정권하에서 유대인과 기독교인은 똑같이 박해받는 처지였다. 냉전 말기에 와서는 유대인보다 기독교인들이 더 심하게 박해를 당했다. 소련 내 유대인을 위한 전 세계 유대인들의 노력 덕분에, 1980년대에 들어서면서부터 소련에서 유대교 신자가 감옥에 가는 일은 없어졌다. 하지만 그때까지도 기독교인들은 여전히 기독교 신자라는 이유만으로 감옥에 가고 있었다. 겨우 1300만 명에 불과한 전 세계 유대인이 소련에서 유대교를 합법화하는 데 성공하는 동안, 무려 10억이 넘는 전 세계의 기독교 신자들은 왜 잠자코 있었던 것일까?

여기에는 네 가지 이유가 있다고 생각한다. 첫째, 기독교 특유의 용서 개념으로 인해 자신들을 박해하는 자들에 대한 분노조차 둔감해졌기 때문이다. 둘째, 심지어 적을 위해서도 기도

주장했고, 가해자로 지목된 5인뿐만 아니라 피해자도 직접 찾아가 위로하며 이 사건이 자칫 인종 갈등으로 번지지 않도록 진화에 나섰다. 반면 훗날의 미국 대통령 도널드 트럼프는 당시 신문의 전면 광고를 통해 '센트럴 파크 5인'에게 극형 선고를 주장함으로써 오히려 논란을 키웠다.

해야 한다는 기독교적 관념이 "그들을 위해 기도하고, 그들과 싸우지 말라"는 뜻으로 받아들여졌기 때문이다. 셋째, 하느님이 모든 사람을—제아무리 악하더라도—우리와 똑같이 사랑하신다는 믿음 때문에 기독교인들이 악한 자를 미워하거나 맞서 싸우려 하지 않기 때문이다(기독교인들이 대량학살자를 미워하지 않는다고 해서 그 악한 자의 손에 기꺼이 죽겠다는 뜻은 아닐 텐데 말이다). 넷째, 기독교인들이 사후에 있을 영혼의 구원을 지나치게 강조하다 보니 생전에나 가능한 육신의 구원에 대해서는 오히려 소홀해졌기 때문이다.

그리하여 1982년 세계에서 가장 잘 알려진 개신교도인 빌리 그레이엄 목사가 소련을 방문했지만, 그곳에서 고통받는 신자들의 편에 서는 대신 오히려 소련 당국자들의 편에 서서, 그곳 교회를 향해 "로마서 13장에는 우리가 권위에 복종해야 한다고 나와 있습니다. 그러니 하느님께서는 여러분에게 더 나은 일꾼, 더 충성스런 시민이 될 수 있도록 능력을 주실 것입니다"라고만 말했던 것이다. 만약 소련 내의 회당에서 어느 랍비가 이와 비슷한 발언을 했다면—그야말로 상상조차 불가능한 일이지만—그 즉시 유대인 사회에서 영원히 축출되었을 것이다.

지금까지 내가 한 말은 결코 기독교를 깎아내리려는 것이 아니다. 나는 기독교인들 덕분에 역사상 가장 위대한 사회적 실험, 즉 미국이란 나라의 수립이 가능했다고 생각한다. 또한 나는 일방적으로 유대인을 찬양하는 것도 아니다. 그들은 악에 맞서 싸우는 일에 지나치게 몰두한 나머지, 때로는 마르크스주의를 비롯한 해로운 이데올로기까지 받아들이는 실수를 저지르기도 한다. 내가 이 글에서 의도한 바는 단 하나다. 수많은 사람들을 산 채로 불태워 죽인 자를 용서하는 것이 어째서 유대인들에게는 도덕적으로 명백히 잘못인 반면, 기독교인들에게는 당연히 그래야만 하는 일인지를 설명하려는 것뿐이다.

데니스 프레이저(Dennis Prager, 1948~)는 1982년부터 LA에서 라디오 토크쇼 진행자로 활약했으며 도덕, 인권, 종교 문제에 대한 강사로도 유명하다. 1985년부터는 〈얼티밋 이슈(Untimate Issues)〉라는 제목으로 개인 저널을 펴내고 있다. 저서로는 『한 번만 더 생각해 봅시다: 43가지 주제에 대한 43가지 에세이(Think a Second Time: 43 Essays on 43 Subjects)』, 조셉 텔러시킨과의 공저인 『사람들이 유대교에 대해 궁금해하는 아홉 가지 질문(The Nine Questions People Ask About Judaism)』과 『왜 하필 유대인인가?: 반유대주의의 이유(Why the Jews?: The Reason for Antisemitism)』 등이 있다.

만약 킬링 필드의 살인자가
내게 용서를 구했다면

디트 프란(언론인, 캄보디아 출신 미국인)

시몬 비젠탈의 딜레마는 용서라는 문제의 핵심을 관통하고 있다. 과연 우리에게 그토록 큰 슬픔을 안긴 사람들을 용서할 수 있을까?

캄보디아의 잔혹한 학살극을 직접 겪고 살아남은 나로서는 크메르 루주*의 수뇌들이 나와 내 가족, 그리고 친구들에게 한 짓을 결코 용서하거나 잊을 수 없다. 정말로 그럴 수는 없다.** 나는 열댓 명에 달하는 그 수뇌들과 잔인무도한 계획을 만들어 낸

---

* 크메르 루주(Khmer Rouge). 캄보디아의 좌익 무장세력. '붉은 크메르'라는 뜻으로, 1967년에 결성되어 1975년에 정권을 장악했다. 이후 4년 동안 무려 150만 명 이상의 양민과 지식인을 학살했으며(이른바 '킬링 필드'), 1979년 베트남군의 공격으로 실각한 이후에도 국경지대로 근거지를 옮겨 활동을 계속했다. 1990년대 초반까지도 망명정부로서 UN 의석을 유지했지만 90년대 중반을 지나며 거의 와해 상태에 이르렀고, 1999년 정부군에 항복함으로써 그 존재가 완전히 소멸되었다.

** 디트 프란의 체험담은 훗날 롤랑 조페 감독의 영화 〈킬링 필드〉(1984)로 더욱 유명해졌다. 똑같이 캄보디아 출신 난민인 행 N. 응고르는 이 영화에서 디트 프란 역을 맡아 열연함으로써 아카데미 남우조연상을 수상했다.

참모들을 저주한다. 그들은 장애인, 어린아이, 종교인, 지식인을 비롯하여, 자기들이 펼치려는 이념에 방해가 될 것 같은 사람들 수백만 명을 죽이라는 명령을 내렸다. 우리 아버지는 굶주려서 돌아가셨고, 내 형제자매 셋은 여러 조카며 사촌들과 함께 살해당했다. 내가 평생 알고 지내던 친구들, 직장에서 나란히 앉아 일하던 동료들도 어디론가 끌려가거나 살해당했다. 강제노동수용소에서 우리는 항상 두려움에 떨었다. 어느 누구도 우리를 동정해 주지 않았다. 마치 호랑이와 한 우리에 갇혀 있는 형국이었고, 밖으로 빠져나갈 길은 전혀 없었다. 우리가 할 수 있는 일이라곤 하느님께 기도하는 것뿐이었다.

내가 결코 용서할 수 없는 크메르 루주의 수뇌들은 폴 포트,* 키우 삼판,** 이엥 사리,*** 그리고 그 측근들이다. 그들은 전

---

* 폴 포트(Pol Pot, 1925~1998). 캄보디아의 정치가. 크메르 루주의 지도자로 1975년에 정권을 장악한 뒤 악명 높은 양민학살을 자행하여 전 세계를 충격에 빠뜨렸다. 1979년에 베트남군에 의해 정권이 붕괴된 이후에도 국경지대로 근거지를 옮겨 게릴라전을 벌였으며, 1985년에 모든 지위에서 공식 사퇴한 뒤에도 막후 영향력을 행사했다. 크메르 루주의 내분으로 인해 1997년에 옛 동료들에게 체포되었고 1998년 가택 연금 상태에서 사망했다.

** 키우 삼판(Khieu Samphan, 1931~). 캄보디아의 정치가. 1976년부터 79년까지 크메르 루주 정권의 총리를 역임했다. 실각 후에는 폴 포트의 후계자가 되어 반정부 게릴라 활동을 하다가 1998년에 정부 측에 항복했다. 2014년 8월, 국제사회의 오랜 노력에 힘입어 설치된 '캄보디아 특별법정(크메르 루주 전범재판소)'은 집권 당시 대학살의 책임을 물어 83세인 키우 삼판에게 종신형을 선고했다.

체 인구 가운데 일할 수 없거나, 생각을 달리하거나, 캄보디아를 농업사회로 변모시키는 과정에서 반대 의견을 표하는 사람들, 요컨대 자기들이 원치 않는 사람들을 모조리 없애 버릴 계획을 세웠다. 그들은 많은 사람을 학살했을 뿐만 아니라 가족, 종교, 교육 같은 기본 제도조차 말살해 버렸다. 우리는 크메르 루주의 정치국인 '앙카'에만 충성을 맹세해야 했다.

크메르 루주의 수뇌들을 제외하면, 나는 실제 살인 행위를 저지른 크메르 루주의 군인들은 용서할 수 있다. 물론 그들이 한 짓을 결코 잊을 수는 없지만 말이다. 따라서 시몬 비젠탈의 입장에 놓였더라면, 나는 그 군인을 용서했을 것이다. 왜? 나는 항상 그 군인들이 함정에 빠진 상태라고 생각했기 때문이다. 그들 대부분은 정글 출신으로, 교육을 받지 못했고 매우 가난했다. 그들이 배운 것이라고는 살인밖에 없었다. 그들은 완전히 세뇌당했던 것이다. 더 중요한 사실은 그들이 종종 살인을 강요받았다는 점이다. 크메르 루주의 수뇌들이 내린 명령에 따르지 않으면 그들 자신이 죽을 뿐만 아니라, 그들의 가족들까지도 모두 죽을 것이 분명했다. 그들은 죽고 싶지 않아서 남을 죽인 것이었

*** 이엥 사리(Ieng Sary, 1925~2013). 캄보디아의 정치가. 폴 포트와는 동서지간으로 크메르 루주 정권에서 부총리 겸 외무부장관을 역임했다. 실각 후에도 계속해서 반정부 게릴라 활동을 하다가 1996년 정부 측에 항복한 후 사면되었다. 그러나 캄보디아 특별법정이 설치되면서 2007년에 다시 체포되었고, 기소되어 재판을 받던 중 2013년에 병사했다.

다. 물론 그 군인들이 한 짓이 정당하다거나 그들을 완전히 면죄해 주자는 것은 아니지만, 최소한 나는 그들이 왜 그런 짓을 했는지는 알고 있다는 얘기다.

　　나는 이해야말로 용서의 핵심이라고 생각한다. 그런데 나로선 크메르 루주의 수뇌들이 도대체 무슨 생각으로 그런 짓을 벌였는지 도저히 이해할 수 없다. 과연 무슨 목적에서였을까? 그들은 인간성을 대체 어디에다 팽개친 것이었을까? 그들에겐 살육을 중지할 수 있는, 가난한 국민에게 밥이라도 한술 더 줄 수 있는, 하루 14시간에서 16시간씩 일주일 내내 계속되는 강제노동을 중단시킬 수 있는 권한이 있었다. 하지만 이들의 잔혹 행위는 결국 베트남군이 개입하고 나서야 중단되었다.

　　나는 크메르 루주의 수뇌들이 우리 가족에게 한 짓을 결코 용서하지도, 결코 잊지도 않을 것이다. 만약 그들이 없었더라면 우리 식구들이 그토록 무자비하게 살해당했을까? 전혀 그렇지 않았을 것이다. 크메르 루주가 내전 끝에 정권을 획득하기 전까지만 해도 캄보디아는 오랜 세월 평화를 지켜 왔다. 만약 그들이 없었더라면 우리 아버지가 그렇게 굶주려서 돌아가실 이유가 있었을까? 전혀 그렇지 않았을 것이다. 캄보디아에는 항상 식량이 넉넉했다. 크메르 루주의 수뇌들이 국민에게서 식량을 앗아 갔을 뿐이다.

　　우리는 진짜 죄인과 그 졸개들을, 또한 악랄한 지도자와 세뇌당한 하수인들을 철저히 구분해야만 한다. 그들 모두에게 똑같은 꼬리표를 붙여서는 안 된다. 크메르 루주의 수뇌들과 그들의 명령에 복종한 개인들 사이에는 분명 차이가 있다. 그렇다. 그들 가운데 어느 누구도 도덕적인 존재는 아니겠지만, 무수한 사람들을 말살하려고 의도적으로 계획한 자들과, 단지 어리석고 세뇌당한 데다 죽기를 두려워한 탓에(그야말로 인간적인 감정이 아닌 가?) 강제로 악행을 저지를 수밖에 없었던 자들 사이에는 분명 차이가 있기 때문이다.

　　나는 시몬 비젠탈이 용서를 구하는 군인을 뒤로하고 병실에서 아무 말 없이 걸어 나간 것에 대해 윤리적 판단을 내리고 싶지는 않다. 하지만 그가 훗날 다른 사람들에게 만약 자기 입장이었다면 어떻게 하겠느냐고 묻는 것으로 보아, 그는 아마도 자신의 행동으로 인해 큰 괴로움을 겪은 듯하다. 나는 용서야말로 매우 개인적 차원의 행동이라고 생각한다. 어쩌면 내 주장에 동의하지 않을 사람이 있을지도 모른다. 하지만 우리는 언젠가는 하느님 앞에서 각자의 행동에 대해 설명해야 할 것이고, 그렇기 때문에 지금은 각자 알아서 행동할 수밖에 없는 것이다.

디트 프란(Dith Pran, 1942~2008)은 영화 〈킬링 필드(The Killing Field)〉의 실제 주인공으로 유명하다. 그는 1972년부터 75년까지 〈뉴욕 타임스〉의 시드니 션버그(Sydney Shanberg)와 함께 캄보디아 내전을 취재했다. 이후 크메르 루주에 체포된 뒤 강제노동수용소에 수감되었고, 4년간 굶주림과 고문을 견딘 끝에 태국으로 탈출하여 훗날 미국으로 망명했다. 1976년, 션버그는 프란을 대신하여 퓰리처상을 공동 수상했다. 프란은 이후 〈뉴욕 타임스〉에서 사진기자로 활동하며 캄보디아 난민의 고난을 전 세계에 알렸고, 크메르 루주의 지도자들을 국제법정으로 끌어내기 위해 많은 노력을 기울였다.

그것은 참회가 아니라
위선이었다.

테렌스 프라이티(언론인 겸 작가, 영국인)

죽어 가는 사람들은 대개 남들로부터 특별한 관심을 받고 싶어 한다. 이들은 너무나도 겁에 질리고 불행한 기분을 느끼게 마련이다. 임종을 맞이하는 순간 누군가에게 용서를 구하는 것이야말로 지극히 인간적인 반응이라 할 수 있다. 다만 『모든 용서는 아름다운가』에서 초점이 되는 것은, 죽어 가는 SS대원이 자신이 참여한 학살에서 희생당한 당사자들에게 용서를 구하지는 않는다는 점이다. 바로 이 때문에 문제는 더욱 복잡한 양상을 띤다.

우선 그 SS대원의 양심이라는 문제가 있다. 만약 그가 단지 '고백'하고 싶어 했다면 자기가 믿는 가톨릭의 신부에게 할 수도 있었을 것이다. 그는 하느님의 용서를 구할 수도 있었을 것이고, 추측건대 진심으로 참회하는 사람에게는 하느님께서도 무한히 동정을 베푸신다는 판에 박힌 답변을 들을 수 있었을 것이다. 전장에 나가 싸워 본 사람이라면 위험 앞에서는 누구나 진심으로 참회하게 된다는 사실을 알 것이다. 총알이 빗발치는 싸움터에서는 평생 한 번도 기도해 본 적이 없는 사람조차도 기도를 올리면서—만약 하느님이 임박한 죽음으로부터 자기를 구해 준다

394

면—"앞으로 착하게 살겠다"고 맹세하는 법이다. 단지 죽을지도 '모르는' 상황보다는 오히려 죽을 게 '확실한' 상황이 되었을 때, 사람은 더욱 절실하게 자비를 요청하게 된다. 비젠탈이 만난 SS대원이 바로 이런 상황이었던 것이다.

하지만 요청을 받은 유대인의 입장에서는 문제가 전혀 달라진다. 그 유대인은 살아 있는 동안에도 매일같이 죽음과 대면하고 있었다. 그가 할 수 있는 최선의 행동이라고 해 봐야, 마지막 순간까지도 죽음에 의연히 맞서면서 자신의 정체성에 대한 믿음을 지키는 것뿐이었다. 내가 만약 그런 유대인의 입장이었다면, 나는 분명히 그 SS대원을 향해 욕설을 퍼부었을 것이다. 나는 그의 요청을 무척이나 값싸고 편리한 '탈출구'를 찾으려는 시도로 간주했을 것이고, 그가 유품 몇 가지를 남긴 것도 그저 연극적이고 감상주의적인 위선적 행동으로 생각했을 것이다.

한 사람의 유대인은 단지 개인적인 차원에서만 상대의 잘못을 용서해 줄 수 있다. 결국 종족말살이라는 크나큰 범죄는 결코 용서받을 수가 없는 것이다. 여자들과 아이들을 산 채로 불태워 죽인 인간이 용서를 구하는 게 나로서는 더없이 역겹게 느껴진다. 자기가 죽게 되었으니 용서를 간청한다? 그것이야말로 거짓으로 용서를 구하는 것이 아니겠는가? 만약 이 한 명의 SS대원이 용서를 받을 수 있다면, 의미상으로는 살인에 참여했던 모든 SS대원이 임종의 자리에서 용서를 받을 수 있다는 것이 아닌가.

그 SS대원은 사람에게가 아니라 하느님에게 용서를 구했어야 옳았다. 그는 소수의 불운한 인간들에게 죄를 지은 것이 아니라, 피조물로서 인간성의 원칙에 어긋나는 죄를 지었던 것이다. 따라서 이것은 단지 그와 어느 힘없는 유대인—강제노동 작업조 가운데서 무작위로 선택되어 억지로 그의 '고백'을 들어야만 했던 유대인—사이의 문제가 아니라, 오히려 그와 창조주 사이의 문제가 된다.

그 유대인이 SS대원에게 이런 말까지도 해 주었어야 할까? 아니, 평소에도 늘 고통스럽고 잔인한 대우를 받았던 집단수용소의 수감자에게 철학자 노릇까지 바란다는 건 지나친 기대가 아니었을까. 마찬가지로, 그에게 고해 신부 역할까지 바랄 수는 없었을 것이다. 하지만 어찌 되었건 그는 놀라운 인내로 그 SS대원의 끔찍한 이야기를 들어 주었고, 그 잔인무도한 행위에도 자신의 공포나 증오를 드러내지는 않았다. 결국 아무 말 없이 병실을 걸어 나감으로써 그는 가장 분별 있고 가장 논리적인, 그의 입장에서 할 수 있는 가장 올바른 행동을 했던 셈이다.

테렌스 프라이티(Terence Prittie, 1913~1985)는 영국의 저명한 언론인 겸 작가로, 1946년부터 63년까지 〈맨체스터 가디언(Manchester Guardian)〉의 서독 주재 특파원을 지냈다. 이후 BBC를 비롯한 여러 통신사의 중동 자문역으로 활동하기도 했다. 저서로는 『히틀러에 대항한 독일인들(Germans Against Hitler)』과 『빌리 브란트: 어느 정치가의 초상(Willy Brandt: Portrait of a Statesman)』 등이 있다.

최악의 인간에게도
선한 본성은 남아 있기에

마티외 리카르(불교 승려, 프랑스인)

불교 신도로서 나는 언제든지 용서가 가능하며, 또한 누구든지 항상 남을 용서해야 한다고 믿는다.

불교의 가르침에 따르면 어떤 행동도 그 자체가 부정적이거나 악한 것은 아니다. 다만 그 행동이 고통을 만들어 낸다면, 그것은 부정적이거나 사악한 것이 된다. 마찬가지로 선한 행동이란 이 세상을 보다 행복하게 만드는 행동을 말한다.

우리 삶에는 정말 갖가지 상황들, 심지어 살인이나 종족 말살 못지않게 비극적인 일들이 많기 때문에 우리는 참으로 누군가를 용서하기가 힘들다. 이는 우리가 평생에 걸쳐 스스로가 누구인지를 규정하는 이른바 '자아'라는 것이 존재한다고 믿기 때문이다. 만약 이 자아가 해로운 일을 당하면, 우리는 자아를 보호하려고 한다. 하지만 우리의 몸과 정신이 항상 불변하지는 않는다. 이것들은 매 순간마다 변화하고 있다. 불교에서는 고정불변하고 자율적인 자아에 대한 집착이야말로 증오, 집착, 오만, 질투 같은 우리 내부의 해로운 감정들을 만들어 내는 원천이라고 본다. 왜냐하면 이러한 감정들은 스스로를 자꾸 다른 사람들과 구분하게 하고, 또한 우리를 더 동정적이지 못하도록 만들기 때문이다.

진정한 동정은 모든 것을, 그리고 모든 사람을 포용해야만 한다. 내게 소중한 사람과 내게 죄를 지은 사람 모두를, 그리고 친구와 적 모두를 말이다. 우리는 제아무리 나쁜 사람에게도 선한 본성이 남아 있다고 본다. 단 한 조각에 불과한 금이라도, 심지어 땅속에 묻혀 있다 해도, 금은 여전히 금이기 때문이다. 일단 흙을 걷어 내고 보면 금의 진정한 본성이 반드시 드러나게 마련이다. 불교 신자는 이렇게 말한다.

"악의 장점이 하나 있다면, 씻어서 깨끗하게 만들 수 있다는 점이다."

불교에서 말하는 용서는 면죄가 아니라, 희생자와 범죄자 모두에게 내적으로 변화할 기회를 부여하는 것이다. 악을 행한 범죄자는 이후 평생 동안 자기의 행동으로 인해 괴로움을 겪게 된다. 내적인 변화를 위한 준비가 되기 전까지는 말이다. 진정으로 변화된 누군가에게 용서를 허락하는 것은 상대방이 과거에 저지른 잘못을 관대히 봐주거나 잊어버리는 것이 아니라, 다만 상대방이 앞으로 어떻게 될 것인지를 알아주는 것이다. 범죄자에게 그가 지금 빠져 있는 악행의 소용돌이에서 벗어날 기회를 부여하는 것은 오로지 내적 변화뿐이다. 개인과 사회 모두에게 용서가 필요한 까닭은, 그러한 적의나 악의나 증오가 새로운 고통을 만들어 내지 못하도록 해야 하기 때문이다.

그 죽어 가는 SS대원이 자신의 잔인무도한 행동을 뒤늦게나마 깨닫고 참회하는 마음을 떠올렸다면, 그나마 훌륭한 첫걸음을 뗀 셈이라고 할 수 있다. 하지만 그는 자신의 나치 동료들에게 비인간적인 행동을 멈추도록 조언함으로써 보다 큰 선행을 이룰 수도 있었을 것이다. 비젠탈의 행동은 매우 품위 있는 것이었다. 하지만 그가 만약 불교 신자였다면, 그 죽어 가는 군인에게 이렇게 말했을 것이다.

"이제는 당신이 이번 생에 저지른 모든 잘못을 다음 생에서라도 갚을 수 있도록 기도하는 것밖에는 방법이 없습니다."

불교 신자가 그 SS대원과 그에 의한 희생자들을 딱하게 여기는 까닭은, 단지 그가 다음 생에서 크나큰 고통을 받을 수밖에 없음을 알고 있기 때문만은 아니다. 그러한 증오와 무지로부터 자유롭지 못하고 영원히 끝없는 윤회 속에 살아가는, 모든 생명 있는 것들에 대한 연민 때문인 것이다.

마티외 리카르(Matthieu Ricard, 1946~)는 불교 승려이자 달라이 라마의 프랑스어 통역가이다. 1972년에 파스퇴르 연구소(Pasteur Institute)에서 분자생물학으로 박사학위 논문을 마친 직후 불교에 귀의해 학계를 떠났다. 티베트 불교에 관한 여러 권의 번역 및 편저가 있고, 자기 아버지이며 철학자 겸 작가인 장 프랑수아 르벨(Jean-François Revel)과의 대담집 『승려와 철학자(Le Moine et Le Philosophe)』는 프랑스에서 베스트셀러가 되었다. 현재 네팔의 카트만두 인근 세첸(Shechen) 사원에 거주하고 있다.

자비를 베푼 것만으로도
충분하다.

조슈아 루벤스타인(인권운동가, 미국인)

인류 역사에서 가장 폭력적인 한 세기를 마감하려는 이때에, 치명적 부상을 입은 나치 장교가 마음 편히 죽기 위해 어느 유대인을 한 명 불러다 놓고 자기가 저지른 유대인 학살을 고백한 사건에 대해 논의하자는 것은 어딘가 뜬금없어 보인다. 왜냐하면, 이젠 그 독일인이 비젠탈에게 이야기한 사건을 능가하는 수천 건의 학살이 캄보디아에서 르완다까지, 그리고 인도네시아에서 보스니아까지 세계 곳곳에서 벌어지고 있기 때문이다. 조직적인 테러와 고문을 가한 범죄자들 가운데 일부는 재판에 회부되었고, 새로운 정부가 들어선 곳에서는 진실위원회의 활동을 통해 이전 정권의 잘못을 기록하는 작업이 한창이다.

그럼에도 자발적이고 진정성 있는 고백은 극히 드물다. 그런 까닭에, 최근의 극적인 사례—오래전에 아르헨티나의 어느 해군 장교가 정신을 잃은 정치범을 비행기에서 바다로 집어 던졌다고 자백한 사건—는 우리로 하여금 라틴 아메리카에서는 여전히 그와 비슷한 범죄자들이 자기 침대에서 발 뻗고 편히 잠든다는 사실을 상기시켰다. 이것은 이제 노년에 접어든 나치 범죄

자들이 평안한 가정생활을 영위하고 있다는 사실과도 크게 다르
지 않다.

비젠탈이 그 부상당한 나치와 만난 사건을 보니, 문득 SS
사령관 겸 독일 경찰총장이던 하인리히 힘러에 대한 일화가 생
각난다. 1943년, 포츠난*에서 일단의 나치 장교들에게 한 연설
도중에, 힘러는 대량학살을 저지르면서도 정상적인 인간으로 남
아 있는 것이 얼마나 힘든지를 다음과 같이 인정하고 있다.

> "제군 대부분은 시체가 100구, 또는 500구나 1000구씩 여기
> 저기 나란히 놓여 있는 상황이 어떤 것인지 아마 잘 알고 있
> 을 것이다. 그런 기억에 사로잡혀 있는 동시에—인간적인 연
> 약함으로 인한 몇 가지 예외와는 별개로—또한 품위를 유지
> 해야 한다는 것, 그것이야말로 우리로선 참으로 어려운 일이
> 아닐 수 없다."

힘러의 주장을 보면 그 전체주의 정권이 인간적인 감정에서조차
얼마나 싸구려 감상주의에만 몰두했는지를 알 수 있다. 가령 히
틀러는 채식주의자였다. 또한 나치는 결코 무감각한 짐승이 아
니었다. 그들은 어머니에게는 효성스럽고, 자녀에게는 자애롭
고, 아내에게는 사랑스럽게 굴 줄 알았다. 다만 '역사적 필요성'
에 의해 수백만에 달하는 사람을 학살했을 뿐이다. 힘러가 부하

들에게 자랑스레 실명했듯이, 그들은 정상적인 인간으로서 품위를 유지하는 나름의 기술을 익혔던 것이다.

비젠탈의 딜레마를 생각하다 보니 문득 힘러의 그 연설이 떠올랐다. 나로선 부상을 입은 나치의 용서해 달라는 요청에는 오히려 관심이 없었다. 왜냐하면 그는 자신이 지은 죄의 어마어마함보다는 오히려 자신의 심각한 부상과 임박한 죽음 때문에 더 자극받은 것 같았기 때문이다. 이 이야기에 따르면, 그 나치는 자신이 참여한 학살로 인해 커다란 공포를 느낀 것으로 나와 있다. 그보다 먼저 그는 자신이 모종의 불편함을 느끼고 놀랐음을 고백한다. 히틀러 소년단과 SS에서의―그야말로 선동적인 증오와 폭력의 향연이라 할 수 있는―훈련기를 거쳤음에도 불구하고, 자기가 아리아인의 남자다움을 보여 주기 위한 그 생생하고 역겨운 시험에 미처 준비가 덜 되었던 것처럼 말이다.

최소한 힘러는 수천 명의 사람들을 학살한다는 것이 얼마나 힘든 일인지를 인정할 만큼 교활하긴 했다. 힘러 같았으면 불타는 집을 빤히 바라보기만 했을 뿐, 뭔가 불편해하고 괴로워하는 젊은 나치 따위는 전혀 개의치 않았을 것이다. 힘러가 보기에 그것은 단지 이 젊은 SS장교가 여전히 '품위 있는 인간'이라는, 즉 나중에 가서는 대량학살을 저지르면서도 결코 '인간적인 연약함'을 드러내지 않을 인물이라는 사실을 확인시켜 주는 장면에 지나지 않았을 것이다. 왜냐하면 그 SS대원은 결국 그런 감정을 극복할 것이기 때문이다. 그 젊은 장교의 고민이야말로 그가 '문명화된 독일인'이라는 방증이다. 또한 그 학살에 참여함으로써 그는 자신이 훌륭한 나치임을 확실히 증명해 보였다.

그때 비젠탈은 알 수 없었겠지만, 오늘날 우리는 그 당시 무고한 민간인을 학살하라는 명령을 거부한 독일 군인들이 처벌받지 않았다는 사실을 알고 있다. 따라서 그 젊은 나치도 비무장 상태의 남녀노소를 불태우고 총으로 쏘라는 명령에 굳이 복종해야 할 필요는 없었던 것이다. 그가 사람을 죽이기 전, 그리고 이후 그 스스로가 죽음의 문턱에 들어서기 전에도, 그가 오랫동안 외면한 신앙이 되돌아올 가능성은 얼마든지 있었던 것이다. 그는 차라리 자기 발을 총으로 쏠 수도 있었다. 또한 썩어 가는 시체 무더기를 처음 본 연합군 병사들과 종군기자들이 그랬던 것처럼 메스꺼움을 느끼거나, 그만 참지 못하고 구토를 해 버렸을 수도 있었다.

물론 지금 집에 편안히 앉아 있는 우리가 그 나치에게 "스스로의 손에 피를 묻히지 않기 위해 이런저런 방법을 쓰지 그랬느냐"고 해 봤자 사실은 아무 쓸모없는 이야기다. 아무튼, 그가 히틀러 소년단과 SS에서 무려 10년을 보냈고 특히 마지막 2년은 동부전선의 무지막지한 전장에서 보냈으면서도, 상부에서 자기에게 요구하는 것이 무엇인지 전혀 몰랐다는 것은 터무니없는 거짓말이다.

이 특별한 나치는 신앙심 깊은 가톨릭 집안에서, 지극히 정상적이고 애정이 많은 부모 밑에서 자라났다. 그는 청소년기에도 문제아가 아니었고, 타고난 가학자도 아니었으며, 잔인하거나 무감각한 인간도 아니었다. 물론 당시의 독일 사회가 이상한 쪽으로 흘러가긴 했지만, 그래도 각 개인은 여전히 스스로 결정을 내려야만 했다. 그 젊은 나치의 선택은 자신의 진정한 의무를 배신하는 것이었다. 아무도 그에게 히틀러 소년단에 가입하라고 강요하지 않았다. 오히려 그가 부모의 반대를 무릅쓰고 그렇게 한 것이었다. 그리고 어느 누구도 그에게 SS에 입대하라고 강요하지 않았다.

　　그와 비슷한 사회적 압력을 느낀 다른 청년들은 오히려 나치에 반대하는 비밀 조직인 '백장미단'*에 가입하거나, 아예 병역을 기피했다. 물론 그들은 모두 처형당했다. 한 가지 특이한 예는 라인하르트 하이드리히**의 동생이자 열성적인 나치였던 하인츠 하이드리히의 경우다. 이른바 '최종 해결(라인하르트가 그 계획 수립에 관여했다)'이란 것이 무슨 뜻인지를 파악한 직후 하인츠

---

* 　백장미단(Weiße Rose). 제2차 세계대전 당시 뮌헨에서 나치에 반대하는 다섯 명의 대학생이 조직한 비폭력 저항단체. 뮌헨의 대학생이던 한스와 조피 숄 남매의 주도 아래 반정부 유인물을 배포하는 활동을 하다가 1943년에 체포되어 전원 처형당했다. 숄 남매의 누이인 잉거 숄이 쓴 백장미단의 이야기는 1980년대에 우리나라에서 『아무도 미워하지 않는 자의 죽음』이라는 제목으로 출간되었으며, 대학생들의 필독서로 꼽힐 만큼 인기를 얻었다.

** 　라인하르트 하이드리히(Reinhard Heydrich, 1904~1942). 독일의 군인. 나치스에서 힘러 다음가는 SS의 최고 지휘관 가운데 한 명이었다. 잔혹한 행동으로 '프라하의 도살자' '금발 괴물'이라는 별명을 얻었다. 자기 할아버지가 유대인이었음에도 이 사실을 숨기고 홀로코스트의 주역으로 활동하다가 체코 레지스탕스 대원에게 피격당한 직후 사망했다.

는 100여 개의 여권을 위조해서 독일 내 유대인들을 해외로 도주시켰고, 1944년에 게슈타포가 이 사실을 알게 되자 두려운 나머지 자살하고 말았다. 마지막으로 우리는 SS장교인 쿠르트 게르슈타인[***]이 정보에 마음대로 접근할 수 있는 자신의 직위를 이용해, 유대인을 박멸하려는 히틀러의 계획을 외부 세계에 폭로했음을 알고 있다. 위에서 언급한 독일인들은 자신들의 이름으로 저질러진 범죄에 대해 깊이 참회하면서, 그 박해받은 희생자들을 위하여 각자 위험을 무릅썼던 것이다.

고백과 참회만으로는 용서를 얻기에 충분하지 않다. 물론 이 나치가 죽어 가고 있었기 때문에 어떤 식으로건 의로운 일을 할 힘이나 기회가 없긴 했지만, 죽어 가면서 겁에 질린 그가 연약한 유대인 죄수를 불러다가 용서를 구걸한 것은, 사실상 잘못된 참회의 행위인 동시에 무정하기 짝이 없는 이기주의였다.

참된 인간성은 정의와 자비를 겸비해야 한다. 비젠탈이 그 부상자에게 물을 마시게 하고 얼굴에 달라붙는 파리를 쫓아준 행동은 집단수용소에서는 이미 사라져 버린 인간의 본성을 다시 보여 주는 장면이었다. 그 죽어 가는 나치는 대량학살의 원흉이었고, 비젠탈은 그를 충분히 자비롭게 대한 셈이었다. 따지고 보면 비젠탈의 입장에서는 그토록 완전히 무방비 상태에 놓

[***] 쿠르트 게르슈타인(Kurt Gerstein, 1905~1945). 독일의 군인. SS 소속 장교로, 유대인 학살과 수용소의 참상을 목격한 후 각국 외교관 및 교황 피우스 12세와 접촉함으로써 홀로코스트에 반대하는 국제 여론을 모으려 했으나 실패한 후 자살했다.

인 나치를 만날 기회도 처음이자 마지막이었을 테니, 마음만 먹었으면 그를 질식사한 것으로 위장해 죽여 버릴 수도 있었으니까 말이다. 그러나 딱 거기까지다. 만약 그를 용서했더라면, 그것은 비젠탈 자신과 가족이 겪은 무수한 고통을 배신하는 결과가 되고 말았을 것이다.

조슈아 루벤스타인(Joshua Rubenstein, 1949~)은 국제 앰네스티 미국 지부 (Amnesty International USA)의 북동부 지역 담당자이며, 하버드 대학의 캐트린 W. 앤드 셸비 컬럼 데이비스 기념 러시아 연구센터(Kathryn W. and Shelby Cullom Davis Center for Russian Studies) 연구원으로 근무하고 있다. 저서로는 『소련의 반대자들: 인권을 위한 그들의 투쟁(Soviet Dissidents: Their Struggles for Human Rights)』과 『혼란에 빠진 충성심: 일리야 에렌부르크의 생애와 시대(Tangled Loyalties: The Life and Times of Ilya Ehrenburg)』가 있다.

그러면 대체 누가
지옥에 간단 말인가?

시드니 섀크나우(군인, 미국인)

성인이 된 이후 대부분의 세월을 군대에서 보낸 사람으로서, 전
쟁과 군인 생활에 대해서라면 나도 좀 아는 바가 있다고 해야 할
것이다. 육군에서 40년을, 특히 그중 32년을 그린베레*에서 보낸
나로선 그 죽어 가는 SS대원을 좀 더 잘 이해할 수 있는 조건을
지닌 셈이다. 전투에 직접 참가해 본 우리는 전쟁이란 것이 사실
은 우리 속에 있는 선과 악을 증폭시키고 확장시킨 것에 불과하
다는 사실을 알고 있다. 전쟁은 우리의 용기를 자극하는 동시에
전우에 대한 따뜻한 감정을 북돋아 준다. 동시에 전쟁이란 비인
간적이기 때문에, 결국 우리의 인간성을 위협한다.

　　예나 지금이나 '군사 훈련'은 인간이 다른 인간의 목숨을
빼앗는 것에 대해 느끼는 깊은 거부감을 없애는 데 기여한다. 이
런 훈련은 매우 효과적이라는 것이 수많은 사례를 통해 증명되

---

* 　　그린베레(Green Beret). 미국의 대표적인 특수부대이며 정식 명칭
은 미 육군 제10공수특전대이다. 1952년에 창설되었으며 전쟁 발발시
적지 침투와 정보 수집, 유격전 등을 주요 임무로 삼는다.

었다. 그런 훈련을 거친 나음에야 비로소 군인은 '전투 준비 완료' 상태로 접어드는 것이다. 사회는 군인들이 각자의 인간성을 넘어서도록 훈련시킬 뿐만 아니라, 군인들이 하는 행동을 면죄해 줄 다양한 방법을 고안한다. 그리하여 군인은 그의 공적에 대해 찬사를 받는 것이다. 시가행진이며, 훈장이며, 퇴역군인 모임이며, 기념의식 같은 것들은 모두 이들이 바쳐야 하는 엄청난 정서적 대가에 대한 심리적인 위로를 제공해 준다.

하지만 종종 이것만으로는 부족할 때가 있다. 온갖 훈련과 면죄에도 불구하고, 전투 중에 누군가를 죽여 본 적이 있는 우리 중 상당수는 그러한 행동에 대해 매우 불쾌한 기분을 느낀다. 나도 두 번이나 베트남에서 복무하면서 그런 경험을 했다. 그중한 번은 어찌나 격렬했던지, 마치 나 자신이 나로선 전혀 되고 싶지 않았던 다른 누군가가 되어 가는 기분이었다. 물론 나는 전쟁의 규범을 어기지 않았고 나를 먼저 죽이려고 하지 않는 자를 죽이지도 않았지만, 그럼에도 불구하고 내가 한 일은 무척이나 괴로워서, 심지어 나 스스로가 더 이상 군인으로서 역할을 할 수 없으리라는 생각까지 들었다. 만약 그 당시에 용서를 구할 만한 누군가가 있었다면, 나 또한 간절히 용서를 구했을 것이다.

이런 개인적 경험을 바탕으로, 나는 어째서 카를에게 용서를 받을 자격이 있는지에 대해 일종의 설명이나 정당화 혹은 추론을 해 보려고 노력했다. 그 사건으로부터 오랜 세월이 흐른 덕분에 이제 우리는 이것을 보다 합리적으로, 객관적으로, 그리고 감정에 치우치지 않고서도 다룰 수 있게 되었다. 카를은 당시의 조건과 환경으로 인해 그런 만행을 저지를 수밖에 없었다. 하지만 그는 고백을 통해서 자신의 인간성을 그토록 간절히 구제하려 했고, 그럼으로써 자신이 인간일 수 있다는 것을 증명했다.

홀로코스트의 생존자 가운데 한 사람으로서, 나는 불행히도 그에게 아량을 베풀 자신은 없다. 물론 전투 훈련에 대해 잘 알고 있고, 전쟁이 한 인간을 어떻게까지 만들 수 있는지도 알고는 있지만, 나는 또한 그가 희생자들에게 가한 만행이야말로 그 어떤 정상 참작조차도 불가능한 범죄임을 증언할 수 있다. 무고한 남녀노소를 죽여서는 안 된다는 자기 양심의 목소리를 묵살하려 애썼으면서도, 카를은 스스로를 감히 인간이라 부르고 있는 것이다. 그는 스스로를 결코 용서받을 수 없는 죄를 저지르는 천한 짐승으로 만들었다. 그는 상관과 국가를 위해 자기의 도덕적 생명—즉, 자기 영혼—을 포기했다. 희생자들은 짐승보다도 못하며 자기는 그들을 고문하고 학살할 임무가 있는 초월적 존재라고 말했을 때, 그는 실제로도 그렇게 믿고 있었다. 결국 그가 한 짓은 자신의 인간성에 대한 궁극적이고도 뒤집을 수 없는 부인이었던 것이다.

그리고 이제 죽음의 문턱에 서서, 그는 용서를 간청하고 있다. 다시금 인류의 일원으로 편입되고 싶다는 것이다. 하지만 그의 요청은 전혀 엉뚱한 곳을 향한 셈이다. 그에게 용서를 베풀 수 있는 사람들은 지금 이곳에 없다. 그가 그들을 죽여 버렸기 때문이다. 그 시기의 다른 독일인들도 어쩌면 카를처럼 용서를 간청하고, 또한 각자의 무죄를 주장할지 모르겠다. 나는 '집단적 죄의식'을 믿지 않으며, 오래전부터 독일인들을 책임감 있고 양심적인 존재로 받아들이고 있다. 실상 나는 독일을 공산주의의 위험으로부터 보호하는 데 내 군대 경력의 대부분을 바쳤던 것이다. 그 목표를 위해서라면 내 가장 귀중한 재산인 생명까지도 바칠 각오가 되어 있었다. 하지만 그런 악행에 직접적으로, 또한 개인적으로 관여했던 사람들에게는 자비를 얻을 만한 자격조차도 없다고 생각한다.

시몬 비젠탈이 상대방을 용서하지 않은 것은 두 가지 면에서 옳은 행동이었다. 첫째로 그에겐 윤리적으로 그럴 권리가 없었고, 둘째로 그 잔인무도한 나치에겐 용서를 받을 만한 자격도 없었다. 그 나치는 용서가 가능한 범위를 이미 넘어섰던 것이다. 그 SS대원은 차라리 비젠탈보다는 하느님을 의지하는 편이 더 나았을 것이다. 개인적으로 나는 그 SS대원이 지옥에 가야 한다고 생각한다. 또한 과연 하느님께서 그를 용서하실 수 있을지도 미심쩍다. 솔직히, 그런 사람들이 아니라면 도대체 누가 지옥에 간단 말인가?

시드니 섀크나우(Sidney Shachnow, 1934~2018)는 미국의 예비역 육군 소장이며, 리투아니아의 콘보에서 태어나 1941년부터 44년까지 콘보 집단수용소에 수감되어 있다가 탈출했다. 1950년에 미국으로 이주한 뒤 육군에 입대했고 이후 그린베레 소속으로 베트남전에 참전했다. 여러 전투에서의 혁혁한 수훈으로 수많은 훈장을 받았으며, 1991년부터 92년까지 특수부대 총사령관(Commanding General of the Special Forces)을 역임했다.

거기에 분명히
하느님이 계셨다.

도로테 죌레(기독교 신학자, 독일인)

나는 시몬 비젠탈이 자기 자신과 우리 모두에게 던진 질문에 대해서 두 가지 모순적인 답변을 갖고 있다. 이러한 모순—"아니, 나는 당신을 용서할 수 없습니다. 훌륭한 독일인인 동시에 SS의 살인자인 당신을 말입니다"와 "예, 나는 당신의 참회를 믿습니다. '압솔보 테.'* 편히 가시오" 사이의 모순—은 비젠탈의 이야기 자체에도 이미 포함되어 있었다. 그가 침묵한 채 병실에서 나온 것이며, 다른 동료 죄수들에게 의견을 물어본 것이며, 또한 그 나치의 어머니를 찾아간 것까지 말이다. 어디에서나 우리는 "아니"를 감지한 직후에 곧바로 "예"를 찾아야 할 필요를 느끼게 된다.

독일인의 한 사람으로서, 어쩌면 나는 "아니" 말고 다른 것을 말할 입장이 아닌지도 모르겠다. 또한 기독교인의 한 사람으로써, 원하든 원하지 않든 나는 늘 유대인의 전통을 이어받고 있다고 해야 할 것이다. 하지만 나로선 "예"라는 대답을 완전히 포기할 수는 없다. 여기서 잠시 독일문학을 전공한 어느 교수와

---

* "그대를 용서하노라"라는 뜻의 라틴어.

만났던 일을 이야기해야 할 듯하다. 그래야 내가 뜻하는 게 무엇인지가 명료해질 것 같으니 말이다.

1960년대 말, 나는 이 교수―나는 그의 섬세하고도 예민한 정신을 존경하여 예찬해 마지않았다―가 한때 나치였을 뿐만 아니라 심지어 분서(焚書) 행위에조차 참여했다는 사실을 알게 되었다. 나는 이 사실을 믿을 수 없어서, 진실을 알기 위해 그의 아파트로 찾아갔다. 도대체 왜 그런 짓을 했나요? 누가 그런 짓을 명령했나요? 당시 어떤 책을 불태웠나요? 되블린?* 아니면 카프카? 나는 정확한 사실을 알고 싶었다. 그야말로 무척이나 괴로운 몇 시간이었다. 그는 변명을 하진 않았지만, 자기는 단지 책을 불태웠을 뿐이고 사람을 불태운 적은 없다는 점을 강조했다. 그리고 바로 그것이야말로 우리의 대화 내내 그 밑에 깔려 있었던 논제였다.

내가 그의 현재 입장을 묻자, 그는 울었다. 그는 내가 미처 알아듣지 못한 말을 더듬거리며 중얼거렸다. 하지만 무의식적으로라도 "용서"라는 말은 결코 하지 않았다. 그러고 나서 내가 이제껏, 그러니까 그 전이나 그 후에나 결코 경험해 본 적이 없는, 정말이지 특이한 일이 벌어졌다. 그는 바닥에 몸을 내던지더니, 무릎을 꿇고 앉아서 두 손을 맞잡고 들어 올렸다. 나는 더 이상 자리에 앉아 있을 수가 없었지만 그곳에서 떠나고 싶지도 않았다. 그래서 그의 옆에 나란히 꿇어앉았고, 함께 큰 목소리로

---

*   알프레트 되블린(Alfred Döblin, 1878~1957). 독일의 작가.

주기도문을 외우며… 주께서 우리의 죄를 용서해 주시기를 기도했다.

그때까지만 해도 나는 참회라는 말이 무엇인지 몰랐다. 한참 뒤에서야 나는 유대교에서 그런 의미로 쓰이는 '테슈바'라는 단어를 알게 되었다. 이는 '해방' '가던 길에서 돌이킴' '새로운 시작' 등을 의미하는 단어였다. 유대교의 전승에 의하면 '테슈바'는 천지창조보다도 앞서서 『토라』, 메시야의 이름, 그리고 다른 여러 가지 신비들과 함께 생겨났다고 한다. 그렇기 때문에 세상에 '테슈바'가 불가능한 사람이나 시간이나 장소는 있을 수 없다는 것이다.

시몬 비젠탈의 글을 읽으며 나는 이런 생각을 떠올렸다. 과연 그 젊은 SS대원에게는 '테슈바'조차도 효력이 없었을까? 만약 그렇다면 비젠탈은 훗날 그의 어머니를 만났을 때 굳이 거짓말을 할 필요가 없었을 것이다. 살인자와 그의 어머니 모두 일방적인 이야기만을 하긴 했지만, 그들은 결코 혼자가 아니었다. 분명히 거기에는 하느님이 계셨다. 그 젊은이의 어머니와 마찬가지로, 하느님 또한 그 살인자가 돌아오기를 기다리고 계셨던 것이다.

어쩌면 나는 다른 말을 했을 수도 있다. 아니, 나는 당신을 용서할 수 없다고 말이다. 하지만 아마 그러진 않았을 것이다. "오레무스."**

** "다 같이 기도합시다"라는 뜻의 라틴어.

도로테 죌레(Dorothee Soelle, 1929~2003)는 여성 해방신학자로서 조국 독일은 물론이고 미국 뉴욕에 위치한 유니언 신학교(Union Theological Seminary)에서도 강의했다. '기독교'와 '파시즘'의 조합인 '크리스토파시즘(christofascism)'이라는 단어를 1970년에 처음 사용함으로써, 전체주의와 제국주의에 물든 기독교 교회를 비판한 바 있다. 저서로는 『삶을 선택하다(Choosing Life)』『전쟁과 사랑(Of War and Love)』『정치신학(Political Theology)』『단순한 복종을 넘어서(Beyond Mere Obedience)』등이 있다. 여성으로서는 최초로 "시민으로서의 용기를 발휘하고 민주주의에 공헌한 인물"에게 수여하는 테오도르 호이스 상(Theodore Heuss Medal)*을 수상하기도 했다.

* 독일의 대통령(1949-1959 재임)이었던 테오도르 호이스(1884~1963)를 기리기 위해 1964년에 제정된 상이다.

나치 전범이
시몬 비젠탈에게

알베르트 슈페르(건축가, 독일인)

차마 말로 할 수 없는 고통, 수백만에 달하는 인류의 괴로움으로 인해 고난과 공포에 시달린 뒤, 저는 뉘른베르크 재판에 가서야 비로소 그 범죄에 대한 내 책임을 인정하게 되었지요. 유죄 선고를 받긴 했지만, 법정에서는 단지 저의 법적인 죄만을 처벌했을 뿐입니다. 도덕적인 고통은 그 뒤에도 여전히 남아 있었지요. 스판다우*에서 20년간 복역하고 나온 이후에도, 저는 유대인을 비롯한 많은 사람들을 조직적으로 학살한 정권을 아무런 양심의 가책 없이 지지했다는 사실 때문에 스스로를 용서할 수 없었습니다. 제 도덕적 죄의식에는 법적 시효가 없기 때문에, 이 죄의식

---

* 스판다우(Spandau). 독일 베를린 서부의 스판다우에 있는 교도소. 한때 나치의 비밀경찰 게슈타포가 반체제 인사들을 고문했던 곳으로, 제2차 세계대전 이후에는 연합군 측에서 관리를 맡았다. 히틀러의 부관이었던 루돌프 헤스, 이 글의 필자인 알베르트 슈페르 등 뉘른베르크 재판에서 사형을 면한 7명의 전범들이 이곳에 수감되었다. 마지막 수감자였던 루돌프 헤스가 사망한 직후인 1987년, 이른바 '네오 나치'의 성지가 되는 것을 방지하는 차원에서 건물 전체가 완전히 폭파, 해체되었다.

은 평생 동안 결코 지워지지 않을 것입니다.

시몬 비젠탈 씨, 부디 저를 용서해 주시겠습니까? 비록 제 자신이 스스로를 용서하지는 못하더라도 말입니다. 마네스 스페르베르*는 만약 그 SS대원이 건강을 회복해서 자신이 참회한 대로 살아갈 수 있었더라면 당신이 그를 단죄하지 않았을 것이라고 썼더군요. 1975년 5월 20일, 우리 두 사람은 무려 6개월 동안 서신을 교환한 끝에 빈에 있는 유대역사기록센터에서 만나, 세 시간에 걸쳐 함께 이야기를 나누었지요.

제가 당신에게 관심을 갖게 된 까닭은 바로『모든 용서는 아름다운가』라는 책 때문이었습니다. 저는 언젠가 당신에게 이런 편지를 보낸 적이 있었습니다. "당신이 옳았습니다. 어느 누구도 용서할 수 없겠지요. 하지만 당신은 1946년에 슈투트가르트로 어려운 여행을 떠남으로써 우리에게 연민을 보여 주었습니다. 그의 어머니에게 아들의 죄상을 밝히지 않음으로써 동정을 표시한 것이지요. 당신이 제게 보낸 편지에서도 그런 자비심이 엿보였습니다. 저는 이에 대해 무척 감사드리는 바입니다."

5월 20일, 우리가 마주 앉았을 때도 당신은 역시 자비와 인정과 친절을 보여 주었지요. 당신은 결코 제 상처를 건드리지 않았습니다. 오히려 조심스럽게 도와주려 했지요. 당신은 저를 비난하거나 제게 화를 내지 않았습니다. 그때 저는 당신의 눈을

---

* 마네스 스페르베르(Manes Sperber, 1905~1984). 프랑스의 작가. 이 글 바로 뒤에 그의 글이 실려 있다.

바라보았습니다. 모든 살해당한 이들의 모습을 담고 있는 눈을, 그리고 동족의 모든 비참과 전락과 운명과 고통을 목격한 눈을 말입니다. 하지만 당신의 눈에는 증오가 깃들어 있지 않았습니다. 오히려 온화하고, 너그럽고, 타인의 불행에 대한 연민이 가득한 눈이었습니다. 우리가 헤어질 때 당신은 내가 갖고 있던 당신 책 속에 이렇게 적어 주었지요. 제가 비록 그 무자비한 시대를 제지하지는 못했지만, 그에 대한 책임만큼은 진정으로 인식했다고 말입니다.

제 상처로 인해 저는 당신에게로 이끌릴 수밖에 없었습니다. 당신은 저를 크게 도와주셨습니다. 마치 붙잡은 손을 뿌리치거나 비난하지 않음으로써 그 SS대원을 도와주었듯이 말입니다. 모든 인간에게는 각자 짊어져야 할 짐이 있습니다. 어느 누구도 다른 사람의 짐을 덜어 줄 수는 없지만, 적어도 당신을 만난 그날 이후에 제 짐은 좀 더 가벼워졌습니다. 하느님의 은혜가 당신을 통해 제게 베풀어진 까닭이겠지요.

알베르트 슈페르(Albert Speer, 1905~1981)는 나치의 고위 간부이자 제3제국 건설의 입안자 가운데 한 명으로, 제2차 세계대전 말기인 1942년부터 45년까지 군비장관을 역임했다. 전후에 열린 뉘른베르크 재판에서 자신의 나치 활동에 대한 책임을 시인하고 20년 형을 선고받았다. 복역하던 중에 『제3제국의 내막(Inside the Third Reich)』과 『스판다우: 비밀 일기(Spandau: The Secret Diaries)』라는 책을 쓰기도 했다.

만약 그 나치가 깨어나
참회의 삶을 살았더라면

마네스 스페르베르(작가 겸 편집자, 프랑스인)

내가 만약 시몬 비젠탈의 입장이었다면 그 SS대원의 요청에 어떻게 반응했을지는 차마 말할 수가 없다. 어쩌면 나는 스스로의 연약함이나 엉터리 자비심에 굴복한 채, 결국 그 죽어 가는 사람이 갈망하던 용서의 말을 해 주었을지 모른다. 아니, 어쩌면 비젠탈이 했던 말을 그대로 했을지도 모르겠다……. 개인의 심리 상태는 논외로 치더라도, 한 인간이 그런 상황에서조차도 자기 성격에 따라 행동한다는 것은 분명한 사실이다.

『모든 용서는 아름다운가』의 에필로그에서 독자들 앞에 제기되는 양심의 문제에 대하여, 독자는 무엇보다도 다음과 같은 원칙을 반드시 인정해야만 한다. 즉 우리가 아무리 끔찍한 범죄를 당했다 하더라도, 우리는 그것을 잊어버릴 수 있다는 것이다. 만약 그렇게 된다면, 용서에 대한 질문은 불필요한 것이 되고 만다. 어째서, 그리고 어떤 내적 과정을 통해서 우리가 그런 망각 상태에 도달하는지에 대해서는 여기서 굳이 논의할 필요가 없을 것이다. 희생자의 망각과는 별개로 가해자의 입장에서도 망각이 가능하다는 것 또한 사실이며, 실상 그것은 피해자의 경우와는 비교할 수 없을 정도로 빈번하게 일어나는 일이다. 물론 심리학적 관점에서 본다면, 완전한 망각이란 존재할 수 없다. 따라서 이런 경우에 있어서는 '비(非)현실화'를 지속시키는 것이 중요한 문제가 된다.

뭔가를 용서하기도 전에 잊어버리는 일이 가능할까? 어떤 범죄에 대한 기억을 간직하는 동시에 그것을 잊어버리는 일이 가능할까? 가능하다면 과연 어떤 환경에서 그런 일이 일어날 수 있을까?

이에 대한 내 첫 번째 답변은 냉소적으로 들릴 수도 있을 것이다. 가장 명확하고 지속적인 용서와 화해는, 가해자의 후손과 희생자의 후손이 공동체적이고 견고한 집단—하나의 가족, 종족, 민족, 국가—으로 그들 스스로를 연대시킬 때 가능하다. 지금으로부터 100여 년 전에 살았던 에르네스트 르낭*은 국가의 존재가 다름 아닌 망각에 근거하고 있다고 지적했다. 왜냐하면 각 국가는 오랜 세월, 즉 수백 년간이나 서로 치명적인 고통과 괴로움을 주고받았던 여러 종족이 하나로 융합된 것이기 때문이다. 그 국가의 새로운 세대는 매번 끔찍했던 과거에 대한 진실을 발견하게 되지만, 그렇다고 해서 그런 사실이 공동운명체라는 의식을 파괴하지는 않는다.

두 번째의 좀 더 비극적인 가능성은—일방적 범죄라는 점

---

*   에르네스트 르낭(Joseph-Ernest Renan, 1823~1892). 프랑스의 언어학자 겸 종교학자.

에서는 우리가 지금 다루는 경우에 근접한 것 같다—극심한 모욕과 무자비한 탄압을 동원하는 것이다. 생명의 위협 때문에, 희생자들이나 그 후손들이 계속해서 가해자에게 굴복한 채, 가해자 측에서 늘어놓는 거짓말과 변명을 진실인 양 받아들이는 것이다. 전체주의적인 압제자와 폭군이 잠시나마 성공을 거두는 것도 바로 이런 방법을 통해서이다.

위의 두 가지 경우에서는 과거의 무거운 짐으로부터 현재를, 또한 특히 미래를 해방시키려는 목적에서 의도적인 '비현실화'가 일어난다. 그렇다면 이런 경우에 망각은 범죄 자체보다 우위에 있다고 해야 할 것인가, 아니면 그 반대라고 해야 할 것인가? 각각의 경우에서 서로 다른 답변이 가능할 것이다. 실제로, 여기에 딱 들어맞는 유대교의 교리가 있다. '쿨로 차야브', 즉 "모두가 죄를 지었다"는 뜻이다. 모두가 죄를 지었으니 모두가 자유롭게 되어야 한다. 처벌은 너무나도 끔찍할 것이고, 인류의 존재를 위협할 것이고, 또한 인류는 결코 멸망해서는 안 되는 것이다.

물론 어떤 사람은 이 문제를 다른 방식으로 제기할 수도 있을 것이다. 과연 범죄자 자신은 잊어버릴 수 있는가? 과연 그들은 자신의 범죄를 참회하고 고백하기도 전에 잊어버릴 수 있다는 것인가? 고백이나 진정한 참회가 없다면, 그들의 망각은 단지 자신들의 범죄를 지속시키는 것에 지나지 않을 것이다. 따라서 우리는 상대방에게 용서를 허락하지 않음으로써, 그들로 하여금 각자의 입장에서 스스로의 죄를 기억하도록 만들어야 한다.

이러한 시각에서 유대인과 독일인 모두가 직면해야 하는

윤리적인 문제는 결코 간단치 않지만, 적어도 한 가지는 분명하다. 우리가 이 사건을 잊어버리기 위해서는 그 이전에 독일인들 스스로가 이 사건을 결코 잊지 않았다는 사실을, 또한 자신들의 이름으로 자행된 범죄를 잊지 않기 위해 최대한 노력할 준비가 되어 있다는 사실을 절대적으로 확신할 수 있어야 하는 것이다. 죽어 가는 SS대원과 죄수 비젠탈을 엮어 준 유대감과 마찬가지로, 두 민족은 그 끔찍한 사건에서 비롯된 복잡한 감정으로 서로 엮여 있다. 물론 과거의 악행과 고통을 생각하면 서로 평화를 유지하며 살아가기는 무척이나 어렵겠지만, 이제 두 민족을 갈라놓을 수 있는 방법은 사실상 없어진 것이다.

나는 이론으로나 실제에서나 이른바 '집단적 죄의식'이라는 개념을 부정하지만, 민족적이거나 국가적인 차원에서의 책임감 같은 것은 성립 가능하다고 본다. 이런 관점에서 볼 때, 독일연방공화국 측에서 이스라엘과 나치 범죄 피해자들에게 배상금을 지불한 것은 전적으로 정당하고도 중대한 사건이었다. 물론 그런 배상이 뭔가를 대체하거나 이미 벌어졌던 일을 바꿔 놓을 수야 없겠지만, 적어도 독일인들 입장에서는 정신 건강의 차원에서라도 필요한 일이기 때문이다. 하지만 이것이 앞에서의 질문에 대한 답변이 될 수는 없다. 우리로선 결코 잊어버릴 수가 없는—물론 우리가 그것을 감히 잊어버리려 시도했다고 가정했을 때 그렇다는 얘기다—짓을 저지른 상대방이 이제 더 이상 용서할 것도 기억할 것도 없다고 여기고 있는 상황에서, 우리가 어떻게 그들을 용서할 수 있단 말인가?

만약 그 SS대원이 죄의식을 느꼈다면, 그는 학살수용소
의 설립자들이나 종족말살의 동조자들과는 분명 다른 사람임에
틀림없다. 범죄적인 지도자들에게 복종함으로써 그는, 스스로를
그들의 처분에 내맡기면서부터 시작된 죄의식을 더욱 키워 놓고
말았던 것이다. 그런 사실에는 의문의 여지가 없지만, 결국에 가
서는 그가 스스로를 고발하게 되었다는 것도 분명한 사실이긴
하다. 피고발자로서의 그는 우리 눈앞에서 단죄되고 거부되어야
하지만, 고발자로서의 그는 자기 자신을 희생자의 위치로 데려
다 놓았던 것이다.

　　그럼에도 불구하고 시몬 비젠탈이 그를 용서하지 않은 것
은 매우 정당한 일이었다. 그가 순교자들의 이름을 들먹이지 않
은 것 역시 정당했다. 왜냐하면 죽은 사람들은 어느 누구에게도
그런 임무를 부여하지 않았기 때문이다. 하지만 만약 그 젊은이
가 다시 건강을 회복했다면 어땠을까? 생의 마지막 순간에 그토
록 스스로를 괴롭혔던 죄책감과 확신을 그가 평생 간직하며 살
수 있었다면, 그리하여 새롭게 변화될 수 있었다면, 즉 그가 아직
까지도 살아 있다면 굳이 비젠탈이 그를 단죄하려 했을까? 나는
그렇지 않았으리라 믿는다. 마찬가지로 나도 오늘날 그 SS대원
을 차마 단죄하지는 못했을 것이다.

　　타락한 지배자들은 국민들이 일종의 공범이 되도록 강요
했고, 국민들은 생명의 위협을 감수하면서까지 제 양심의 지시
를 따르지 않는 한 결코 그런 연루에서 벗어날 수 없었다. 따라
서 수백만의 독일 국민은 모두 유죄라고 할 수 있다. 그야말로

422

고통받는 양심의 원천이 되어 버린 그들의 죄에 대해서, 우리가 용서를 거절할 필요는 없다. 용서에 대해서든 동정심에 근거한 화해에 대해서든, 이런 경우엔 그 어떤 반론도 존재할 수 없을 것이다.

마네스 스페르베르(Manès Sperber, 1905~1984)는 프랑스의 작가 겸 편집자로 활동했다. 에스파냐의 갈리치아에서 태어났고, 이후 오스트리아 빈으로 이주하여 알프레드 아들러(Alfred Adler) 밑에서 심리학을 공부했다. 나치가 권력을 잡자 프랑스로 탈출했으며, 이후 프랑스의 칼망-레비(Calmann-Levy) 출판사에서 편집자로 일하다가 작가로 전향해 독일어와 프랑스어로 활발한 저술 활동을 펼쳤다. 대표작으로는 『불타 버린 가시덤불(The Burned Bramble)』 『심연(The Abyss)』 『끝없는 여행(Journey Without End)』 『아킬레스건(The Achilles Heel)』 『인간과 그 행동(Man and His Deeds)』 등이 있다.

그 침묵은
희생자의 도덕적 승리였다.

앙드레 스타인(언론학자, 캐나디인)

> 우리가 살아가는 그 세상에서는 일상적인 법칙 따위는 아무
> 런 소용이 없었고, (……) 유일하게 남아 있는 신뢰할 만한 판
> 단 기준은 '죽음의 법칙'뿐이었다. (……) 우리는 정신적 마비
> 상태에 빠져들었다. (……) 우리에게 그 어떤 희망도 존재하
> 지 않는다는 극단적 절망감의 표출이기도 했다. (113쪽)

시몬 비젠탈의 위와 같은 말에 비추어 볼 때, 그의 행동에 대한
논쟁의 여지는 무척이나 좁은 셈이다. 당시 그가 심리적으로나
도덕적으로 취할 수 있었던 방법이라고 해 봐야 결국 그 극한의
일상생활에서 규정된 것뿐이었을 테니까. 죽어 가는 SS대원을
용서하는 일에 대한 뒤늦은 고찰 또한, 어떻게 하든 윤리적으로
질문의 대상이 되기는 마찬가지다. 순간순간마다 갑작스러운 죽
음을 맞을 가능성이 만연했던 집단수용소의 부조리한 문화 속에
서라면, 그 어떤 결정이건 본질적으로는 의도적인 '의미의 무작
위화'의 결과일 것이기 때문이다.

그곳에서는 이전까지 알던 지식에 근거한 그 무엇도 당연

하게 여겨질 수 없었다. 어떤 명령에 대한 판단, 행위, 심지어 순
종조차도 삶을 위협하기는 마찬가지였다. 아무것도 이치에 닿지
않았다. 희생자들은 그들 자신의 운명으로부터 축출되었다. 그
결과는 시몬이 "정신적 마비 상태"라고 표현한 혼수상태였으며,
자칫하면 자신의 선택으로 인해 파멸에 이를 수도 있는 상황이
었다. 수용소라는 그 세계에서는 어떤 것도 과거 유대인의 세계
에 존재했던 그대로 살아남지 못했으니, 결국 시몬의 침묵은 선
택 아닌 선택일 수밖에 없었다. 그러므로 그의 행동은, 반세기가
지난 지금의 일상적인 현실 속에서는 감히 논의할 수조차 없는
것이다.

내가 보기에 시몬의 이야기에서는 카를의 역할에 대해 중
요한 질문이 제기되고 있는 듯하다. 과연 그에게는 용서를 요청
할 만한 권리가 있을까? 과연 우리는 그의 참회의 진정성을 믿을
수 있을까? 반인륜적인 범죄를 저지른 자들조차도 용서를 바랄
수 있을까? 만약 우리가 전쟁 범죄자들을 용서한다면, 논란의 여
지가 다분한 그러한 관용으로 인해 생존자와 희생자들의 기억에
어떤 영향을 주게 될까?

솔직히 나로서는, 유아살인자나 고문자나 강간범 등을 기
꺼이 용서하면서 그러한 범죄의 원인을 사악한 이데올로기나 선
동 탓으로 돌리는 수많은 사람들의 비뚤어진 열성에 참여할 마
음이 없다. 그런 사람들은 어쩌면 카를의 범죄에 대해서도, 그의
젊은이다운 경솔함이 주된 이유일 뿐이라고 들먹이지 않을까?

용서를 요청하는 일에 대해 생각하다 보니, 문득 시몬이

425

동료들에게 의견을 물어보았을 때 아르투르가 한 말이 떠오른다.

> "(……) 자네가 그를 용서하지 않은 것을 절대 용서할 수 없다
> 는 사람도 나올 거야……. 하지만 지금 우리가 겪고 있는 상
> 황을 그대로 겪어 보지 못한 사람이라면 결코 온전히 이해할
> 수는 없겠지." (124쪽)

이 말은 두 가지 진실을 지적하고 있다. 첫째, 시몬을 향해 돌을
던지는 사람들은 실상 희생자보다는 죽어 가는 살인자에게 더욱
호감을 느끼는 경향이 있다는 점이다. 둘째, 그런 사람들은 젊은
SS대원을 용서하라고 압력을 가함으로써, 결과적으로는 나치즘
조차도 지극히 인간적인 색안경을 통해 바라본다는 점이다. 당
시 카를은 스물한 살로, 올바른 선택을 할 수 있는 나이였음을 분
명히 기억해야 한다. 그는 자기가 지닌 신앙이나 가족의 도덕적
가치에 의거하여 행동할 수도 있었다. 그런데도 결국엔 어느 누
구도 가질 수 없는 힘을 주겠다며 유혹하는 감언이설에 굴복하
고 말았던 것이다. 결국 그는 살인에 가담했다. 그는 양심의 가
책을 품고 생을 마감했지만, 정작 진실한 후회나 참회를 보여 주
는 행동은 아무것도 하지 않았다. 임종 당시 그의 고백이 어딘가
공허하게 들리는 것은 그 때문이다.

나는 시몬이나 그의 동료들처럼 그 SS대원의 '도덕적 고
통'에 감명을 받지는 않았다. 그의 고백을 읽는 내내 내 마음은
오히려 그의 희생자들에게, 그리고 평안하지 못한 죽음을 두려

위하는 오만한 나치로 인해 얼떨결에 이 드라마에 연루된 시몬에게 가 있었다.

진정한 참회에는 피해 당사자에 대한, 나아가 그와 비슷한 다른 피해자들에 대한 감정이입이 반드시 포함되어 있어야 한다. 하지만 카를은 간호사에게 유대인을 한 사람—아무 유대인이나—데려오라고 부탁했다. 그 유대인에게 자기 죄를 고백함으로써 속죄를 얻고 마음 편히 죽기 위해서 말이다. 이러한 요청이야말로 부조리하기 짝이 없다. 죽음의 수용소에서 수척해진 유대인 한 사람을 데려다 놓고, 여차하면 자기의 동료 SS대원에게 살해될 수도 있는 그 유대인이 자기에게 자비를 베풀어 주기를 기대했다니! 이것은 결코 참회의 증거라고 볼 수 없다. 단지 카를이 여전히 유대인을 하나의 대상으로만 바라본다는 사실을 확인할 수 있을 뿐이다. 유대인이라면 누구든 기적적인 영적 구원을 베풀 수 있으리라 생각했다는 것은, 카를이 시몬을 자기와 대등한 인간이 아니라 단지 구원의 도구로만 간주했음을 보여준다.

심지어 그는 죽기 직전에 자기 유품을 시몬에게 남김으로써 교묘하게 시몬의 삶에 스스로를 각인시키기까지 했다. "나는 무덤 속에서도 너에게 손을 뻗어서, 네가 죽어 가는 나의 마지막 소원을 들어주지 않았다는 사실을 결코 잊을 수 없도록 만들겠다……." 그리하여 카를은 여전히 시몬의 양심에 대한 점유권을 주장할 수 있는 것이다. 무려 반세기가 지난 뒤에 나온 『모든 용서는 아름다운가』의 개정판이야말로 시몬의 인생 여정에 늘 따라다녔던 카를의 그림자를 보여 주고 있는 것이 아닐까.

시몬의 입장에서 보자면, 그가 "당신을 용서합니다"라고 말하지 않았던 것은 결코 비난받을 일이 아니었다. 이 짧은 한마디를 내뱉었다 한들 어차피 거짓말이었을 테니까 말이다. 그 상황에서는 침묵이야말로 진정한 의사소통의 수단이었을 것이다. 시몬은 이미 죽은 자들의 귀로, 또한 죽어 가는 자들—엘리, 시몬의 어머니, 동료들—의 귀로 그 나치의 이야기를 듣는다. 그러면서도 그는 상대방의 이야기를 들으며 존중을 표한다. 결국 그의 침묵은 다음과 같은 단호한 선언이었던 셈이다.

"나는 당신이 무엇을 했으며 무엇을 느꼈는지 들었습니다. 또한 그런 양심의 부담을 느끼며 죽는 것을 당신이 얼마나 두려워하는지도 알았습니다. 내가 할 수 있는 일은 그것뿐입니다. 나는 내가 당신을 얼마나 증오하는지 말하지 않겠습니다. 왜냐하면 내 속의 증오의 불길은 너무나도 거센 까닭에, 미처 당신에게 도달하기도 전에 나 자신을 삼켜 버릴 테니까요. 내가 당신을 용서할 수 없는 까닭은 단지 내가 당신에게 살해된 희생자들을 대신할 수 없기 때문만이 아니라, 당신이 내게 당신의 이야기를 듣도록 강요했기 때문입니다. 그것이야말로 나에게는 저주나 다름없으니까요."

하지만 이런 말을 입 밖으로 꺼내지 않음으로써, 시몬은 사실상 카를에게 자비를 베풀었던 것이다. 그리고 그는 자기가 부득이 양보할 수밖에 없었던 것 이상으로는 아무것도 양보하지 않음으로써 스스로에 대한 연대감을 보여 주었다. 그는 상대방을 끔찍한 범죄를 저지른 괴물로 대하진 않았다. 오히려 그는 한때 인간성을 잃어버렸던 사람이 회복한 인간성에 경의를 표하기까지 했다.

정녕 우리는 반인륜적 범죄자들을 용서하자는 데 동의해야 할까? 지금 어떤 악행을 도모하는 자들에게, 만약 그들이 살인의 유혹에 굴복하게 되면 훗날 임종의 자리에서조차 아무런 자비를 얻지 못할 것이라고 분명하게 경고하지 않아도 될까? 종족학살이라는 만행에 관여했다면 훗날 양심의 가책을 느끼며 죽는 것이 당연한 귀결일 텐데 말이다.

지금 한창 선과 악 사이에서 고민하는 사람, 또는 홀로코스트의 생존자들을 실제보다 더 숭고하게 미화시키려는 사람들에게는 그런 경고가 의미를 가질 것이다. 우리는 결코 생존자들에게 도덕적 태도를 강요해서는 안 된다. '용서하지 않음'이 곧 잔인함이나 타락을 의미하지는 않는다. 그것은 고통과 슬픔을 치유하고 존중하는 하나의 방법이다.

시몬 비젠탈은 자신의 선택 아닌 선택을 비난하며 그를 용서할 수 없다는 사람들 때문에 고민할 필요가 전혀 없다. 지금 우리의 입장에서 그를 향해 유대-기독교적 윤리를 강조하는 것은 지나치게 단순한 생각이다. 그런 내용의 도덕적 설교를 읽다 보면, 어떻게 한편으로는 시몬이 나치를 용서했어야 했다고 주장하면서 다른 한편으로는 시몬이 그렇게 하지 않았다고 해서 단죄하려 드는지 의아하기 짝이 없다. 도덕적으로 혼탁한 이 세상에서는 그조차도 끝까지 고결함을 유지할 수는 없었다는 것일까? 아니면 차라리 그가 인간 이상의 자비를 베풀었어야 했다는 걸까?

나로서도 시몬이 겪었을 시련은 결코 낯설지가 않다. 『깨어진 침묵: 극한에서의 대화』란 책에서, 나는 우리 친척인 자리 아주머니가 나치 형사와 함께 살면서 자신의 자궁과 우리의 목숨을 맞바꾼 일화를 언급한 적이 있다. 그 나치의 아이를 배고 난 뒤, 자리 아주머니는 이렇게 말했다. "우리 식구들을 모두 살려 줘요. 그렇지 않으면 내 뱃속에 든 당신 아이도 온전치 못하게 될 테니까." 결국 그 나치는 내켜 하지 않으면서도 우리를 숨겨 줄 수밖에 없었다. 그런데 어째서 나는 자기 쾌락을 위해 우리의 목숨을 살려 준 그 겁탈자에게 감사하는 마음이라곤 눈곱만치도 들지 않는 것일까? 네 아이와 두 어머니의 생명을 구해 주면서 우리 아주머니에게 그 대가를 요구한 그의 행동을 떠올릴 때마다, 내 가슴속엔 그저 분노밖에 치밀어 오르지 않는다.

이 용감하고 자기희생적인 비극적 이야기를 읽은 사람들 가운데 상당수는 오히려 자리 아주머니를 비난했다. "아무리 식구들의 목숨을 구한다고 해도 굳이 그렇게까지 할 필요가 있었을까?" 많은 사람들이 그러하듯, 자리 아주머니에 대한 '심판관'들도 피해자의 도덕성이라는 관점에 단단히 붙박여 있었던 것이다.

내가 만약 시몬의 입장이었다면 과연 어떻게 했을지는 나도 모르겠다. 끝내 침묵을 지키고자 했던 그의 결정은, '인간 이하의 존재'인 희생자에 의해 이루어진 도덕적 승리라는 점에서 내겐 무척이나 의미가 있어 보였다. 그 모든 비인간화에도 불구하고, 그는 여전히 뭔가를 선택할 수 있는 적극적인 도덕적 태도를 유지했던 것이다. 그는 이 섬뜩한 놀이에 가담하는 것을 거절했다.

시몬이 카를의 어머니로 하여금 아들이 착하다고 믿게 내버려 둔 것에 대해서는 솔직히 마음이 편치 않다. 과거와 미래의 희생자들을 향한 책임감 때문에라도, 그는 그녀에게 진실을 밝혔어야 했다. 그리고 카를의 어머니는 개인의 슬픔을 넘어서서, 자기 아들이 한 짓을 세상에 알려야 할 의무가 있었던 것이다. 가령 다른 부모들에게 충고함으로써 그들의 자녀를 악에서 멀어지게 만드는 식으로 말이다. 계속 침묵하고 두려워함으로써, 그녀는 집단적 죄책감이라는 짐의 일부를 짊어져야 한다. 우리는 한 나라의 착한 아들들에 의해 수백만에 달하는 사람들이 학살당했음을 잊어서는 안 된다. 그런 일에 관여한 자기 아들이 도덕적으로는 흠잡을 데 없다는 생각을 끝까지 고집하는 어머니라면, 실상 아들의 범죄에 동조하는 것이나 다름없다.

우리는 범죄자의 나이, 또는 그들의 부모를 문제 삼는 감정적이고 인습적인 도덕관념을 거부해야 한다. 카를이 너무 어린 탓이라거나, 혹은 그의 어머니가 너무 나이가 많아서라는 등의 핑계는 도덕적으로 올바르지 않다. 그 범죄의 규모가 어마어마했고 거기 참여한 사람이 무척이나 많았다는 사실만 떠올려보더라도, 우리는 생존자들의 복지와 희생자들에 대한 존중, 향후 종족말살 범죄의 재발 방지 이외에는 아무런 생각도 할 수 없는 것이다.

SS의 살인자를 아들로 두었던 어느 어머니의 진심 어린 참회의 목소리는 무척 대단한 신뢰를 얻을 수 있을 것이다. 사실 카를의 부모 또한 아들의 SS 입대에 책임이 전혀 없다고는 할 수 없다. 시몬은 진실을 밝히지 않음으로써, 카를의 어머니가 결국 치졸한 거짓 속에서 여생을 보내도록 방치한 셈이다. 이른바 "파리 한 마리도 못 잡는 착한 아이"들의 손에 무려 62명이나 되는 친지를 잃은 홀로코스트의 나이 어린 생존자들 중 한 사람으로서, 나는 솔직히 이와 같은 침묵의 음모에 무척이나 분개하지 않을 수 없다.

앙드레 스타인(André Stein)은 토론토 대학(University of Toronto)의 인류커뮤니케이션학 교수이다. 또한 홀로코스트 생존자들을 상담하는 심리치료사로도 활동 중이다. 저서로는 『깨어진 침묵: 극한에서의 대화(Broken Silence: Dialogues from the Edge)』『이름 없는 영웅들: 나치 치하의 네덜란드에서 유대인들을 구출한 사람들의 실화(Quiet Heroes: True Stories of the Rescue of Jews in Nazi-Occupied Holland)』『숨겨진 아이들: 홀로코스트의 잊혀진 생존자들(Hidden Children: Forgotten Survivors of the Holocaust)』등이 있다.

그의 침묵에
담겨 있는 것들

네케이마 테크(사회학자, 미국인)

『모든 용서는 아름다운가』를 읽고 나서 나는, 만약 내가 비젠탈의 입장이었다면 그 죽어 가는 SS대원이 저지른 잔인무도한 죄를 결코 용서하지 않으리라고 생각했다. 거의 직관적으로, 나는 용서 같은 것은 결코 염두에 두지 않았을 것이라고 생각했다.

지극히 개인적이고도 감정적인 나의 반응으로 인해 많은 논란이 벌어졌다. 사람들은 하나같이 내 주의를 끌려고 하면서 온갖 가능성과, 서로 다른 설명과, 갖가지 정당화를 늘어놓았다. 물론 나도 그 상황이 얼마나 복잡한 것인지 잘 안다. 또한 내가 한 답변이 나 자신의 과거는 물론이고 현재의 사회 상황으로부터 영향을 받았다는 것도 안다. 홀로코스트의 생존자로서, 나치 치하에서는 몇 년이나 게토에서 살았고 그 와중에도 3년이나 가톨릭을 믿었던 내가, 비젠탈의 입장에 놓였다고 제대로 상상할 수 있을까? 만약 그의 입장이었다면 어떻게 행동했을지, 과연 내가 어느 정도까지 상상의 나래를 펼칠 수 있을까? 집단수용소의 공포를 겪어 보지도 않았으면서 내가 스스로를 그곳에, 삶과 죽음이 그토록 제멋대로 뒤얽힌 곳에 수감된 사람이라고 생각할 수 있을까?

　　용서에 대한 논의는 실상 내게도 무척 익숙한 것이다. 홀로코스트에 대해 강의할 때면 내게 독일인을 어떻게 생각하느냐고 묻는 사람들이 간혹 있었다. 이런 질문은 종종 용서에 대한 문제로 연결되곤 했다. 또한 내 강의를 듣는 사람들 중 나이가 어린 편에 속하는 학생들이 주로 묻는 것은, 유대인에게 범죄를 저질렀던 자들을 내가 이미 용서했느냐는 것이다.

　　최근에는 BBC의 어느 기자가 나를 찾아와 라디오와 TV 프로그램에 방송될 내용을 인터뷰하기도 했다. 그는 유대 민족에게 자행된 전쟁 범죄에 대해서 넓게는 유대인 모두가, 그리고 좁게는 영국 법원이 더 이상의 기소를 중단해야 한다는 주장을 언급하면서, 이에 대한 내 의견을 물었다. 그 범죄는 이미 과거지사가 되었다는 것이 주된 논거였다. 게다가 가해자들도 이제는 늙고 병든 상황이 되지 않았느냐는 것이다. 그러니 힘없고 연약한 노인들을 공연히 괴롭히지 말고, 차라리 그들의 위법행위를 용서해 주는 게 어떠냐는 것이었다.

　　그 기자가 했던 질문은 특정 인물을 염두에 둔 것이었다. 올해 84세인 그 인물은 현재 영국에 살고 있다. 제2차 세계대전 당시 그는 벨로루시에서 경찰국장으로 재직하면서 유대인 학살에 적극적으로 참여한 전력이 있다. 하지만 영국 정부는 최근에서야 그의 존재를 인식하고 그를 법정에 세우려 하고 있었다. BBC 기자는 내가 그의 석방을 지지하는지 알고 싶어 했다. 이미 나이 많고 병약한 상태라 살날도 몇 년 남지 않았다면서 말이다.

나는 딱 잘라서 "아니오"라고 답변한 뒤, 그 이유를 이렇게 설명했다. 첫째로 우리가 인간인 이상 스스로의 행동을 예견해야 하는 것은 물론이고, 그 결과에 대해서도 책임을 져야 하기 때문이다. 둘째로 더 중요한 사실은, 나 개인으로선 다른 유대인에 대해 저질러진 범죄를 용서할 권리가 없기 때문이다. 그를 용서할 수 있는 사람은 오직 그에 의해 직접 피해를 입은 사람들, 즉 학살당한 유대인이지 내가 아니다.

이러한 추론에 따라, 나는 그 죽어 가는 SS대원의 죄를 용서해 주지 않을 것이다. 왜냐하면 나에겐 그의 죄를 용서할 권리가 없기 때문이다.

사실 이것은 나 혼자만의 생각이 아니다. 당시 비젠탈과 이 문제를 놓고 함께 이야기한 그의 수용소 동료도 비슷한 이야기를 하고 있기 때문이다. 그중 한 사람인 요제크는 이렇게 말했다.

"(……) 그가 다른 사람에게 저지른 죄를 자네가 용서해 줄 수 있는 위치는 아닌 거지." (109쪽)

또 다른 친구인 아르투르는 다음과 같이 날카롭게 지적했다.

"그러니까 어느 '초인'께서 어느 '인간 이하'의 존재에게 그야말로 '초인'적인 일을 해 달라고 부탁한 셈이로군? 만약 자네가 그를 용서했다면, 자네는 평생 자네 자신을 용서할 수 없었을 걸세." (111쪽)

가톨릭 신자이며 폴란드인인 또 다른 친구도 비슷한 결론에 도달한다.

> "자네는 오로지 자네가 당한 일에 대해서만 누군가를 용서할 수 있다는 거야." (133쪽)

갖가지 의구심에도 불구하고 비젠탈은 이렇게 결론을 내린다.

> 용서는 인간의 의지에 달린 문제이고, 결정을 내릴 수 있는 사람은 오직 고난을 당한 장본인뿐이기 때문이다. (156쪽)

비젠탈은 이렇게 말한 뒤에도 자기 결정이 미심쩍다는 듯, 독자로 하여금 자기의 입장에 서서 각자 결정을 내려 보도록 요청하고 있다.

나로서도 선뜻 이 문제를 내려놓을 수가 없었다. 난 당시 비젠탈이 보였던 반응, 즉 단순히 용서하지 않은 것 이상이었던 그 반응의 맥락을 정확히 알고 싶었고 제대로 이해하고 싶었다. 과연 이 기이한 만남은 어떻게 이루어진 것일까? 어떻게 하면 시간적으로나 지리적으로, 그리고 경험적으로 당시로부터 멀리 떨어져 있는 우리가 비젠탈의 반응을 제대로 평가할 수 있을까?

용서를 요청한 사람은 끔찍한 범죄를 저지른 인간이었다. 임종을 눈앞에 두고 육체적으로는 물론 정신적으로도 고통을 당하던 그는 용서를 받음으로써 그 고통이 경감되리라 생각했다.

그가 자기 양심을 괴롭힌 그 범죄를 저지른 이후에 다른 범죄를 더 저질렀는지 여부에 대해서는 확실한 증거가 남아 있지 않다. 비젠탈로선 그 SS대원의 죄의식이 오로지 임박한 죽음 때문에 떠올랐을 것이라고 추측하는 듯하다. 또한 그 SS대원의 죄의식은 단지 어느 유대인 가족을 학살한 경험에만 국한될 뿐, 결코 유대인 전반으로 확대되지는 않았다. 심지어 그는 자기 앞에 서 있는 유대인 죄수에 대해서조차 전혀 동정심을 보이지 않는다. 그가 자기를 과거의 죄로부터 속죄해 줄 유대인 한 명만을 원했다는 사실은, 그가 유대인의 곤경에 대해 얼마나 무신경했는지를 단적으로 보여 준다. 그 죽어 가는 남자는 자기 스스로도 비합리적이라 여긴 요구를 유대인에게 강요한 것이었다.

지극히 이기적이고 자기중심적인 그 죽어 가는 나치는 그저 자기만의 고통 속에 파묻혀 있을 뿐이었다. 오로지 자기 연민에만 사로잡힌 탓에, 그는 심지어 이렇게 말하기까지 한다.

> "그 유대인들은 금방 죽었기 때문에 저만큼 고통을 당하지는 않았을 겁니다. 물론 저만큼 죄가 많지도 않았을 테고."
> (91쪽)

그는 자기가 죽인 유대인이 아무런 죄도 저지르지 않은, 그저 무고한 희생자들이라는 사실조차도 깨닫지 못한다. 임종이 코앞에 닥친 상황에서도 그는 유대인들의 인간성을 부인하는 듯하다. 그렇게 제멋대로인 나치 때문에, 안 그래도 머지않아 죽을 운명인 집단수용소의 수감자는 졸지에 커다란 부담을 추가로 떠안게 된 것이다. 그 나치는 자기의 요구가 무력하기 짝이 없는 상대방에게 고통을 더해 주리라는 걸 알고 있었다. 그는 이렇게 말한다.

> "제 부탁을 받아들이기가 쉽지 않으리라는 건 압니다만, 당신이 대답해 주지 않으면 저는 결코 마음 편히 죽지 못할 겁니다." (94쪽)

비젠탈은 그 죽어 가는 사람이 자기 연민에 깊이 빠져 있음을 알게 된다. 그는 이렇게 말한다.

> 그는 내게 동정을 구하고 있었지만 과연 그에게 동정을 받을 만한 권리가 있을까? 그와 같은 사람에게 과연 남의 동정을 받을 만한 가치가 있을까? 아니면, 그는 스스로를 동정함으로써 누군가로부터 동정을 받게 되리라고 생각한 것일까? (90~91쪽)

그 SS대원은 자기 연민으로 인해 타인의 상황에 대해서는 완전히 눈이 멀어 버린 것인지도 모른다. 그는 바로 자기 앞에 있는, 그리고 자기가 내면의 갈망을 토로하고 싶어 하는 대상인 유대인의 상황에 대해서는 전혀 고려하지 않았다. 심지어 그 나치는 상대방이 누구인지조차 알려고 하지 않았다. 단지 이렇게 말했을 뿐이다.

"당신이 누구인지는 모릅니다. 그저 당신이 유대인이라는 사실만으로도 충분하니까요." (93쪽)

왜 그 상황에서는 비젠탈이 유대인이라는 사실만이 중요했을까? 그 SS대원은 자기 이야기를 들어 주는 사람을 하나의 개인, 하나의 인격체로 보지 않았기 때문이다. 그는 상대방을 하나의 유대인으로, 즉 유대인이라는 집단 내지 종족을 대표하는 자로만 여겼을 뿐 결코 자신과 똑같은 인간으로 보지 않았다. 그가 보기에 유대인이란 다 똑같아서, 각자의 개성 따위는 아무 의미가 없었던 것이다. 이러한 태도야말로 모든 유대인을 열등한 존재로, 인간 이하의 존재로 간주한 나치의 이데올로기에 부합한다.

비젠탈은 그 죽어 가는 남자와 함께 있고 싶지 않았다. 그는 병실에 들어온 직후부터 계속 얼른 나가고만 싶었다. 하지만 그는 결국 끝까지 남아 있게 된다. 그 이유는 이랬다.

내 모든 본능이 내게 저 나치의 넋두리를 계속 듣고 있어서는 안 된다고 경고하고 있었다. 나는 거기서 나가고 싶었다. 그러자 상대방도 그런 내 생각을 알아챘는지, (……) 내 팔을 더듬었다. 그 몸짓이 너무 딱해 보여서 나는 순간적으로 그에게 미안한 생각이 들었다. 나가고 싶은 마음은 굴뚝같았지만, 결국 나는 어쩔 수 없이 계속 거기 머물렀다. (65쪽)

죽어 가는 남자는 상대방이 떠나고 싶어 한다는 것을 알면서도 계속 붙들어 두었다. 하지만 그 독일인은 그러한 부담을 주면서도 미안하다는 말조차 한마디 하지 않았다. 타인의 입장에 대해서는 완전히 둔감한 상태로, 그 나치는 그저 자기 소원을 이루는 데만 몰두했던 것이다.

그렇게 지나친 자기 연민에 빠져 있지만 않았더라도, 그는 다른 방법을 선택할 수 있었을 것이다. 가령 타인을 위해 뭔가 선행을 함으로써 자기가 진정 참회했음을 증명해 보일 수도 있었을 것이다. 그가 그토록 심하게 자기중심적이지 않았다면 높은 지위에 있는 다른 SS장교를 불러서 이야기하는 것도 고려할 수 있었을 것이고, 그 장교에게 유대인 학살이 얼마나 끔찍한 일인지를 역설할 수도 있었을 것이다. 어쩌면 그는 건강하고 활동적인 다른 독일인에게 무고한 사람들을 학살하는 행위를 중지하라고 간청할 수도 있었을 것이다. 쉽게 말해, 자기가 저지른 끔찍한 죄를 이야기함으로써 유대인 죄수 한 사람에게 부담을 전가할 시간에 차라리 미래에 일어날 수 있는 유사한 범죄를 막기 위해 노력할 수도 있었다는 것이다. 하지만 그는 전혀 그렇게 하지 않았다. 유대인들은 자기보다 고통을 덜 당했을 것이라고 말하는 대목에서는, 가해자인 자기가 겪는 고통을 감히 희생자들의 고통에 견주기까지 했다.

이때 유대인의 고통이 SS대원 자신에 의해, 또한 나치가 선발한 자기 같은 사람들에 의해 강요되었다는 사실은 철저하게 무시당한다. 그는 자기가 훈련받은 방식대로 이 유대인의 곤경을 무시한다. 임종의 자리에서조차 그는 이미 자기 존재의 일부분이 되어 버린 종족적 이데올로기를 포기하지 않는다. 다른 모든 것을 외면한 채 그 SS대원은 오로지 자기의 고통, 자기의 영혼, 자기 마음의 평안, 그리고 자기의 구원 가능성만을 걱정했던 것이다. 하지만 그에게 과연 구원받을 가능성이 있었을까? 자신이 저지른 범죄와는 전혀 다른 맥락에 놓인 익명의 유대인에게 고백함으로써, 자기가 믿는 하느님에게 좀 더 진실한 참회를 보여 주는 셈이라고 생각했을까?

그렇다면 유대인 죄수는 어떻게 행동했던가? 비젠탈은 그곳을 떠나고 싶어 했지만 그러지 못하고 끝까지 머물렀다. 주위 상황이 물리적으로나 도덕적으로 매우 악화된 와중에서도 그가 여전히 도덕적 힘을 지니고 있었다는 사실에 나는 무척 놀랐다. 그가 용서를 단지 선택사항으로 여길 수 있었던 것은 실로 경탄할 만한 일이다.

용서란 결코 단순하고 개별적인 행동이 아니다. 용서에는 여러 등급이 있다. 또한 그것을 인정하는 정도에도 여러 가지가 있다. 용서와 마찬가지로, 용서하지 않는 것도 이런저런 방식에 따라 미세한 차이가 있다. 비젠탈의 경우, 용서하지 않겠다는 뜻을 침묵을 통해서 나타낸 것이다.

비젠탈은 침묵이 여러 가지 의미를 나타낸다고 생각했다. 나도 거기에 동의한다. 나는 또한 침묵이 때로는 말보다 더 설득력이 있다는 데도 동의한다. 침묵이 지니는 서로 다른 속성에 대해 언급한 뒤, 비젠탈은 이렇게 묻는다.

내가 그 죽어 가는 나치의 침대 곁에 앉아 끝까지 침묵을 지킨 것은 옳은 일이었을까, 아니면 틀린 일이었을까? (156쪽)

하지만 비젠탈은 무엇이 옳은 일이고 무엇이 틀린 일인지는 말하지 않는다. 우리는 다만, 그가 죽어 가는 SS대원의 침대 곁에서 침묵했던 것이 용서는 아니라는 사실만을 간접적으로 알 수 있을 뿐이다. 이는 일종의 부정적 정의(定義)라 할 수 있다. 혹시 그의 침묵에는 어떤 다른 메시지가 들어 있었을까? 용서가 아니라는 사실 외에 비젠탈은 그 침묵 속에 또 다른 무언가를 포함시키고 싶었던 걸까? 혹시 그의 침묵에 동정심이 포함되어 있었던 것은 아닐까? 어쩌면 그럴 수도 있다. 왜냐하면 그는 이미 SS대원에게 이야기할 기회를 주었기 때문이다.

하지만 용서를 거부함으로써 비젠탈은 자기가 그 죽어 가는 남자에게 위안을 제공하지 못했다고 생각했다. 스스로의 침묵을 이렇게 해석한 까닭에, 그는 이것을 주관적 현실로 받아들이게 된다. 즉, 당시에 벌어진 일은 오로지 '거절', 그것뿐이었다고 생각하게 된 것이다.

나는 그 상황에서 비젠탈의 행동이야말로 오히려 자비로웠다고 믿는다. 그는 비록 내키진 않았지만 그 죽어 가는 SS대원의 곁에 남아서 이야기를 들어 주었다. 그는 SS대원이 저지른 끔찍한 범죄에 몸서리치면서도 한편으로는 상대방을 딱하게 여겼다. 비젠탈을 비롯한 그의 동료 죄수들이 집단수용소라는 절박한 환경에서도 용서의 도덕적 함의에 대해 생각할 수 있었다는 것 또한 경탄할 만한 일이다. 그들은 비젠탈의 고민을 비웃기는 커녕, 오히려 인내심을 갖고 그의 이야기를 들어 주었다.

비젠탈은 그 죽어 가는 남자를 내버려 두고 침묵한 채 나와 버린 것 때문에 괴로워했다. 하지만 나는 그가 조용히 나온 것, 그리고 그 전에 오랫동안 그 SS대원과 함께 있어 준 것만 해도 매우 관대한 행동이라고 본다. 비젠탈은 자기가 그곳에 머물러서 이야기를 들어 준 것만으로도 그 죽어 가는 남자에겐 위로가 되었다는 사실을 몰랐던 모양이다. 비젠탈이 자기 행동에 대해 일종의 양가감정을 느꼈다는 사실, 그리고 그것이 적절한 행동이었는지 계속 의구심을 가졌다는 사실 또한 그의 도덕적 우월성을 나타낸다. 이는 자기와 직접 연관되지 않은 문제에는 아예 무관심했던 그 나치의 태도와 극명한 대조를 이루는 것이다.

네케이마 테크(Nechama Tec, 1931~)는 코네티컷 대학(University of Connecticut)의 사회학 명예교수다. 여러 권의 저서를 펴냈으며 그중 대표작으로는 안네 프랑크 특별기념상(International Anne Frank Special Recognition Prize)을 수상한 『저항: 비엘스키 파르티잔의 이야기(Defiance: The Bielski Partisans)』를 비롯하여 『말라 버린 눈물: 잃어버린 어린 시절의 이야기(Dry Tears: The Story of a Lost Childhood)』『어둠을 뚫은 불빛: 나치 치하의 폴란드에서 유대인을 구출한 기독교인(When Light Pierced the Darkness: Christian Rescue of Jews in Nazi-Occupied Poland)』 등이 있다.

참회의 진실성이
의심스러운 이유

조셉 텔러시킨(유대교 신학자, 미국인)

과연 그 젊은 나치의 참회는 진실한 것이었을까? 그런 것 같기도 하다. 게다가 그는 죽어 가고 있었다. 하지만 만약 의사가 병실로 들어와 그를 완전히 낫게 해 줄 수 있는 기적의 약품이 발명되었다고 말한다면, 그는 여전히 죄의식을 느낄 수 있었을까? 만약 그가 부상에서 회복된 이후 군에서 그에게 무공훈장을 수여하려 한다면, 그는 과연 훈장을 거부하는 용기를 발휘할 수 있었을까? 나로선 궁금하기 짝이 없는 일이다.

그 나이 어린 살인자가 뉘우친 것은 사실이지만, 그의 뉘우침에는 자기 연민이 뒤섞여 있었다. 다른 사람을 죽인 살인자 주제에 부끄러운 줄도 모르고 자기는 죽기엔 너무 젊다고 불평하는가 하면, 심지어 자기가 불태워 죽인 그 유대인들은 금방 죽었기 때문에 자기만큼 고통을 당하지는 않았을 거라고 말하기까지 한다. 그리고 나서는, 자기가 지금 어느 '유대인'에게 말을 건네고 있으며 또한 이 '유대인'으로부터 용서를 받는 것이 목적이라는 사실을 새삼 깨닫기라도 했는지, 이 젊은 나치는 이렇게 덧붙인다. "물론 저만큼 죄가 많지도 않았을 테고."

"저만큼 죄가 많지도 않았을" 것이라니? 그야말로 기절초 풍할 말이 아닐 수 없다! 그러니까 이 말뜻은, 그 살해당한 유대 인들도 죄를 지었고 그들을 살해한 자기도 죄를 지었지만, 자기 의 죄가 그들보다는 "조금 무거울" 뿐이라는 것 아닌가. 방금 전 까지만 해도 진실한 듯 보였던 그의 고백은 바로 이 순간 갑자기 확실한 거짓으로 판명되고 만다. 만약 그가 좀 더 정직하고 좀 더 의로운 사람이었다면—물론 그런 사람이었다면 결코 이런 범 죄를 저지르진 않았겠지만—아마 이렇게 말하지 않았을까. "저 야 이런 고통을 받아 마땅하지만, 그 유대인들은 결코 그런 고통 을 받을 이유가 없었습니다. 그들은 저와 제 동료들에 의해 죽은 무고한 희생자였으니까요."

어떤 사람의 참회가 진실한지 아닌지를 확인하는 유일한 방법은, 그 사람이 지난번과 같이 죄를 지을 만한 상황에 놓였 을 때 어떻게 행동하는지 확인하는 것뿐이라고 모세스 마이모니 데스가 말한 바 있다. 물론 그 죽어 가는 나치에겐 이런 기회조 차도 없었다. 우리가 아는 것은 단지 그가 자신의 끔찍한 행동에 대해 후회한다고 '목소리 높여' 이야기했다는 사실뿐이다. 아쉽 게도 그게 전부다.

그렇다면 비젠탈이 그 나치의 요청 앞에서 침묵을 지켰던 것을 어떻게 생각해야 하는가? 나는 그의 행동에 공감한다. 다른 사람에게 저질러진 범죄를 비젠탈 자신이 어찌 용서할 수 있단 말인가? 만약 그 젊은이가 살인처럼 돌이킬 수 없는 행동은 결코 말로는 용서받을 수 없는 법이라고 어릴 때부터 제대로 교육만

445

받았더라면, 훗날 그토록 무고한 사람을 학살하는 일에 적극적으로 가담하지 않았을 수도 있다(더군다나 이 나치에게 더욱 불리한 사실은, 당시 독일군 내에서는 이러한 명령에 불복하고서도 아무런 징계를 받지 않았던 군인들이 상당수 있었다는 점이다).

물론 사람이 저지른 죄 가운데 대부분은, 가해자의 참회가 진실하고 그가 잘못된 일을 바로잡으려는 진정한 노력을 하는 경우에 한해서는, 용서가 가능하다. 하지만 보상할 수 있는 97퍼센트에 속하는 일부 죄를 용서하는 것과 모든 죄를 용서하는 것은 분명히 다른 이야기이다. 무고한 사람을 죽이고 고문하는 것이 극악무도한 죄인 까닭은, 그 죄를 용서해 줄 수 있는 유일한 사람들이 더 이상 생존해 있지 않아서 결코 가해자에게 용서를 베풀 수 없기 때문이다. 그 나치는 양심의 가책을 조금이라도 씻어 낸 상태에서 죽고 싶어 했다. 하지만 과연 그에게 그런 특권을 요구할 권리가 있단 말인가?

만약 사람이 그 나치를 용서할 수 없다면 하느님께선 하실 수 있을까? 중세의 어느 유대인 철학자는 이렇게 말했다. "내가 하느님을 알 수만 있다면, 내가 곧 하느님일 것이다." 그러나 유대인들의 가르침에 의하면 하느님조차도 그런 사람은 용서할 수가 없다고 한다. 『탈무드』에 나온 유명한 내용에 따르면 '욤 키푸르', 즉 속죄일에는 사람이 하느님께 지은 죄만을 속죄할 수 있을 뿐이다. 사람이 다른 사람에게 지은 죄는 오로지 가해자가 그 피해자의 분노를 누그러뜨림으로써만 속죄가 가능하다. 또 다른 가르침에서는, 만약 어떤 살인자가 기꺼이 형벌을 감내하고 진정으로 참회한다면 죽은 뒤에 저세상에서 조금이나마 속죄할 수 있는 여지도 없지는 않다고 말하고 있다.

그렇다면 하느님께선 과연 이 살인자를 어떻게 대하실 것인가? 나로선 감히 판단할 수가 없다. 하느님의 뜻을 내가 알 수는 없기 때문이다. 하지만 최근 몇 년간 나는 뜻밖의 만남으로 인해 '길굴', 즉 환생에 대한 주장 쪽으로 이끌리고 있다. 어쩌면 하느님께서는 그를 다시 이 세상에 돌려보내실지도 모르고, 그는 평생 악에 저항하고 선을 행하며 살아갈지도 모른다. 나로선 그가 평생 선을 행함으로써 전생의 커다란 악을 속죄할 수 있다고 믿고 싶다.

하지만 이 모든 것도 결국 하느님만이 아실 일이다. 이 세상에는 다양한 종교가 있지만, 나는 그 모두가 각자의 신도들에게 어린 시절부터 도덕적 판단의 중요성을 적극적으로 일깨워주기를 소망한다. 용서란 거의 항상 선이라는 사실을 가르치는 동시에, 잔인함은 악이며 특히 무고한 사람을 죽이는 것이야말로 용서받을 수 없는 악이라는 사실을 반드시 가르쳐야 한다. 달리 말하자면, 더 힘들긴 하겠지만 분명 도덕적으로 더 바람직한 길을 사람들에게 가르치자는 것이다. 그들로 하여금 돌이킬 수 없는 죄를 저지른 '다음'이 아니라 그 '이전'부터 참회할 수 있도록 하기 위해서 말이다.

조셉 텔러시킨(Joseph Telushkin, 1948~)은 로스앤젤레스 연예인 회당(Synagogue of the Performing Arts)의 랍비이며, 저서로는 『유대인의 교육(Jewish Literacy)』 『상처를 주는 말, 치유를 주는 말(Words that Hurt, Words that Heal)』 등이 있다. 또한 데니스 프레이저와 함께 쓴 『사람들이 유대교에 대해 궁금해하는 아홉 가지 질문(The Nine Questions People Ask About Judaism)』 『왜 하필 유대인인가?: 반유대주의의 이유(Why the Jews?: The Reason for Antisemitism)』 등이 있다.

반세기 뒤의 질문이
의미를 가지려면

츠베탕 토도로프(평론가, 불가리아 출신 프랑스인)

과연 비젠탈은 어떻게 해야 했을까? 내가 만약 그의 입장에 놓였다면 어떻게 했을까? 우선 이 질문에 솔직하게 대답해 보자. 가해자를 용서할 수 있는 사람은 피해자뿐이다. 개인이건 집단이건 간에, 그 외의 어떤 비유적인 확장도 내가 보기엔 적절치 못하다. 어느 누구도 남을 대신해서 누군가를 용서할 수는 없다. 마치 한 개인의 죄를 집단으로 전가하거나 이른바 '집단적 죄의식'을 언급하는 것이 불가능하듯 말이다. 따라서 개념적으로 살인은 결코 용서받을 수 없는 범죄인 셈이다. 왜냐하면 피해자가 여기 없으므로, 용서 자체가 불가능하기 때문이다. 게다가 나는 기독교 가정에서 자라나지 않았기 때문에, 굳이 용서가 인생에서 어떤 본질적 요소라고 생각하지도 않는다. 나는 오히려 정의나 도덕을 그보다 더 중요하게 생각한다.

따라서 나는 저자의 질문을 내 방식대로 다음과 같이 다시 규정해 보고 싶다. 우리는 비젠탈이 묘사한 그 SS대원을 어떻게 판단하고, 또 그에 대해 어떻게 생각해야만 할까? 그가 저지른 죄는 그야말로 논란의 여지가 없다. 문제는 우리가 그의 후회

449

와 참회를 받아들여야 하는지 여부인 것이다.

우리가 경험한 바에 의하면, 나치 범죄자 가운데 상당수는 자신의 행동에 대해 결코 후회하지 않았다. 뉘른베르크에서조차도 자신의 죄를 (부분적으로나마) 인정한 사람은 오직 슈페르뿐이었다. 1963년의 프랑크푸르트 아우슈비츠 재판에서도 고통을 느끼는 쪽은 오히려 과거의 피해자였고, 과거의 가해자는 아무런 양심의 가책도 느끼지 않는 듯했다. 오늘날 옛 유고슬라비아를 비롯한 세계 각지의 전체주의 국가에서 또 다른 만행을 저지른 범죄자들의 경우에도 사정은 다르지 않다. 집단수용소의 간수나 그 상관들은 결코 자기에게 죄가 있다고 생각하지 않는다.

하지만 비젠탈이 만난 SS대원은 이들과 달랐고, 그러한 예외를 강조한다면 그는 당연히 이들과 다른 대우를 받아야만 한다. 물론 그렇다고 해서 그를 용서하자는 것은 아니다. 그가 뭔가 더 나은 사람이 되려는 (루소가 말한 우리의 '완전성'을 위한) 변화를 시도했다는 사실만큼은 인정하자는 것이다.

또한 나로선 우리가 이미 50년 이상이 지난 지금에 와서 이러한 질문을 제기하고 있다는 사실도 잊어서는 안 된다고 생각한다. 우리가 논의하는 사건은 지금 벌어진 것이 아니라, 단지 우리의 기억 속에 존재하는 과거의 사건인 것이다. 과거에 벌어진 범죄에 대해서 우리는 과연 무엇을 할 수 있으며, 또한 이 사건을 오늘날의 도덕 교육에 어떻게 활용할 수 있을까?

나치의 범죄를 어떻게 판단할지에 대해서는 논란의 여지가 없다. 그러한 악은 실제로 존재했으며, 상대적인 것도 아니었다. 그 이유 하나만으로도 우리는 반드시 그에 대한 생생한 기억을 간직해야만 하는 것이다. 또한 도덕 교육의 새로운 단계로서, 우리는 타자(他者)를 악과 동일시하며 자신을 선과 동일시하는 성향을 거부해야 한다. 아울러, 로맹 가리*의 말마따나 비인간성 또한 인간다움의 일부라는 사실을 인정해야 할 것이다. 상대주의를 거부하자는 것은 선과 악에 대한 마니교적 이분법**을 받아들이자는 뜻은 아니다. 그렇게 함으로써 도덕적 판단에서 두 가지 측면의 상호보완적 작용을 가능케 하자는 것이며, 과거를 올바로 판단함으로써 어제의 악은 물론이고 오늘의 악에 대해서도 맞서 싸울 능력을 얻어야 한다는 것이다.

츠베탕 토도로프(Tzvetan Todorov, 1939~2017)는 불가리아 출신으로 1963년부터 프랑스에 거주했다. 이후 파리의 국립연구센터(Centre Nationale de Recherches) 연구실장으로 재직하면서 문학과 사회에 관한 여러 권의 저서를 펴냈다. 대표작으로는 『극한에 직면하여: 집단수용소의 윤리 생활(Facing the Extreme: Moral Life in the Concentration Camp)』이 있다. 작가 겸 평론가로서 국제적으로 명성이 높았으며 컬럼비아 대학, 예일 대학, 캘리포니아 대학 버클리 캠퍼스의 방문교수로 활동했다.

---

*   로맹 가리(Romain Gary, 1914~1980). 프랑스의 소설가. 1956년 『하늘의 뿌리(Les racines du ciel)』로 공쿠르상을 받고 20여 년 후인 1975년에 에밀 아자르라는 가명으로 발표한 『자기 앞의 생(La vie devant soi)』으로 다시 공쿠르상을 받아, 동일 작가에게 한 번만 주는 이상을 두 번 받은 유일한 인물이 되었다. 1980년 권총 자살로 생을 마감한 후 출간된 유고에서 그가 에밀 아자르와 동일인임이 밝혀졌다.

**   마니교의 교리는 선과 악, 즉 빛과 어둠의 대립이라는 뚜렷한 이원론에 근거하고 있다.

용서가 없으면
미래도 없다.

데스먼드 투투(가톨릭 주교, 남아프리카공화국인)

나는 아파르트헤이트* 당시 남아프리카공화국에서 벌어진 광범위한 인권침해 행위를 조사하기 위해 설립된 '진실화해위원회'의 조사 과정에서, 과거의 부패 및 악질 범죄의 어마어마한 규모에 그야말로 압도당했던 경험이 있다. 피의자의 커피에 독약을 섞고 뒤통수에 총을 쏘고 그 시체를 불태운 경찰관들의 증언을 청취하면서, 나는 정말 할 말을 잊어버렸다. 하지만 그보다 더 끔찍한 사실은, 이런 학살극이 벌어지는 와중에 그들이 태연하게 바비큐를—그것도 한꺼번에 두 개씩이나—만들어 먹었다는 사실이다. 가해자 쪽의 상황은 이랬다.

반면 그로 인해 크게 고통받은 희생자들과 생존자들은,

---

* 아파르트헤이트(Apartheid). '격리'라는 뜻의 아프리카어로, 1948년부터 남아프리카공화국의 인종차별 제도를 일컫는 용어가 되었다. 소수의 백인이 다수의 흑인 및 비(非)백인을 탄압함으로써 특권을 유지하려는 목적으로 시행된 이 차별 제도는, 1994년 남아공 역사상 최초로 흑인까지도 모두 참여하여 실시한 총선거에서 넬슨 만델라가 대통령에 당선되면서 비로소 종식되었다.

그토록 극악한 사실이 드러났는데도 가해자를 용서할 준비가 되어 있다고 대답했다. 그들의 커다란 아량과 고귀한 정신이야말로 정말 믿을 수 없을 정도였다. 마치 우리가 어느 거룩한 장소에 서 있는 듯한 느낌이 들어 "신을 벗읍시다"라고 말하고 싶었을 만큼.**

　그러니, 나라면 과연 비젠탈의 입장에 놓였을 때 어떻게 했을까? 이에 대해 직접적으로 어떤 답변을 하지는 않겠다. 나는 다만, 일찍이 고문과 납치, 암살, 암매장 등에 의해 사랑하는 이를 잃은 당사자들—폭발 장치가 된 카세트를 만지다가 머리가 터져 사방에 골수를 흩뿌리고 죽은 남자의 젊은 미망인부터, 햄버거 가게에서 일어난 폭발 사고로 아들을 잃은 어느 아버지까지—이 진실화해위원회에 출석해서, 그런 짓을 한 범죄자들을 용서할 준비가 되어 있다고 증언했음을 강조하고자 한다. 이런 놀라운 일들이 바로 우리의 눈앞에서 벌어졌다.

　그토록 가볍고 값싸게 관용을 베풀어서는 안 된다고 주장하면서, 자기는 아직 그들을 용서할 준비가 되어 있지 않다고 말한 사람들도 물론 있었다. 용서란 그토록 힘든 일이기에, 기꺼이 용서하겠다고 한 사람들이 더욱 특별하게 보였던 것이다.

　나라면 어떻게 했을까? 우리나라의 대통령 넬슨 만델라는 무려 27년간이나 감옥에 갇혀서 혹독한 고초를 겪었다. 그는 채

** 　기독교에서 '신을 벗는다'는 것은 지금 서 있는 장소가 성스러운 곳이라는 뜻이다.

석장에서 강제노동에 시달리다가 눈을 다쳤다. 그의 가족은 정부의 비밀경찰로부터 괴로움을 당했다. 누구든 그의 입장이었다면 마땅히 분노에 사로잡혀 복수의 일념에 불탔을 것이다. 하지만 그가 남아프리카공화국 최초로 민주적 절차를 거쳐 대통령에 당선되었을 때, 과거 자기를 감시하던 백인 교도관을 취임식에 초대한 것을 보고 전 세계는 경악을 금치 못했다. 내가 다른 사람들에게 "당신이라면 어떻게 했겠습니까"라고 물었을 때 그들은—흑인이건 백인이건, 유명 인사건 일반인이건—하나같이 자기들도 만델라와 똑같이 했을 거라고 대답했다. 그들은 놀랍고도 믿을 수 없을 정도로 상대방을 용서한 것이다. 그들 중 대다수는 기독교인이었다. 그들은 십자가에 매달려 죽어 가면서도 "아버지, 자기가 무슨 짓을 하는지조차 모르는 저들을 용서해 주십시오"*라고 말한 어느 유대인 랍비를 따르겠노라고 했다. 깊이 분열되고 상처받고 충격받은 이 나라에 치유와 화해를 가져오기 위해 노력하는 과정을 지켜보면서, 나는 그저 놀라울 뿐이었다.

만약 우리가 복수만을 위해 정의를 추구한다면, 우리는 고립을 자초하게 될 것이다. 용서란 뭔가 애매모호한 것이 아니다. 오히려 그것은 현실 정치와 똑같다고 할 수 있다. 용서가 없다면 미래도 없기 때문이다.

---

* "이에 예수께서 이르시되, 아버지 저들을 사하여 주옵소서. 자기들이 하는 것을 알지 못함이니이다 하시더라."(누가복음 23장 34절 중)

데스먼드 투투(Desmond Tutu, 1931~)는 남아프리카공화국 클럭스도르프(Klerksdorf)에서 교사의 아들로 태어났다. 1961년에 요하네스버그에서 사제로 임명되었으며, 이후 1975년부터 85년까지 남아프리카공화국 교회협의회(South African Council of Churches, SACC)의 대표로 재직했다. 재임 중에 그는 SACC를 남아프리카공화국에서 신앙적, 종교적으로 중요한 기관으로 자리매김하는 데 일조했다. 또한 아파르트헤이트에 대항하여 사회 정의와 인종 간의 화해를 부르짖는 국제적 인물이 되었고, 1984년에 노벨평화상을 수상했다. 1986년에 케이프타운 대주교로 선출되었으며, 1987년에는 전(全) 아프리카 교회협의회(All Africa Conference of Churches) 회장으로 선출되었다. 넬슨 만델라의 대통령 취임 이후 '진실화해위원회' 위원장을 맡기도 했다.

나치 청년 카를에게
보내는 편지

아서 와스코우(유대교 신학자, 미국인)

나는 시몬 비젠탈을 향해서가 아니라, 그가 언급했던 나치 청년에게 묻고 싶습니다. 과연 내가 당신을 '용서'한다는 게 무슨 의미가 있겠습니까?

　　우선 누군가가—바로 당신이—'궁극적 일체'의 연결고리를 부숴 버림으로써 그 통일을 산산조각 내고 말았습니다. 인간과 대지가 이 세상을 공유할 수 있는 연결고리를 말입니다. 당신은 하나의 세계 속에 포함된 네 가지 세계를 산산조각 내 버렸습니다. 우리의 위대한 신비주의자인 카발라* 연구자들에 의하면 이 네 가지 세계는 하느님의 실체에 대한 심오하면서도 간단한 도해로서, '행동' '관계' '앎' '존재'의 세계를 말합니다. 이 네 가지 세계가 모두 건전할 때에만 비로소 신체적 완전함과 물질적 공유가, 감동적인 사랑이, 지적인 소통이, 그리고 거룩한 현존 안에서 공유된 현존에 대한 영적 감각이 생겨나는 것입니다. 나와 우리 민족이 보기에, 당신은 그 각각의 세계들을 파괴했습니다.

＊　유대교의 신비주의를 말한다.

따라서 당신이 내게 요청해야 할 것은, 이 네 가지 세계 속에서 그 '일체'를 회복시키는 일이 되어야 할 것입니다. 그 산산조각 난 '일체'의 파편을 다시 연결함으로써, 완전하고도 거룩한 새로운 유형의 '일체'를 만드는 일에 '당신과 함께' 동참해야만 할 것입니다. 이러한 회복을 '당신과 함께' 이루는 것이야말로 진정한 '용서'가 될 것입니다. 그렇게 함으로써 '당신과 나'는, 나 자신은 물론이고 우리 민족의 자아가 지닌 신체적 손상이며, 감정적 분노며, 지적인 분열이며, 영적 혼란을 물리칠 수 있을 것입니다. 이것을 통해서만이 '당신과 나'는 평형과 평정이 있는 세상으로 되돌아갈 수 있을 것입니다.

하지만 불행히도 나로선 위에서 말한 대로 할 수가 없습니다. 이유는 이렇습니다. 첫째, 당신의 힘으로는 결코 당신이 직접 죽인 그 유대인들의 신체적 손상을 회복해 줄 방법이 없기 때문입니다. 당신이 간접적으로 관여한 다른 이들의 살해나 고문은 제쳐 두더라도 말입니다. 둘째, 감정적인 측면에서도 당신의 힘으로는 유대인들—이제 이 세계에서 되찾은 새로운 힘을 책임감 있게 관리하고, 신뢰하고, 연결하고, 화평하기 위해 분투하는 사람들—이 일찍이 박탈당한 관계와 그들이 흘린 눈물을 회복해 줄 방법이 없기 때문입니다. 또한 영적인 측면에서도 당신의 힘으로는 하느님이 우리를 버리신 것은 아닌가 하는 우리의 의구심을 씻어 줄 방법이 없습니다.

어쩌면 이것은 나 스스로의 힘으로만 회복 가능할 것입니다(내가 적어도 관계와 영성을 유지하는 사람인 한에서는 말입니다). 또 어쩌면 우리 유대인들이 다 함께 이런 일을 할 수 있을지 모릅니다. 하지만 결코 '당신과 함께' 할 수 있는 일은 아닙니다. 위의 세 가지 영역을 회복하는 데 있어 당신이 할 수 있는 일은 없습니다. 따라서 나는 당신을 '용서'할 수가 없습니다.

결국 네 가지 세계 가운데 내가 '당신과 함께' 회복할 수 있는 세계는 단 하나만 남았습니다. 그것은 바로 지식, 즉 개념과 지성의 세계입니다.

어떻게 보면 당신은 우리에게 무엇이 가능한지를 가르쳐 준 선생이나 마찬가지입니다. 당신으로부터 나는 수소폭탄이 이 세계를 집어삼킬 수 있다는 사실과, 그런 폭탄 하나하나가 일촉즉발의 즉석 아우슈비츠나 마찬가지라는 사실을 배웠습니다. 당신으로부터 나는 가학성이 기술적으로 대량생산될 수 있다는 사실을 배웠습니다. 당신으로부터 나는 새로운 기술의 무분별한 남용이 지구의 대기와 토양과 물을 오염시킴으로써, 아무런 미움 없이도—다만 서로를 부러워할 뿐인—수많은 생물 종을 죽여 버릴 수 있다는 사실을 배웠습니다. 당신으로부터 나는 사랑 많고 인자한 부모 밑에서 자란 아이를 매스미디어가 어떻게 바꿔 놓을 수 있는지 배웠습니다.

당신으로부터 나는 어마어마하고 무시무시한 권능—사실 이것은 하느님의 속성 가운데 하나입니다—이 이미 이 세계에 포효하며 나타났음을 배웠습니다. 그것도 바로 인간의 손에 의해서 말입니다.

따라서 나는 당신으로부터, 그리고 당신과 함께, 아래와 같은 모든 '티쿠님', 즉 회복의 필요성에 대해 배웠습니다.

　- 이 지구상의 사람들과 생물 종 사이에 보다 깊고도 넓은 의
미에서의 공동체를 이뤄야 할 필요성.
　- 히브리어 '요다야*와 마찬가지로, 지식이 곧 사랑이 될 수
있도록, 접근 가능한 지성의 한 형태를 창조해야 할 필요성.
　- 저 '하늘 위' 옥좌에 앉아 계신 하느님이 아니라 지금 '여기'
우리 중에, 우리 사이에, 우리 안에 계신 하느님과의 관계를
회복해야 할 필요성.
　- 또한 이스라엘의 자연적 국경을 재설정하는 것, 거룩한 춤
과 행동으로 우리의 육신을 일깨우는 것, 이 땅과 지구와 우
리의 물리적 관계를 다시 생동하게 만드는 것, 나아가 지상
의 열정을 기쁘게 꽃피우기 위해 다시금 「아가(雅歌)」**를 펼
쳐 봐야 할 필요성까지도.

나는 당신으로부터 이와 같은 일들을 해야 할 필요성을 배웠습
니다. 하지만 결코 '당신과 함께' 이런 일을 하지는 않을 것입니
다. 나는 기꺼이 당신과 이야기를 나눌 수 있습니다. 하지만 결

---

*　'알다'라는 뜻을 지닌 히브리어 '야다'에서 파생된 단어. '야다'는 지
적인 앎뿐만 아니라 육체적인 앎, 즉 남녀 간의 육체관계까지 의미한
다.

**　구약성서 가운데 하나. 하느님과 이스라엘 민족의 관계를 남녀관
계에 빗대어 노래한 시.

코 당신을 만지거나, 사랑하거나, 또는 당신과 함께 기도할 수는 없습니다. 나는 당신이 우리의 선생 노릇을 해 준 것에 대해 감사하는 한편, 당신을 육체와 마음과 영혼의 세 가지 세계에 그대로 내버려 두겠습니다. 당신이 생명의 흐름으로부터 스스로를 고립시켰듯이, 이 세상에서도 가장 외롭고 고립되고 낯설기 그지없는 한모퉁이에 내버려 두겠다는 말입니다.

아서 와스코우(Arthur Waskow, 1933~)는 랍비이며 유대교개혁연맹(Alliance for Jewish Renewal, ALEPH)의 설립자이다. 저서로는 『하느님과의 씨름: 제2막(Godwrestling: Round 2)』『우리 기쁨의 계절(Seasons of Our Joy)』『솔직하게 말해 본 유대교: 음식, 돈, 섹스, 그리고 여생에 대하여(Down-to-Earth Judaism: Food, Money, Sex, and the Rest of Life)』 등이 있고, 공저로는 『티쿤의 이야기(Tales of Tikkun)』가 있다.

중국 강제수용소에서의
기억을 떠올리며

해리 우(인권운동가, 중국 출신 미국인)

시몬 비젠탈의 자전적인 이야기를 읽는 내내, 내 머릿속에는 내가 중국의 강제수용소에서 겪었던 일에 대한 기억이 되살아났다. 나는 무려 19년이란 세월을 보낸 그 수용소로 되돌아갔고, 나를 그곳에 가둬 놓은 장본인들은 물론 그곳 수용소 간수들과의 사이에서 일어난 몇 가지 경험을 떠올렸다.

1957년, 내가 다니던 베이징 지질공과대학의 학생 모두에게 각자의 '자본주의적' 성향과 출신에 대하여 비판하기 위한 '투쟁 대회'에 참가하라는 명령이 내려졌다. 당시 책임자인 마(馬) 동무라는 여성 당원은 무척 격한 어조로 대회를 이끌어 나갔다. 1959년 4월, 그녀는 우리 반의 모든 학생들에게, 당(黨)이 과거에 저지른 과오를 '개선'하도록 노력하고 있으니 이에 부합하도록 누구나 각자의 의견을 발언해 보라고 강요했다. 그녀는 우리에게 일련의 모임을 열게 하면서, 이른바 '백화제방'*에 대한 우리

---

* 백화제방 백가쟁명(百花齊放百家爭鳴). '갖가지 꽃이 함께 피어나고 갖가지 주장이 함께 펼쳐진다'는 뜻. 원래는 중국 춘추전국시대 때

의 의견을 말하게 했다. 첫 번째 모임에서 나는 가급적 개인적인 의견을 말하지 않으려 했다.

두 번째 모임이 있었을 때, 당시 나는 학교 야구부의 주장 이었기 때문에 시합에 나가느라 모임에 빠질 수 있었다. 그리고 나서 세 번째 모임에도 빠지려 하자 마 동무는 버럭 화를 냈고, 더 이상 빠지는 것을 허락하지 않았다. 바로 그 순간부터 내 운명은 급변하게 되었다. 마 동무는 이후 나를 계속 불러내서 '반동 우익 분자'라는 죄목으로 연이어 비난했다.

1960년 4월 27일, 나는 또 다른 투쟁 대회에 참석하라는 연락을 받았다. 대회장 안으로 들어갔을 때, 나는 칠판에 적힌 다음과 같은 글을 보고 가슴이 철렁 내려앉았다.

'극우 분자 오홍달을 규탄하는 모임.'

우리 과의 정치교육 담당자가 자리에서 일어나 이렇게 선언했다. "저는 이 자리에서, 끝끝내 훌륭한 사회주의자 학생이 되기를 거부하고 혁명의 적으로 남기를 선택한 우익 분자 오홍달의 탄핵과 격리와 추방을 공표하는 바입니다."

그날 밤 나는 그 지역의 구치소로 끌려갔고, 그때부터 19년간의 옥살이가 시작되었다. 뒤늦게야 나는 당시 지질공과대

제자백가들이 펼쳤던 다양한 사상과 토론을 말하지만, 1956년 마오쩌둥에 의해 이른바 '쌍백운동'이라는 정치운동으로 재등장했다. 말 그대로, 누구든지 자기 의견을 자유롭게 피력할 수 있다는 뜻이다. 하지만 처음에는 공산당에 대한 비판도 수용하겠다며 의견을 개진케 했다가, 이후 그런 인물들을 불평분자로 지목해 숙청하는 일이 비일비재했다.

학에서 우익 분자로 체포된 사람 가운데 교수가 100명, 학생이 400명이나 된다는 사실을 알게 되었다. 나를 비롯한 많은 사람들의 체포에 결정적인 역할을 한 사람은 다름 아닌 마 동무였다.

19년간 감옥에 있으면서 나는 그곳 간수 및 당국자들로부터 종종 가혹한 취급을 받았다. 매를 맞거나 모욕을 당하는 것은 물론이고, 당시에 입은 상처로 인해 지금까지 고통받고 있다. 1962년, 나는 단하농장*이라는 강제노동수용소로 끌려갔다. 황폐하고 끔찍스러운 그곳의 환경을 견디다 못한 나는 두 명의 친구와 함께 탈출을 시도했다. 하지만 실패하고 붙잡혀 가혹한 처벌을 받아야 했다. 나는 길이 180센티미터, 너비 90센티미터, 높이 90센티미터로 관보다 조금 더 클 뿐인 독방에 갇혔다. 그리고 사흘 동안 음식은커녕 물조차 구경하지 못했다. 독방에 갇힌 지 7일째 되던 날, 우리 작업조를 담당한 대위가 찾아와 내 '참회'를 듣고 나서, 내 몸 곳곳을 발로 걷어차고는 가 버렸다. 9일째 되던 날, 내가 너무 쇠약해져서 음식조차 제대로 먹지 못하자, 그 대위는 간수들을 시켜 내 목에 튜브를 집어넣고 먹을 것을 들이부었다. 이후 나는 독방에서 풀려나 막사로 돌아올 수 있었다.

하지만 몇 번인가 그곳 간수들이 친절을 보인 경우도 있었고, 덕분에 나는 가혹한 환경에서도 살아남을 수 있었다.

---

* 　단하농장(團河農場, Tinhae Farm). 베이징 근교에 있는 총 면적 8.67제곱킬로미터의 농장 겸 강제수용소로, 1만 5000명에 달하는 수감자들이 생활하고 있다. 주로 와인 원료인 포도 및 각종 과실을 재배하여 홍콩과 일본 등지에 수출하고 있다(라오가이 재단 홈페이지에서).

1962년의 어느 겨울—정말 난생처음 겪는 혹독한 날씨였다—청하농장*의 585작업반에 속해 있을 때의 일이 생각난다. 우리는 막사 안에서 얇디얇은 이불을 덮고 추위에 떨고 있었다. 그때 갑자기 당시 새로 부임한 감독관 조(曹) 대위가 밖에서 소집 명령을 내렸다. 우리는 막사에서 나와 바깥 담장을 마주 보고 섰다. 현재의 끔찍함에 뭔가 새로운 고난이 덧붙여지겠거니 예상하고서 말이다. 하지만 조 대위는 조만간 우리를 위해 특별히 추가 식량을 얻어 올 예정이라고 알렸다. 또한 매일 해가 뜨면 바깥에 나와 좀 걷기라도 하면서 기운을 내라고 우리를 격려했다. 내가 밖에 나와 걸으면 조 대위는 종종 내게 격려의 말을 해 주었다. "자네 아주 잘하고 있어. 앞으로 더 나아질 거야. 오늘은 이 정도면 됐네. 가서 쉬게나."

　　나로선 조 대위가 무엇 때문에 우리에게 그런 친절을 베풀었는지 알 수가 없었다. 사실 그의 행동은 사소한 것에 지나지 않았지만, 몇 달 혹은 몇 년씩이나 다른 사람으로부터 그 어떤 친절도 얻지 못한 우리 수감자들에게는 대단한 일이었다. 대체 어떻게 조 대위 같은 사람과 마 동무 같은 사람이 같은 집단에 공존할 수 있었을까?

---

* 　　청하농장(清河農場, Qinghe Farm). 베이징 근교의 대규모 강제수용소로 1950년에 설립되었다. 총 면적 110제곱킬로미터에 모두 13개의 수용소 건물이 있으며, 가전제품을 생산하는 공장과 농장 등에서 6만 5000명의 수감자가 강제노동을 하고 있다(라오가이 재단 홈페이지에서).

1979년에 석방되고 나서, 나는 문득 베이징에 가서 마 동무를 찾아보고 싶었다. 그녀는 성실한 업무 능력을 인정받아 베이징 지질연구소의 정치업무분과 담당자로 근무하고 있었다. 하지만 개인적으로 그녀를 마주하고 보니, 나로선 아무 할 말이 없었다. 나는 단지 내가 살아남았다는 사실을, 그리고 결코 절망하거나 자살하지 않았다는 사실을 그녀에게 보여 주려 한 것이었다. "이젠 다 옛날 일이에요, 옛날 일." 그녀가 내게 말했다. "이미 다 지나간 일에 불과해요. 온 나라는 물론이고 당 또한 그 일로 고난을 겪었죠. 그 와중에 끔찍한 실수가 벌어지기도 했던 게 사실이고요. 이제 당신이 돌아온 걸 보니 무척 기쁘군요. 앞으로 같이 잘해 보자고요."

나는 그녀를 빤히 바라보았고, 불과 몇 분 만에 결론을 내렸다. 결국 마 동무도 공산주의 사회가 만들어 낸 전형적인 종류의 인간이라고 말이다. 그녀는 당이 인민의 이름으로 하는 일이라면 무조건 맹종했다. 그날 그녀를 빤히 바라보면서, 나는 짧게나마 승리의 기분을 만끽했다. 그리고 속으로 그녀에게 이렇게 말했다. '당신은 결코 우리 모두를 파멸시키진 못했어.'

비젠탈 씨의 이야기를 읽고 내 경험과 비교해 보면서 한 가지 확신한 바가 있다면, 지금 중화인민공화국에 있는 가해자들 중에서 그 나치 군인이 유대인 수감자에게 한 것처럼 용서를 구할 사람은 전혀 없으리라는 점이었다. 현재 중국에는 공산주의자들이 인민에게 자행하는 짓이 도덕적으로 잘못되었다는 인식 자체가 없기 때문이다. 마 동무 같은 사람들이 전형적인 경우다. 그들은 개인의 복지에는 완전히 무관심하다. 지도자들이 사람의 생명을 하찮게 여기니 인민 또한 사람의 생명을 하찮게 여기는 것이다. 그 당시 중국에서 살아남기 위해서는, 누구든 자기 자신의 양심과 인간성을 버려야만 했다.

조 대위는 무척이나 예외적인 경우였다. 지금까지도 나는 그가 그렇게 하면서도 체포되거나 처벌당하지 않은 까닭이 무엇이었는지 알 수가 없다.

결국 중국의 공산주의자들이 세운 사회는 각 개인에게 남아 있는 인간성마저 모조리 말살해 버린 셈이다. 비젠탈 씨와 마찬가지로 나 또한 그 죽어 가던 나치를 결코 용서하지 못할 것이다. 하지만 나는 그에게 이렇게 말해 주고 싶다.

"나는 당신이 어떻게 해서 이 무시무시하고 잔인무도한 집단에 속하게 되었는지 이해합니다. 물론 당신 스스로도 자기 행동에 대해 책임을 져야겠지만, 이 사회의 모든 사람들 또한 당신과 똑같은 책임을 져야 할 것입니다."

해리 우(吳弘達, Harry Wu, 1937~2016)는 중국 출신으로 공산당 정부에 의해 19년간 라오가이(勞改, Laogai)* 강제노동수용소에 수감되어 있었다. 석방 이후 베이징 대학에서 강의를 하다가 1985년 방문교수 자격으로 미국으로 건너갔다. 중국의 노예식 강제노동수용소의 참상을 전 세계에 알리기 위한 저술과 강연에 전념하다가 1996년에 '라오가이 연구재단'을 설립했다. 그의 저서인 『라오가이(Laogai)』『거센 바람(Bitter Winds)』『문제인물(Troublemaker)』등은 자기 조국인 중국의 처절한 현실을 폭로하고 있다. 이런 노력으로 중국민주주의기념상(China Democracy Honor Award),** 인권변호사협회상(The Lawyers Committee for Human Rights Award), 피스애비상(The Peace Abbey Award), 헝가리 자유투사협회상(Hungary Freedom Fighter Federation Award) 등을 받았다.

* '노동 개조(勞動改造)', 즉 노동을 통한 사상 개조라는 뜻으로 중국 내 강제노동수용소의 별칭이다.

** 미국의 평화주의 단체인 '피스애비(평화의 수도원)'에서 수여하는 상.

역자 후기

이 책은 시몬 비젠탈의 홀로코스트 체험기(제1부 「해바라기」)와 거
기서 제기된 질문에 대한 53인의 답변(제2부 「심포지엄」)을 엮은
『The Sunflower: On the Possibilities and Limits of Forgiveness』
(New York: Schocken Books, 1997)의 완역본이다. 한국어 초판본은
『해바라기』라는 제목으로 2005년에 출간되었는데, 몇 가지 이유
로 인해 제2부의 글들 가운데 일부를 제외한 상태로 나오고 말았
다. 다행히 이번에 뜨인돌의 제안으로 뒤늦게나마 완역본을 내게
되었으니 무척이나 반가운 일이 아닐 수 없다.

　　이번 완역본에서는 초판본에서 누락되었던 제2부의 글들
을 모두 수록했으며, 번역문을 다시 원서와 대조해서 실수를 바
로잡고 문장을 다듬었다. 아울러, 초판본에 실었던 국내 필자들
의 글 세 편을 완역본에서는 빼기로 했다. 원래는 이 책에서 제
기된 과거사와 용서라는 주제를 우리의 현실에 적용해 논의한
사례를 보여 주려는 시도였지만, 자칫 원저의 흐름을 방해하는
지나친 간섭으로 보일 수도 있겠다는 생각이 들었기 때문이다.
따라서 이번 완역본에서는 최대한 원저의 모습을 그대로 보여

주는 것을 목표로 삼게 되었다.

　물론 최근의 현실을 살펴보면, 이 책의 논의를 통해서 우리의 과거사를 돌아보게 되는 것은 자연스러운 일일 것이다. 홀로코스트는 대표적인 역사적 비극인 동시에 과거사 논쟁의 대상이기 때문에, 지금도 여전히 과거사 논쟁의 한가운데서 살아가는 우리의 입장에서도 각별히 주목할 필요가 있다. 최근 우리나라에도 외국의 홀로코스트 부정론 및 반(反)유대주의 선전물을 번역 출간하는 전문 출판사가 생겼을 만큼, 반유대주의는 의외로 우리 곁에 성큼 다가와 있다. 어쩌면 인종차별주의의 확산은 다문화 사회로의 변모에 대한 반작용이 아닐까.

　지난 반세기 동안 유대인에 대한 한국 사회의 인식은 그 자체로도 흥미로운 변화를 겪어 왔다. 냉전 시대에만 해도 유대인의 이스라엘 건국이나 주변 국가들과의 전쟁은 우리가 본받아야 할 모범 사례로 간주되곤 했다. 그러다가 최근 팔레스타인 문제 등을 이유로 이스라엘이야말로 대표적인 깡패 국가라는 인식이 널리 퍼지면서, 유대인에 대한 반감이 상당히 높아졌다. 물론 그런 변화의 와중에도『탈무드』해설서나 유대인 처세술 및 학습법 같은 상업적 용도로는 유대인 그 자체가 일종의 상표처럼 꾸준히 사용되었지만 말이다.

　지금의 선진국 독일과 과거의 나치 독일이 동전의 양면 관계이듯이, 홀로코스트와 이스라엘 역시 그러한 관계라고 말할 수 있을 것이다. 어제의 희생자가 오늘의 가해자로, 또는 어제의 가해자가 오늘의 희생자로 바뀌고 수많은 입장과 주장이 뒤얽히

다 보면, 시시비비를 가리기는 점점 힘들어진다. 홀로코스트 기념사업조차도 '홀로코스트 산업'으로 변질되었다는 일각의 비판, 그리고 이런 정당한 비판까지도 반유대주의라며 일축하는 역비판까지 접하고 보면, 과거사 논란에 쉽게 염증을 느끼며 외면하는 대중의 심리도 어느 정도는 이해할 만하다.

죽어 가는 SS대원을 만난 이후 줄곧 고민하다 못해 악몽에까지 시달리는 저자를 지켜보던 수용소 동료의 일침이야말로, 저 크나큰 역사의 비극이 남긴 상처와 기억이 쉽게 사라질 수 없는 이유를 정확하게 요약하는 것인지도 모른다. "그 용서니 뭐니 하는 문제를 놓고 토론할 시간은 충분히 있을 거야. 옳다는 사람도 있고, 그르다는 사람도 있고, 자네가 그를 용서하지 않은 것을 절대 용서할 수 없다는 사람도 나올 거야……. 하지만 지금 우리가 겪고 있는 상황을 그대로 겪어 보지 못한 사람이라면 결코 온전히 이해할 수는 없겠지."

하지만 온전한 이해나 말끔한 해결이 불가능하다고 해서 아예 입을 다물고만 있을 수는 없는 노릇이다. 지금처럼 홀로코스트를 비롯한 불행한 과거사에 대한 오해와 왜곡이 범람하는 상황에서는, 오히려 더 많은 이야기를 함으로써 그 기억을 지속시키고 생각을 환기시켜야 하는 것은 아닐까. 그것이야말로 평생 나치 전범을 추적하며 역사의 심판을 요구했던 시몬 비젠탈이 오랫동안 가슴에 묻어 두었던 이야기를 굳이 다시 꺼내 공개 토론에 붙인 이유이며, 53명의 필자가 저마다의 의견을 보태서 한 권의 책으로 만들어 낸 이유였을 것이다.